JN296651

IMFと法

谷岡 慎一

信山社

はじめに

　国際金融・通貨秩序の変動の中で，IMF (International Monetary Fund：国際通貨基金) は，様々な通貨・金融危機に対応し国際通貨秩序の維持に尽力している。しかし，特にアジア通貨危機以降，その処方箋に対して強い批判が各処より寄せられ，国際金融システム改革論が検討を積重ねられている。だが，このような関心とは裏腹に，日本におけるIMFに対する法的・制度的研究は頗る低調である。例えば，一般的な国際関係論の入門書において，「IMF協定に代表される通貨法は，国際法，国内法の両面にわたって独自の法規律を備えている。我が国では，ほとんど未開拓な分野であり，今後の研究が期待される。[1]」と論じられている。

　そのためか，基本的な文書が日本にない場合があり，IMFの法的・制度的分析を行なうことは困難を極める。そこで，本書では，このような研究の空白をできる限り埋めるべく，全体的にIMFを理解するとともに，特に，IMFの機能として特化されている融資政策の法的な正当性について検討する。IMF協定の第1条はIMFの目的を規定しているが，融資政策を行なうにあたって，この目的を大きく逸脱する形で実行が行われている可能性があるからである。

　IMF協定1条は，以下の6つの目的を規定している。

　「(i)　国際通貨問題に関する協議及び協力のための機構となる常設機関を通じて，通貨に関する国際協力を促進すること。

　(ii)　国際貿易の拡大及び均衡のとれた増大を助長し，もって経済政策の第一義的目標である全加盟国の高水準の雇用及び実質所得の促進及び維持並びに生産資源の開発に寄与すること。

　(iii)　為替の安定を促進し，加盟国間の秩序ある為替取極を維持し，及び競争的為替減価を防止すること。

　(iv)　加盟国間の経常取引に関する多角的支払制度の樹立を援助し，及び世界貿易の増大を妨げる外国為替制限の除去を援助すること。

　(v)　適当な保証の下に基金の一般資金を一時的に加盟国に利用させ，このようにして国内的又は国際的な繁栄を破壊するような措置に訴える

---

(1)　岩田他 (1996) 95−96頁。

はじめに

ことなしに国際収支の失調を是正する機会を提供することにより，加盟国に安心感を与えること。

(vi) (i)から(v)までの規定に従い，加盟国の国際収支の不均衡の持続期間を短縮し，かつその程度を軽減すること。

　基金は，そのすべての政策及び決定につき，この条に定める目的を指針としなければならない。」

　IMF協定は，為替相場を規制し通貨の安定を図る協定であると同時に，国際収支困難の国を支援し決済面から国際貿易の発展を図る協定である。よって，この目的を達するために，通貨制度を規制する規制権限と一時的な国際収支困難に陥った国を支援する融資権限をもつ国際機関IMFを設立した。

　歴史的にみれば，この協定は，為替の安定を図り国際決済面での多角性を保証する世界史上最初の試みであり，第二次世界大戦前の反省を踏まえ策定された。そのため，IMF協定の条文の内容及びその後の運用を探る前に，IMF協定策定以前にどのように国際的な取極がなされたかを検証することが必要である。よって，序章において，第二次世界大戦前どのような国際通貨秩序が存在し，どのような法的な理解がなされていたのかを考察する。

　第一次世界大戦前の国際通貨体制である金本位制は，諸国間の条約によって成立したものではなく，諸国の国内法によって成立したものであり，国際法なき国際通貨秩序であった。「通貨は国内法の制度」であるとされ，通貨主権は伝統的な国際法によって認められていた。第一次世界大戦によって金本位制が崩壊し，その後金為替本位制が行われたが失敗し，先進諸国は輸出を拡大し輸入を抑制すべく，為替管理を行ない，為替を切下げ，高関税を導入した。これらの措置は，金本位制と同様国家主権の範疇に入る事項であると考えられていた。だが，これは他国による報復的な措置をよび，競争的な為替切下げや関税競争は，第二次世界大戦勃発の導火線となったとされた。よって，戦後構想を企図したものは，これらを除去し，国際法によって新しい世界経済秩序を形成せんとしたのである。

　そこで，第1章においては，いかなる構想の下IMFが形成されたのかを論じる。ここでは，米国の主導の下，英国の当座借越信用供与の機能を有する国際清算同盟構想を廃し，主として支援が割当額に限定される国際通貨基金が設立されたことが論ぜられる。そして，IMFの設立を話し合ったブレトンウッズ会議において，開発という問題を，起草者がどのようにIMFにおいて扱おうとしたかを検討し，何故起草者がIMFの目的に開発を含むことを回避したのかを考察する。すなわち，IMFの目的に開発を含むことを回避したことにより，IMFは

開発という目的を有する世界銀行と区別される国際機関であることを鮮明にしたのであり，長期的な投資や開発問題を扱う世界銀行との管轄権が重ならないように意図されていたのである。

第2章では，このような形で成立したIMFの基本構造について説明する。これまで，IMF協定は3回改正された。この改正を導いた見解や国際経済情勢を捉え，なぜIMF協定が改正されたのかを確認することとする。

IMFは，国際機関であるので，国際機関として必要とされる法人格，加盟，脱退といった規定が，協定に定められている。さらに会計，割当額等の金融機関としての基本制度が，規定されている。

IMFは，その目的を実行するために，規制権限と融資権限を有するが，ここでは，これらの権限について条文にそって説明を行う。規制権限を説明する際には，固定相場制，変動相場制ついても併せて確認する。融資権限を説明する際には，リザーブ・トランシュ，クレジット・トランシュ等IMFの融資制度を理解する上で欠かせない制度を説明する。さらに，一般資金利用の条件について概観し，融資権限とコンディショナリティを考察する第6章を理解するための準備とするべく，情報の共有を図りたい。

規制権限，融資権限以外にも，IMF協定は，資本移動の管理についての規定も有している。この規定は，第二次大戦前のホットマネーの動きが，各国の経済に多大な影響を与えたことを鑑み，設けられた。だが，昨今，資本移動を自由化しようとする論議が高まっている。

さらに，IMF協定は，補充・不足通貨条項も規定している。この規定に基づき，IMFは加盟国から借入れることができる。不足通貨条項は，国際収支黒字国の経常収支不均衡を正す規定として設けられたが，これまで使われたことはない。最後に，IMF8条国，IMF14条国として一般に知られる加盟国の義務規定，過渡期規定についても，条文を確認しておく。

すなわち，本章ではIMFの改正過程を追い，重要条文を検討することによりIMFの全体像を把握し，以後の細かな議論の理解を助けることを目的としている。

第3章は，IMFの意思決定制度と実際の決定のあり方について検討する。IMF協定は，意思決定機構について定めており，総務会が一般的な権限を有している。しかし，多くの権限は理事会に委任されている。そして，総務会・理事会における決定は，最終的には投票で行なわれる。この投票は，加盟国により任命・選任された総務・理事が得た票数により行なわれる。この票数は，加盟国の割当

iii

はじめに

額を反映したものであり，おおよそ経済力の大きな加盟国が大きな割当額を持ち，よって多くの投票権数をもつ。これを加重投票制といい，ＩＭＦの特徴のひとつとなっている。

ＩＭＦによる決定は，最終的には投票によって決せられることが条文に規定されているが，実際には投票はほとんど行なわれず，「雰囲気の一致」により行われる。よって，投票によらない決定のあり方を検討しない限り，ＩＭＦの意思決定について正しい理解が得られない。そこで，これについても説明を行なうこととし，実際の意思決定のあり方を把握することとする。

第４章では，ＩＭＦの法がどのような特徴を有する法であるのかについて，ゴールドの論文によりながら説明する。まず，ＩＭＦ協定の成立により生じた法規範を検討し，その適応のあり方を探る。その適応方法として，改正，変更，授権権限といった手段を確認する。一方で，加盟国の義務不履行に対しては，制裁（ゴールドの用語では救済）が課せられる。この救済は，多様であるので，目的により手段を分類するアプローチ及び手法によって救済を分類するアプローチにより，救済のあり方を検討する。

また，ＩＭＦの法と決定の首尾一貫性を，政治的考慮の観点から考察を進める。世界銀行は，協定で政治活動を禁止されているが，ＩＭＦには同様の規定はない。そこで，ＩＭＦがどのように政治的な事項を扱っているかを検討する。そして，最後に，加盟国間の平等がどのように扱われているかを検討し，ＩＭＦ法のあり方を探ることとする。法の下の平等は，ＩＭＦにおいて基本原則として考えられているが，この平等は，①すべての観点からの平等を意味せず，②協定の規定に従うものとされる。さらに，先進国と途上国の取扱，画一的な権利・義務と対照的な権利・義務について検討を行なう。すなわち，第４章では，ＩＭＦの法がどのような法原則によって変化する状況に適応し，義務違反を正し，法と政策の一貫性を保持し，法の下の平等を確保しているのかを考察する。

第５章は，ＩＭＦの法実行の特徴的な点である，ソフトローによる変化する状況への適応について検討する。ソフトローとは，条約のような厳格な国際法上の合意とは異なり，①具体的な権利義務を確定するものではない，②法規範として未成熟で規範内容の明確さに欠ける，③法的拘束力が稀薄で，当事者の善意に依拠する部分が多い，という特徴を有する。

ゴールドは，ＩＭＦの実行の多くをソフトローと位置づけ，このような曖昧な方法により，変化する状況に対応することができたのだ，と主張している。しかし，これは，権限踰越や権限逸脱の疑いを招くものである。第５章では，規制権

はじめに

限におけるソフトローによるIMFの実行を考察する。

第6章で，融資権限の拡大とソフトローについて論ずる。IMFの資金について，協定上は自動的に引出せるのか，IMFが異議を唱える権限を有するのかに関しては，はっきりしなかったが，IMF設立後，米国の主導でIMFに異議を唱える権限があると解釈されることとなった。これが，後のコンディショナリティにつながるのである。このIMFの異議は，IMFの資金を回転資金とし，この回転資金を維持するため，資金利用を要請する加盟国に対して審査する権限を有することを示すものである。しかし，このようなIMFによる審査が加盟国の要請を抑止しているのか，加盟国の資金利用は低調であった。そこで，加盟国の資金利用の低調さを打開するため，スタンド・バイ取極という信用枠のような枠組みが協定によらず作られた。だが，このスタンド・バイ取極は，徐々に加盟国に対する監視機能を強めることとなり，スタンド・バイ取極の際の条件は，資金要請をする加盟国の国内経済政策を縛ることとなる。この条件一般をコンディショナリティというが，これはIMF協定に規定されたものではなく，ソフトローとして理解される。

このコンディショナリティの実行が，資金要請国の主権を縛っており，かつ途上国と先進国との間の扱いに差異が見られる，として途上国より批判され，ガイドラインを策定することとなった。しかし，ガイドラインを無視してIMFの業務がなされている可能性がある。また，このスタンド・バイ取極において，開発政策が志向された。スタンド・バイ取極は，IMF協定の効果は及ぶものの国際条約でも契約でもないとする全く他に例を見ない独自のものであり，いわばこの独自の「法的」なあり方によって，ほとんどすべての政策に関与することができるようになった，といえるかもしれない。

第7章では，国際通貨体制の危機をくぐり抜け，オイルショック以降の途上国における国際収支困難やその後の債務危機に対応すべく，さらにIMFの権限の拡大が図られたことについて検討する。様々な，融資制度が設立され，様々な経済危機にIMFは挑むこととなった。しかし，途上国問題を主として取り扱うことは，途上国の内部事情を勘案しなければならないことも意味した。先進国の主張や途上国の要望も踏まえ，IMFは，途上国の経済成長を重視する経済成長路線へと進み，これを追認する形でカムドシュ専務理事は，経済成長をIMFの目的であると協定改正なしに宣言したのである。だが，開発や経済成長をIMFの目的とすることは，起草過程において斥けられた事項であり，IMFが経済成長を目的とすることは，開発のための国際機関である世界銀行との境界線を曖昧に

はじめに

するものであった。

そこで，第8章では，IMFと世銀がお互いにどのように権限を拡大し，相手の管轄権を侵害していったのかを検討する。このような相手の足を踏み合うことを避けるべく，IMF・世銀コンコルダートが策定された。しかし，マクロ経済政策の取扱においてお互いの権限拡張の主張が顕著に表れた。

このように，IMFが経済成長を目的とし，世銀の管轄権にまで踏み込むことは，協定上許容されることなのであろうか。このことを判断すべく，最終章において紛争解決手続について検討を行う。具体的には，ゴールドによる開発・経済成長の解釈を紹介し[2]，そこで，ゴールドがどのように，IMFが開発・経済成長問題を扱うことを正当化しているのかを検討する。その後，このようなIMF協定上の解釈の疑義がいかなる手続で解決されているかについて検討し，本書を終えることとしたい。

なお，本書の内容は筆者の所属する組織とは一切関係がない。

本書の執筆にあたっては，多くの方々にお世話になった。特に，東京大学大学院法学政治学研究科石黒一憲教授は，指導教官として私を指導して下さっただけでなく，数々の励ましの言葉を下さりかつ発表の機会を取り計らって下さった。厚くお礼を申し上げたい。

また，早稲田大学大学院政治学研究科博士課程の漆畑智靖氏にも感謝申し上げたい。当初，このIMFについての研究は，彼と2人で始めたものであり，特に1999年夏の彼との勉強会がなければ本書は完成しなかったに違いない。さらに，東京大学大学院経済学研究科博士課程金子 光氏にも貴重なコメントや励ましを頂いた。深く感謝いたしたい。

そして，信山社の村岡侖衛氏に対して感謝の辞を申し上げたい。名もない私の

---

(2) 本書の執筆にあたっては，ゴールドの著作に多くを負っていることをここに申し添えておかなければならない。ゴールドは，IMFの法律部長，法律顧問を長きにわたって務めた代表的な国際通貨法学者である。参考文献表参照。なお，IMFについての法的研究は，彼が最も中心的な人物であることは異論の余地がない。彼の学問の全体像については，Zamora (1990) 参照。また，本書において参照されるポラック，タンジ等はIMFのスタッフを務めた経験があり，IMFの法的・制度的研究はこれらIMFのスタッフによって多くを担われてきた。特に，ポラックは，1947年からIMFにかかわり，1958－1979年調査局長，1966－1980年経済顧問，1981－1986年理事を歴任した。

はじめに

　原稿に目を通して下さり，快く出版の機会を与えて下さったことに対して心よりお礼を申し上げたい。

　最後に，私事にわたって恐縮であるが，私が好き勝手な人生を送ったことを許容してくれただけでなく，様々な支援をしてくれた父母に心から感謝し，本書を捧げたい。また，本書の出版の直前に祖母が逝去した。できれば，本書の出版を一緒に喜んでいただきたかった。

　2000年11月

谷岡慎一

谷岡慎一　ＩＭＦと法

目　次

はじめに

序章　第二次大戦前の国際通貨体制の状況と国際通貨法の模索 …………… *1*

第1章　ＩＭＦ設立の構想 ………………………………………… *12*

　第1節　米英の戦後構想 ………………………………………… *13*
　　1．ホワイト案　*(13)*
　　2．ケインズ案　*(18)*
　　　　国際清算同盟への評価　*(24)*
　　3．ホワイト案とケインズ案の共通点と相違点　*(25)*
　　4．米英の妥協　*(27)*
　第2節　ブレトンウッズにおける開発論争 ……………………… *29*
　第3節　ＩＭＦと世界銀行 ………………………………………… *35*
　　まとめ ……………………………………………………………… *41*

第2章　ＩＭＦの基本構造 ………………………………………… *42*

　第1節　国際通貨問題とＩＭＦ協定の変遷 ……………………… *42*
　　1．ＩＭＦの成立と危機への対応　*(42)*
　　　　ＩＭＦの資金利用の発展と通貨危機　*(43)*
　　2．一次改正　*(45)*
　　　　一次改正の前提──トリフィンのジレンマ　*(45)*
　　　　一次改正──ＳＤＲの創出　*(46)*
　　3．ブレトンウッズ体制の崩壊と二次改正　*(47)*
　　　　ブレトンウッズ体制の崩壊　*(47)*
　　　　国際通貨制度改革　*(49)*
　　　　国際通貨制度改革における米国の主張　*(50)*

　　　　国際通貨制度改革概要　*(53)*

　　　　二次改正　*(54)*

　　4.　三次改正　*(56)*

第2節　ＩＭＦの基本構造 …………………………………………… *57*

　　1.　ＩＭＦの地位，免除，特権　*(58)*

　　2.　ＩＭＦへの加盟　*(59)*

　　3.　ＩＭＦからの脱退　*(60)*

　　4.　会　計　*(62)*

　　5.　割当額及び出資　*(62)*

第3節　ＩＭＦの規制権限 ………………………………………… *65*

　　1.　為替取極に関する義務　*(65)*

　　2.　固定相場制　*(65)*

　　3.　変動相場制　*(67)*

　　　　変動相場制の容認　*(67)*

　　　　変動相場制容認の評価　*(70)*

第4節　ＩＭＦの融資権限 ………………………………………… *71*

　　1.　ＩＭＦの操作及び取引　*(71)*

　　　　リザーブ・トランシュ　*(72)*

　　　　クレジット・トランシュ　*(73)*

　　2.　使用される通貨の決定と自由利用可能通貨への交換　*(73)*

　　3.　一般資金利用の条件　*(75)*

　　　(1)　①貸出政策との斉合性と②必要性の提示　*(75)*

　　　(2)　③量的制限　*(77)*

　　　(3)　④利用資格の喪失に関する条件　*(79)*

　　4.　資金利用条件の免除　*(80)*

　　5.　融資政策の多様化　*(80)*

　　6.　買戻し（返済）　*(81)*

　　7.　手数料　*(83)*

　　8.　報　酬　*(84)*

目　次

第5節　資本移動 …………………………………………… *84*

第6節　補充及び不足通貨 ………………………………… *88*

　　　一般借入取極（GAB）　(*88*)

　　　新規借入取極（NAB）　(*89*)

　　　不足通貨条項　(*90*)

第7節　加盟国の義務 ……………………………………… *91*

　1．加盟国の一般的義務　(*91*)

　　　経常的支払に対する制限の回避　(*91*)

　　　差別的通貨措置の回避　(*92*)

　　　外国保有残高の交換可能性　(*93*)

　2．過渡的取極　(*95*)

　　まとめ ……………………………………………………… *97*

第3章　IMFの意思決定機構と決定 …………………… *99*

第1節　総務会と理事会の権限 …………………………… *99*

　1．総務会　(*99*)

　2．新たな政治的決定機関　(*102*)

　　　評議会　(*103*)

　　　暫定委員会　(*105*)

　　　国際通貨金融委員会　(*106*)

　　　開発委員会　(*106*)

　3．理事会　(*108*)

　　　理事会の権限　(*108*)

　　　理事会の構成　(*111*)

　　　理事会の会合　(*113*)

　　　理事の国籍　(*115*)

　4．専務理事　(*115*)

第2節　投票制度 …………………………………………… *116*

　1．加重投票権の導入　(*116*)

  2. 加重投票権の調整　*(122)*

第3節　総務会・理事会における投票 …………………………………… *126*

  1. 総務会における投票　*(126)*

  2. 理事会における投票　*(127)*

   一括投票　*(127)*

   行使されない投票権　*(128)*

   理事と加盟国の関係　*(129)*

第4節　投票と決定の効果 …………………………………………………… *131*

  1. 決定の効果　*(131)*

  2. 加盟国の状況の影響　*(133)*

  3. 専務理事の役割　*(134)*

第5節　票決の方法 …………………………………………………………… *135*

  1. 多数決と定足数　*(135)*

  2. 票決の方法　*(135)*

   全会一致　*(136)*

   特別多数決　*(138)*

  3. 決定のための条件　*(141)*

   協定上の条件　*(141)*

   政策上の条件　*(142)*

第6節　実際の意思決定 ……………………………………………………… *143*

  1. 理事会の実際　*(144)*

  2. 責任の所在を示す3つの決定　*(146)*

   (1) 政策に関するスタッフの責任　*(146)*

   (2) 執行に関するスタッフの責任　*(147)*

   (3) 政策や主要な問題に対する理事会の責任　*(147)*

  3. 理事会と専務理事・スタッフの権限　*(148)*

  4. 決定の準備過程　*(150)*

   決定の主導権　*(151)*

5．決定と解釈　(152)
　　　　決定の様式　(152)
　　　　決定の解釈　(153)
　　　　決定の期間と決定の改正　(154)
　　6．実際の決定　(155)
　　　　投票の回避　(157)
　　　　実際の決定と投票　(162)
　　7．理事会決定の拡大と決定の実施　(163)
　　　　理事会決定の拡大と権限踰越　(163)
　　　　決定の実施　(165)
　まとめ ………………………………………………………………… 165

第4章　IMFにおける法構造 ……………………………… 167

第1節　IMFの法規範 …………………………………………… 170
　1．IMFの法規範の分類　(170)
　2．IMF法の階層構造　(170)
　3．命令的規範と任意規範　(172)
　4．第三国　(173)
　5．決　定　(174)

第2節　法規範の適応 ……………………………………………… 175
　1．改　正　(176)
　2．変　更　(178)
　3．授権権限　(179)
　4．規則の策定　(179)
　5．勧告とガイドライン　(180)
　6．協力義務　(180)
　7．停止権限　(181)
　8．役務の提供　(182)
　9．他の手法　(183)

第3節　法規範と非遵守に対する救済 …………………………… *183*
1. 目的による救済の分類　(*184*)
2. 手法による救済の分類　(*185*)

　　同僚の判断　(*185*)

　　周　知　(*185*)

　　負担の増大　(*185*)

　　利益の否定　(*185*)

　　救済政策　(*186*)

　　違反結果の統制　(*188*)

　　ＩＭＦにおける違反の効果　(*190*)

　　寛　容　(*190*)

第4節　ＩＭＦの法と決定の首尾一貫性 ……………………………… *192*
　　政治的考慮　(*192*)

第5節　法の下の平等 …………………………………………………… *197*
1. 法の下の平等　(*197*)
2. 政策における画一性　(*199*)
3. 先進国と途上国　(*201*)
4. 画一性と対称性　(*202*)

まとめ ……………………………………………………………………… *203*

第5章　ＩＭＦの法とソフトロー …………………………………… *204*

第1節　ソフトロー …………………………………………………… *204*

第2節　ＩＭＦの法とソフトロー …………………………………… *207*
1. ゴールドによるソフトローの理解　(*207*)

　　ソフトローの解釈への影響　(*209*)

　　ソフトローの執行への影響　(*210*)

第3節　規制権限とソフトロー ……………………………………… *211*
1. 為替相場におけるソフトロー　(*211*)

目　次

　　　　　勧　告　*(212)*

　　　　　指　針　*(215)*

　　　　　指針とするための原則　*(219)*

　　　　　監　視　*(220)*

　　　　　ソフトな行政　*(223)*

　　　　　ソフトな解釈　*(226)*

　　　　　救済とソフトロー　*(228)*

　　２．ソフトローの影響力の拡大と加盟国の自由　*(236)*

　　　　　ソフトローと加盟国の自由　*(236)*

　　３．協力義務　*(239)*

　　　　　協力の一般的見解　*(241)*

　　　　　協力と解釈　*(242)*

　　　　　協力の意義　*(243)*

　まとめ …………………………………………………………… *249*

第6章　融資権限の拡大とソフトロー ……………………… *250*

　第1節　自動性論争とスタンド・バイ取極 ………………… *251*

　　１．自動性論争の結果　*(251)*

　　２．スタンド・バイ取極　*(253)*

　　　　　歴史的経緯　*(253)*

　　　　　スタンド・バイ取極の実行　*(256)*

　　　　　スタンド・バイ取極の法的性質　*(257)*

　第2節　コンディショナリティ ……………………………… *260*

　　１．コンディショナリティの導入　*(260)*

　　２．コンディショナリティの展開　*(262)*

　　３．パフォーマンス・クライテリア　*(264)*

　　　　　パフォーマンス・クライテリアの法的性質　*(265)*

　　４．コンディショナリティに対する制限と実行　*(268)*

　　　　　1979年ガイドライン　*(268)*

適当な保障 *(272)*

　第3節　スタンド・バイ取極による開発への関与 …………………… *274*
　まとめ ……………………………………………………………………… *276*

第7章　協定改正なき革命 ………………………………………… *278*
　第1節　ＩＭＦの内部の葛藤 ………………………………………… *280*
　　1．ＩＭＦの内部の葛藤 *(280)*
　　2．債務危機と目的拡大への模索 *(283)*
　　　Ｇ−24改定行動計画 *(285)*
　　　Ｇ−24レポート *(287)*
　　　ベーカー構想 *(288)*
　　　ベーカー構想の適用と途上国の対応 *(291)*
　　　新Ｇ−24レポート *(294)*
　　　第二次ベーカー構想 *(297)*
　　　カムドシュ演説 *(299)*
　　3．世銀における構造調整政策 *(302)*
　第2節　ＩＭＦの金融支援の多様化 ………………………………… *303*
　　1．多様化した金融支援 *(304)*
　　　拡大信用供与措置 (Extended Fund Facility : EFF) *(304)*
　　　補完的融資制度 (Supplementary Financing Facility : SFF) 及び増枠融資制度 (Enlarged Access to the Fund's Resources : EAR) *(305)*
　　　輸出変動・偶発保証融資 (Compensatony and Contingency Financing Facility : CCFF) *(306)*
　　　緩衝在庫補償融資制度 (Buffer Stock Financing Facility : BSFF) *(306)*
　　2．低所得国向けファシリティ *(306)*
　　　トラスト・ファンド *(307)*
　　　構造調整ファシリティ (Structural Adjustmet Facility :

SAF) *(307)*

拡大構造調整ファシリティ (Enhanced Structural Adjustment Facility : ESAF) *(308)*

第3節　開発委員会・専務理事・スタッフの見解 ……………… *310*

1. 開発委員会における議論及び見解　*(310)*
2. 専務理事の見解　*(313)*
3. ＩＭＦの実行とスタッフの見解――スタッフによる成長への傾斜とガイドラインへの批判　*(318)*

   マクロ経済変数のガイドライン　*(318)*

   タンジの立論　*(319)*

まとめ ……………………………………………………………… *323*

第8章　ＩＭＦと世界銀行 ……………………………… *324*

第1節　ＩＭＦと世界銀行の相違と接近 ……………………… *324*

1. ＩＭＦと世界銀行の相違と相互浸透　*(324)*

   ＩＭＦの世銀の管轄権への拡大　*(327)*

   世銀のＩＭＦの管轄権への拡大　*(328)*

   債務危機による世銀の役割の拡大　*(328)*

2. 潜在的な紛争のある領域　*(329)*

   ① 融資対象の加盟国　*(329)*

   ② コンディショナリティ　*(329)*

   ③ 政策関心の収斂　*(330)*

3. 制度的な相違　*(332)*

第2節　協力の開始とその難航 ……………………………… *334*

1. 協力の開始 (1980－1988)　*(334)*
2. ポリシー・フレームワーク・ペーパー（ＰＦＰ）　*(335)*
3. ＩＭＦと世銀の主導権争い　*(337)*
4. ＩＭＦ・世銀コンコルダート　*(338)*
5. コンコルダート以後　*(340)*

目　次

　　まとめ ………………………………………………………………… *342*

第9章　紛争解決手続 ……………………………………………… *343*
　第1節　開発・経済成長の解釈 ……………………………………… *343*
　　1．ゴールドによる開発・経済成長のＩＭＦの目的化への批判　(*343*)
　　2．正当化　(*345*)
　第2節　紛争解決手続 ………………………………………………… *348*
　　1．ＩＭＦの紛争解決の特徴　(*348*)
　　　解釈手続　(*350*)
　　　解釈の拘束力　(*351*)
　　　司法的救済の欠如　(*352*)
　　　29条の手続によらない解釈　(*352*)
　　　一次改正による解釈委員会の設置と事実上の不設置　(*354*)
　　　解　釈　(*356*)
　　2．ＩＭＦの決定の現状と批判　(*358*)

結　　び ……………………………………………………………………… *361*

巻末資料：参考文献／国際通貨基金協定

序 章
第二次大戦前の国際通貨体制の状況と国際通貨法の模索

　通貨に関し国際的な視点から法的考察がなされたのは，主として第一次世界大戦と第二次世界大戦の戦間期以降のことである[3]。しかし，当初，通貨法に関しては，様々な国で規定されている国内法の原理に焦点を当てた比較法や抵触法の議論に限定されていた。「国際通貨法」という用語は，知られていなかった。すなわち，法的には通貨問題は国内的な関心事であり，国際的なものではなかったのである[4]。

　むしろ「通貨は国内法の制度である」とされてきた。これは，「各国家の主権に属する貨幣鋳造権（jus cudendae monetae）の所産」であり，国家の通貨に対する主権は，伝統的に国際公法によって認められているとするものであった[5]。すなわち，通貨について国内法によって与えられている権限は，他の国家が批判することができない権限として国際的に認められていたのである。セルビアおよびブラジル貸付事件においても，「国家が自国通貨を規制する権限が与えられていることは，実際に一般的に認められている」とされている。通貨は，明白に国家の国内的な管轄権に入るものであると考えられなければならないのであるとされ，よって各国の立法者は，自国通貨の定義や価値の増価・減価等を自由に決めることができるとされたのである。また，国際慣習法は国内の立法者のこの裁量を拘束するものではなく，違反に対し国際的な違法行為であると国内の立法者の措置をみなすこともできない。すなわち，各国家が独自の国際私法の体系を形成

（3）　国際通貨法の分野を切り開いたヌスバウムによれば，国際法に関わる通貨問題は，17世紀後半のドイツの法律家サミュエル・ラヘルにより主張されたことを嚆矢とする。ラヘルは，トルコダカットに言及しながら，硬貨の国際的な流通に信頼を寄せていた。しかし，彼の考えは誤りであった。外国硬貨の受取は，ある硬貨の重量や精巧さへの共通の信頼による利便向上の問題であった。ある範囲で外国硬貨の受取は義務的になされたが，それは商業的な慣習や国内法によるものであり，国家間のルールでもなければ普遍的な法でもなかったからである。Nussbaum (1950) pp. 314-315.

（4）　Zamora (1990) pp. 440-441.

（5）　Mann (1992) p. 461.

序章　第二次大戦前の国際通貨体制の状況と国際通貨法の模索

すること及び外国の通貨法が国境内において適用される範囲を決定することを，国際慣習法は許容している，とされたのである[6]。

　ここで通貨主権とは，計算単位としての通貨の発行，国家の領域内の通貨利用の規制，相場も含め外貨の交換の規制，を国家がなしうるということを意味する。国際および国内貨幣市場両方において，基本的な通貨単位の価値を国家が一方的に決定することができるという権利は，第二次大戦後までは国際法によりほとんど影響を受けなかった[7]。

　歴史をさかのぼると，通貨に関する国際的な合意が全くなかったわけではない。そもそも，通貨は当初より国際的な側面を有するものであった。最初の鋳造貨幣は，紀元前7世紀に作られ，金と銀を混合したものであったが，基本的に外国貿易のために使われていた[8]。ヌスバウムによれば，「通貨法は，経済的な分離や競争の道具として使われてきた一方で，諸国を拘束するために適したものであった。実際，国際的な取極は，古代より通貨問題に関わりつづけてきたのである。」通貨に関する国際的な取極は，ギリシア初期の都市国家の時代（紀元前500年）もしくはそれより以前に存在した[9]。これらの初期の取極は，基準統一取極（standardizing agreements）と呼ばれる。それは，特に硬貨すなわち金属通貨に関連し，特定の条約の調印国間で金属の材質，純度，重量，形状，刻印等に関する鋳造の共通の統一基準を確立するものであった[10]。

　中世においては，金と銀や硬貨間の交換比率を固定する二国間の取極が結ばれていた。しかし，鞘を取ろうとするものはこの法的な要請を無視しがちであった。すなわち，国際的な協力は，最低限のものであったのである。国際通貨法のルールに最も近いものは，高利貸に対するカトリック教会のルールであった。しかし，この法においても違反がしばしば見られた。19世紀半ばにおいては，多国間の通貨協力が試みられた。フランス，イタリア，ベルギー，スイス，ギリシア間で結ばれたラテン通貨同盟がもっとも有名なものである。この同盟を形成した条約は，金貨と銀貨の発行基準を定め，各国は債務の支払において他国の硬貨を受取ることを取り決めた。しかし，同盟の範囲は，限定され義務は遵守されなかった。

---

(6) Ibid. pp. 461-462.
(7) Shuster (1973) pp. 1-2.
(8) Nussbaum (1950) p. 311.
(9) Ibid., 502.
(10) Ibid., 12.

序章　第二次大戦前の国際通貨体制の状況と国際通貨法の模索

　19世紀後半においては，このような二国間，多国間の条約による通貨協力よりも，金本位体制の下で国際的な決済と通貨の安定が維持されていた。
　この金本位に基づく国際通貨体制は，「ゲームのルール」として機能した。ここで体制とは，ロバート・マンデルによれば，制度と異なり制度が実際に機能するための骨組みや仕組のことを意味する。具体的には法律，慣習，規制，その他の制度の仕組，さらにはその制度の仕組に関する制度参加者の理解からなる枠組みである[11]。金本位制は，法によって体制が形成されているわけではないが，参加諸国が国内法によって手当てすることにより，国際通貨体制が成立したのである。この金本位制は，英国の金本位の維持，フランス，ドイツ，米国の金本位採用により1879年に成立したとマッキノンは論じている[12]。
　この金本位制に基づく国際通貨体制は，①公定金価格ないし「平価」を固定し，国内通貨と金をその価格で自由に交換する，②民間による金の輸出入を制限せず，経常・資本取引に対しても一切為替制限を課さない，③国が発行する銀行券，及びコインを特定の金準備によって保証するとともに，長期的な預金通貨の増加を一般的な金準備の利用可能量に見合う形で制限すること，を骨子とする。具体的には，国内通貨と金の交換において，一方で固定価格による国内通貨と金との交換を保証すると同時に，他方では自由な国際的裁定を認めることにより，金現送点として知られる非常に狭い幅で国内通貨を外国為替に交換することを保証したのである。
　金現送点とは，次のことを意味する。すなわち，金平価に金の現送に要する費用を加えたものを上限，差し引いたものを下限とする範囲で為替相場が決定されると考え，この範囲を金現送点といったのである。モルゲンシュタインによれば，この変動幅は欧州内部では0.5～1％であるのに対し米ドルの場合には金の輸送費が割高となるため，通常欧州通貨に対して1％を若干上回っていたと推計している。これは，1950年代から60年代のブレトンウッズ体制や1980年代のEMSの変動幅より小さい。金流出の動きを緩和するため政府が一時的に金の実行購入価格を引き上げる金価格操作は行なわれていたが，政府による金価格操作は①②を大きく損なうものではなかったとされる。
　さらに，上記の3つに加え，④各国の中央銀行が最後の貸手としての役割を果

---

(11)　Mandel（1972）p. 92.
(12)　マッキノン（1994）33頁。以下，金本位制の6つのルールや現状分析は本書に依拠して論ずる。

たし，⑤長期的には予め決められた平価に復元させること，及び⑥共通の物価水準（名目アンカー）が世界的な金の需要と供給によって決定されることを認めることを暗黙の能動的・受動的ルールとしていた。

④最後の貸手として中央銀行は，金本位のルールを破ることなく現在発行されている銀行券を保証するため，法的に必要とされる以上の超過金準備を保有するか，迅速に公定歩合の変更という手段に訴えるか，いずれかの方法をとることができるとされ，各国中央銀行は「超過」金準備を積み上げるため金の流入を不胎化した。ヌルクセは，主要国が金の流れを少なくとも部分的に不胎化してしまうことにより，ゲームのルールを壊してしまったと指摘したが，古典的な金本位制の下では，金の流入を不胎化することを妨げるような暗黙ないし明示的なルールは存在せず，各国の中央銀行は金の流れが国内の貨幣ストックに与える影響を「最小化」ないし平準化するために，時には相互に直接貸し借りを行ないながら，国際および国内資本市場においてオペレーションを実施していたのである。すなわち，古典的金本位制は管理されていたのだ。

そして，⑥世界の共通物価水準は，世界全体の金の需要と供給によって自律的に決定されていた。永久的に固定された為替相場と事実上世界共通の金融政策の下で，貿易財価格は一国内の価格であるかのように国際的に均等化しており，実質金利もこの1879年から1914年までの間，工業国及び原材料生産国間において均等化していたのである。しかし，どの政府も貨幣用金の需要や供給の不規則な変化を打ち消すような裁量的な行動をとらないため，この制度は急激な流動性の縮小を招きやすく，共通物価水準は短・中期的には激しく変動した[13]。

だが，機能的には，金本位制は，(i) 為替相場の安定性を確保し，(ii) 国際収支不均衡が調整されるメカニズムを提供し，(iii) できる限り非制限的で多角的な決済が可能となる，という国際通貨関係における3つの重要な機能を果たしていた。

通貨主権の観点から金本位制の6つのルールを見た場合，最も重要なものは④であろう。すなわち，金本位制は各国が裁量的な通貨政策を放棄する点で主権の制約を意味するものであるが，超過金準備と公定歩合の変更を認めることにより，中央銀行による裁量的な金価格操作を許容し，各国の自律性と国際通貨体制の維持のバランスをとった体制として存続していた，と見ることができるからである。

この金本位制を支えるために，2つのことが守られる必要があった。第一に，金本位国の通貨単位を，特定の金の量を基準にして法により決めることである。

---

(13)　同前・33－63頁。

金本位国の為替相場は，金の媒介を通じて設定された。第二に，金本位国の通貨当局は，紙幣の交換に固定為替相場の下で決められた量の金を，そしてその反対に紙幣を要求に応じて際限なく与える義務を法的に有していた[14]。

しかし，国内の経済安定や完全雇用を犠牲にする恐れがある金本位制を各国が受け入れたのはなぜであろうか。最も重要な理由として，4点があげられる。第一に，経済の弾力性である。価格が需給関係を正しく反映し，価格の変動に対する実体経済面の適応が敏速に行われて新しい均衡が速やかに達成された。この条件において，対外関係から蒙る影響は国内経済の適応によって吸収される。第二に，資本主義の上昇傾向である。第三に，金の生産が上昇傾向にあり，世界経済の発展にマッチした信用の拡大を可能にし，金の不足，流動性の低下を招くことがなかった。第四に，世界経済が均衡していた。この均衡は，金本位制の自動均衡化作用とは別に，英国が世界経済の中に占めた特殊な地位によって保たれ，とくに経常勘定取引により英国に吸収された金が，活発な対外投資によって再び分散され，金の偏在を生まなかったのである。

しかし，第一次世界大戦の勃発により一夜にして金本位制は崩壊し，戦後金本位制に復帰したものの，1925年から1931年の間を除いて国際経済を規制する能力を失った。

この金本位制が国際経済を規制する能力を失った最大の原因とは，金本位を支えた4つの理由の第一のものを容認することができなくなったからであった。すなわち，価格の変動に対する実体面の適応がスムーズに行われないようになり，対外面からの衝撃が，下降局面において下方硬直性という形で雇用面において問題化し，国内面で容易に吸収されないようになった。そのため，当局はこの点において自動均衡化作用に抵抗し対外面から影響を遮断し，これを除去しようとしたのである。また，経済ナショナリズムにより雇用と国民所得を経済安定の第一義的な基準とし，物価水準を第二義的なものと見なす傾向が助長された。さらに，戦時のインフレーション政策は，各国に影響を及ぼした。金の集中政策により中央銀行の金準備は増強されたが，同時に戦時インフレーションにより紙幣の流通量はそれよりはるかに増加していた。そのため，金準備は対外的な交換性を維持することに充てられるようになった。また，金の偏在が見られた。

そのため，金本位に復帰するとしても金貨本位制度ではなくより金を節約しうる形態に進もうとする風潮が高まってきた。1922年のゼノア会議において，金本

---

(14) Shuster (1973) p. 15.

位への復帰を謳うと同時に，その準備資産は金であることを要しないとし，参加国の一国が金の自由市場を設け金中心地となり，他の参加国は金為替を為替平価を中心とした一定限度において売買し，金為替本位制に基礎を置く国際協約を結ぶべきことが提案された。この場合，金以外の準備資産とは，他の参加国における在外残高，手形，短期証券又は他の適当な流動資産であった。

それでは，金本位と金為替本位は，どこに重要な相違点があるのか。

金が1つの貨幣商品であるのに対して，金為替はそのようなものではなく，金の対外請求権にすぎない。金為替は，外国為替であって国際決済の観点からすれば，金による最終決済の完了しない中間段階と考えなければならない。したがって，金為替を保有する国は，その金本位国に対し金による最終決済をいつでも請求しうる権利を留保している。逆に言えば，各国が最終決済を要求せずこれを外国為替のまま止め置くことは金本位国に対し信用を供与していることを意味する。この結果，中心にある金本位国がその他の参加国に対して金為替を売却してもそれは金本位国の金準備に差し当たり影響を及ぼさない。一方，金為替を受取った参加国は，それを準備として通貨の増発を行ないうる。そのため，極めて小規模な金準備で巨額の国際流動性を保持しうることとなったのである[15]。

この金為替本位制は，英国が金地金本位制を採用し，そこから離脱する1925年から1931年まで多数の国によって採用され，ほぼ世界全体がこの体制の下に入った。しかし，英国が1931年に金本位制を廃止し市場の相互作用によって対外的なポンドの為替相場が決定されることとしたとき，金為替本位制は消滅することとなった[16]。

それでは，なぜこの金為替本位制が崩壊したのであろうか。これにつき，いくつかの理由があげられている。第一に，当時の多数の国は英国および米国から安定借款や復興借款を受けていたが，その手取額の一部は中央銀行の手許に集中されていた。この信用が，1931年の流動準備恐慌において俄かに引き上げられ，この制度を崩壊させる一因となった。第二に，金為替国は国際収支を改善させて，金為替の獲得に狂奔するようになった。ある国は，故意にデフレ政策を取り，ある国は為替相場の水準が意識的に過小評価される水準に置き，これが外国からのその通貨に対する強気の投機を生んで外貨の流入をもたらした。一方，金本位国の側では，金準備擁護の体制を強化することとなった。そこで，潜在的な金準備

---

(15) 堀江（1962）12－22頁。
(16) Shuster (1973) pp. 17－18.

に備えて金準備確保のため全力を挙げざるをえないこととなり，1925年以降英国においてデフレーション政策が取られ国内において労働問題等を惹起することとなった。

　第二に，金貨本位制において外貨の手持ちが少なかったため，金市場で金を買うには自国通貨を売って外貨を求める必要があったが，金為替本位制において外貨の手持ちがある限りは為替市場に影響を与えることなく，金を買いつづけることが可能であった。さらに金為替本位国の中央銀行は，為替相場を調整するために金為替を売ればよく，金を売る必要がなかったから，彼らは市場に金の買手として登場することがあっても，売り手として登場することはほとんどなかった。よって，（1）金貨本位制度下における金市場と外国為替市場の有機的関連が失われ，（2）各国中央銀行は，自国に有利な裁定取引が行なわれるように市場を操作することが可能になった。

　第三に，金為替本位制を維持する場合，一国がゴールドセンターになって他国がこれに結びつくというのが最も理想的な形態であるが，このセンターが英国だけでなく，1928年以降金地金本位制を採用したフランス，引き続き金兌換に応じていた米国が存在し，3つのゴールドセンターが世界に存在していた。このセンター間の協力は不可欠であったが各国間に協調がなされず，むしろ各国の金争奪の修羅場と化してしまった。

　後日，金為替本位を是正し，国際間の協調を確保し，金為替準備を中央に集中し，その保管機関を限定しようとする主張が現われた。この考えは，さらに進展し，国際連盟金委員会は，聡明なる協力の具体化として各国の金為替準備を国際決済銀行のような国際機関に預託し，その国際機関はさらにその預金を参加各国の中央銀行に分散預託するという構想を抱いていた。

　この金本位制の変貌は，堀江氏によれば，自動的金本位制から人為的に管理された金本位制への発展過程であり，通貨の基礎が漸次金から解放される管理通貨制度への発展過程であった[17]。だが，この管理された金本位制さえ維持し難くなってきた。金は国際的には依然として最終の決済手段であったものの，国内的には紙幣本位制となることにより，国内物価水準が主軸となって為替相場の方が変動することとなった。だが，このような通貨価値の変動は，対外収支の均衡回復を困難にした。そして，金本位制下に見られた均衡的な国際資金移動に代わって，均衡破壊的な資金移動が顕著になった。これは，金利裁定のみによっては採

---

(17)　堀江（1962）25-31頁。

序章　第二次大戦前の国際通貨体制の状況と国際通貨法の模索

算の基準が明確ではなくなり，為替相場につけ込んだ純然たる投機的行為の方が，採算上有利になったことによるものであり，金為替本位時代に蓄積された各国の為替準備がその手段を提供したのである。通貨の不安は，その通貨から資本逃避を呼ぶようになり，国際間にはホットマネーと称されるものが横行した。このホットマネーの移動は，実質的な平価とは無関係に為替相場を一時的に変動させる働きがあった。そして，為替相場の変動は逆に国内物価水準を動揺させ，通貨不安がいっそう投機行為を募らせることとなった。

このため，中央銀行の割引政策が対外的に無力化した。一方，先物為替操作の技術は急速に進歩し，市場の発達も見られた。さらに，変動為替制にあっては，先物為替制度の発達をもってしても真の為替リスクすなわち為替相場水準の金平価よりの乖離をカバーすることはできず，健全な国際資金移動と国際貿易は阻害されることとなった[18]。

そのため，1930年代の大恐慌以降，主要国が為替管理を実施し国内経済の防衛に乗り出した。

為替管理とは，字義的には外貨の管理，より正確には政府による国際決済の媒介の管理を意味する。為替管理は，外国通貨に関する外国との金融的な関係に対する政府の管理である。歴史的にみれば，為替管理は新しいものではなく，重商主義の時代にも重商主義の時代以前においても行なわれていた。ある外国鋳貨の輸入を禁止することや，認められた鋳貨の交換比率について共通の政策を行なうこと等が，初期の規制であった。しかし，重商主義の時代以降，特に第一次世界大戦が始まるまで，このような規制は消滅した。第一次世界大戦中やその後は相対的に穏やかな為替管理が行なわれたが，1931年の世界的な金融危機の後，状況は一変した。各国は例外なく為替管理を行いかつその犠牲になることになった。規制の強さに差異はあったが程度の問題であった。この中で，ドイツの規制は最も方法的に優れまた精緻であった。

具体的には，為替管理とは次のような特徴を示すものである。①居住者（国民であるかどうかは問わず）は外国為替，及び多くの場合金や外国証券を当局に引き渡さなければならない，②外国通貨は輸出されてはならない，③非居住債権者は，支払義務のある譲渡された金額を受取ることができない，④外国為替と金の交換比率は政府の命令によって固定される[19]。

---

(18)　同前・31-34頁。
(19)　Nussbaum (1950) pp. 446-450.

そして，法的な原則として明記しなければならないことは，国際法が為替管理を禁止していないということであった[20]。

しかし，為替管理により各国が自主的な国内政策を遂行した結果として，以下のような事態が生じた。第一に，国内物価水準と国際物価水準との著しい乖離が起こってきた。このときの各国の政策は，不況の克服，戦争準備としてのインフレーション政策であったので，国内物価水準は国際物価水準に比べて割高となった。そのため，輸出に対しては補助金を与え，輸入に対しては輸入関税あるいは課徴金を徴収した。このような二重価格制の追求は，実質的な平価の切下げや複数為替相場制の導入であった。しかし，このような国内政策の導入は，対外防壁の際限のない強化を生み，完全な鎖国主義にいたる可能性があった。第二に，管理主義は国際貿易・金融上の双務主義を招き，この盛行が更なる強化を要求するものとなった。為替管理強化は，為替市場を崩壊に導き，通貨交換性は失なわれた。第三に，為替管理はひとたび開始されるとますます広汎かつ精緻なものとなった。当初は，資本逃避の防止を目的として始められたが，次第に範囲を拡大し，経常取引を含む広汎な範囲の統制に変わったのである。第四に，一国の管理の強化は連鎖的に他国のそれを招く傾向があった。第五に，管理により見せかけの均衡を出現させた。

大恐慌以降，為替管理は諸国のトレンドとなったが，一方通貨政策に関する国家主権の原理と世界通貨体制の一員として要求される原理との二律背反を調整する試みも為された。為替安定基金制度がそれである。これは国内的には中央銀行が金の国際移動を信用政策の指針とすること（すなわち割引政策に頼ること）をやめ，もっぱら公開市場操作によって信用調整を行なうとともに，対外的には為替市場への当局の介入によって相場水準の平価よりも野放図な逸脱を阻止せんとする目的を持つものであった[21]。

ヌスバウムによれば，1931年以降，政府は中央銀行の技術的な助けを得て，通貨防衛の最前線に位置した。そして，世界的な通貨危機に対応すべく，「安定化基金」が作られた。英国は，金本位を廃止した後，為替平衡勘定をポンド防衛のために創設した。米国は，1934年に金準備法の下で為替安定基金を創設する。為替安定基金と安定化基金は名称が異なるだけで国際協力を通じた通貨の安定化のための重要な道具となった。

---

(20)　Ibid., p. 475.
(21)　堀江 (1962) 34頁，42－46頁。

序章　第二次大戦前の国際通貨体制の状況と国際通貨法の模索

　各国間の協力自体は19世紀から中央銀行間でまず始まったが，この時期に重要であったものは政府間の安定化協定であり，二国間の安定化協定として，金融的に強力な国が自身の通貨や金を弱い国の通貨の支援のために売却する協定である[22]二国間協定が結ばれた。1934年にスターリングブロックが形成され，加盟国は安定化のために共同してあたるため，ポンドスターリングと加盟国通貨を結び付けた。これは，共通の通貨政策の大規模な採用を意味していた。

　多数国間協定としては，1936年9月に米国，英国，フランスの間で三国通貨協定が結ばれ，1936年11月にはベルギー，オランダ，スイスが加わった。英米仏は，平和と世界の繁栄のために共通の通貨政策の発足を主張した。これは，フランの減価を除き，割当と為替管理及び減価措置に対して共通の政策をとる，としたものであった。この発表は，米国財務省のステートメントによって補足され，24時間前の破棄通告を条件として，米国は英国，フランスから公共の利益に利点を与える相場すなわち1オンス＝35ドルで金を購入し売却することとした。互恵的に，英国，フランス政府は米国に提供するべく対応する基金を創設することとなった。

　しかし，これは結束のための政治的な宣言であり一時的な通貨協力を導いたが，1937年にフランスがフランのさらなる減価を決定し，機能しなくなった。

　この協定自体は存続し，公式には撤回されなかったが，ＩＭＦ加盟国でないスイスとの関係を除き，ＩＭＦの設立により最終的に重要性を失った。

　しかし，このような多国間の安定化協定は，ＩＭＦの基本的な機能の1つである国際収支金融の先例となるものであった。

　上記のような歴史的な動向を踏まえ総括すれば，歴史的には1914年の初めから，特に1930年代初頭以降，国際法がこの分野の国際関係において重要な地歩を占めるものであると考えられるようになり始めた。それ以前は，金本位制の下で国際通貨制度が十分に機能していたので，発展のためのインセンティブがほとんど存在しなかった。シャスターによれば「国際法のルールは，国内法のルールと同様，所与の時代の共同体において優越的である社会的及び環境的な条件への対応において発展するものであり，国際通貨法の発展もその例外ではないのである。」[23]。

　すなわち，政治的な理由により採択された為替市場安定のための国際協定がＩ

---

(22)　Nussbaum (1950) pp. 509－512.

(23)　Shuster (1973) pp 18－19. そして，国際礼譲から国際条約への発展は継続するものであり，究極的には国際慣習法の一般的な原理の確立に至るものとなるであろうとシャスターは論じている

MF協定に先行して結ばれたが、採択された国際協定は、通常期間の短いものであり、国際的な執行のメカニズムを提供するものではなかった。国際通貨法は、存在していないとはいえないが、無視されてきたのである。

さらに重要なことは、ブレトンウッズに先行する国際協定では、通貨政策と為替相場が純粋に国内的な統制のマターとされ、国際的な共同体に対し責任をもつものではなかった。ここでも通貨の規制は国際的な関心や交渉の事項ではなく「国家主権の特権」と見なされていた。この信念は、強固なものであったので国際法の原理として認められてきた[24]。

だが、戦後において、第二次世界大戦の反省を踏まえ、国家は世界的な性質をもつIMF協定のような国際協定や地域的な取極への参加を通して、この分野における国際的な問題のために行動の自由を拘束するという構想があらわれた[25]。

すなわち、米国・英国は、通貨問題を国内問題から国際問題とし、国際法の対象とすることで戦後通貨秩序を打ち立てようとしたのである。そこで、次章では、どのように国際通貨体制を打ち立てようとしたかを米国と英国のプランによりながら見ることとする。

---

(24) Zamora (1990) pp. 441−443.
(25) Shuster (1973) pp. 1−2.

第 1 章　ＩＭＦ設立の構想

　第二次世界大戦終結前，米国英国を中心とする連合国は戦後の構想について様々な見解をもった。米国は大戦中のように貿易を阻害し，決済を妨げる外国為替管理や複数通貨措置を撤廃することを目指した。そして，植民地を抱え，みずから様々な貿易及び決済のブロック化を行なっていた英国の批判を抑えつつ，米国は自由・無差別・多角を旨とする通貨・金融・貿易体制を形成するため，通貨・金融・貿易のそれぞれの機能を主管する国際機関を設立しようとした。ＩＭＦ，国際復興開発銀行（ＩＢＲＤ，以下世界銀行と呼ぶ），国際貿易機関（ＩＴＯ）である。国際貿易機関は，成立しなかったが，関税及び貿易に関する一般協定として予定された一部の機能を果たすことになり，その範囲を逐次拡大し，ついには1995年世界貿易機関（ＷＴＯ）の発足をみることとなった。

　これら３つの国際機関は，それぞれ別の国際条約に基づいて設立され，それぞれ別の目的を有し条約に基づき業務を行なうこととされている。世界銀行の任務は，加盟国の資本の需要を満たすことにあった。ＩＭＦは，短期の国際収支及び通貨安定の問題に関与し，国際貿易機関は，国際貿易の障害を除去することを目的とするものであった。これは，ＩＭＦの範囲及び管轄は国際経済制度の中で限定的なものであることを意味する。

　しかし，ＩＭＦは通商措置について同一の動機で同一の目的を達成しうることがある。だが，ＩＭＦに付与される管轄権は，貿易に関する事項における貿易機関の管轄権を併存せしめるために，制限されたのである[25]。

　ＩＭＦと世界銀行についても同様である。本章で検討するように，起草の段階よりＩＭＦと世界銀行の管轄権は，重複が回避されているのである。

　ＩＭＦは，国際開発援助機関ではない。開発に対して関与する目的をＩＭＦがもつことは，準備作業において米国英国を中心とする先進国によって阻止されたのである。

　開発をＩＭＦの目的にすることに対する米国英国の拒絶は，彼らの戦後構想に大きく依拠するものであった。そこで，まず最初にＩＭＦの基となったホワイト

---

[25]　ゴールド（1965ｂ）77頁。

案，ケインズ案を論じ戦後構想の概略を摑むこととする。その後，ブレトンウッズ会議においてインドを代表とする途上国が開発をIMFの目的とすることを望んだが，米国英国によっていかに阻止されたのかを確認する。最後に，世界銀行がいかなる目的のもと設立されたのかを検討することとしたい。

第1節　米英の戦後構想

　IMFは，1944年7月に米国のニュー・ハンプシャー州のブレトンウッズで開催された連合国通貨金融会議（いわゆるブレトンウッズ会議）とその後の各国の署名によって成立（1945年12月27日発効）したが，その骨格は，米国・英国の戦後構想によるものであった。米国・英国は，その置かれた環境を異にし，よって異なる構想を抱くにいたった。両国の交渉は，難航を極め，ケインズをして，言葉を同じくしても理解を得ることはいかに難しいかと嘆息せしめた。

　第二次世界大戦前，米国には孤立主義的伝統があったが，2回にわたる世界大戦は米国を最大の債権国とし，米国は保護主義から自由・無差別・多角的な世界経済を主導する国へと変貌した。そして，この理念の障害として貿易・為替への直接的制限，双務協定による差別，為替相場の変動等が考えられた。

　一方，英国は2度の大戦により膨大な対外債務を負い，金準備を失い，かつ復興のため巨額の資金が必要とされると予想された。国内の完全雇用を維持し，貿易・為替管理，双務主義を維持しながら自由・無差別・多角を旨とする国際経済制度といかに調和するか，が英国の課題となったのである。

　その環境の差異が，以下のような異なる案を両国をして提出せしめた。

1.　ホワイト案

　米国が，第二次大戦に参戦する以前において，同国政府の各省間では戦後における対外経済政策を立案するにあたって，それぞれの責任の分担について大きく意見が対立していた。対外関係を全般的に管轄している国務省だけでなく，商務省，農務省そして財務省との間で主導権争いが行なわれた。この争いの結果，財務省が国際金融政策について主導的な役割を果たすこととなった。そして，財務省のハリー・デクスラー・ホワイトが最高責任者となった。彼は，1930年代の初めに米国中西部のある大学の教官から官吏となり，それから2，3年で米国の為替安定基金と米・英・仏三国通貨協定の運営を担当する専門家の1人と

なった⁽²⁶⁾。

　1941年12月14日財務長官モーゲンソーよりホワイトは「連合国安定基金」を設立する計画を起草するよう指令を受け，12月30日「連合国間通貨・銀行行動計画案」なる覚書を作成した。これを基に，1942年4月に「連合国・準連合国安定基金及び復興開発銀行試案」が策定された⁽²⁷⁾。この案に協力した人々は，第一次大戦後の激しい通貨価値の変動，投機的な資本移動，銀行の倒産などが大不況をもたらしたと解釈していた。一方，ナチス政権の軍事戦略において為替管理や為替上の管理が行なわれていたのである⁽²⁸⁾。彼らにとって，最も重要な問題は，為替相場の安定化であった。そして，為替の減価を民間外国投資と同様，貿易に対して脅威となりうるものであると見なしていたのである⁽²⁹⁾。

　また，彼らは，政府は経済の繁栄を導く上で重大な責任がある，というニューディール政策の立案者たちと同じ考えに立脚しており，金融政策を政府が管理することこそが高水準の雇用と経済上の福祉という目的を達成する鍵であると考えていた。モーゲンソー財務長官は，「民間の金融業者ではなく主権国政府の媒介機関として」新しい国際機関を設立し，「国際金融の神殿から高利貸を追放する」意図を持っていたのである⁽³⁰⁾。当時財務省は，国内と同じく国際的な分野においても，人間の欲望を支配する人ではなく，これに仕える人に資金を提供しようとしたのである。

　ガードナーによれば，「この試案に盛られた計画は大胆かつ理想的なものであった。すなわち，米国にとって根強く残っていた政治上の孤立主義的伝統や正統派的金融論から大きく離脱することを意味するものであったのである。国際連合安定基金と連合国復興開発銀行は，戦後の国際金融をつかさどる主要な機関の役割を果たすことになっており，すべての連合国についてこれらの機関に加盟する道が開かれていた。この2つの機関は，純粋に国際的な機関で，加盟各国内の政治的な問題にかかわりなくその要請を満たすことが期待されていた。」安定基

---

(26)　ガードナー（1973）上198-199頁。

(27)　このように，第一次草案においては銀行名に「開発」が含まれておらず，1942年4月の第二次草案において銀行名に「開発」が含まれることとなった。

(28)　ガードナー（1973）上201頁。

(29)　Dam (1983) p. 81.

(30)　ガードナー（1973）上202-203頁。なお，モーゲンソーのこの見解は，トルーマン大統領にあてた書簡で述べられたものであり，1946年3月31日付の『ニューヨークヘラルドトリビューン』紙に掲載された。

第1節 米英の戦後構想

金は加盟国の国際収支が一時的に困難に陥った場合，短期的な融資を行なうことになっていた。しかし，このように国際流動性の供給を受ける条件として，加盟国は経済上の主権の大きな部分を放棄しなければならなかった。

復興開発銀行案は，さらに野心的なもので，連合国が戦後の復興，救済，経済再建に必要な巨額の資金を供給することをを目的としていた[31]。

しかし，1943年春までに，財務省の戦後金融政策案の拡大主義的傾向は大幅に修正された。それは，1942年に行われた総選挙の結果民主党は多くの議席を失い，経済問題についての議会の勢力は，共和党と南部の民主党を合わせた保守派の方に傾いたからであった。政府内部でもニューディール政策を支持していた一部の閣僚は，金融・産業界の保守的な指導者たちにとって代わられた。ホワイト自身は政界の動きを敏感に察知して，彼の案が拒否されないように内容を大幅に手直しした。復興開発銀行案も一時棚上げされ，1943年には安定基金案だけが公表された[32]。

1943年7月10日ホワイトの最終案が財務省により出された[33]。ホワイト案は，前文を除き7セクションからなる。

ここでは，ホワイト案における目的，設立される新しい国際機関の骨格となる基本的な制度，及び予定されている資金利用のあり方を中心として論ずることとする。そのホワイト案は，次のような前文をもって始まる。

(1) 戦後における円滑な民主主義的世界の確立への前進は，自由な諸国民がその経済問題の解決につき協力しうる能力如何に懸かっていることは次第に認められつつある。この経済問題中，重要なものの1つは，広汎な通貨崩壊とそれに伴う国際経済混乱とを防止するにはいかにすべきかの問題である。われわれは，混乱せる世界に対して自由な諸国がこれらの困難な問題を解決す

---

(31) ガードナー（1973）上201頁。
(32) 同前・203-204頁。
(33) 1943年7月10日に修正された連合国国際安定基金案予備草案は，Horsefield (1969) III pp. 83-96. に収められている。訳出にあたっては，トリフィン（1961）の付録として付されているホワイト案の訳を参考にした。ホワイト案の原文では，安定基金について基金という略称が用いられているが，ここではIMFとの誤解を避けるために安定基金と記述する。なお，復興開発銀行についてであるが，1943年11月24日に「連合国及び準連合国復興開発銀行予備草案」が発表され，アトランティックにおける予備会議においてわずかな修正がなされ，ブレトンウッズ会議において国際復興開発銀行協定として採択された。

べきことを保証し，また諸国が競争的為替減価，複数通貨措置，差別的な双務清算その他の破壊的な外国為替手段に頼らないことを保証しなければならない。
(2) 諸国は，多角的国際貿易を回復し，かつ均衡ある経済発展の維持に対する整然たる手段を設けるために協力しなければならない。国際協力を通じてのみ諸国が経済政策の第一義的目標である雇用と所得の達成及び維持ための措置の実施を達成することができるであろう。
(3) 連合国安定基金は，国際通貨協力のための常設機関として提案される。適当な保障の下，基金の資金を通貨安定の維持のために利用させ，同時に国際的な繁栄を破壊するような措置に訴えることなしに，国際収支の失調を是正する時間を加盟国に提供するものである。基金の資金は基礎的に不均衡な国際ポジションを延期するために使用してはならない。逆に，基金は諸国をして秩序的な均衡回復に資する方策を執らしめるために力を致すものである。
(4) 基金は，既存の外国為替諸機関の円滑な機能のため補足的便宜を提供し，かつ国際通商を有害な制限から免れしめることを目的とする。
(5) 基金の成功は，究極的には諸国が共通問題について協力しようとする意欲に懸かっている。国際通貨協力は寛容の問題と見なすべきではない。すべての加盟国は，国際通貨安定の維持と多角的国際貿易の均衡ある成長に重大な利害を有する。

概略以上のように前文が記されている。破壊的な外国為替措置を排し，多角的な貿易を可能ならしめるために諸国は協力し，その協力を通じて諸国の雇用と所得を増大させることが目指されている。そして，このような協力を確保する為の安定基金が設置されるが，適当な保障の下，短期的な国際収支の失調を是正するための支援を行なうこととされているのである。これは，ＩＭＦ協定の目的とよく似た規定となっており，ＩＭＦ協定に強い影響を与えたことを窺い知ることができる。安定基金の支援は，基礎的に不均衡な国際ポジションを延期するために使用してはならないという文言からも，開発や長期資本の支援は，安定基金の管轄ではないことは明らかである。

さらに，セクション１において，連合国は，大西洋憲章に宣言されているとおり，万人のための経済的進歩及び生活水準の向上を確保する目的をもって諸国が協力をなす必要を認め，次の目的を有する国際安定基金を設置すべきであると提案される。
(1) 連合国の通貨の外国為替相場の安定を援助すること。

(2) 加盟国の国際収支不均衡の期間を短縮し，その程度を軽減すること。
(3) 加盟国間の外国貿易及び生産的資本の円滑な流れが育成されるべき諸条件の創出を援助すること。
(4) 戦争状態の結果，若干の国に蓄積された封鎖在外残高の有効な利用を促進すること。
(5) 世界貿易及び生産的資本の国際的流れを阻害する外国為替制限，双務的清算協定，差別的外国為替措置の使用を減少すること。

セクション2は，安定基金の構成を規定している。
(1) 安定基金は，金ならびに加盟国政府の通貨及び証券からなり，
(2) 各加盟国は，所定の金額を出資し，これを割当額と称する。諸加盟国の割当額の合計は，少なくとも50億ドル相当額とされる。

セクション3では，安定基金の通貨単位をユニタスとして規定している。

セクション4は，為替相場について定めており，特に為替価値の変更は，その国際収支における基礎的不均衡の是正に必要なときに限り考慮されるものとし，かつ関係国の代表を含めて加盟国の投票権数の4分の3の同意がなければこれを行なってはならない，としている。

セクション5は，安定基金の権限及び業務を規定しており，16項目からなる。特に，安定基金の金融支援について定めた(1)(2)について見ると，
(1) 安定基金は，金並びに加盟国の通貨及び政府証券を売買及び保有し，金をイヤマークし及び振替え，自己の債務証券を発行し，これを加盟国において割引に付し，又は売却する権限を有する。

　　安定基金は，加盟国が経常勘定国際収支の決済に際し取得した健全な他の加盟国通貨が基金の定める範囲内の相場で外国為替市場において処分することができない場合においては，各国の通貨又は必要とされる外国為替と引換えにこれを買入れる。
(2) 安定基金は，加盟国の大蔵省に対し，容認された為替相場で基金の保有するいずれの加盟国の通貨をも売却することができる。
　(a) 安定基金から需要される外国為替は，いずれかの加盟国に対する主として経常勘定の逆調を支弁するため必要なものに限る。
　(b) 安定基金の一加盟国の通貨及び証券の保有総額は，安定基金の業務開始後最初の1ヵ年中は，その国割当額を50%を超えて超過してはならず，その後はその加盟国の割当額を100%を超えて超過してはならない。
　(c) 安定基金の一国の通貨及び証券保有額がその国の許される割当額を超え

第1章　ＩＭＦ設立の構想

るときは，理事会は担保差入を当該加盟国に要求することができる。
　(d)　安定基金が保有する一加盟国の通貨及び証券がその割当額を超える場合において，その加盟国が認められる以上の速度を以って消尽しつつあり，又はその許される割当額を明らかにその国際収支の健全な均衡の確立を妨げ，もしくは不当に遅延せしめる結果となるべき方法で使用しつつあると認めたときは，安定基金はその国に対するその後の外国為替売却につき安定基金の一般的利益となると認める条件を付すことができる。

　以上に見たように，国際収支の不均衡の期間を短縮しその不均衡を減少させるため，安定基金は，加盟国から金，自国通貨，政府証券による出資を受け，最低50億ドルの資金を有し加盟国の国際収支が一時的に困難に陥ったとき，短期的な融資を行なう。しかし，その代わり加盟国は安定基金が付する条件に従わなければならないのである。

　また，セクション5(3)において，安定基金の一加盟国通貨及び証券保有額がその国の割当額の150％を超えるときは，安定基金は例外的事情において，加盟国投票権数の4分の3の承認を得て，加盟国に対し外国為替を売却することができる，と規定され，かなり厳しい条件がさらに課せられている。また，投票権についても，セクション6(1)において割当額に比例した投票権であることが規定され，加重投票制が導入されている。

　すなわち，ホワイト案における安定基金は，通貨における国際協力のための機関であり，経済的な混乱に際し諸国が破壊的な外国為替手段に頼らないよう国際収支不均衡是正のために金融支援を行なう。しかし，その金融支援は限定的なもので，かつ加盟国に対し大きな監視権限が付与されていたのである。そして，加重投票制により割当額の多い国が意思決定に影響力を振るうことができるように制度構築されていた。

2．ケインズ案

　英国政府の立場は，経済的政治的要因により決定された。ドルとは違いポンドは，戦後に弱くなることが予想されていた。弱くなることの主要な理由として，英国の投資が戦争により逆転してしまったことが挙げられる。また，スターリングブロック，コモンウェルスとの結びつき，政府規制の拡大の傾向，これらが英国の見解を規定していた[34]。

---

(34)　Dam (1982) pp. 74-75.

第1節　米英の戦後構想

　1940年英国の情報省政務次官ニコルソンは，ドイツの外務大臣で後にブンデスバンク総裁となったフンクによる「ドイツ新秩序」のための諸提案に対抗するキャンペーンを企てていることをケインズに伝え，放送においてもケインズがキャンペーンを行なうことを望んだ。だが，ケインズは，フンクの提案を評価しており，当初この要請を断った。だが，さらなる要請を受け，ケインズは，新しい国際経済システムはリベラルな目的を有するが，古いレッセフェールの為替取極の濫用を捨て去ることを骨子とする草稿を作成し，9月8日配布した。ここでは，少なくとも移行期においては為替制限を維持し，あらゆる為替取引が国際清算銀行内の勘定でなされ，各国中央銀行間で決済されることとした。そして，ケインズは，11月18日国際通貨同盟の提案と題する第二草案を配布した。これまで，ケインズ案は重要ではあったが確固たる地位を占めていなかった。しかし，この第二草案によってケインズ案は英国大蔵省の討議において中心を占めることとなった[35]。

　そして，英国は1943年4月8日国際清算同盟案[36]を白書として刊行した。この案は，序文を除き11章からなる。この国際清算同盟案についても，安定基金についての説明と同様，骨格をなす基本的な制度を機関の目的と資金利用に関する条項を中心としてその概略を摑むこととしたい。

　序文において，戦後の救済と緊急の復興について，生産，貿易及び金融の分野を所管する国家活動の分野での4つの解決の方向を提示している。①通貨及び為替の機構。②財貨の交換，関税，特恵制度，補助金，輸入統制及びこれらに類する事項についての諸条件を規定する通商政策の枠組み。③生産者と消費者の双方を，異常な市況変動がもたらした損失と危険から保護するため，一次生産物の生産，分配及び価格の秩序ある運営。④経済発展に，外部からの援助を必要とする諸国に対する中期及び長期双方の投資援助。これら4つの方策の原則及びこれらを実施する機関の形式を事前に決定し，世界に貢献する。

　また，戦後の国際経済体制が永続性をもつためには，次のような条件があるとする。

---

(35) ケインズ（1992）71頁。なお，ケインズの当初の案は，「国際通貨同盟における国際清算銀行の設立」を規定していた。

(36) Horsefield (1969) III pp. 19-36. なお，訳出にあたってはケインズ（1992），トリフィン（1961）を参考にした。各行の前方あるいは末尾にある英数字は，国際清算同盟案に付された番号である。

第1章　IMF設立の構想

(i)　各国の国内政策に対する干渉は，可能な限り最小限に止めるべきであり，国際的領域から逸脱すべきではないこと。機関の理事会当局は，国内政策の領域においては，勧告かあるいは大きくても同機関が提供する便宜の広範な利用に対して条件を課する程度の限定を行なうこと。

(ii)　本計画の技術は，政体，政治の原則，経済政策の如何にかかわらず適用できること。

(iii)　いかなる国家も優勢な拒否権若しくは強制力を与えることのない真に国際的なものでなくてはならないこと。小国の権利及び特権も保護されなければならないこと。

(iv)　国家間の合意又は条約により，随意に行動する権利に対する一定の制約が必要であること。

(v)　本計画は，全般的な利益のためだけでなく，個々の加盟国にも利益になるように運営されなくてはならず，また，特定の国々から特別の経済的ないし金融的な犠牲を要求してはならないこと。

すなわち，一定の制約はあるものの各国の国内政策の干渉を最小限とし，小国の権利・特権も保護されるべきものであることを戦後体制の中心に据えたのである。

また，清算同盟は，長期貸付の任務を負うためのものでなく，それは他の機関の本来の業務であることが強調されなければならないとしている。さらに，同盟は節度のない借入国を抑制する手段を持つが，一方では過剰な貸方残高が他国の借方残高を発生させることになるので，巨額の流動性残高を未使用のまま残すことを阻止しなければならない。そして，「債権国も債務国と同様に均衡の欠如について責任がありうることを認識する上で，提案された機関は新しい基礎を開発するものである。」としている。

第1章1は，国際通貨制度の主要目的について規定しているが，これにつき広範な意見の一致があると論じている。

(a)　諸国の間で一般的に受け入れられ，もはや封鎖残高や双務的な清算を不必要にするような国際通貨手段が必要であること。

(b)　国民通貨単位の相対的為替価値を決定する秩序があり，合意された方法が必要であること。かくして，一方的な行動及び競争的為替切下げは防止される。

(c)　一定の国際通貨の量が必要である。その量は，その時々の世界通商上の必要により，かつまた，世界の有効需要のデフレ的あるいはインフレ的傾向を

相殺するように意図的拡大ないし縮小を可能にするように管理される通貨量である。
(d) 国内[37]安定機構をもつ制度が必要であること。
(e) すべての国がそれぞれ世界通商の中に占める重要度にふさわしい準備をもって出発できるような案が必要であること。
(f) 世界の経済生活の計画と規制に関する他の国際機関を援助し，支持するために純粋に技術的な，非政治的な中央機関が必要であること。
(g) 自国を保護する手段として採用してきた制限及び差別待遇が不必要になる再保証の手段が必要であること。

そして，次のような提案を行なう。

(4) この提案は国際清算同盟と名づける通貨同盟を設立しようとするものであり，それは我々が（たとえば）バンコールと名づけた国際銀行貨幣に基礎をおくものである。このバンコールは金に対して固定され（ただし変更不可能ではない），金と同等のものとして国際残高の決済の目的のために，英連邦，米国その他同盟の全加盟国に受け入れられるものである。全加盟国（非加盟国も同様）の中央銀行は，清算同盟に勘定を有し，それらを通じて相互の国債残高をバンコール建平価によって決済することができる。他の世界全体に対してその収支が黒字である国は，清算同盟に対して貸方残高をもつことになり，収支が赤字である国は借方残高をもつことになる。

このような清算同盟の基礎にある考え方は，

(5) いかなる封鎖体制の中でも実施されているような銀行業務の原理を一般化したものである。この原理は，債権と債務の必然的な均等ということである。もし，いかなる債権もこの清算制度の外部に出すことができず，ただその制度の中で振り返られるだけならば，本同盟には，自らに対して振り出された小切手の支払についてどのような困難も全くありえない。清算同盟は，貸付の手取金が他の加盟国の勘定に振り返られることにすぎないことを保証されるならば，いかなる加盟国も所望の前貸を他の加盟国に対して実施することができる。本同盟の任務はただ1つ，その加盟国が規約に従っているか否か，加盟国への貸付は同盟全体として慎重かつ望ましいものであるか否かを監視することだけである。

第2章6は，上記を受けて本案の規定をしている。特に，バンコールを利用し

---

[37] 国際の誤植であると考えられる。

第1章　IMF設立の構想

た場合の加盟国の国際収支均衡のための調整について論ずるところを見ると，国際収支赤字国すなわち借方残高を増大させた加盟国は，その借方残高が最近2年平均でその割当額の4分の1を超過する場合は，その通貨のバンコール価値を切り下げる権限が与えられ，割当額の半分に達したときは，理事会は借方残高に対する適当な担保を差し入れを要求することができる。割当額の半分を超えることを許可する条件としては，通貨の価値の切り下げ，資本の輸出取引の制限，金又は他の流動準備の直接の引渡しが要求される。4分の3を越え，借方残高を二年以内に減少させることに失敗するときは，理事会は当該加盟国が債務不履行状態に陥り，理事会の許可がある場合を除き，その勘定から引出す権利がなくなったことを宣言する（6(8)）。

一方，借手だけでなく貸手もまた，すなわち貸方残高を持つ国もまた国際収支均衡のための義務を負う。これこそ，安定基金と清算同盟を本質的に区別する相違の1つである。各加盟国は，各加盟国の貸方残高が一年平均で少なくとも割当額が半額を超過した場合，いかなる対策が国際収支均衡回復に適当であるか協議しなければならない。それは次の対策を含むものである。(a)国内信用及び国内需要の拡大。(b)加盟国の通貨のバンコール価値の引上げ，もしくはその代わりとしての賃金の貨幣率の引上げの勧奨のいずれか一方。(c)関税の引下げ及びその他の輸入抑制の緩和。(d)国際開発貸付（6(9)）。

また，このバンコール残高を対価として，清算同盟に金を要求することはできない（6(10)）。

さらに，第4章10は，この清算同盟案が，世界貿易を圧迫する縮小主義を拡大主義に変えることを目的としている，と規定している。この目的を達成するため，当座借越を導入する提案を行なう。

(11)　本案は各加盟国に一定額の当座借越用の信用を供与を認めることにより，これを遂行する。これにより他の世界との経済的均衡を達成するための資金の余裕と時間の余裕を与えられる。このような信用供与は，この制度の構造自体によって可能であり，加盟国間の個別の債務関係は伴わない。一国は清算同盟全体に対して貸方であるか借方である。当座借越の信用供与がある国に対しては救済である一方，他の国に対しては現実の負担ではないことを意味している。なぜならば，清算同盟に対する貸方残高の累積は，それを保有することが購買力を自発的に使用することを放棄したことになる意味において，金の輸入に類似しているからである。しかし，金の場合とは異なり，購買力をその流通から引き上げること，すなわち，結局は債権国自体をも含む

全世界に対して，デフレ的かつ縮小主義的な圧力を加えることを意味するものではない。従って，本案の下では当面使用することを望まない資金に対する請求権が利用できなくなることはないのであり，また，このことにより，いかなる国も損害を被ることはない。バンコール建貸方残高が累積しても，それは，生産又は浪費をもたらす能力，あるいはその誘因を縮小するものでは全くない。

(12) 要するに，国内の銀行制度との類似は完全である。

(14) このような体制は，他の世界全体に対し債権者のポジションとなった国は，この貸方残高が世界経済全体に対して，またそれからの反作用によって債権国自体に縮小的な圧力を加えるのを許さない協定に参加しなくてはならないというような，すべての国に等しく適用される一般的かつ集団的な責任体制である。

そして，(16)清算同盟の加盟国が多額の借越便宜を有して出発する規定は，必要な調整に時間及び方法を与え，また予見しない事態に平静に当面することのできる保証を与えるために有益である。

(17) この提案が重要な点で戦前の制度と異なるのは，調整の責任の一部が債務国のみならず，債権国にも負わせようとする点である。債権国が全く受動的に止まることを許さないのは，もし債権国が受動的に止まるとすれば，その理由によってすでに弱い立場にある債務国に対し忍び難い重い負担を課するからである。

だが，この清算同盟案は，中長期の信用を行なうためのものではない。すなわち，

(36) 清算同盟から許可されるバンコールの当座借越は，自国ではそれを調達する余力のない債務国による長期の，もしくは中期までの信用調達の便宜を与えるものではない。このバンコールの当座借越は，全加盟国に等しくその調節のための時とまた一期間を他のそれと平均化する余裕を与える目的をもっていることが強調される。中期及び長期の国際貸付の機構及び組織は，戦後の経済政策の別の局面であり，清算同盟が寄与しようとする諸目的より重要性が低い訳ではない。しかし，それには別の補完的な機関を必要としている。

そして，次のようにこの清算同盟案を結んでいる。

(44) 本案は，極めて野心的である故に，同盟の加盟国に対して進んで放棄しようとする以上に大きい大幅の主権の放棄を要求しているので，批判を受けや

第1章　ＩＭＦ設立の構想

すいことはすでに述べたところである。しかし，ここでの主権の譲渡は通商条約において要求されるよりも大幅の委譲は要求されない。義務は各国の自由意思によって受け入れられ，一定の条件に基づいて通告することにより解除されることができる。

(45)　戦後の世界においては，超国家的な取極を進んで受け入れようとする強い積極性が必要である。提案された取極が，金融面の武装解除の手段といえるならば，そこには自身による受諾，もしくは他の国への受諾の要請をためらう必要は全くない。節度のなさや無秩序及び非善隣的な態度を助長するような自由の濫用が，今まで容易に利用されそれが世界にとって不利益となっていたのを，本案が加盟国に対して，そのような自由を放棄するように勧誘することは，本案のもつ長所であって，加盟国にとっていささかも不利ではない。

(46)　本案は，将来の諸国間の経済秩序形成と「平和の獲得」への第一歩となるものである。本案は，他の多くのことが一層容易になるような条件や，雰囲気を作り出す力になりうるだろう。

国際清算同盟への評価

　以上のような国際清算同盟案の基盤をなすケインズの需要管理の思考は，国際的な通貨取極を目的と見なさず，むしろ拡張主義的な経済政策における潜在的な制約として見ることを導くものであった[38]。そのため，ケインズによる国際清算同盟案の主要な目的は，両大戦間に非常に困難な問題を提起した国内金融と対外金融の安定というジレンマを解決することであった。金本位制の下ではポンドはその対外的な価値の安定を保証されていたが，一方政府は国内の財政金融政策を効果的に駆使することができなかったのである。清算同盟は，流動性の不足を最も重大な問題であるとし，更なる流動性の準備がその解決となるとするものであった[39]。

　清算同盟は，加盟国に対して巨額の当座借越枠を提供するが，各国の割当額は戦前における世界貿易に対するシェアを基準として決められる。この総額は，260億ドルに及び，各国の貸方残高に対してはなんら制約は加えられない。

　清算同盟構想は，英国が国内経済拡大を特に重視したことの結果である。すな

---

(38)　Dam (1982) p. 76.
(39)　Ibid., p. 77.

わち，巨額の当座借越枠が与えられることから，加盟国は国際収支の赤字に煩わされずに拡大政策を追求しうるので，効果的に失業の増大を阻止することができると考えられたのである[40]。

また，ケインズは，債務国は自動的に又はほとんど自動的に最初に規定された限界までバンコールを引出す権利をもっているべきであると信じていた。そして，引出権の自動性の問題と中央機構の裁量的な権力の問題を結び付けていた。

さらに，ケインズは，為替相場制度を調整の責任について基礎的な問題を生じさせるものとしてみていた。金本位においては，債務国は国内経済を調整する責を負っていると見られていた。しかし，ケインズは，債務国のみならず債権国においても調整の責任の一端があると論じたのである。

また，為替管理について，ケインズは，資本取引の包括的な規制について志向した。「資本移動の規制は，戦後システムの恒久的な特徴となるべきものである。もし，規制を効果的なものとするためには，すべての取引にとって為替管理の機構を含むことになるであろう。」と，ケインズは，いっている。彼は，債務国から債権国への投機や資本逃避に関心を持ち，清算同盟の長所の1つは資本規制を助長するものであると論じている[41]。

3. ホワイト案とケインズ案の共通点と相違点

新しい通貨秩序を構築するため米英で提案がなされたが，両案の新しい機構の原理は大きく異なるものであった。

ホワイトは，ケインズ案の債務国が当座借越を利用できるとする銀行の原理を受け入れることができなかった。当時の米国では当座借越は債務者が債権者を利用する傾向があり，節度を持って支出を抑えることができないと受取られていたので，英国式の当座借越を議会が理解できないことをホワイトは恐れていた。そのこともあって，彼は国際単位ユニタスに賛成したのである。

このユニタスとバンコールの違いは，大きな象徴的な意味を持つ。ユニタスは，通貨の取引に課せられる義務を記録した計算単位である。一方，バンコールは，交換手段である。そして，バンコール自体で，清算同盟によって債務者に融資することができたのである。しかし，バンコールもユニタスも最終的に協定に残ることはなかった。そのため，バンコールとユニタスはメカニズムを統制する新し

---

(40) ガードナー (1973) 上205-206頁。
(41) Dam (1983) pp. 78-81.

い制度に対する態度の違いを象徴的に示すものであるということができよう[42]。

だが，ホワイト案もケインズ案も，新しい国際機関が，長期的な国際収支の不均衡に対するものではなく，短期の不均衡を是正するための機構であるとすることにおいては，共通していた。安定基金の目的の1つは，加盟国の国際収支が不均衡に陥った場合，その期間を短縮しその度合いを軽減することであった。より基礎的な不均衡要因に対処するためには，他に機関を設け，加盟国が長期的な資本援助を必要とする場合は，その姉妹機関である復興開発銀行がその要請を満たすこととされていた。

一方，清算同盟においても，長期融資業務は行なわず，他の適当な機関がこの役割を果たすものとされた。清算同盟自体は長期間にわたる国際収支の不均衡に対し解決を図るものではなく，当座借越枠を供与する目的は主として国際収支調整のための時間的余裕を与えることであると明記されていた。

ただ，長期的な融資に関し全く等閑視していたわけではない。当座借越枠は，当初の資金不足による困難を打開した後の戦後の過渡期において特に重要な役割を果たすものであり，多くの国は国内態勢の立直しに時間と資金を必要とするため，清算同盟の他に国際開発局が必要かもしれないとしている。だが，戦後の復興のために当座借越枠を提供するかどうかはっきりせず，またこのような機関の経済拡大作用を抑制する手段もはっきりしていなかった[43]。

また，国際通貨制度案を成功させるためには，その機構が国際流動性を供給する必要があると考えられた。しかし，この流動性供給についてホワイト案とケインズ案は大きく異なっていた。大きく異なっていたものは，資金源と条件であった。

安定基金の資金源は，加盟国の出資により構成され，加盟国に対する出資割当総額は引出権総額であると同時に債務の総額に相当する。一方，清算同盟は当座借越方式により信用が供与される。各加盟国に対する割当額を限度として引出権を行使できるが，債権国の貸方残高の累積に対してかかる限度はない。そこで，債務国の割当額合計まで債権国の無償輸出が続く可能性があった。すなわち，安定基金の清算機構は，不完全でドルに対する需要が基金の供給能力を上回ることがありうるが，清算同盟はいわばクローズド・システムで，ある加盟国の通貨に需要が集中しても債務国はその割当額の枠内でのみ引出権を行使するため，同盟

---

(42) Ibid., pp. 81-82.
(43) ガードナー（1973）上，209-213頁。

自体に脅威を与えない。また，安定基金の資金は加盟国の出資によるものであるからこれを増額するのに加盟国に諮らなければならないが，清算同盟は世界の需要構造の変化を考慮して理事会の決定により当座借越を増減することができたのである。

　条件については，ホワイト案では経常勘定収支が逆調に陥りそれを是正するために援助が必要とされる場合と，理事会が是認する速度よりも速い速度で割当を使用している場合に課せられる。安定基金の運営は，「受動的」というよりは「能動的」である。すなわち，金融援助の要請に対し，安定基金が自由裁量に基づいて弾力的に処理することとなっていたのである。安定基金が条件をつけるのは，加盟国が引出権を過度に自由に行使すると通貨の種類を問わず，その保有額が枯渇するおそれがあったからである。一方，清算同盟はそのような理由で当座借越枠の使用を制限する必要はなかった。ケインズは，国際金融機関というものは「ささいなことに干渉しすぎる」と成功しないと書いている[44]。

　そして，国際収支の不均衡に対しては，「債務国のみならず債権国にも責任があることを認識することにより，清算同盟は新機軸を打ち出す」とケインズは述べている。債権国は，その貸方残高が割当額の2分の1を越えるまで公的に制裁を受けることはないが，債権国は清算同盟との間で国際収支の均衡を回復する措置について協議することが要請される。その措置には，6(9)に規定された国内信用ならびに国内需要の拡大，通貨のバンコール価値の引上げ，関税その他輸入抑制措置の軽減，国際的開発金融などがある。すなわち，債権国の残高は，無償輸出を意味する。債権国はこのように他の諸外国に，無償で引き渡される生産物の割合を減らすために国内の調整を迫られるのである[45]。

4. 米英の妥協

　ケインズの清算同盟は，260億ドルもの当座借越枠を設けることを意図していたが，米国は，出資方式を主張した。これは，当座借越枠の制度に基づく清算機構を認めることは，憲法により議会に与えられた財政支出を承認する権限を侵害すると考えられた。またこれにより米国の潜在的な負担額は260億ドルの巨額に達する恐れがあり，これは「アメリカを世界の乳牛にするもの」であって，断じて許容することができないというのが米国側の主張であった。これにより，この

---

(44)　同前・214-215頁。
(45)　同前・220-221頁。

第1章　ＩＭＦ設立の構想

　当座借越構想はついに放棄されることとなった。そして，ブレトンウッズ会議では，基金の資金総額を88億ドル，そのうち米国の出資金を31億7500万ドルとして最終的に合意をみた[46]。

　すなわち，規模の面において，英国が米国ににじり寄る形で，また機関の形態においても米国に譲歩する形で妥結をみた[47]。そのため，ケインズはある一定の範囲で自動的に資金を利用できるような体制を打立てようと努力した。つまり，新しく設立される国際機関が「あまりにもささいなことに干渉する」ことがないような体制にもっていくことが重要になった。この問題に対する英国側の態度は極めて強硬で，「もし諸国に対し十分な信頼を置くとすれば，これら諸国は正常の状況の下では，予測し難い障害に備えるような条件を抜きにして，割当額のかなりの部分について引出せるようにすべきである，とわれわれは強く主張してきた。」とケインズは述べている[48]。

　だが，ホワイト案においては無条件の引出規定はなく，かつ米国では同案の規定すら不十分となりうるとする意見が多かった。この問題について，最終的には妥協が行われ，資金利用の条件についてのＩＭＦ協定の文言[49]は，基金から通

---

(46)　同前・253頁，堀江（1962）100頁。

(47)　しかし，ケインズ案は完全に過去の遺物とはなっていない。近年の著作において，アグリエッタは，「ケインズの考えはかなり独創的であり，今後何年かにわたり通貨改革に関して予想される論議に大きな影響を与えるであろう。」としている。アグリエッタ（1992）55頁。

(48)　同前・254頁。

(49)　5条3項（原協定）（基金の資金の利用に関する条件）
　「(a)　加盟国は，次の条件に従って，自国通貨と引換えに他の加盟国の通貨を基金から買入れることができる。
　　(i)　通貨の買入れを希望する加盟国が，この協定の規定に合致する支払をその通貨で行なうために，その通貨が現に必要であることを示すこと。」
　5条5項（原協定）（基金の資金を利用する資格の喪失）
　「基金は，加盟国が基金の目的に反する方法で基金の資金を利用していると認めるときは，基金の見解を述べ，且つ適当な回答期限を定めた報告をその加盟国に与えなければならない。この報告を与えた後は，基金はその加盟国による基金の資金の利用を制限することができる。所定の期限までに加盟国から報告を得られなかったとき，又は回答が不満足であったときは，基金はその加盟国による基金の資金の利用を引き続き制限し，又はその加盟国に相当の通告を与えた後，その国が基金の資金を利用する資格がないことを宣言することができる。」

貨を買い入れる権利を与えられると規定する一方で，加盟国が基金の目的に反する方法で基金の資金を利用していると認めるとき，基金はその加盟国による基金の資金の利用を制限することができるともされており，文言上自動的に引出しうるのか，ＩＭＦが異議を申立てることができるのか判然としないこととなった。

このＩＭＦ協定妥結の後にも，米国においては，特に保守派がＩＭＦ協定に対して批判を行ない，次のような主張を行なった。ＩＭＦの代表者は政府の代表であり，かつこれは閣僚級の全米諮問委員会に従属する。また，主要事項については表決権を行使する前にその承認を得ることを要求した。これは，ブレトンウッズ協定法に盛込まれ，原協定5条4項（条件の放棄）についての賛成投票を行う場合には諮問に委員会の承認を得ねばならず，割当額の変更については議会が法律で権限を与えない限り要求又は賛成することができないとされた。米国のブレトンウッズ協定法のこのような規定は，英国の主張するＩＭＦの貸出業務は自動的なものであるとする英国の解釈と全く対立するものであった[50]。

このため，ＩＭＦが具体的に運営を始めた後においても，ＩＭＦからの資金の引出しは無条件であるかどうかにつき論争が引起こされることとなった（いわゆる自動性論争）。このことについては，第2章・第6章において論ずることとする。

また，ケインズは，清算同盟案の拡大主義性格を放棄せざる得なくなったことから，これに代わって国内経済の拡大政策を擁護する手段を探し求め，為替相場変更の問題を考え直すこととなった。そして，当該国の国内の社会的又は政治的政策を理由として異議を唱えることができないこととされ，この規定によりケインズは，国外のデフレ圧力を回避して国内の拡大政策を遂行できると信じていた[51]。この為替相場変更の自由については，第9章で見るように英国がサバナ会議においてＩＭＦの解釈手続における解釈を要請し，解釈手続の最初の案件となった。

第2節　ブレトンウッズにおける開発論争

先に見たように，ＩＭＦという国際的な通貨問題のための国際機関は，ホワイ

---

(50)　ガードナー（1973）上254頁，堀江（1962）101，116，118頁。
(51)　ガードナー（1973）上255頁。

第1章　IMF設立の構想

ト案の米国，ケインズ案の英国の議論を中心として設立が企図された。しかし，これらの起草過程に組み込まれていなかった途上国が，これらの構想の先進国中心主義的な論理をアトランティク会議，ブレトンウッズ会議において批判することになった。会議において，途上国は開発をIMFの目的とすることを求め，彼らの案に挑戦したのである。そこで，本節では，ゴールドによりながらインドを中心とする途上国がいかにIMFの目的に開発を盛込もうとしたかをみることとしたい。

1条2項の「開発」への言及の歴史は，『国際通貨基金の設立に関する専門家による共同声明』にさかのぼる。これは，31ヵ国の専門家によって作られた文書であるが，主にケインズとホワイトによって率いられた英国と米国代表団間のそれ以前に行われた交渉に影響を受けていた。共同声明は，政府に関与することを言及していないが，ブレトンウッズ会議において拡大され協定にまでなった。共同声明の第1部は，未来のIMFを導いた目的と政策を示しており，1条2項の先駆となる次のような文言を含んでいた。

「国際貿易の拡大と調和のとれた成長を助長し，そのような方法で経済政策の主要な目的である高水準の雇用と実質所得の維持に貢献する。」(52)

17ヵ国代表団の会合が，ブレトンウッズ会議に先立って1944年6月にアトランティックシティで開かれた。インドの代表は，協定に発展途上国への適切な言及を挿入することによって共同声明の文言を改正するためのキャンペーンを行なった。この見解についていくつか支援があったが，IMFと世界銀行の機能の一致を導くものであるとする批判によって反対された。インド代表は，共同声明における高水準の雇用と実質所得という言及に満足すべきであるとする見解に動かされなかった。なぜならば，そのような概念がインドのような国にとってほとんど意味のないものであると感じていたからである。一方，米国の世論は，IMFは復興のためには使われないこと及び途上国や途上国の問題に言及し対応するものではない，とする反論に動かされなかった。また，IMFの目的はインドの提案と調整されるよう修正されるべきであるということを示唆するものがあったが，

---

(52) Gold (1971) p. 271. Hosefield (1969) IIIp. 131.
(53) Gold (1971) pp. 271–272.

第2節　ブレトンウッズにおける開発論争

ブレトンウッズにおける論争は，この示唆を制限するものだった[53]。

ブレトンウッズ会議7月1日の草案は，1条2項について3つの案を含んでいた。A案は，米国と英国により提案されたものであり，実質的には共同声明の表現であり，IMFの主要な支援国はインド提案を受け入れないということを示したのであった[54]。

A案
　　国際貿易の拡大及び均衡のとれた増大を助長し，もって経済政策の第一義的目標である高水準の雇用と実質所得の維持に寄与すること。

B案（オーストラリア提案）
　　国際貿易の拡大及び均衡のとれた増大を助長すること，及び経済政策の第一義的目標である高水準の雇用と所得に貢献すること。

この提案は，A案に近いように見えるが，「もって」の削除は基本的な相違を示すものである。なぜならば，そのことにより高水準の雇用と実質所得への寄与が基金の第一義的な目的となり，第二義的な目的もしくは国際貿易の拡大及び均衡のとれた増大を助長したことの結果ではないということとなるからである。

C案（インド提案）
　　国際貿易の拡大及び均衡のとれた増大を助長し，経済的に低開発の諸国の資源のより十分な利用を助け，もって経済政策の第一義的目的となる世界全体の高水準の雇用と実質所得の維持に寄与すること[55]。

これは，低開発国の資源のより十分な利用への援助がIMFの第一義的な目的であり，全体としての世界に言及することより高水準の雇用と実質所得を第二義的な目的とするものであった[56]。

IMF協定の準備は第一委員会によって担われたが，7月4日のIMFの目的・政策・割当に関する第一委員会の会合において，C案の「経済的に低開発の

---

(54)　Ibid., p. 272.
(55)　Ibid., pp. 272-273.
(56)　Ibid.

第1章　IMF設立の構想

諸国の資源のより十分な利用を助け」という文言に対し反対の見解がだされた。その反対理由は，C案の目的はIMFよりも世銀に適切なものであり，IMFの目的を裁量の範囲にある手段を超えて拡張するものであるから，というものであった。この反対に対して，高水準の雇用と実質所得は先進諸国の利益を不当に強調するものであるという反論がなされた。

ゴールドによれば，「C案は，貿易の拡大への言及に暗に意味されていることを明記することによって，より均衡を図ろうとするものであった[57]。」

第一委員会は，意見の相違を調整することができなかったが，2つの進展があった。第一に，高水準の雇用と実質所得の助長と達成は，達成された後のそれらの維持と同様，規定の中に含むべきである。維持という文言だけは，既に高水準に達した先進国の利益のための規定であるということを意味してしまう。

第二に，起草委員会は改正によってより明白にすることを意図するものであるが，共同声明に含まれた目的を拡大するものではないと了解しつつ，C案をさらに考慮することに同意した。

起草委員会は，次の日会合を開き，A案B案C案とコロンビア，ニュージーランド，フランスから提出された草案を検討した後，次のような文言を勧告することを決定した。

　　「国際貿易の拡大及び均衡のとれた増大を助長し，もって経済政策の
　　第一義的目標である全加盟国の高水準の雇用の促進及び維持ならびに生
　　産能力の源泉の開発に寄与すること。」

このテキストは，開発よりの実質所得への言及を削除している。

インドとオーストラリアの代表は，これを改善された案であると考えたが，いくつかの点で完全に満足するものではなかった。起草委員会は，この問題は会議の最終案の前文におけるIMFと世銀の機能の適切な規定により解決されることとなろうと示唆した。

7月6日，完全には満足していない代表が最終案の前文に彼らの見解が適切に受け入れられない場合この問題を蒸し返すかもしれないということを留保しつつ，起草委員会の提案した文言を受け入れることを準備した。しかし，インドの代表は，この妥協を受け入れようとせずI案を提出した。

---

(57)　Ibid., p. 274.

第2節　ブレトンウッズにおける開発論争

I案
　　国際貿易の拡大及び均衡のとれた国際貿易の増大を助長し，もって経済的に遅れた国の必要に考慮を払い高水準の雇用の促進及び維持及びにすべての加盟国の資源と生産能力の発展に寄与すること。

　このテキストにおける妥協の試みは，途上国への言及を「考慮を払う」というより穏健なシェルターに退却するものであった。インド代表のこの譲歩に対し，すべての代表がこれに従う用意があった訳ではなかった。そこで，7月7日ニュージーランドは，インド代表のC案に近いテキスト（J案）を提出したが，「十分な利用」の次の「助け」を削除することで，より野心的なものとなった[58]。

J案（ニュージーランド案）
　　国際貿易の拡大及び均衡のとれた増大，経済的に低開発な諸国の資源のさらなる利用，経済的な交渉の第一義的な目的となる世界的に高水準の雇用と実質所得の維持及び促進を助長すること。

　インド代表は，経済的に遅れた国の必要に関する明確な言及が1条2項に書き込まれなければならないという主張を保持しながら，この見解についてのさらなる支援を求めていた。そこで，国際貿易の拡大と均衡のとれた増大に同意し，「均衡のとれた増大」は経常収支の不均衡を避けるための輸出と輸入の量の増大を意味すると一般に理解される，と7月14日にプレスに対して声明を発表した。
　インドはまた国際貿易の均衡のとれた構成にも関心をもっていた。そこから判断すると，一方での一次産品の輸出と他方での工業製品の輸入は，均衡のとれた国際貿易ではない。この理由により，代表は「IMFが直接に支援できないが間接的に助長する経済政策の第一義的目的の表明として，経済的に遅れた諸国の必要」への特別な言及を望んだ[59]。
　7月15日第一委員会は，特別委員会の勧告に基づいたその論争を考慮した。特別委員会は，起草委員会のテキストの「雇用」の後に「及び実質所得」という文言を復活させ，すべての加盟国に言及した後に「どのような経済発展の段階においても」という文言の復活を勧告した。

---

(58)　Ibid.
(59)　Ibid., p. 275.

第1章　ＩＭＦ設立の構想

　米国の代表は，ベルギーの支持を得て，両方の勧告に反対し，「生産能力の源泉の開発」という文言の削除を提案した。

　英国の動議に基づき，この問題は特別委員会に付託された。7月18日第一委員会において，特別委員会から改正されたテキストが提出された。これが最終テキストであった。なぜ最終テキストを支持するかについての説明をするコロンビア代表の声明は，論争の解決に対する途上国の態度を見る上で印象的である。

　「未来のための経済政策は，複雑な経済，現在転じうる又は将来転じるであろう工業化，多くの商品における国際貿易の量へと歩むには十分開発されていない。しかし，将来より進んだ製造業に対しより購買力をもって市場を開放するであろう新しい国の権利に反対してはならないということは，我々にとっては当然のことである。この案の文言はこうした認識を含むものであると私には見える。」[60]

　ＩＭＦの目的・手段・意義についての7月21日会議のプレスリリースは，以下のようであった。

　「この提案の起草に際し，ＩＭＦの目的と手段を示すだけではなく世界の繁栄に対して有するその結果について言及することが意図されていた。そこでは，単にトレーダーや保証人の金融的な利益を保護するという狭い精神に止まることなく，一般的な福祉についての先見の明のある精神でＩＭＦに参加する加盟国を確保する手段として，ＩＭＦは経済政策の第一義的目的として高水準の雇用と実質所得の維持と促進及びすべての加盟国の生産的資源の開発に寄与することを目的としている，ということが示されているのである。」[61]

　しかし，このプレスリリースでは，実質所得の維持や促進及び開発がＩＭＦの目的であると解釈されうるので問題である。

　1条2項における加盟国の生産的資源の開発への言及についての規定の歴史の検証は，いかにその言及が熱意をもって主張され，いかに頑強にそれが批判されたのかを明らかにする。開発の言及のためのキャンペーンは，米国と英国の反対が乗り越えられるまでは成功することはなかった。キャンペーンが明らかにしたことは，高水準の雇用と実質所得及び開発は，ＩＭＦの直接的な目的ではないということである。インドの代表の言葉では，ＩＭＦは直接的には支援することはできないが，国際貿易の拡大及び均衡のとれた増大という目的を追求するという

---

(60)　Ibid.
(61)　Ibid., p. 276.

目的を助長することができる。IMFの責任は「もって寄与する」というフレーズに表現される[62]。IMFの開発への寄与は，間接的なものであることは明らかである。

以上のゴールドの省察からも分かるように，開発はIMFの目的ではない。そして，IMFは経済発展の程度が顕著に異なるにもかかわらず，すべての加盟国を平等に取扱おうとしたのである。そのため，途上国や低開発国，経済的に遅れた国などの文言は原協定には挿入されなかった。

第3節　IMFと世界銀行

ガードナーによれば，ブレトンウッズ体制の双生児の第二児は，第一児よりはるかに不幸な状況の中で生命を吹き込まれた。戦争直後の世界経済再建計画は，国際通貨基金を中心においていた。国際復興開発銀行は，第二次的な重要性しかもたないと見なされていた。ブレトンウッズ協定の成立前夜，英米の再建計画の交渉者たちは，最終的に銀行に焦点を合わせたが，当時の彼らは保守的なムードにひたっていた－すなわち，英国側の交渉者は受益者になろうと期待していなかったし，米国側の交渉者は議会を恐れていたのである。銀行の貸付能力は民間資本市場で発行される公債の起債額だけに厳しく限られていた。低開発国からの資本に対する巨額の需要があるとか，またこの銀行はその需要に応えなければならないとかいう考えは全くなかった。まさに，この銀行は主として復興のための一機関として考えられてきた。今日からは信じられないかもしれないが，「開発」という語はホワイトの最初の草稿にさえ，見られなかったのである[63]。

だが，1942年4月のホワイト案は，2つの機能と2つの国際機関について言及した。

「連合国とこれと連携する諸国は，できるだけ速やかに2つの任務を協力して行なわなければならない。第一に，外国為替相場を安定化させる手段及び手続を伴う措置を提供すること，第二に経済復興のための資本を提供するに十分な資金及び権限を持つ機関を設立し，戦時経済から平時経済へと早期にかつ円滑な移行を助長し，戦争直後の傷ついた国民

---

(62) Ibid.
(63) ガードナー（1973）上18頁。

第1章　ＩＭＦ設立の構想

の救援を行ない，国際貿易を増大させ恒久的に連合国の生産性を増大させる。

これらの2つの任務は，はっきり分けられるものである。いくつかの局面や結果的に多くの面でかなりの相互依存や相互作用があるかもしれないが，2つの任務は別の機関を作ることが必要であるというに十分異なっている。各機関は，異なる資金，異なる責任，及び実行のための異なる手続と基準が要請され専門化される。かなりのコストのかかる条件をつけることなしには利用することができない必要な資本を連合国に提供し，一方，特別な組織，人材，及び特別な機関を求める高度に専門化された機能が必要とされる通貨の安定化は，特別な機能を果たすために作られる安定基金によって果される。

（中略）各機関は，一方がなくとも機能するが，2つの機関の設立により大きく一方の機関の機能を援助するものである。確かに，2つの機能をもつ1つの機関を作ることはできるが，効果の点での損失，権限の過度の集中化のリスク，高くつく判断の失敗の危険を伴いながら業務を行なうこととなろう。共通の1人又は2人の理事によって関連づけられた2つの別個の機関の設置が，成功した業務のための最善の約束となるだろう[64]。」

さらに，1943年7月10日の提案は，より踏み込んで2つの機関の必要性を論じている。

「国際安定基金は，国際的な経済協力の分野で必要とされる機関の1つに過ぎない。他の機関は，戦後の復興のための長期的な国際信用を提供し，復興や救済のための資金を提供し，主要な国際商品の価格の安定化の促進のために必要とされる。様々な経済問題を取り扱う責任を1つの機関に委ねようとする傾向が一部に見られる。しかし，我々は，国際経済制度は特定の性格をもつ多様な義務を1つの機関が負わない場合，もっとも効率的に機能することができると信じている[65]。」

だが，米国の世界銀行設立に関する提案に対し，ブレトンウッズ会議の2，3週間前まで，英国は大して興味を示さなかったとされている[66]。

---

(64)　Horsefield (1969) III p. 39.
(65)　Ibid., p. 84.
(66)　堀江（1962）100頁．

第3節　ＩＭＦと世界銀行

　しかし，ケインズ案においても，長期的な資本援助を必要とする場合は，国際清算同盟ではなく別の機関が行なうべきであるとされていた。ケインズ案の(36)において，国際清算同盟から許可されるバンコールの当座借越は，債務国による中長期の信用調達の便宜を与えるものではないことが明記され，全加盟国に等しくその調節のための時とある期間を通常の期間と平均化する余裕を与える目的をもっていることが強調されている。中期及び長期の国際貸付の機構及び組織は，戦後の経済政策の別の局面であり，清算同盟が寄与しようとする諸目的より重要性が低い訳ではないが，それには別の補完的な機関を必要とされる，としている。長期資本の援助のための機関は，国際清算同盟とは別の機関であることが意図されていたことは，明白である。

　当時，戦争による物質的破壊のため大規模な復興計画を必要としたが，通貨の安定が重視され，経済復興に要する努力は過小評価されていた。そのため，過渡的な金融手段としてみた場合，長期的な計画には限界があることが無視されるおそれがあった。

　米国では，このおそれが現実のものとなりつつあった。すなわち，安定基金と復興開発銀行は同じような機関だと考え，両機関とも「復興に必要な資本の大部分を供給すべきである」とされ，両機関は戦争の終結と同時に業務を開始すべきであるとの意見が強かった。だが，戦後過渡期における安定基金の役割の重要性を繰り返し強調すると，基金の目的は単に通貨の安定だけではなく，ひろく戦後復興を促進する役割を担っているという見方を広める恐れがあった[67]。

　最終的に，ホワイト案に基づきながら世界銀行の設立が決められ，国際復興開発銀行協定として発効することとなった。

　この協定における世界銀行の目的は次の通りである。

　　国際復興開発銀行協定1条　　目的
　　ⅰ　戦争により破壊され，又は解体された経済の回復，生産施設の平時需要への再転換並びに開発の程度が低い国における生産施設及び生産資源の開発を含む生産的目的のための資本投下を容易にすることにより，加盟国の領域の復興及び開発を援助すること。
　　ⅱ　民間投資者が行なう貸付その他の投資を保証し，又はこれに参加することにより，民間の対外投資を促進すること及び，民間資本が

---

[67]　ガードナー（1973）上210-211頁。

相当の条件で得られないときは，銀行の自己資本，銀行が調達する資金その他の銀行の資金から生産的目的のための金融を適当な条件で供与することにより民間投資を補足すること。
iii 加盟国の生産資源の開発のための国際投資を助長し，もってその領域内における生産性，生活水準及び労働条件の向上を援助することにより国際貿易の長期にわたる均衡のとれた増大及び国際収支の均衡の維持を促進すること。
iv 銀行が行ない，又は保証する貸付について，他の径路による国際貸付との関係において有用度及び緊要度の高い事業計画が大小を問わず優先して取り扱われるようにすること。
v 国際投資が加盟国の領域内における経済活動の状況に及ぼす影響を適当に考慮して銀行の業務を行なうこと及び，戦争直後の数年間は，戦時経済から平時経済への円滑な推移の実現を援助すること。
銀行は，いかなる決定をするについても，本条に掲げる目的を指針としなければならない。

戦後の復興期以後[68]の世界銀行の主要な目的は，復興，開発のための投資であり，IMFの国際収支への対応と対照的に特定の計画に関心をよせている。この特定性については，3条4項viiにおいて「銀行がする貸付又は銀行が保証する貸付が特別の場合を除く外，復興又は開発の特定された事業計画のものであること」が規定されている。

また，機関の業務の実施について世界銀行は，新しい目的が生じた場合，世界銀行の協定を改正するよりも新しい国際機関を設立したのである[69]。

---

[68] 1946年9月総務会で米国財務長官が「世界銀行は復興のための融資活動に主要な役割を果たすであろう」と強調したが，世銀の資金は小さすぎ，復興の要請に十分応えることはできなかった。また，当時の政治経済情勢があまりに不安定で，外国証券市場復活の望みはもてず，世銀は民間投資家に直接接近せざる得なくなった。そのため，ウォール街の信認を得る必要が生じ，「金融家の追放」（モーゲンソー）どころではなくなった。結局，世銀はマーシャルプランが本格化するにつれて，復興援助の分野を去り，低開発国の経済発展計画援助の分野にその業務を転換させた。ガードナー（1973）下 492−493，506頁。

[69] Gold（1982）p. 505. 世銀の活動を補足する姉妹機関として，国際開発協会（IDA），国際金融公社（IFC），投資紛争解決国際センター（ICSID），

第3節　ＩＭＦと世界銀行

　各加盟国は，世界銀行の資本の株式に応募しなければならず，世界銀行が総投票権数の4分の3の多数によって適当と認めたときは，増額することができる[70]。

　加盟国の応募額の20％は，銀行の業務上の必要に応じて払い込まれ又は支払請求を受ける。そして，世界銀行が市場における調達その他の方法により銀行が借入れたり，民間投資者が通常の投資径路によってする貸付の全部又は一部を保証したことに基づいて起された銀行の債務の支払のために必要とするときに限り，残余の80％は銀行から払込請求を受ける[71]。

　よって，大部分の株式は，世界銀行の特定の義務の履行を保証するために請求をうける。反対にＩＭＦはすべての割当額が払い込まれ，後から請求される訳ではない。この理由により，ケインズは基金と銀行という名前は取り替えられるべきであるとした[72]。

　世界銀行の保証及び貸付の限度は，応募済資本，準備金及び剰余金の合計の100％を超えてはならないが，ＩＭＦにおいては同様な借入制限は協定には定められていない[73]。

　各貸付の利子及び償還支払の条件，満期並びに支払期日は，世界銀行が決定する[74]。この期間の決定に際し，世界銀行は貸付が行なわれたプロジェクトの期間に影響される。インフラストラクチャー計画の典型的な期間は，4年の猶予期間を含め約17年間の満期である[75]。

　さて，世界銀行協定の目的iiiは，ＩＭＦ協定1条2項と対照的な書きぶりとなっている。国際収支の均衡の維持は，加盟国の生産資源の開発のための国際投資を助長し，もってその目的が達成されるからである。しかし，これは単に表現のみが関連しているのではない。3条4項viiは，銀行の貸付又は銀行が保証する貸付が，特別の場合を除く外，復興又は開発の特定された事業計画のためであることを規定している。だが，ここで，特別な場合を除くという除外条項は何を意

　　多数国間投資保証期間（ＭＩＧＡ）が設立されている。国際復興開発銀行（ＩＢＲ
　　Ｄ）を含めたこれらの機関すべてを総称して，世銀グループという。
(70)　　2条3項a及び2条2項b。
(71)　　2条5項ⅰ，ⅱ及び4条1項ⅱ，ⅲ。
(72)　　Gold (1982) p. 505.
(73)　　3条3項，Gold (1982) p. 505.
(74)　　4条4項a。
(75)　　Gold (1982) p. 505.

第1章　IMF設立の構想

味するか。

　世界銀行が通貨を安定させるために長期の融資をなし保証する権限をもつべきであるとするのは，ブレトンウッズにおける提案の遺物である。当初，米国議会はこのような権限を認めないだろうと主張されたので，このような曖昧な表現が採用された。だが，結局，議会はこの権限を主張した。しかし，米国銀行家協会を含めた批判者は，IMFが通貨復興の名を借りて長期の融資をなすことに懐疑的であった。そこで，世界銀行が，この種の融資要請に対応すべく設置されることにより，IMFが世界銀行に曖昧な要請を転ずることを容易にするであろうと考えられた。だが，議会は行政府が英国に対し長期の融資を考慮していることを恐れていた。そこで，この種の融資を供与する世界銀行が設置されることが有益であると考えられた。

　議会は，ブレトンウッズ協定法に12条を挿入し，長期の安定化融資を含め経済復興のプログラムと通貨システムの復興のための融資を行なったり保証する権限があるかどうかという問題が生じた場合，米国の総務と理事は世界銀行に有権的解釈権を与えるように行動しなければならないとされた。回答が否定的である場合，総務と理事はこの権限を設定するために協定の改正を提起することとされた。そこで，世界銀行は問題となった融資を行なう権限の存在を認めたのである。

　この権限に基づき世界銀行は，プログラム融資を行なった。この融資は，特定のプロジェクトをファイナンスするためではなく，開発にとって重要である商品の輸入のための為替取引を提供することが意図され，特定の分野又は全体として経済を開発するために使われた。この融資は，特定の外国為替の赤字の決済のためになされ，「特別な場合」は限定されたカテゴリーであるとして理解された。よって，プログラム融資は速やかな支払が要請される状況において行われることとなった[76]。

　すなわち，米国は最終的に世界銀行においても国際収支支援の役割を果たすことを求めたが，これについて世界銀行が限定的な解釈を行なったことは，当初IMFと世界銀行との差異を明確にしようとしたことの現われであると見ることができよう。

---

[76] Ibid., pp. 510−11.

ま と め

　第二次大戦の最中，米英を中心とした連合国は戦後の国際経済秩序の中心として通貨の安定を求め，そのための国際機関を設立しようと試みた。それは，国際収支困難に陥った国を国際機関が支援するとする画期的なものであった。しかし，その方法は提案国の政治経済状況を反映したものであったため，激しい対立を引起こした。結局，戦後秩序の中心国である米国案をもとにＩＭＦが設立されることとなった。そのため，論争に敗れた英国は，特に新しい国際機関が加盟国の支援要請に対して異議を申立てないような規定を求めたのである。そして，国際機関が異議を申立てることができないかのような規定がＩＭＦ協定に挿入されたのである。

　また，米英により，このＩＭＦは，通貨の国際協力のための国際機関であると位置づけられ，「開発」をそのマンデートに含めようとする途上国の執拗な主張は退けられた。すなわち，ＩＭＦは国際開発金融機関ではないということを明らかにしたのである。

　開発を担う国際機関としては世界銀行が設立されたが，米国はこの機関にもＩＭＦの所管である国際収支支援の権限を求めた。だが，これにつき世界銀行は限定的な解釈を行ない，ＩＭＦと世界銀行のマンデートの違いを明確にしたのである。

　これらの当初のＩＭＦのあり方を記憶しておくことは，今後のＩＭＦの展開を考慮する上で重要である。これらを踏まえ，ＩＭＦが実際の業務に携わる中でいかに変質したかを見ていくこととする。

第2章　IMFの基本構造

「IMFは，ほぼ世界的な加盟国を有する協力的な政府間の通貨及び金融の機関である[77]。」

この章の目的は，各国の妥協を経て策定されたIMF協定が，国際通貨問題に対応する中でどのように変化したかを検討することにある。IMF協定は3回改正された。この各々の改正にいたった状況と主要な改正点について確認する[78]。また，重要条文を検討し，IMFの基本構造を把握する。

第1節　国際通貨問題とIMF協定の変遷

1. IMFの成立と危機への対応

1944年7月22日IMF及び世銀の設立を定めたIMF協定及び世銀協定が調印された。

IMF協定は，29ヵ国の署名を得て1945年12月27日効力を発生した。そして，このことは，3つの効果をもたらした。(1) 国際制度が設立され，(2) IMF加盟国は基金が遵守を監督する新しい国際法の原則に服するようになり，(3) IMFは加盟国がこれらの原則を遵守するのを援助するため，基金が協定に従って管理する金と加盟国通貨よりなる資産を取得したのである[79]。

1946年9月12日，原協定20条4項(a)に従って「近く為替取引を開始すべき状況になる」と基金は認めその旨加盟国に通告し，1946年12月18日IMFは各加盟国の平価を公表し，1947年3月1日に為替取引業務を開始するとプレスリリースで公告した。そして，その日IMFは業務を開始した。

IMFの最初に規定されている目的は，「(i) 国際通貨問題に関する協議及び

---

(77) IMF Treasurer's Department (1998) p. 1.
(78) もともとの協定を原協定，最初の改正された協定を一次改正，次に行われた協定を二次改正，現行の協定を三次改正又は協定と呼ぶ。協定に言及する際，特に注記しない場合は現行協定のことを指す。
(79) ゴールド（1965 b）77頁。

第1節　国際通貨問題とIMF協定の変遷

協力のための機構となる常設機関を通じて，通貨に関する国際協力を促進すること。」である。第二次大戦前，各国の平価切下げ競争によって国際経済・通貨体制が大きな破綻に直面したことに対する反省から，この国際協力の促進が最も重要な理念として考えられ，IMFに最も期待されたものは，この機構を通じての協力・協調であったとされている。

IMFは，また，前章で起草過程を見たように，「(ii)　国際貿易の拡大と均衡のとれた増大を助長し，もって経済政策の第一義的目標である全加盟国の高水準の雇用，実質所得の促進及び維持並びに資源の開発に寄与すること」を目的としている。さらに，具体的なIMFの目的として，為替の安定，経常取引に関する多角的支払制度の設立と制限除去，基金の資金の利用をあげている。

為替相場制度は，固定平価制度が採られ，各国は金又は金とリンクした米ドルを基準とした平価を持つこと，この平価は基礎的不均衡を是正する場合にしか変更できないとされた。為替相場は平価の上下1％以内に抑えるべきこととされ，各国は介入が義務づけられた。ただし，自国通貨と金との公定価格による自由交換性を保証している場合は，それによって平価遵守が果されているものとされた。

すなわち，ブレトンウッズ体制における為替相場制度の実際の運営において，各国は金平価を基準とし，為替相場に介入する義務を負い，この義務は米ドルによって履行される。一方，米国は米ドルを金と公定価格によって何時でも交換することを約束するという形で行われてきた。米ドルと金が自由に交換されることによって，米ドルの価値は金価値と等しいものであること，従って金平価の維持義務は，米ドルとの関係を維持するという形で履行したのであった。金との自由交換性が保証されている米ドルだからこそ，各国が安心して介入通貨として使用しうることとなった。

ブレトンウッズ体制は，制度としては，各国通貨が介入通貨として使われ，介入によって取得した通貨は，その発行国に対し，自国通貨又は金との交換を要求でき，発行国は，この交換に応ずるためIMFの信用供与制度が利用できるという仕組みとなっていたが，実際の運営としては，米ドルを中心としたものであることが想定され，かつ実際もそうであった[80]。しかし，これは，後に大問題となる。

IMFの資金利用の発展と通貨危機

---

(80)　藤岡（1977）19－20頁。

第2章　ＩＭＦの基本構造

　1958年西欧14ヵ国は，通貨の交換性を回復した。この間，1950年代の半ば頃まで西欧諸国によるＩＭＦ資金の利用はほとんどなかった。これは，当時の西欧諸国のドル不足はあまりにも大きく，ＩＭＦの資金量の規模を超えており，ドルの供給はマーシャル・プランによって復興援助という形で行なわれていたからであった。

　ＩＭＦの資金利用が脚光を浴びるようになった契機は，1956年7月のスエズ危機による国際収支悪化を受けた英・仏両国による1956・1957年の引出しである。フランスは，割当額の半分に相当する2億6300万ドルのスタンド・バイ取極を結び，逐次この額の引出しを行なった。英国も5億6200万ドルの引出しと7億3800万ドルのスタンド・バイ取極を行なった。

　1958年末に交換性を回復した欧州諸国は，1961年にＩＭＦ8条国に移行し，復興を確実なものとする一方，米国は1958年以降貿易収支の黒字幅が小さくなり，かつ民間直接投資及び海外軍事支出の増加等により，経常収支が悪化し「ドル不足」は終焉した。

　さらに経常収支赤字により，米国の金準備が縮小し米ドル不安が助長され，英ポンドに対する不安と合わせて金投機と結びつき，1960年10月には一時的にロンドン金市場の金価格は41ドルに達した。

　これに対応すべく，1961年1月米国はドル価値を維持する宣言を出し，ドル防衛策を講じた。一方，ＩＭＦにおいても資金利用に対する体制の整備が図られた。ＩＭＦの貸出に西欧諸国通貨が使われるようになり，1959年一律50％増資という形でＩＭＦの資金量の増強が行なわれた。

　さらに，1962年1月「ＩＭＦ一般借入取極（ＧＡＢ）」が締結され，同年10月に発効した。この取極は，先進10ヵ国が参加しこれらの参加国のＩＭＦからの引出しに対処するため，必要な場合，ＩＭＦは参加国からそれぞれコミットの範囲内で，その国の通貨を借入れることができることとしたのである。ＩＭＦ加盟国だけでなく，スイスも準参加国として協力を約束した。この取極は，その後英国・フランス等主要国のＩＭＦ引出しに際し重要な役割を果した。このＧＡＢ参加10ヵ国は，G10（グループ・オブ・テン）と称され，米，西独，英，仏，イタリア，日本，カナダ，オランダ，ベルギー，スウェーデンからなる。蔵相会議，蔵相代理会議を随時開催し，国際通貨問題における主要先進国間の意見交換，意見調整の場として重要な役割を果すこととなった。

　しかし，累次のポンド支援にもかかわらず，1964年以降ポンド危機が発生し，1967年14.3％の切下げが行われた。この時，ＩＭＦの資金が活発に利用されこの

第1節 国際通貨問題とIMF協定の変遷

危機に対応した。この投機の波は，西独・フランスに波及したが，各国の協調とIMF資金利用により国際通貨制度は崩壊せずに推移した。

2．一次改正
一次改正の前提 ── トリフィンのジレンマ

IMF協定の最初の改正，これは一次改正と呼ばれるが，世界的な流動性を確保するためには，基軸通貨国の経常収支赤字が不可避であり，経常収支赤字は基軸通貨の信認を蝕み基軸通貨国の成長と安定を阻害する，とするトリフィン教授の議論が国際通貨改革論の嚆矢となった。いわゆる，トリフィンのジレンマである。

「このような（国際的な通貨交換性のある－筆者注）制度が満足に機能するためには，各国の対外受払の一時的又は不可避的な変動を切り抜けるための，持続可能な世界的な通貨準備，および国際流動性のプールを必要とする。さもなければ，このような変動は広範かつ再発的なデフレーション，通貨切下げ，又は貿易為替制限という手段に頼ることを余儀なくするであろう。

金はかなり以前から，十分な水準の準備金及び流動性を維持するために必要な最低額のうちの一部分しか供給しなくなっている。しかしながら，ほとんど ── 全部ではないが ── の国がその通貨準備の相当部分を，金とともに外国為替 ── 主としてポンド及びドル残高 ── の形で蓄積することを進んで行なうようになっている。この解決法 ──「金為替本位制」として知られる ── に伴う困難は，他の国々が準備として使用している通貨の国際的流動性ポジションの根底を蝕み，またその結果これらのいわゆる「基軸通貨」の上に作り上げられている世界通貨の上部構造を，ますます脆弱にする危険が時とともに大きくなることである。まことにこの制度によって可能となる国際流動性への追加は，基軸通貨の国が外国に対する短期債務をその国自身の金資産よりも速い速度で，持続的かつ無制限に増加させることにより，その国の純準備の状態の悪化を許すかどうかにすべてかかっている。」

この状況は，2つの問題を引起こす。第一に，基軸通貨国の総合国際収支の不足をなくしたとすれば，通貨準備の悪化に終止符を打つことができるが，もしそうすれば，貨幣用金の供給が不十分であるにもかかわらず，拡張する世界経済の国際流動性を満たしてきた主要な源泉（3分の2から4分の3）を他の世界諸国

から根こそぎ奪ってしまう。

　第二に，対外短期債務は，基軸通貨国の経済成長と安定のための政策に，重大なハンディキャップを生じさせる懸念がある。

　この二重のディレンマから抜け出す方法は有るのか。トリフィンはあると考えた。

　　「問題はいずれの場合にも特定国の通貨を国際準備として使用していることに関連した不条理にある。もっとも直接的かつ最も単純には，それは世界の通貨準備のうちの外国為替部分を国際化することによって解決できる。アメリカ，イギリス及び他の主要国をして，これらの国の通貨を他の国が通貨準備として使用することを禁ぜしめよ[81]。」

一次改正 —— ＳＤＲの創出

　ドルに対して不安が生じ，金についてもその供給が十分でないという状況において，世界の準備を継続的に増やしていく必要があるという認識が高まり，準備資産創出のための検討が，1963年10月の10ヵ国蔵相会議で開始された。4年後の1967年8月，特別引出権（Special Drawing Right：ＳＤＲ以後ＳＤＲと呼ぶ）の創出について合意がなされた。「ＩＭＦ内のＳＤＲに基づくファシリティの大綱」がそれである。この大綱は，同年9月リオデジャネイロでのＩＭＦ総会において満場一致で承認され，これに基づきＩＭＦ理事会は，ＩＭＦ協定改正案を起草した。1969年7月，この改正案は必要な多数を得て成立した[82]。

　ＳＤＲは，既存の金・ドル等の準備資産を補充するために，ＩＭＦによって計画的に創出される資産であり，各国の割当額を基準にして配分される。すなわち，ＳＤＲは公的な流動性需要を充足するための準備資産であって，民間の取引の決済手段ではなく，参加国いずれの準備資産の減少も伴わずに，参加国全体の国際流動性を増加させることができるのである。

　ＳＤＲは，国際収支が悪化した等の場合に，同額の金や自国通貨等の提供義務を伴うことなく，いつでもこれと引換えに他の国から必要な外貨を入手することができるという性格の準備資産である。すなわち，ＳＤＲはそれ自体が購買力を

---

(81)　トリフィン（1961）7－10頁。
(82)　藤岡（1977）26頁。ソロモンは，ＳＤＲについて「世界史上初めて，人為的に，また多数国による決定に基づいて準備を創造することが可能となったのである。」と論じている。ソロモン（1990）205頁。

第1節　国際通貨問題とIMF協定の変遷

有する資産（金・ドル等）ではなく，また，IMFにおける資産価値の裏付けを有する準備（リザーブ・トランシュ）でもなく，一定限度において，コンディショナリティを付けずに，通貨を提供しあうという各国の約束に基礎を置く準備資産であって，国際的な総意によって管理される準備資産である。

　SDRを提示してそれに見合った外貨を受取る側からすれば，SDRは権利であるが，反対にSDRを提示される側からすれば，通貨を提供する義務を課せられることになる。このSDR参加国の通貨提供義務がSDRの準備資産を担保する。参加国は，IMFの指定を受けた場合には，自国のSDRの保有額がIMFからのSDR配分額の3倍に達するまで，またはその参加国とIMFとの間で合意されるそれより高い限度額の範囲内において，自由利用可能通貨（米国ドル，日本円，独マルク，仏フラン，英ポンド）を提供する義務を負っている[83]。当初，SDRの価値は1米ドルと等しかったが，その後ドルが金に対し平価切下げを実施したため。1971年12月からは1SDR＝1.08571米ドル，1973年2月からは1SDR＝1.20635米ドルとなった。いずれにせよ，米ドルとリンクした形でSDRの価値が決められていたわけであるが，一般的フローティングへの移行に伴いこうしたSDR価値の決め方に疑問が持たれるようになり，1974年7月1日以降，暫定的な措置として主要16ヵ国通貨の価値の加重平均によってその価値を決定する方法がとられるようになった[84]。

3. ブレトンウッズ体制の崩壊と二次改正
ブレトンウッズ体制の崩壊

　1960年代後半以降ポンド危機から始まった固定相場制の動揺は，年を追う毎に深刻なものとなった。しかし，固定相場制維持の見解も根強く，国際通貨制度は混迷を極めた。ソロモンは，この間の事情を次のように記している。「1960年代中頃には，先進工業国の為替相場は固定しておくべきであるというのが大蔵省や中央銀行の高官の一般的見解であった。1967年11月のポンド切下げに始まる一連の危機は，この見解がいかに誤ったものであるかを暴露したのである[85]。」

　1971年5月3日，ドイツの4つの経済研究所はマルクのフロートを勧告し，ある研究所は即時切上げを提案した。独経済省は，これらの勧告を「有益な貢献」

---

(83)　井川（1992）213-214頁。
(84)　藤岡（1977）27頁。
(85)　ソロモン（1990）231頁。

第2章　IMFの基本構造

と述べた。だが，これを契機に年初来からのマルク投機が爆発した。大量の短期資本の流入に対し買介入によって対応していた西独連銀は，市場開始後わずか40分で10億ドルの買介入を行なった5月5日，市場での介入を停止し，市場を閉鎖した。これに続いて，スイス，オーストリア，蘭，ベルギーの各国で相次いで市場が閉鎖された。市場の再開の方策についてEC内部で論ぜられたが，結局マルク，蘭ギルダーはフロートに移行，スイス・フラン，オーストリア・シリングは平価切下げという形で市場が再開された。しかし，国際通貨情勢は安定しなかった。

　8月15日日曜日の夕刻，ニクソン大統領は国民に向けて演説を行なった。「投機屋が米国ドルに対して全面的な闘いを挑んでいる」事実に言及し，コナリー財務長官に次のことを命じたと発表した。

>　「内容や条件が，通貨の安定や米国の最大利益のために決定される場合を除いて，ドルと金及びその他の準備資産との交換を一時的に停止すること。(中略) この行動によって，我々が国際金融業者の中に友人を得ることは全くない。われわれの主たる関心は，米国の労働者であり，世界での公正な競争である[86]。」

　この措置を契機として，欧州主要国の外国為替市場は1週間にわたって閉鎖され，再開後のこれらの市場を含めて各国は多かれ少なかれ為替相場を変動させることとなった。日本の円も8月28日フロートに移行した。

　このような危機に対応すべく，1971年12月17・18日ワシントンのスミソニアン博物館で10ヵ国蔵相会議が開催され，ドルの切下げを含む多角的通貨調整に合意が得られた。

　だが，スミソニアン会議による為替相場の調整にもかかわらず，米国の国際収支は改善を見せず引き続き大幅な貿易赤字を記録した。このため，米ドルに対する不信が募り，1973年再び世界的規模の通貨危機を迎えることとなった。イタリア・リラが二重為替相場に移行，スイス・フランもその翌日フロートへ移行した。2月には東京市場閉鎖，続いて欧州諸国の市場も閉鎖された。結局，米国ドルがSDRに対して10％切下げ，日本円はフロートへ移行，イタリア・リラもフロートという形で2月14日各地の市場は再開された。

　しかし，通貨不安は続き，3月に入っても収まらなかった。西独はじめ欧州諸国は大量の米ドル買介入を行ない，再び市場を閉鎖した。EC通貨は，対ドルで

---

[86]　同前・258頁。

「共同フロート」することが決められ，3月19日市場は再開された。この共同フロートは，対米ドルの介入は停止し米ドルに対してはフロートしたまま，域内通貨相互間では従来の縮小変動幅 (2.25%) を維持するものである。

こうして，日本円，イタリア・リラ，英ポンドは，単独でフロート，英・イタリア・アイルランドを除く残りのEC諸国及びスウェーデンは共同フロート，と主要通貨は，すべて相互にフロートしあうという情勢（ジェネラル・フロート：全面フロート）となった。

しかし，各国が介入政策についてガイドラインを設けるべきことが，IMF20カ国委員会から提案され，1974年6月一時的な要因に基づく変動を除去するための介入は望ましいこと，市場の動きを加速するような介入は行なってはならないこと等を内容とするガイドラインが，IMF理事会により設けられた。これは，各国が期待されるのは「管理されたフロート」であり，ガイドラインを指針として各国が適切に介入政策を進めることが求められた[87]。

国際通貨制度改革

ブレトンウッズ体制の崩壊に直面し新たな制度設計をすべく，1972年7月国際通貨制度改革を行なう場として，IMFに20ヵ国委員会 (the Committee of Twenty, C-20。正式名称は "ad hoc Committee of the Board of Governors on Reform of the International Monetary System and Related Issues") が設置された。この委員会は，IMFの総務もしくは同等の地位にある人々，すなわち閣僚クラスの人々からなる委員会で，総会に対し助言及び勧告をすることがその任務である。また，20ヵ国委員会は次官レベルの代表によって構成される代理会議を設けることとされた。

20ヵ国委員会の第1回会合は，1972年9月IMF総会の機会にワシントンで開催され，議長にアリ・ワルナダ・インドネシア蔵相を選出し，代理会議の議長としてジェレミー・モース・イングランド銀行理事が選出された。20ヵ国委員会は合計6回開催され，代理会議は合計12回開催された。この間，テーマ毎の作業部会が頻繁に開催された。

また，1972年9月IMF理事会は，総務会に対して「国際通貨制度改革」と題する報告をまとめた。その報告は，国際通貨制度改革の必要を説明するとともに，制度改革のための問題点を整理したものである。

---

(87) 井川 (1992) 48-49頁。

第2章　ＩＭＦの基本構造

　20ヵ国委員会，代理会議を通じての国際通貨制度改革の討議は，2年近くにわたったが，1973年2月，3月には主要通貨のフロート，同年末には石油価格引上げに端を発するオイルショック等の動きを受けて，各国の議論は国際経済情勢を反映したものとなった。

　この20ヵ国委員会において議論された問題は，為替相場，調整過程，交換性の問題，介入制度の問題，準備資産の役割，開発途上国のためのＳＤＲリンクなどであった。

　これらの問題の中で，特に大きな対立があったのは，為替相場制度のあり方及び調整過程についてであり，米国とフランスその他の欧州諸国との間に大きな意見の相違があった。米国は，ブレトンウッズ体制においては米ドルの平価を弾力的に動かすことができず，長期的には相対的に過大評価されるために，米国に過大な負担がかかるという問題があったとして，変動幅が広く，また，各国がその通貨のフロートを選択できるような弾力的な為替相場制度を主張した。また，調整過程の改善を図り，赤字国にも黒字国にも平等に国際収支調整の負担がかかるようにするため，国際収支調整のための客観的指標を制度として導入し，その指標の定めるところに従い，調整の義務を負担させること，この義務を負担させるため何らかの形の圧力を導入して赤字国だけでなく黒字国も調整負担を負うことを制度的に保証すべきであるとした。

　フランスその他の欧州諸国は，国際通貨制度は「安定的であるが，しかし調整可能な平価制度」を基礎とすべきこと，フロートは，例外的，一時的場合にのみ認めれるべきであることを主張し，不適当になった為替レートが適時・適確に変更されなければならないことを認めつつ，基本は「平価制度への復帰」であるとした。国際収支調整過程については，その円滑な履行はＩＭＦ等の国際的な権威の下でその監視を強化し赤字国も黒字国もルールに服するという方法によるべきであり，平価変更が自動的に適用される基準によって支配されることは適当でないとして強く反対した[88]。

国際通貨制度改革における米国の主張

　議論を先に進める前に，米国の調整過程についての主張を検討してみたい。米国は，1972年11月の最初の蔵相代理会議において，9月にシュルツ財務長官によって概要が示されたアプローチの原理と技術的細部の両方をつづった文書を配

---

　(88)　井川（1992）50-54頁。

第1節 国際通貨問題とIMF協定の変遷

布した。この米国案は，加盟国が制度改革において為替相場制度を平価又は中心相場を基礎として，通貨が交換性をもつことを望んでいるという前提で，1つの調整機構を提案した。これは，旧制度の下で陥った困難から米国を守るものであった。

この米国の提案は，大きく2つの論争的な部分を含んでいた。まず，第一にその原理そのものについてである。この提案の本質的な原理として，各国通貨が準備と交換しうる制度は，準備への「需要」が利用可能な準備の供給を超えないように保証されるべきであるとした。そして，この原理を実現するために，制度の不均衡の許容度とそのような不均衡を金融的に埋め合わせる可能性との間の調和を保証するため，準備指標を利用することとしたのである。準備指標体系は，それぞれの国の標準又は基礎的水準によって設定される。よって，全標準の総計は，世界の準備の総額に等しくなる。もし，諸国の準備が不均衡に増減し，そして様々な準備指標点に達することになれば，調整必要のシグナルが出て，各国は黒字あるいは赤字の修正を目的とする政策措置をとることが期待される。最終的には，各国が準備の動向を逆転させる適当な行動をとることに失敗するならば，制裁又は段階的圧力がIMFによって適用される。

そして，もうひとつの論争点は，この準備指標の1つとして「交換性基準点」（後に「第一線資産保有限度」）を設定したことであった。これは，ある国の準備がこの点を超えた際は，その国は外貨の追加的増加分を第一線準備資産に転換することを要求する権利を失う。

このような方法は，何かに似ていると感ぜられるはずである。そう，この提案は，米国がみずから葬り去ったケインズ案によく似ていたのである。ケインズ案は，清算同盟という新しい国際機関と新しい準備資産「バンコール」を提案したが，この提案がなされた1972年においてIMFはすでに存在しており，SDRがバンコールの機能を果す可能性があった。この「新」米国案とケインズ案は，国際収支不均衡調整ルールにおいても類似していた。ケインズは，1943年に「債務国同様，債権国もまた均衡の欠如に責任があるという認識の下に提案された機関は，新天地を開拓する」といったが，ポール・ボルガー財務省次官は1972年次のように言っている。

> 「交換性それ自体は，適切なあるいは公平な調整を促すことはできない。交換性は，そのような意味において，非対照的な手段であり，赤字国に対してのみ作用する。米国案の枠組において，交換性と準備変動との内的な連結は，黒字国と赤字国に対し概して対称的な圧力を加えるこ

ととなろう。」
　ソロモンは，次のように米国案について論評している。
　　「ポール・ボルガーは，米国案の概要を作成する際，ケインズ案を正面に据えたわけではなかった。この点において『過去を記憶していない人々は，再びそれを体験するように運命づけられている。』というサンタヤナの格言を引用することが適切であるように思われるが，今度の場合，歴史を忘れた人々がこれを再建しようとしていたのである。1970年代初頭における米国の関心は，多くの点において，1940年代初期にケインズが対処しようとしていたものに似ていた。ケインズの祖国とヨーロッパ全体は，第二次世界大戦によって弱まるどころか強化された米国が戦後に構造的債権国として現われることを，また国際収支調整の重圧がヨーロッパ諸国にかかることを心配していた。通貨の交換性回復とそれによって保障を狙った相対的に自由かつ多角的な貿易を可能としながら，対称的に働く調整機構を作ることがケインズの目的であった。
　　1972年のボルガー案は，同じ目的を持っていた。米国人は，それを1943年に拒否した後，1972年にはそれを提案した。なぜならば，その間米国の立場が完全に逆転したからであった。その相似性は，完全にはほど遠い —— 1970年代の米国の基礎的経済力はまだかなりのものであり，第二次世界大戦終結時におけるヨーロッパの地位と対称的であった —— にもかかわらず，1970年代には米国の官僚は脆弱な国際収支ポジションへの対処を念頭に置いた見方をとっていた。ヨーロッパ大陸の人々は，逆に，この時期は反対の見方をとっており，それはブレトンウッズの準備をなした論争において米国人が示したものと似ていた[89]。」
　この米国案に対しては，後に至るまで十分に検討されることはなかった。英エコノミスト誌は，「米国人はその調整案をもって，いぜん有利な状態を狙っていた」が，「いまだに彼らだけが為替調整の指標として，準備の動向に関心を集中していた」と論じた。
　この11月会議において，準備指標の信頼性についていくつか反論が出され，パリにおける1973年１月の蔵相代理会議では，準備指標が不均衡に陥った諸国による矯正的政策行動の，そして究極的には国際社会による「段階的圧力」の根拠となるべきであるとする米国案は，ほとんど支持されなかった[90]。

---

(89)　ソロモン（1990）335-338頁。
(90)　同前・338-339頁。

第1節　国際通貨問題とＩＭＦ協定の変遷

国際通貨制度改革概要

　平価制度に重点を置くフランス等ヨーロッパ諸国の考えと米国の弾力的な為替相場政策運営に重点を置く考え方の対立は深刻で，米仏間の「神学論争」と呼ばれた。しかし，最終的な解決には至らなかったものの，1973年3月の20ヵ国委員会大臣会議で「改革後の制度の下でも為替相場制度は安定的な，しかし調整可能な平価に基礎を置くべきこと，また，特定の場合には，変動相場制も役に立つ手法であり得ること」につき合意が得られ，この趣旨が会議のコミュニケにも盛込まれ，最終的な報告書もこの線でまとめられた。調整過程については，米国の主張するような客観的指標を調整義務とリンクさせる考え方に対し合意は得られなかった。

　為替相場と調整過程の問題のほか，交換性の問題，介入制度の問題，準備資産の役割，開発途上国のためのＳＤＲリンクなどのテーマが取り上げられ突っ込んだ検討作業が行なわれ，1974年6月の20ヵ国委員会で「国際通貨制度改革概要 (Outline of Reform)」と題する報告が採択された。

　この報告は第一部「新制度 (The Reformed System)」と第二部「当面の措置 (Immediate Steps)」からなる。第一部は，各項目毎に合意が得られている点についてはその合意された結論を，合意が得られていない点については，意見の違いが整理されており，全体として「新制度」は「安定的な，しかし調整可能な平価制度」というコンセンサスを基礎に体系づけられている。

　しかし，1973年末に勃発したオイル・ショックの後，世界の経済情勢は大きな混乱に陥り，20ヵ国委員会が報告書を出す時点では，直ちに，また近い将来において，「安定的な，しかし調整可能な平価制度」を基礎とする通貨制度に移行することは不可能であり，また適当でもないとされた。よって，この報告の「新制度」部分については，実施までに相当の時間がかかると認識され，それまでの過渡期のあり方に対応するために第二部「当面の措置」が作成された。

　第二部「当面の措置」は，協定改正等を要することなく直ちに実施可能なものについて勧告すると同時に，この当面の措置を実施するため必要な協定改正案を用意すべきことを要請している。当面の必要な協定改正としては，国際収支調整過程の監視等を実施するための評議会の設置，現在各国が実施しているフローティングを協定上のものとすること，金についての協定改正，ＳＤＲについての協定改正等があげられている。

　結局，二次改正は，「当面の措置」を実施するものに限って行なうこととされた。そして，協定改正案の作成作業は，ＩＭＦ理事会が新たに設置されるＩＭＦ

暫定委員会に随時諮問しつつ進めていくこととなった。

協定改正作業の出発点は,「当面の措置」の協定化であったが,この作業過程において全面的に協定を見直し,現時点での要請にかなうようにすると同時に,将来の制度とされた「安定的な,しかし調整可能な平価制度」についても協定化し,大規模かつ全面的な改正となった[91]。

二次改正

20ヵ国委員会の報告は,1974年秋のIMF総会で了承され,総会は報告の第二部「当面の措置」を実施するため,またその他望ましい範囲で協定改正案の検討を開始するようIMF理事会に指示した。同時に,暫定委員会(正式名称は「国際通貨制度に関する総務会暫定委員会」)が設立され,理事会の諮問を受けて協定改正案の検討を行なうこととなった。従来の20ヵ国委員会は,その任務を終了し解散した。

暫定委員会は,1974年10月に第1回会合を開催し,ついに1975年1月ジャマイカのキングストンでの第5回会合で協定改正案の実体についてすべて合意に達することとなった。このキングストン合意に基づき,IMF理事会で更に文章上の詰めを行ない作り上げられた協定改正案が,1975年4月の総務会で承認された。

この暫定委員会における協定改正案検討作業においても,為替相場制度については相変わらず米国とフランスなどの欧州諸国との間で「神学論争」が繰り返されていた。だが,世界経済が混乱している最中に通貨問題を放置すべきではなく早期に解決すべきであるという認識が広まり,1975年ランブイエ・サミットにおいて米仏間の意見調整が進展し,ある程度の合意に達した。この合意を基礎として,キングストン合意を達成したのである。その合意の骨子は,①協定改正後は,各国がどのような為替相場をとるかは自由とする。②各国の為替相場政策は,IMFの監視に従う。③将来世界経済が安定した後,IMFは85%の多数により平価制度へ移行することができる。この場合,平価を設定し,平価を設定しない国はIMFと協議する。平価を設定した国は,IMFへ通告することによってこれを廃止することができるが,IMFは85%の多数によって,これに反対することができる[92]。

また,金については,その国際通貨制度における役割を漸次縮小していくとい

---

(91) 藤岡(1977)60-62頁。
(92) 同前・69-71頁。

第1節　国際通貨問題とIMF協定の変遷

うコンセンサスが存在した。しかし，ここでも金廃貨を急ぐ米国と金の価格低下を恐れるフランス等欧州諸国との間に意見の相違があった。1975年1月の暫定委員会で，金の公定価格の廃止，各国のIMFに対する金の支払義務の廃止について合意が得られ，従来金に与えていた特殊な地位は廃止されることとなった。

金の特殊な地位が廃止されることとなったため，従来の各国の出資払込み等によってIMFが保有している金（当時1億5000万オンス）の取扱いが問題となった。市場に売却すべきとする意見と出資払込みを行なった加盟国に返還すべきであるとの意見が対立したが，妥協が図られ，6分の1を市場価格によって売却し，6分の1を各加盟国に返還，残りの3分の2の取扱いは，将来85％の特別多数決によって決定するという合意が1975年8月の暫定委員会でなされた。また，市場価格で売却することによって生じる売却益は，第一次オイル・ショック以来国際収支困難の度を深めていた非産油開発途上国の国際収支支援のために使用することも合意された。そして，後にこの金売却益と自発的拠出も受け入れたトラスト・ファンドが設置されることとなる。

合意の実施について意見の相違があったものの，最終的にはキングストンで合意され，二次改正においては，①加盟国の金支払義務の廃止，②金の公定価格の廃止，③85％の特別多数決によるIMF保有金の処分，④金による価値表示をSDRによる価値表示とする，こととされた。

為替相場制度及び金の取扱い以外の改正としては，①SDRを国際通貨制度の中心的な準備資産とすることを促進するために，SDRの使用範囲を拡大すること等を図る，②IMFが加盟国との間で行なう操作及び取引について整備・改善を図り，また，IMFの保有する全加盟国通貨をIMFの定める政策に従って使用可能とする。③国際通貨制度の管理及び適用を監督することを目的として，85％の多数により評議会を設置することができることなど，機構面での拡充を図ることとされた。

そして，1976年4月30日総務会によって承認された二次改正案は，1978年4月1日80％の投票権を有する5分の3の加盟国が受諾し，発効した[93]。

二次改正は，IMF協定の3回にわたる改正において，最も包括的で大規模な改正であった。しかし，それは既に見たように，「改革の概要」の第二部「当面の措置」に立脚した為替相場と金の扱いを中心とした改正であった。だが，変動相場制度を認め，主要国がこれを採用することにより，（それまでもしてこなかっ

---

(93)　井川（1992）62-65頁。

第2章　IMFの基本構造

たとの批判があるかもしれないが）協定上IMFは主要国に対して為替相場制度について拘束力のある決定を下すことができなくなった。

4.　三次改正

　二次改正は，1970年代に問題となった為替制度の不安定に起因する改正であったが，三次改正はIMF資金の債務滞納によるものであり，二次改正と異なる状況に対応するための改正であった。すなわち，この改正は，累積債務問題という1980年代に問題化した国際経済状況に起因するものであった。

　だが，このような債務遅滞は，国際金融機関としてのIMFの資金基盤の健全性及び加盟国の負担などの観点から問題となり，1988年9月の暫定委員会以降債務履行遅滞対策の具体的な強化策について検討が行われた。

　IMFは，協定上これまでは債務履行遅滞国に対し，その一般資金の利用資格喪失宣言を行なった後は強制脱退の措置をとるほかは，具体的な矯正措置をとることができなかった。このため，一般資金利用資格喪失後，相当の期間債務履行遅滞を続けている国に対して，投票権や関連の権利を停止するなどの措置をとることの必要性が認識され，このための所用の協定改正を行なうことが1990年5月のIMF暫定委員会で合意された。これに基づき，IMF理事会は協定改正案を総務会に提案し，総務会は1990年6月28日に承認した[94]。

　しかし，このIMFの資金健全性を確保するための債務履行遅滞対策の強化策は，同じ1990年6月の総務会で決議された第9次増資によるIMFの資金基盤の強化とセットになっていることに注意しなければならない。すなわち，開発途上国しかIMFの資金利用をしていない現状では，債務履行遅滞対策のための措置を強化することは，開発途上国のみに対して不利益を生じさせることと同義となる。そのため，そのような協定改正案が開発途上国の支持を得られないことは明らかであった。だが，協定改正のためには総投票権数の85％を有する5分の3の加盟国の受諾が必要である。よって，不利益な改正を提案したとしてもそれが採択されないことは明らかであった。この事態を打開するために，第9次増資によりIMFの資金基盤を強化し，開発途上国が求める資金利用枠の拡大を認め，協定改正が行われたのである。第9次増資は，三次改正にとって欠くことのできない交渉の道具であった。

　上記のような状況の中で，三次改正は1992年2月11日発効した。

---

(94)　同前・77-78頁。

第2節　IMFの基本構造

　既に見たようにIMF協定は，それぞれ異なる国際経済状況に対応するために改正が行なわれてきた。そして，この協定に基づいて，IMFの業務が行なわれてきた。

　協定に基づいて業務を行うべくIMFは，1条に規定された目的から抽出された権限，すなわち，規制権限と融資権限を有している。これらの権限を行使することにより，IMFは次のような職務を行うと自ら論じている。「IMFは各国の問題だけでなく国際通貨制度全体の機能にかかわる機関である。その活動は，安定的な世界金融システムや持続可能な経済成長を確保するために加盟国が協調して行動することを通じて，政策と戦略を促進することに焦点を当てている。[95]

　IMFが自ら論ずるところによれば，本書の主題となる経済成長を自らの管轄権の中に取り込み，この問題に対応するために職務を行っているのである。

　また，IMFは，国際通貨協力のフォーラムを提供し，制度の秩序ある発展のために，広範囲な国際通貨問題の領域を法的な規約，道義的勧告，合意の課題としている。

　さらに，IMFは，国際通貨制度に脅威を与える危機的な状況にも対応している。

　IMFの政策と実行は，新しい挑戦に対応して持続的に発展を遂げており，最近では資本市場の急速なグローバリゼーション及び金融危機やその波及効果の増大するリスクがIMFに対する新たな挑戦となっている。このような問題に対応すべく，後にも触れるように，暫定委員会という閣僚クラスの勧告機関が「国際通貨金融委員会」へ改組された。

　また，近年のアジア通貨危機への対応のために，1997年にIMFは新たなファシリティを設立した。補完的準備融資制度がそれであり，市場の信頼の喪失を反映した，特に資本勘定における潜在的に強大で短期の資金調達の必要に対応するものである。これは融資支援を迅速なものとすべく，IMFはアジア通貨危機の間，1995年のメキシコ危機の結果，設立された「緊急融資メカニズム」を利用したものである[96]。また，1999年4月に2年間の時限措置として予防的クレジッ

---

(95)　IMF Treasurer's Department (1998) p. 1.
(96)　Ibid, pp. 1-2.

第2章　ＩＭＦの基本構造

トラインが設立された。

このように，ＩＭＦは最近とみに国際経済社会の変貌を受けて，自らの姿を変えていった。だが，そもそもの姿すなわち協定が規定するＩＭＦとはどのようなものであろうか。ここでは，地位，加盟，脱退のような国際機関としての基本制度を説明し，かつ基本的なＩＭＦの機能すなわち規制権限・融資権限にかかわる機能を条文に即しながら論ずることとする。

1.　ＩＭＦの地位，免除，特権

制度としてのＩＭＦは，契約を締結し，財産を取得及び処分し，訴えを提起する能力を含めて，完全な法人格を有している。さらに，ＩＭＦは一定の特権及び免除を享受する。これらのことについて，9条1項・2項[97]が規定している。

また，ＩＭＦの国際法人格は，加盟国との関係をこえた，国際法における客観的事実である。

さらに，契約を締結する一般的能力に加えて，ＩＭＦは他の国際機関と協力し，かつそのための取極をなす特別の権能を有する。これについて，10条が規定す

---

(97)　9条1項（この条の目的）
　　「基金が与えられた任務を遂行できるようにするため，基金に対し，各加盟国の領域において，この条に規定する地位，免除及び特権を与える。」
　　9条2項（基金の地位）
　　「基金は，完全な法人格を有し，特に，次の能力を有する。
(i)　契約をすること。
(ii)　動産及び不動産を取得し及び処分すること。
(iii)　訴えを提起すること。」
(98)　10条（他の国際機関との関係）
　　「基金は，一般的国際機関及び関係分野で専門的責任を有する公的国際機関とこの協定の範囲内で協力する。この協力のための取極でこの協定の規定の変更をもたらすものは，第28条の規定に基づいてこの協定を改正した後に限り，締結することができる。」
(99)　国連憲章57条（専門機関）
　　「1.　政府間の協定によって設けられる各種の専門機関で，経済的，社会的，文化的，教育的及び保健的分野並びに関係分野においてその基本文書で定めるところにより広い国際的責任を有するものは，63条の規定に従って国際連合と連携関係をもたらされなければならない。
　　2.　こうして国際連合と連携関係をもたらされる前記の機関は，以下専門機関という。」

る(98)。

この権能により，ＩＭＦは国際連合憲章57条(99)に基づく専門機関として，ＩＭＦが独立した国際機関の１つであることを認められ，ＩＭＦと国際連合との関係を定める協定を憲章63条(100)に従って締結した。

だが，ＩＭＦは経済協力機構やその構成機関，各種の国際連合の地域的及びその他の機関など，他の多くの国際機関と密接な関係をもっている。この関係のネットワークは，多くの場合，特別の協定を必要とすることなく発展した(101)。

2．ＩＭＦへの加盟

ＩＭＦへの加盟は，国家に限定される。加盟国には，①原加盟国，すなわち付表Ａに列記される1945年12月31日までに協定に署名した国については，２条１項(102)と31条２項(e)(103)が規定している。

原加盟国以外には，②総務会が採択した決議に従って署名したその他の加盟国がある(104)。

ＩＭＦは，一国の加盟を認めるに当たって，その国が自国の国際関係を処理し，かつ協定の義務を履行することができる国家であれば，適格と考える。国際連合の加盟国であることは，条件とされない。基金の慣行においては，各国家は二又はそれ以上の国家が経済上又は金融上の結合のため連合する場合や，通貨を共通にする場合においても，別個の加盟国である。

---

(100) 国連憲章63条（専門機関との協定）
「経済社会理事会は，第57条に掲げる機関のいずれとの間にも，その機関が国際連合と連携関係をもたらされるについての条件を定める協定を締結することができる。この協定の締結は，総会の承認を受けなければならない。」
この規定に基づき，国連ＩＭＦ協定が結ばれた。
(101) ゴールド（1965ｂ）77頁。
(102) ２条１項（原加盟国）
「基金の原加盟国とは，連合国通貨金融会議に代表された国でその政府が1945年12月31日前に加盟国の地位を受諾したものをいう。」
(103) 31条２項（署名）
「(e) この協定は，1945年12月31日まで，付表Ａに掲げる国の政府のワシントンにおける署名のために開放しておく。」
(104) ２条２項（その他の加盟国）
「加盟国の地位は，総務会が定める時期に，総務会が定める条件に従ってその他の国にも開放する。その条件（出資の条件を含む。）は，既に加盟国となっている国について適用されている原則に合致する原則を基礎とする。」

第2章　IMFの基本構造

　一国がIMFの加盟国となると,「その政府のために」協定を受諾するだけでなく,従属地域についても協定を受諾したこととなる[105]。

　このことについて,ゴールドは,次のように論じている。加盟国が従属地域についても協定の規定を遵守する責任を負うことを意味する。これは,これらの地域が経済的に強力であり,かつ,自らの通貨を有する場合に重要性をもつ。しかし,この規定は,これらの地域全体が基金の加盟国であり,また従属していても加盟国となる資格を有することを意味するものではない。[106]」

3. IMFからの脱退

　IMFからの脱退は,IMF若しくは加盟国のいずれの側からもなすことができる。

　まず,加盟国からの脱退については,26条1項[107]が加盟国の脱退権を規定している。

　この脱退権は,IMFの全加盟国が同意しない限り協定の改正によって変更することはできない。28条(b)は,脱退する権利の改正には全加盟国の受諾が必要であると規定している。

　このような規定を設けたのは,協定が諸国の通貨に関する事項について以前に享受した自由を相当に侵害するものであることを起草者が認識したからである。協定を管理する制度は試みられたことがないものであった。また,このような計画は実験的なものであったし,この実験はある国々から見れば悪い結果となるかもしれなかった。従って,煩雑な手続によって加盟国の離脱を遅延させるよりも,いつでも脱退させ,直ちにその効力を生じせしめる方がよいとされた。さらに,加盟国にいかなる多数決によっても,その加盟国の意見に反して協定を改正して,離脱を妨げることはできないと確信させる必要があった。最後に,加盟国に与え

---

(105)　31条2項（署名）
　　「(g) すべての政府は,この協定への署名により,その政府のためにも,また,すべての植民地,海外領土及びその保護,宗主権又は権威の下にあるすべての地域並びにその政府が委任統治を行なうすべての地域についても,この協定を受諾する。」
(106)　ゴールド（1965b）78頁。
(107)　26条1項（加盟国の脱退権）
　　「加盟国は,基金に対する通告書を主たる事務所に送付することにより,いつでも基金から脱退することができる。脱退は,通告が受領された日に効力を生ずる。」

第 2 節　ＩＭＦの基本構造

る保障は，脱退後の勘定の決済において，金銭的損失を受けないことを保障することにより完全なものとなった（28条 3 項）[108]。

そして，ＩＭＦは加盟国に対し以下の方法により，加盟国を脱退させることができる。すなわち，ＩＭＦは，加盟国が協定に基づくいずれかの義務を履行しないとき，その加盟国がＩＭＦの資金を利用することができないことを宣言し，かつ相当の期間が経過しても加盟国が協定に基づくいずれかの義務の不履行を続けるときは，その加盟国をＩＭＦから脱退せしめることができるのである。これについては，26条 2 項[109]が規定する。

しかし，ＩＭＦは加盟国が義務を履行しないとき，強制的脱退又は協定によるその他の制裁を課す義務を負うものではない。
加盟国自身が，事情によって国際義務に違反せざるをえないと感じたこともあったが（幸いにも少なかったが），ＩＭＦは制裁を課さなかった。これについて，ゴールドはこのようなＩＭＦの見解について，次のようにまとめている。

　　「これらの場合には，基金協定を遵守するため基金との協力を継続し
　　ている，また，このほうが，基金加盟国の共同社会からその加盟国を強

---

(108)　Gold (1965) p. 7.　ゴールド（1965 b）79頁。
(109)　26条 2 項（強制的脱退）
　　「(a)　加盟国がこの協定に基づくいずれかの義務を履行しなかったときは，基金はその加盟国が基金の一般資金を利用する資格がないことを宣言することができる。この項の規定は，第 5 条第 5 項又は第 6 条第 1 項の規定を制限するものとみなしてはならない。
　　(b)　(a)の加盟国が(a)の規定に基づく基金の一般資金を利用する資格の喪失の宣言から相当の期間の経過後においてもこの協定に基づくいずれかの義務の不履行を続けているときは，基金は，総投票権数の70％の多数により，その加盟国の投票権を停止することができる。その停止の期間中は，付表Ｌの規定を適用する。基金は，総投票権数の70％の多数により，その停止をいつでも解くことができる。
　　(c)　(b)の加盟国が(b)の規定に基づく停止の決定から相当の期間の経過後においてもこの協定基づくいずれかの義務の不履行を続けているときは，総投票権数の85％を有する過半数の総務によって行われる総務会の決定により，その加盟国に基金からの脱退を要求することができる。
　　(d)　(a)，(b)又は(c)の規定に基づきいずれかの加盟国に対して措置がとられるのに先立ち，その加盟国が自国に対する抗議について相当の期間前に通報を受け，口頭及び書面の双方で自国の立場を釈明する適当な機会を与えられるようにするため，規則が採択される。」

制的に脱退せしめて，協定のもとに加盟国を継続することによって負うべきすべての義務から解放させるよりも望ましい，と信じたのである[110]。」

脱退した加盟国とIMFとの間に意見の相違が生じたときは，この意見の相違を外部の仲裁に付すことができる。また，IMFと加盟国との間に協定の解釈に疑義が生じたときには，加盟国は理事会に上訴することができる。これについては，後に詳しく説明することとする。

4. 会 計

IMFの会計は，一般会計，SDR会計，管理勘定からなる。そして，一般会計は，4つの勘定からなる。一般資金勘定（General Resources Account：GRA），特別拠出勘定（Special Disbursement Account：SDA），投資勘定（Investment Account），借入資金停止勘定（Borrowed Resources Suspense Accounts）である。しかし，後の2つは現在機能していない。

一般資金勘定は，通常資金と借入資金からなる。特別拠出勘定は，1976年6月から4年間行われたIMF保有金の売却の利益等を途上国の支援に利用するために開設された勘定であり，IMF保有金の売却益やトラスト・ファンド貸付の返済金等を原資とし，SAFやESAFの貸付のために使用されている。

5. 割当額及び出資

各加盟国は，自国通貨と，一次改正までは金，二次改正以降は原則としてSDRを拠出する。この加盟国によって拠出される額は，IMFによって割り当てられる。この割当額については，3条1項[111]が規定している。

この割当額は，①IMFにおける投票権の決定基準（12条5項），②任命理事国の決定基準（12条3項），③IMF資金の利用限度額の決定基準（5条3項），④SDR配分の基準（18条2項(b)）等を規定するため，極めて重要である。

---

(110) ゴールド（1965b）79頁。
(111) 3条1項（割当額及び出資額の払込み）
「各加盟国は，特別引出権で表示される割当額を割り当てられる。連合国通貨金融会議に代表された加盟国で1945年12月31日前に加盟国の地位を受諾するものの割当額は，付表Aに掲げる額とする。その他の加盟国の割当額は，総務会が定める。各加盟国の出資額は，当該加盟国の割当額と同額とし，全額を適当な寄託所において基金に払い込む。」

第2節　IMFの基本構造

　当初，割当額は，25％は金で75％を自国通貨で払い込むこととされた[112]。
　この割当額について，5年を超えない期間に一般的検討を行ない，適当と認めるときはその調整を提案することになっているほか，いかなるときでも適当と認めるときは加盟国の要請に基づいて割当額の調整をすることができる[113]。この割当額の変更には，総投票権数の85％の多数が必要である[114]。これまで，IMFは，現在まで11回の増資を行なっている。
　割当額の増加に同意した加盟国[115]は，割当額の増加額の75％は自国通貨で，25％はSDRで払い込むこととされている。但し，IMFが他の加盟国の同意を

---

(112)　3条3項（原協定）（出資－その払込みの時期，場所及び形式）
　「(b)　各加盟国は，最小限として，次のもののうち少ない方を金で払い込むものとする。
　(i)　自国の割当額の25％
　(ii)　基金が近く為替取引を開始することができる旨を第20条第4項(a)に基いて加盟国に通告する日における自国の金及び合衆国ドル公的純保有額の10％」

(113)　3条2項（割当額の調整）
　「(a)　総務会は，5年を超えない間隔を置いて加盟国の割当額につき一般的検討を行い，適当と認めるときは，その調整を提議する。総務会は，また，その他のいかなる時にも，適当と認めるときは，加盟国の要請に基づいてその割当額の調整を考慮することができる。」

(114)　3条2項（割当額の調整）
　「(c)　いかなる割当額の変更にも，総投票権数の85％の多数を必要とする。」

(115)　割当額の変更は，加盟国の同意と払込みが必要である。
　3条2項（割当額の調整）
　「(d)　加盟国の割当額は，当該加盟国が同意し，払込みを行なうまで変更されない。ただし，次項(b)の規定に従って払い込んだものとみなされる場合は，この限りでない。」

(116)　3条3項（割当額が変更された場合の払込み）
　「(a)　前項(a)の規定に基づく自国の割当額の増加に同意した各加盟国は，基金が定める期間内に増加額の25％を特別引出権で基金に払い込む。但し，総務会は，各加盟国がこの払込みの額の全部又は一部を，すべての加盟国について同一の基準により，基金が他の加盟国の通貨又は自国通貨で払い込むことができることを定めることができる。
　特別引出権会計の非参加国は，増加額のうち参加国の特別引出権による払込みの割合に等しい割合に相当する額を，基金が他の加盟国の同意を得て特定する当該他の加盟国の通貨で払い込む。各加盟国は，増加額のうち残額を自国通貨で基金に払い込む。

得て特定する当該他の加盟国の通貨又は自国通貨で払い込むことができる(116)。

共通表示単位としては，原協定では金又は米ドルによって表示されていた(117)。便宜的には，1オンス＝35米ドルを使用した。現行協定では，平価制度が導入されるまでは，ＩＭＦは特に共通表示単位を決める必要はない(118)。しかし，計算単位としては，ＳＤＲ会計においてはＳＤＲを，一般会計においては1972年3月21日からＳＤＲを用いるようになっている。また，既に見たように割当額についてもＳＤＲで表示することとされている。

自国通貨による払込みは，通常は自国の中央銀行に開設されたＩＭＦ名義の預金勘定への振込みという形をとるが，ＩＭＦが当面その通貨を使用する可能性がない場合は，その国は譲渡禁止，かつ無利息で要求次第額面で支払われる国債などの証券で払い込むことも許される(119)。

　加盟国の通貨の基金保有額は，この(a)の規定に基づく他の加盟国による払込みの結果として，第5条第8項(b)(ii)の規定に基づいて手数料が課されることとなる水準を超えることとなってはならない。」
(117)　4条1項（原協定）（平価の表示）
　「(a)　各加盟国の通貨の平価は，共通尺度たる金により，又は1944年7月1日現在の量目及び純分を有する合衆国ドルにより表示する。」
(118)　付表C
　「基金は，加盟国に対し，この協定の適用上，第4条第1項，第3項から第5項まで及びこの付表の規定に従い，特別引出権又は基金が定めるその他の共通表示単位により，加盟国が平価を設定できる旨を通告する。共通表示単位は，金又は通貨であってはならない。」
(119)　丹宗他（1993）70－71頁。
　3条4項（証書による通貨の代用）
　「基金は，一般資金勘定に係るいかなる加盟国の通貨でも，その一部が自己の操作及び取引に必要でないと認めるときは，その代わりに，当該加盟国又は第13条第2項の規定に基づいて当該加盟国が指定した寄託所が発行する手形その他の債務証書を当該加盟国から受領する。この手形その他の債務証書は，譲渡禁止かつ無利子のもので，指定寄託所における基金の勘定に貸記することによって要求次第額面で支払われるものでなければならない。この項の規定は，加盟国が出資する通貨についてのみではなく，他の事由により基金に支払うべき通貨で一般資金勘定に繰り入れられるものについても適用する。」

第3節　ＩＭＦの規制権限

1．為替取極に関する義務

　為替取極については，4条が規定している。取極という文言が使用されているが，国家間の条約を指すものではなく，各国が自国の為替相場について採用する運営方法のことであり，固定相場制，変動相場制などのことである(120)。
　原協定・一次改正においては，固定相場制が唯一の合法的な為替相場制度であると規定していたが，二次改正は変動相場制も合法的な制度であると認め，現在に至っている。

2．固定相場制

　原協定・一次改正の下での固定相場制度では，加盟国は金又は純金1オンス＝35米ドルで自国通貨の価値を決める。このように共通表示単位で表された通貨の価値を「平価」(par value) という。
　通貨の平価が決まれば，各国通貨との関係を決める。これを「平価による相場」(parity) という。原協定・一次改正の下では，直物為替相場はこの平価による相場が上下1％以内に収まっている必要があった(121)。
　ここで1％幅維持の義務を直物相場にだけ限っている理由は，金利平価 (interest parity) の原理が働く場合には先物相場の動きを規制することは不可能だからである。すなわち，資金移動が自由である二つの国の間の金利水準に相違がある場合，例えば低金利国の人は直物では高金利の通貨を買ってその国に投資し，同時に先物では投資の満期日に合わせてその通貨を売って利鞘を確定する。その結果，低金利国では外貨の直物相場は上昇し先物相場は下落し，直物に対する先物のディスカウントの年率が両国の金利差に一致したときにそのような資金取引は行なわれなくなる。つまり，直先の開きは両国の金利差に一致する傾向がある。

---

　(120)　井川 (1992) 94頁。
　(121)　4条3項（原協定・一次改正）
　　「加盟国の領域内で行われる加盟国通貨間の為替取引の最高及び最低の相場は，平価による相場との間に次の差があってはならない。
　　　(i)　直物為替取引の場合には，1％を超える差
　　　(ii)　その他の為替取引の場合には，直物為替取引のためのマージンに基金が合理的と認めるマージンを加えたものをこえる差」

第2章　ＩＭＦの基本構造

　また，各国がドルを介入通貨として保有し，市場介入によってドルに対する自国通貨の変動幅を平価による相場の上下１％以内に抑えていれば，それらの国は為替安定に関する義務を果していることとなる。

　しかし，米国のように自国通貨が国際通貨として使用されている場合は，対外決済用に外貨をもつ必要がなく，従って通貨当局も準備として外貨を持つ必要がないために市場での介入は行わないことを原則としている国は，為替市場では為替安定に関する義務を果す手段を持たないこととなる。しかし，相手国は介入して固定相場を支えれば固定相場制が持続することとなる。このような不公平をなくすため，金を公定価格で自由に売買している国はこの義務を果していると見なすと規定[122]したのである。

　すなわち，米国の1971年の措置は，この見なし規定に対する違反であった。

　しかし，加盟国はこの平価を国際収支の基礎的不均衡是正のために変更を提案することができ，ＩＭＦはその変更を許すことができる[123]。それゆえ，ＩＭＦの固定相場制は，「調整可能な釘付け（adjustable peg）」制度であるといわれる。この提議をすることができるのは，当該加盟国だけである。

　この加盟国からの提議を受けて，ＩＭＦは加盟国の平価の変更について検討す

---

[122]　丹宗他（1993）72－73頁。
　　　４条４項（原協定・一次改正）（為替の安定に関する義務）
　　　「(b)　各加盟国は，この協定に合致する適当な方法によって，自国の領域内では自国通貨と他の加盟国の通貨との間の為替取引が本条第３項に基いて定められる限度内においてのみ行われるようにすることを約束する。
　　　加盟国の通貨当局が国際取引の決済のために本条第２項に基いて基金の定める限度内において事実上自由に金を売買しているときは，その加盟国は，この約束を履行しているとみなす。」

[123]　４条５項（原協定・一次改正）（平価の変更）
　　　「(a)　加盟国は，基礎的不均衡を是正しようとする場合を除く外，自国通貨の平価の変更を提議してはならない。
　　　(b)　加盟国通貨の平価の変更は，その加盟国の提議があったときに限り，且つ，基金と協議した後に限り行なうことができる。」

[124]　４条５項（原協定・一次改正）（平価の変更）
　　　「(c)　変更が提議された場合には，基金は，第20条第４項に基いて決定する加盟国通貨の当初の平価が既に変更されているときは，この変更をまず考慮に入れなければならない。提議された変更が，引上げであると引下げであるとを問わず，従前のすべての変更を算入して，

第3節　ＩＭＦの規制権限

る。ＩＭＦは，平価の10％以内の変更については同意するが，それ以上の変更に同意することもできるし異議を唱えることもできる[124]。

ＩＭＦが異議を唱えることができる場合において，加盟国がＩＭＦの異議にもかかわらず平価を変更したときは，その加盟国はＩＭＦの資金利用資格を失い，その後も意見の相違が継続するときは強制脱退を求めることができる[125]。

3．変動相場制
変動相場制の認容

二次改正において４条が規定する「為替取極に関する義務」は，各加盟国が「秩序ある為替取極を確保し及び安定した為替相場を促進するため，基金及び他の加盟国と協力することを約束」し，４つのことを行なわなければならないと規定する。すなわち，①秩序ある経済成長を促進する目的に向けるよう努力する，②変動をもたらさない通貨制度を育成して安定の促進を探求する，③調整を妨げたり，不公正な競争上の優位を得るために為替相場や国際通貨制度を操作することを回避する，④この項の約束と両立する為替政策を実施する[126]。

　（ⅰ）　当初の平価の10％をこえないときは，基金は，異議を唱えてはならない。
　（ⅱ）　当初の平価の10％をこえるが20％をこえないときは，基金は同意することも異議を唱えることもできる。但し，その加盟国が要請するときは，基金は72時間以内にその態度を表明しなければならない。
　（ⅲ）　前記（ⅰ）又は（ⅱ）に該当しないときは，基金は同意することも異議を唱えることもできる。但し，その態度を表明するについては，基金は72時間をこえることができる。」

(125)　４条６項（原協定・一次改正）（認められていない変更の効果）
　「基金が異議を唱えることができる場合において，基金の異議があったにもかかわらず加盟国が自国通貨の平価を変更したときは，その加盟国は，基金が別段の決定をしない限り，基金の資金を利用する資格を失う。相当な期間の経過後もその加盟国と基金との間の意見の相違が継続しているときは，第15条第２項(b)（強制的脱退）の規定を適用する。」

(126)　４条１項（加盟国の一般的義務）
　「各加盟国は，国際通貨制度の基本的な目的が諸国間における商品，役務及び資本の交流を助長しかつ健全な経済成長を維持するわく組みを提供することであること並びにその中心的な目的が金融上及び経済上の安定のために必要な秩序ある基礎的条件を継続的に発展させることであることを認識して，
秩序ある為替取極を確保し及び安定した為替相場制度を促進するため，
基金及び他の加盟国と協力することを約束する。

第2章　IMFの基本構造

　しかし，4条2項は，義務を履行するに当たって適用する意図を有する為替取極を二次改正の日の後の30日以内に通告すれば足りることとし，次の3つの為替取極を自由に選択できることとなった。すなわち，①加盟国がSDRかその他の表示単位（金を除く）で表示される自国通貨の価値を維持するもの，②加盟国が他の加盟国の通貨の価値との関連において自国通貨の価値を維持する，二以上の加盟国の間の協力的取極，③加盟国が選択するその他の為替取極の3つである。
　この③により，変動相場制を導入することが認容されたのである[127]。
　その一方で，各国が自国の利益のみを重視した政策を採用することを避けるために，IMFが各国の為替相場を監視する義務を負うこととなった。この監視を効果有らしめるために，加盟国は情報をIMFに提供せねばならず，IMFが求めるときには協議を行なわなければならない[128]。そして，この監視は，IMFが8条の義務の履行状態を監視するために従来から原則として行なっている加盟

　各加盟国は，特に，次のことを行なわなければならない。
　(i)　自国の置かれた状況に妥当な考慮を払った上，自国の経済上及び金融上の政策を物価の適度の安定を伴う秩序ある経済成長を促進する目的に向けるよう努力すること。
　(ii)　秩序ある基礎的な経済上及び金融上の条件並びに不規律な変動をもたらすこととならない通貨制度を育成することにより安定を促進することを探求すること。
　(iii)　国際収支の効果的な調整を妨げるため又は他の加盟国に対し不公正な競争上の優位を得るために為替相場又は国際通貨制度を操作することを回避すること。
　(iv)　この項に規定する約束と両立する為替政策を実施すること。」
(127)　4条2項（一般的為替取極）
　「(a)　各加盟国は，前項の規定に基づく自国の義務を履行するに当たって適用する意図を有する為替取極をこの協定の第二次改正の日の後30日以内に基金に通告し，また，自国の為替取極のいかなる変更も速やかに基金に通告する。
　(b)　1976年1月1日に存在していたような国際通貨制度の下では，為替取極は，
　　(i)　加盟国が特別引出権若しくは当該加盟国が選択するその他の表示単位（金を除く）で表示される自国通貨の価値を維持するもの，
　　(ii)　加盟国が一若しくは二以上の他の加盟国の通貨の価値との関連において自国通貨の価値を維持する二以上の加盟国の間の協力的取極又は
　　(iii)　加盟国が選択するその他の為替取極
　とすることができる。」
(128)　4条3項（為替取極の監視）
　「(a)　基金は，国際通貨制度の効果的な運営を確保するため国際通貨制度を監督し，また，第1項の規定に基づく各加盟国の義務の遵守について監督する。

国との協議の機会に行なうこととなった[129]。

また，ＩＭＦが採択する為替相場政策の指針のための特定の原則は，「加盟国の国内の社会的又は政治的政策を尊重するものでなければならず」，この適用に当たっても，「加盟国の置かれた状況に妥当な考慮を払わなければならない。」

ソロモンによれば，この４条の案は「通貨基金の尊敬すべき最高法律顧問であるジョセフ・ゴールドの助けによって彫琢され，1976年１月に公表された。」

この「改定協定条項の第４条に具体化されている為替相場協定の歴史的重要性は，これによって各国は採用する為替相場取極選択の自由を認められたということである。その協定が，変動相場を祝福したというのは誇張であろう。しかしながら，それは実際，為替相場を合法化したのである。今後，通貨基金加盟国の間で為替相場制度は多様化するであろう。[130]」

このように変動相場制を認容すると同時に，ＩＭＦは加盟国の為替相場政策についての監視を行うこととなった。一方で，４条４項において，総投票権数の85％の多数により平価制度を導入できることが規定されている[131]。だが，現下の状況において，近い将来平価制度が再導入されることは予想し難い。

(b) 基金は，(a)の規定に基づく任務を遂行するため，加盟国の為替相場政策の確実な監視を実施し，また，為替相場政策に関するすべての加盟国に対する指針とするための特定の原則を採択する。

各加盟国は，この監視のために必要な情報を基金に提供しなければならず，また，基金が要求するときは，自国の為替相場政策について基金と協議しなければならない。

基金が採択する原則は，加盟国が一又は二以上の他の加盟国の通貨の価値との関連において自国通貨の価値を維持する二以上の加盟国の間の協力的取極並びに基金の目的及び第１項の規定に合致する他の為替取極であって加盟国が選択するものであってはならない。

この原則は，加盟国の国内の社会的又は政治的政策を尊重するものでなければならず，また，基金は，この原則を適用するに当たり，加盟国の置かれた状況に妥当な考慮を払わなければならない。」

(129)　丹宗他（1993）74頁。
(130)　ソロモン（1990）377，379頁。
(131)　４条４項（平価）
　　「基金は，総投票権数の85％の多数により，国際経済の条件が安定的なしかし調整可能な平価を基礎とした広範な為替取極の制度の導入を許容するものであることを決定することができる。」

第2章　ＩＭＦの基本構造

変動相場制度容認の評価

　ニクソンショックにより国際通貨制度が機能しなくなり，その後のスミソニアン体制も崩壊した「1973年以降の国際通貨システムの管理において，ＩＭＦは中心的な存在ではなくなった。」それは，為替取極を管理する権限を行使せず，かつ二次改正後には変動相場制の認容によりＩＭＦが為替取極を管理する権限を事実上有さなくなったからである。そして，「この国際通貨システムは，金本位の国際金本位制や国際協定をもつブレトンウッズ体制と違って，いかなる制度的基礎をもたないノンシステムとなった(132)」，とも論ぜられた。

　また，後の1980年代の主要国間の政策協調においても，「ＩＭＦは驚くほど小さい役割しか果さなかった。ＩＭＦの役割として，加盟国の間での政策協調を促すべきであると主張していたＩＭＦの二次改正は，平価制度の監視に対する責任を取り除いたが，各国政策の『確実な監視』に言及していた。しかし，この決定において小国は言うべきことはあったものの，主要先進国はその会議ではあまり関心を示さなかった。その結果として，各国政府はＩＭＦが望んでいた以上に，外国為替市場での介入に頼り，基本的な金融・財政政策の変化にはほとんど頼らなかった。ＩＭＦは協調合意の達成を各国に促すために，費用と便益を採用するメカニズムとして，アカデミックな文献では描かれた。しかし，実際にはＩＭＦは交渉を行なうには魅力のない場所であり，そして外国為替介入をファイナンスするＩＭＦの資金を各国が協調して引出すことがなかったので，ＩＭＦはその役割を実行することはできなかった(133)。」

---

(132)　山本（1997）152頁。ＩＭＦの歴史を著したジェームズによれば，1971年から1974年までに国際通貨制度は変動相場制に変更されたが，これは合意によるものではなくて，合意をなしえなかったからであった。実際，変動相場制のみが唯一の解決策であり，この事態を通常「ノン・システム」と表現した。James（1996）pp. 234-235.

　またこのノンシステムついて，クルグマン・オブズフェルドは，何をやってもよいような体制の中で各国のマクロ経済政策同士が絶えず互いの効果を打ち消しあっていた状況を指していると定義している。クルグマン・オブズフェルド（1996）791頁。これに続いて，「今や多くの人々の目には，現行の変動為替相場制が多くの改革を必要としていることは明白となっている。」としている。

(133)　アイケングリーン（1999）210-211頁。Eichengreen（1996）p. 151.

第4節　ＩＭＦの融資権限

1.　ＩＭＦの操作及び取引

　加盟国は，自国の大蔵省，中央銀行等の財務機関を通じてのみＩＭＦと取引することとされ，ＩＭＦもまた，これらの機関を通じてのみ取引を行なう[134]。
　ＩＭＦの加盟国は，その加盟国の発意により，自国通貨を対価として一般資金勘定における一般資金からＳＤＲや外貨を得ることができる[135]。
　このように買入れという形式をとるが，自国通貨を支払うことはその国に何ら実質的負担を課すものではないので，実質的には借入であるとされる。また，買入れは「引出し」ともいわれる。
　通常，米国以外の加盟国がＩＭＦに求める外貨はドルであるが，米国の国際収支が不調であるときはＩＭＦはドルを貸し出すことができない。なぜならば，米国以外の国が保有するドルが増加すれば，ドル相場の下落に拍車をかけるからである。よって，そのような場合にはドル以外の広く使われる通貨を貸し出し，引出した国はその通貨をドルに交換してから使用することとなる。
　ＩＭＦは，引出し要請に対して審査を行なうこととなっている[136]。このことについては後の章でも触れるが，ＩＭＦ発足時，加盟国が引出しの要請をした際に，ＩＭＦがその引出しに対して審査することができるのかどうか，疑義があった。実行上，ＩＭＦは審査を行ってきたが，この疑義を協定上追い払うべく一次

---

(134)　5条1項（基金と取引する機関）
　　「各加盟国は，自国の大蔵省，中央銀行，安定基金その他これらに類似する財務機関を通じてのみ基金と取引するものとし，基金は，これらの機関とのみ又はこれらの機関を通じてのみ取引するものとする。」
(135)　5条2項（基金の操作及び取引に関する制限）
　　「(a)　この協定に別段の定めがある場合を除くほか，基金の計算で行なう取引は，加盟国の発意で，その加盟国に対して，買入れを希望するその加盟国の通貨と引換えに一般資金勘定において保有する基金の一般資金勘定から特別引出権又は他の加盟国の通貨を供給することを目的とする取引に限る。」
(136)　5条3項（基金の一般資金の利用に関する条件）
　　「(c)　基金は，申し込まれた買入れがこの協定及びこの協定に基づいて採択された政策に合致するかどうかを決定するため，買入れの要請を審査する。ただし，リザーブ・トランシュの買入れ要請については，異議を提起しない。」

第2章　ＩＭＦの基本構造

改正において5条3項(c)(d)が挿入され，ＩＭＦは協定上明白に加盟国の引出し要請に対して審査できることとなった。ただし，現行協定の規定は一次改正とは異なる。

リザーブ・トランシュ

さて，協定はリザーブ・トランシュまでの引出しについては異議を提起しないとしているが，リザーブ・トランシュとは何か。

リザーブ・トランシュは，加盟国通貨のＩＭＦによる保有額が割当額の100％以内に収まるような引出しのことである[137]。

二次改正までは，割当額の25％を金でＩＭＦに出資することとなっていた。そして，この金で出資した部分に相当する他国通貨の引出しについては，原則として自動的かつ無条件に行なえるような取扱いとなっていた。これを，通常「ゴールド・トランシュ」と呼んだ。また，他国が自分の国の通貨を引出した場合，ＩＭＦの保有している自国通貨はそれだけ減少するが，その分は引出し国から自国の保有するドル等の外貨準備と交換を要求されたり，対外債務の増加になり，自国の外貨準備ポジションが悪化する。そのため，他国の引出し分についてはＩＭＦから無条件に引出す権利を与えることとして，自国の通貨を引出された国が不利益を被らないような仕組みが作られた。すなわち，他国による自国通貨の引出し相当分を「スーパー・ゴールド・トランシュ」として，ゴールド・トランシュと同様に自由な引出しを認めたのである。

よって，「ゴールド・トランシュ」と「スーパー・ゴールド・トランシュ」を合わせると，ＩＭＦが自国通貨を割当額の100％まで保有するまでは，自由な引

---

[137]　30条（用語の説明）
　「(c)　リザーブ・トランシュの買入れとは，加盟国が自国通貨で行なう特別引出権又は他の加盟国の通貨の買入れであって，その買入れの結果として一般資金勘定における当該加盟国の割当額を超えることとはならないものをいう。ただし，基金は，この定義を適用するに当たり，次の政策に基づく買入れ及び保有額を除外することができる。
　　(i)　輸出変動補償融資のための基金の一般資金の利用に関する政策
　　(ii)　一次産品の国際緩衝在庫に対する拠出のための資金調達に関連した基金の一般資金の利用に関する政策
　　(iii)　基金の一般資金の利用に関する政策であって，基金が，総投票権数の85％の多数により，当該その他の政策に関し除外を決定するもの」

第4節　ＩＭＦの融資権限

出しができることとされた。

　なお，協定において，ゴールド・トランシュはスーパー・ゴールド・トランシュまで含めている(138)。

　　クレジット・トランシュ

　リザーブ・トランシュを超える一般資金の引出しも認められており，その引出しの結果，ＩＭＦが保有する自国通貨が割当額の200％になるまでの引出しを認めている。これを四つに区切り，100％から125％までの範囲を第一クレジット・トランシュと呼び，125％から150％までを第二クレジット・トランシュ，150％から175％までを第三クレジット・トランシュ，175％から200％までを第四クレジット・トランシュと呼んでいる。

　クレジット・トランシュの引出しは，リザーブ・トランシュの場合と異なり，自動的・無条件ではなく，引出しの必要性や国際収支の改善のために十分な努力が払われているかについて審査が行なわれ，引出し国の政策について条件が付けられる。この条件は，クレジット・トランシュが高次になるに従って厳しくなっている(139)。

2. 使用される通貨の決定と自由利用可能通貨への交換

　ＩＭＦは保有する各加盟国の通貨がバランスよく利用されるため，四半期毎に引出し及び買戻しに使われる通貨の種類とその金額を理事会で決定しており，この手続をオペレーショナル・バジェットと呼んでいる。これは，5条3項(d)にお

---

(138)　藤岡（1977）133頁。

　　19条（一次改正）

　　「(j)　ゴールド・トランシュの買入れとは，加盟国が自国通貨で行なう他の加盟国通貨の買入れであって，その買入れの結果当該加盟国の通貨の基金保有額が割当額の100％をこえることとならないものをいう。基金は，この定義を適用するにあたり，輸出変動補償融資のための基金の資金利用に関する政策に基づく買入れ及び保有額を除外することができる。」

(139)　同前・135頁。

(140)　5条3項（基金の一般資金の利用に関する条件）

　　「(d)　基金は，売却する通貨の選定に関する政策及び手続を採択する。この政策及び手続は，加盟国の国際収支及び対外準備ポジション並びに為替市場の動向を考慮し，また，長期的に見て基金におけるポジションの均衡を促進することが望ましいことを考慮したものとする。

ける「基金は，売却する通貨の選定に関する政策及び手続を採択する[140]」権限によるものである。

オペレーショナル・バジェットにおける通貨の選定及び金額の決定は，協定及び理事会により決定されるガイドラインに基づいて行われる。協定上通貨の選定については，通貨発行国の国際収支及び対外準備ポジションの強度並びに為替市場の動向を考慮して決められ，それぞれの通貨の金額の割当に当たってはIMFにおける加盟国のリザーブ・トランシュ・ポジションの均衡を促進するように決められる。

IMFは，オペレーショナル・バジェットの枠組みの中で加盟国の通貨を売却する権利を有するため，加盟国はオペレーショナル・バジェットの transfer side に選定された場合には，IMFによる自国通貨の売却を拒むことはできない。

また，IMFから自国通貨を引出された国は，引出し国が提示する自国通貨を自由利用可能通貨に交換してやらなければならない[141]。この自由利用可能通貨とは，①国際取引上の支払を行なうため現に広範に使用され，かつ②主要な為替市場において広範に取引されているとIMFが認めている通貨を指している[142]。

そのため，自国通貨を引出された国がIMFが指定した通貨を交換すれば義務を果したことになるが，加盟国は引出し国がみずから望む自由利用可能通貨を入手できるよう協力することとされている[143]。

　　　ただし，加盟国は，他の加盟国の通貨の買入れを，当該他の加盟国によって提供された等額の自国通貨の取得を希望していることを理由として，申し込んでいる旨を表明する場合には，基金が当該他の加盟国の通貨の基金保有額が不足している旨を第7条第3項の規定に基づいて通告していない限り，当該他の加盟国の通貨を買入れることができる。」

(141)　5条3項（基金の一般資金の利用に関する条件）

　　　「(e)(i)　「各加盟国は，基金から買い入れられた自国通貨の残高が，自由利用可能通貨の残高であること又は，買入れの時に，自国が選定する自由利用可能通貨と第19条第7項(a)の規定を基礎とするこれらの二の通貨の間の交換比率に相当する交換比率により交換されることができることを，保証しなければならない。」

(142)　30条

　　　「(f)　自由利用可能通貨とは，加盟国通貨であって，(i)　国際取引上の支払を行なうため現に広範に使用され，かつ(ii)　主要な為替市場において広範に取引されていると基金が認めているものをいう。」

(143)　井川（1992）141-143頁。

3. 一般資金利用の条件

加盟国がIMFの一般資金を利用するためには，5条3項(b)が規定している4つの条件が満たされる必要がある。

① 加盟国の一般資金の利用が，協定と協定に基づいて採択された政策に従って行われること，

② 加盟国がその国際収支，対外準備ポジション又は対外準備の推移を理由として買入れを行なう必要がある旨を示すこと，

③ 申し込まれた買入れがリザーブ・トランシュの買入れであること，又は，申し込まれた買入れにより，買入れ国通貨の基金保有額が買入れ国の割当額の200％を超えることとはならないこと。

④ 基金が，買入れを希望する加盟国に基金の一般資金を利用する資格がない旨を5条5項，6条1項，26条2項(a)に基づいて宣言していないこと。

(1) ①貸出政策との斉合性と②必要性の提示

IMF協定が締結された当初，IMFの政策との斉合性に関する条件は明文化されておらず，必要性の提示のみ③④に対応する条件とともに規定されていた。そして，この「必要性の提示」を巡って各国間で解釈の相違が有ったが，それはIMFの資金に対する考え方の相違を反映するものであった。これは，自動性論争 (dispute about the automaticity of the Fund) と呼ばれている。すなわち，ある国が引出しの必要性の提示を行なった場合，他の条件が満たされている限り，IMFは自動的にその引出しを受け入れなければならないかどうかについて意見の相違が見られたのである。

IMFの設立当時，IMFの資金は銀行預金と同じように自国が必要と判断した場合には，いつでも引出すことができる資金であると考えていた国が多数であった。だが，IMFは加盟国の国際収支の節度を厳しく要求すべきであり，加盟国の資金の引出しに際して，IMFが，その必要性と借入国の経済政策運営について審査されるべきであるとの考えが存在した。この意見の対立は，戦後借入国となることが予想される欧州諸国が，自動的な引出しを望み，一方，戦後経常収支黒字国となることが予想される米国が，米国ドルが野放図に使用されることを恐れた，という諸国間の状況を反映するものであった。

この論争の決着は，1952年2月13日理事会決議により決着がつけられた。この決議は現在に至るまで基本政策として受け入れられ，1969年の一次改正において5条3項(c)として明文化された。その基本的な原則は，加盟国の申請が「申請の

第2章　IMFの基本構造

原因となっている問題が一時的性格のものであるかどうか，また当該加盟国の行なおうとしている政策がこの問題を短期的に解決するために適切であるかどうか」という基準により，IMFにより審査を受けるというものであった。このように，「自動性論争」は資金の自動性を否定し「一時性の原則」を確立したのである。これは，米国の立場を反映するものであったことは，論を待たない。

この原則に基づき，従来から一般資金の利用に際してIMFは引出国に対する国際収支改善のための計画を要求するなど一般資金の利用が短期に返済されるような政策をとってきた。そして，二次改正において，5条3項(a)が「加盟国がその国際収支上の問題をこの協定の規定に合致する方法で解決することを援助し及び基金の一般資金の一時的な利用のための適当な保障を確立するような内容」の政策を採択できることを規定し，5条3項(b)(i)で保障確立政策との斉合性を引出しのための条件として明文化したのである。

しかし，この原則の例外として，1952年理事会決議において，ゴールド・トランシュ分の引出しについては，IMFにおける審査の際，加盟国は「疑わしい場合には最も有利に解釈する権利」(overwhelming benefit of any doubt) を享受することとされ，ゴールド・トランシュ分については，ほぼ自動的に利用できることが決定された。そして，1962年，ヤコブソン専務理事は，IMFの資金を利用しやすくすべきであるとの考えを打ち出し，ゴールド・トランシュは第二線準備として自由に活用すべきであると主張した。

これを受けて1963年のIMF年次報告では，ゴールド・トランシュは必要な場合はいつでも利用できるものであり，加盟国の対外準備に含めて算定することが可能であると結論した。これらを踏まえ，既に説明したように，一次改正で従来の政策を明文化し引出要請の審査に当たっては「ゴールド・トランシュの買入れ要請については異議を提起しない」と規定して，ゴールド・トランシュ引出しの「自動性」を明らかにした。なお，このゴールド・トランシュは，二次改正におけるリザーブ・トランシュに相当するもので，いわゆるスーパー・ゴールド・トランシュも含んでいる。

クレジット・トランシュについては，1955年に第一クレジット・トランシュ分の引出し（IMF保有の引出国通貨が引出国割当額の100％〜125％の間にあること）は，「当該加盟国が，自ら問題を解決するために妥当な努力を払っておれば寛容な態度で扱う」との方針を決めており，実質的には自由に引出せるようになっている。

第二クレジット・トランシュ以上の引出しについては，1962年のIMF年次報

告は「もし，その引出しが，加盟国通貨の為替レートの持続的安定を確立したり，保持したりするための健全な政策を支えることを目的としている限り，好意的に受け入れられる」としている。実際には，その国の実状に応じた安定計画が，IMF事務局との協力で作成されることになっており，これを遵守することが引出しの条件となっている[144]。

すなわち，ゴールド・トランシュ分についてはほぼ無条件な引出しを認め，それ以上の引出し，特に第二クレジット・トランシュ以上の貸出しについては，条件をつけることで貸出しに応じてきたのである。また，資金の利用については一時的な利用に限ることが原則とされ，「短期かつ頻繁な利用」が一般資金の性格として位置づけられている。

(2) ③量的制限

③申し込まれた買入れがリザーブ・トランシュの買入れであること，又は，申し込まれた買入れにより，買入れ国通貨の基金保有額が買入れ国の割当額の200％を超えることとはならないこと。

この規定は，二次改正により緩和される方向で変更された。

従来，「申し込まれた買入れによって，基金の買入国通貨保有額の増加が買入れ日に終る12ヵ月の間に買入国の割当額の25％を超え」（原協定5条3項(a)(ii)）ないことが必要とされていた。しかし，加盟国が国際収支の危機に対応するためには割当額の25％という年間引出額では対応しきれない場合が多く，1953年トルコの引出しでこの条件が5条4項の免除の規定により免除されたのを始めとして頻繁に免除され，これ以降ほとんど例外なく免除されていたため，二次改正により正式に外された。

二次改正での量的制限は，IMFの引出し自国通貨の保有額が引出し国の割当額の200％を超えないことが原則となる。しかし，30条(c)のリザーブ・トランシュの定義によれば，(i)輸出変動補償融資，(ii)一次産品の国際緩衝在庫融資，(iii)その他一般資金の利用に関する政策で85％の多数決で除外を決定したものについては，その制度の利用によって生じた自国通貨のIMF保有額は控除できることとなっており，このため，これらの制度を利用する限りはいくら引出しを行なってもリザーブ・トランシュは減少しないこととなる。このため，IMFの自

---

[144] 藤岡（1977）138−142頁。

国通貨保有額が200％を超えてもリザーブ・トランシュが残ることも起こりうる。よって，このリザーブ・トランシュについては200％を超えていたとしても引出すことができると，この規定は解釈されるのである。

　従来，200％以下という条件は，ほとんど免除されることなく推移してきたが，1966年9月に輸出変動補償融資制度が創設され，1969年6月に緩衝在庫融資制度，1974年6月にオイル・ファシリティが創設され，これらの制度の利用により加盟国通貨のIMFによる保有額が引出し国の割当額の200％を超える場合には，この制限を免除することが二次改正前から明らかにされており，特定政策による引出しについては，200％条件は緩められる方向に進んできた。

　さらに，1974年9月には，拡大融資制度が創設され，経済の構造的な変化や開発計画の推進のための長期的な不均衡に対処するため，割当額の140％，結果としてIMFの自国通貨保有額が割当額の265％を超えない範囲で通常の引出しより長期の資金の引出しが認められた。これにより，200％条件は大幅に緩和されることとなった。よって，二次改正は，これまでの実行を協定に明文化したものであるということができる。

　この200％条件については，上記のように資金利用の可能性を拡大させる方向で運営されてきたということがいえるであろう。この理由として，藤岡氏は「開発途上国について見れば，いずれも，その経済力が小さいため，割当額の配分が著しく小さく，その抱える国際収支不均衡の規模に比して，IMFの資金利用枠が小さすぎ，実際には役に立たないという不満が大きかったこと」があげられる。よって，開発途上国は，終始IMFの資金利用枠の開発途上国への拡大を要求したのである。一方，「ユーロ・ダラー市場の発達により，短期資本の移動が激しくなり，ひとたび国際収支の危機が生ずると，これに対応するためには巨額な資金量が必要となってきた。このため，主要国の中央銀行間には，それぞれの通貨を短期間相互に融通し合うスワップ協定などが取り決められたが，IMFの一般資金の利用，ことに後にのべるスタンド・バイ取極による利用は通貨危機を乗り越える上で，大きな役割を果しており，この面から利用枠拡大の要請があったわけである。[145]」

　しかし，先進国は1970年代後半よりIMFの資金を利用しなくなり，現在までのところこの利用枠の拡大はそのまま開発途上国にとっての利用枠の拡大となっ

---

(145) 藤岡（1977）142－145頁。なお，スタンド・バイはスタンド・バイ取極のことであると思料される。

(3) ④利用資格の喪失に関する条件

5条3項(b)(iv)は，「基金が買入れを希望する加盟国に基金の一般資金を利用する資格がない旨を第5項，第6条第1項又は第26条第2項(a)の規定に基づいて宣言していないこと。」と規定し，利用資格喪失宣言を受けていないことが一般資金引出しの条件となる。この利用資格喪失又は利用制限に関して協定上3つの規定がある。

(i) 26条2項(a)は，最も包括的な規定であり，加盟国がIMF協定の義務を履行しなかった場合には，利用資格喪失宣言を出すことができる[146]。

(ii) 5条5項では，加盟国がIMFの目的に反する方法で，一般資金を利用していると認めたときには，一定の通告期間をおいて利用資格制限や利用資格喪失宣言をすることができる[147]。

(iii) 6条1項(a)は，巨額な又は持続的な資本流失に応ずるために一般資金を

---

[146] 26条2項（強制的脱退）
「(a) 加盟国がこの協定に基づくいずれかの義務を履行しなかったときは，基金は，その加盟国が基金の一般資金を利用する資格がないことを宣言することができる。この項の規定は，第5条第5項又は第6条第1項の規定を制限するものとみなしてはならない。」

[147] 5条5項（基金の一般資金を利用する資格の喪失）
「基金は，加盟国が基金の目的に反する方法で基金の一般資金を利用していると認めるときは，基金の見解を述べかつ適当な回答期限を定めた申入書をその加盟国に与える。この申入書を加盟国に与えた後は，基金は，その加盟国による基金の一般資金の利用を制限することができる。
所定の期限までに加盟国から申入書に対する回答が得られなかったとき又は回答が不満足であったときは，基金は，その加盟国による基金の一般資金の利用を引き続き制限し，又は，その加盟国に相当の通告を与えた後，その加盟国が基金の一般資金を利用する資格がないことを宣言することができる。」

[148] 6条1項（資本移動のための基金の一般資金の利用）
「(a) 加盟国は，次項に規定する場合を除くほか，巨額な又は持続的な資本の流出に応ずるために基金の一般資金を利用してはならず，また，基金は，その一般資金のこのような利用を防止するための管理を行なうことを加盟国に要請することができる。いずれの加盟国がこの要請を受けた後に適当な管理を行なわなかった場合には，基金は，その加盟国が基金の一般資金を利用する資格がないことを宣言することができる。」

第2章　IMFの基本構造

利用してはならないと規定しており，これに違反した場合には，利用資格喪失宣言を出すことができる[148]。

しかし，これらの規定はほとんど使われたことがない。

4.　資金利用条件の免除

5条4項は，「条件の免除」について規定しており[149]，一般資金利用についての条件は，IMFの裁量により免除できることとされている。量的制限については，1年間25％の引出しについては二次改正前も頻繁に免除されてきたが，現行協定においては協定上①量的制限，②利用資格喪失宣言並びに利用資格制限，についても免除することができることとなった。だが，IMFの貸出政策との斉合性と必要性の提示ついての免除は，協定に規定されていない。実際に，貸出政策の斉合性と必要性の提示について免除された例はなく，実質的な変更ではないとされる[150]。

5.　融資政策の多様化

既に触れたように，各国のIMFからの引出し限度は，割当額の200％までであるが，IMFはその裁量によりその条件を免除できるという原協定・一次改正5条4項の規定を援用して1960年代に入ってから，様々な融資制度を創設した。

多様化によって複数化した貸出方法をIMFは，一般的な国際収支目的のものを①トランシュ政策（特殊な国際収支目的に対処するためやや寛大な条件で貸し出される）②特別融資の2つに分けている。

トランシュ政策としては，構造的不均衡に対処するために10年という長期の資

---

(149)　5条4項（条件の免除）

「基金は，その裁量により，その利益を擁護するような条件で，前項(b)(ⅱ)及び(ⅳ)に定めるいずれの条件をも免除することができる。特に，基金の一般資金の巨額な又は継続的な利用を回避してきた加盟国の場合には，そうすることができる。

条件の免除に当たって，基金は，免除を要請する加盟国の周期的又は例外的需要を考慮に入れる。

基金は，また，受けれいれることができる資産で基金の利益を保護するために十分であると認める価値を有するものを加盟国が担保に提供しようとするときは，その加盟国の意向を考慮に入れるものとし，また，免除の条件としてこのような担保を要求することができる。」

(150)　藤岡（1977）147頁。

第4節　ＩＭＦの融資権限

金を貸す拡大信用供与措置（ＥＦＦ）がある。この財源は，一般資金である。
　また，補完的融資制度の後を受けて設立された増枠融資制度がある。この制度の財源は，ＩＭＦ自身が産油国その他から市場金利を払って調達した資金であり，制度の利用国がＩＭＦに支払う金利はＩＭＦがマージンを上乗せした金利である。
　制度の趣旨から，この制度は一般資金と拡大信用供与措置とを併用することが条件とされる。この制度における借入限度は，併用される制度との関係で規定されるが，限度を超過してもその全額について市場金利の資金を使う場合には限度超過も可能となった。そして，この制度の導入により貸出し枠の意義が薄くなったため，ＩＭＦは1980年から借入総額について適用されるガイドラインを導入している。
　②特別融資としては，一次産品価格の急激な下落によって生じた国際収支赤字に対応するための輸出変動補償融資制度，一次産品価格の安定を目的とする国際緩衝在庫協定に必要となる資金を貸す在庫緩衝融資制度がある。
　また，低開発途上国のための構造調整ファシリティ，拡大構造調整ファシリティが導入されている。これらＩＭＦの融資制度の全体像については，後の章（第7章第2節）で改めて説明することとしたい。
　現在，リザーブ・トランシュ以外の借入れについては，すべてスタンド・バイ取極に基づいて引出す慣行が定着している(151)。このスタンド・バイ取極についても，後の（第6章第1節）で詳しく取り上げることとする。

6.　買戻し（返済）

(151)　丹宗他（1993）76－77頁。
(152)　5条7項（加盟国による基金の保有する自国通貨の買戻し）
　「(a)　加盟国は，基金が保有する自国通貨のうち次項(b)の規定に基づいて手数料が課される部分をいつでも買い戻すことができる。
　(b)第3項の規定に基づいて買入れを行なった加盟国は，自国の国際収支及び対外準備ポジションの改善に応じて，基金が保有する自国通貨のうち買入れの結果生じた部分であって次項(b)の規定に基づいて手数料が課されるものを買い戻すことが通常期待される。
　加盟国は，基金が保有するこのような自国通貨については，基金が，その採択する買戻しに関する政策に従いかつ当該加盟国との協議の後，当該加盟国の国際収支及び対外準備ポジションの改善を理由として，これを買戻すべきである旨を当該加盟国に申し入れた場合には，これを買い戻さなければならない。」

第2章　IMFの基本構造

　他国通貨を引出した国は，一定の期間内に，あるいは国際収支が好転した場合には早期に引出した資金の返済を行なう(152)。このとき，自国通貨を他国通貨やSDRで買戻すという手続がとられる。従って，IMFが保有する加盟国通貨は，買戻せばその分減少することになる。

　この買戻しは，引出しを行なってから5年以内になされることとされ，加盟国が引出した日から3年を経過したときから買戻しが始まり，引出しの日から5年を経過したときに終了する期間内に分割払いによって行なわれるよう定めることができる。また，総投票権数の85％の多数により，買戻しの期間を変更することができ，変更した期間についてはすべての加盟国に適用する(153)。

　また，特別な政策（EFF，CCFF，BSFF等）についても，総投票権数の85％の多数により異なる返済期限を定めていもいいが，すべての加盟国に同一に適用されなければならない(154)。

　だが，この買戻しの期間については，一次改正までは次のような場合を除いて買戻し期間（返済期限）が規定されていなかった。すなわち，加盟国はIMFの自国通貨保有額のうち割当額の75％を上回る部分については，次の原則に従って買戻されるとされていたのである。それは，ある年度内にIMFの自国通貨保有額が増加した場合には，その増加額の半分は買戻さなければならないが，その年度内に自国の通貨準備が増加した場合には，その増加額の半分が買戻し必要額に加えられ，逆に自国の通貨準備が減少した場合には，その減少額の半分が先の買

---

(153)　5条7項（加盟国による基金の保有する自国通貨の買戻し）
　「(c)　第3項の規定に基づいて買入れを行なった加盟国は，基金が保有する自国通貨のうち買入れの結果生じた部分であって次項(b)の規定に基づいて手数料が課されるものを，買入れを行なった日から5年以内に買い戻す。
　　基金は，加盟国による買戻しが買入れの日から3年を経過した時に始まり，買入れの日から5年を経過した時に終了する期間内に，賦払によって行われることを定めることができる。
　　基金は，総投票権数の85％の多数により，この(c)の規定に基づく買戻しの期間を変更することができるものとし，このようにして採択した期間は，すべての加盟国について適用する。」
(154)　5条7項（加盟国による基金の保有する自国通貨の買戻し）
　「(d)　基金は，その一般資金の利用に関する特別な政策に基づいて取得した通貨の買戻しについては，総投票権数の85％の多数により，(c)の規定に従って適用する期間と異なる期間であってすべての加盟国について同一であるものを採択することができる。」

第4節　ＩＭＦの融資権限

戻し所用額から差し引かれるという原則であった(155)。

　これは，国際収支が赤字であればＩＭＦから無条件で借りいれることができるという説を支持するかのようであった。

　原協定・一次改正においては，固定的な買戻し期間（返済期間）が存在しなかったが，理事会は1952年2月にＩＭＦ貸出しの期間は3年から5年の間であるべきという決定を行ない，既に見たように，二次改正において買戻しは5年以内に行なわなければならないが，最後の2年間は賦払いという形を取ってもいいと明記することとなったのである。

　すなわち，この規定も従来の実行を協定上明文化したものであった。

　一方，二次改正ではリザーブ・トランシュについての買戻し義務がなくなった。理由としては，原則としてＳＤＲで出資される割当額の4分の1に相当する部分と手数料が加盟国通貨で払い込まれる可能性が出てきたためである(156)。

7. 手数料

　加盟国がＩＭＦ資金を利用した場合には，通常の融資における金利に相当する手数料が課される(157)。業務開始当初，手数料率は借入期間の長さとトランシュの高さによって段階的に高率となる形で適用されていたが，次第に簡略化され，1981年5月に始まる会計年度からは原則として会計年度（毎年5月1日に始まる）毎に変更される単一レート制となった。

　手数料はＳＤＲで支払われるのが原則であるが，ＩＭＦは特定国の通貨又は自国通貨で支払うことを許すことができる。この場合，その限度はその通貨のＩＭＦ保有額がその通貨発行国の割当額の100％に達するまでである(158)。

---

(155)　一次改正5条7項(b)及び(c)。原協定では，「その年度内に自国通貨の基金保有額が増加した額を超えて減少した場合には，この原則を適用しない。」原協定5条7項(b)(i)。

(156)　丹宗他（1993）78－79頁。

(157)　5条8項（手数料）

(158)　5条8項（手数料）
　　　「(e)加盟国は，すべての手数料を特別引出権で支払う。ただし，基金は，例外的状況において，他の加盟国との協議の後特定する当該他の加盟国の通貨又は自国通貨で支払うことを許可することができる。加盟国の通貨の基金保有額は，この(e)の規定に基づく他の加盟国による支払の結果として，(b)(ii)の規定に基づいて手数料が課されることとなる水準を超えることとなってはならない。」

第2章　IMFの基本構造

　また，加盟国が自国通貨と引換えに一般資金勘定との間で行なうすべての取引には，取引時に取引金額に対して一回だけ徴収される事務手数料が課される[159]。

8．報　酬

　原協定においては，自国通貨を引出された国に報酬を支払う規定はなかった。しかし，一次改正によりIMFにSDRが導入され，SDRを対価として他の加盟国から通貨の提供を受けた国はIMFに手数料を支払い，SDRを対価として他の参加国に通貨を提供した国はIMFから利子を受取ることとなったため，一般会計においてもIMFによる加盟国通貨の保有が当該国の割当額の75％を下回っている場合には，IMFは報酬という利息を支払うこととなり，1969－1970会計年度からその支払を始めた。

　現行においては，リザーブ・トランシュ・ポジション（加盟国の割当額－IMFの保有する当該加盟国通貨の額）が一定の水準に達した加盟国に対し，四半期毎に報酬を支払っている。

　リザーブ・トランシュ・ポジションは，あるノルムを下回る部分とされているが，このノルムは増資により上昇している。

　1987年2月以降，報酬率はSDR金利に等しく設定されているが，報酬率は債務履行遅滞対策のため調整が施されている。

　この報酬は，原則としてSDRで支払われており，報酬額は週単位で計算され各四半期毎に支払われる[160]。

第5節　資本移動

　6条3項は，「加盟国は，国際資本移動の規制に必要な管理を実施することが

---

(159)　丹宗他（1993）79－80頁。
　　5条8項（手数料）
　　「(a)(i)基金は，加盟国が自国通貨と引換えに行う一般資金勘定において保有される特別引出権又は他の加盟国の通貨の買入れについて事務手数料を課する。もっとも，基金は，リザーブ・トランシュの買入れについては，その他の買入れについて課する事務手数料よりも低い事務手数料を課することができる。リザーブ・トランシュの買入れについて課する事務手数料の率は，2分の1％を越えてはならない。」
(160)　丹宗他（1993）80頁。井川（1992）147－148頁。

第 5 節　資本移動

できる。」と規定している。すなわち，資本移動について管理を行なうことはＩＭＦ協定上認められている。しかし，経常取引については自由を旨とする。経常取引の自由については，次のように規定される。「ただし，いずれの加盟国も，次条第 3 項(b)及び第14条第 2 項に定める場合を除くほか，経常取引のための支払を制限し又は契約の決済上の資金移動を不当に遅延させるような方法で，この管理を実施してはならない。」

　この規定は，最近の資本移動自由化の論調が強い中では奇異に感ぜられるかもしれない。だが，ケインズ案にも見るように，ブレトンウッズ会議が開かれた頃は，ホット・マネーに対する警戒が強く，自由な資本移動は経済体制を崩壊させる懸念が存在したのである。また，経常勘定についてさえ自由な決済制度は危険であると見なされていた。

　さて，本規定では，加盟国が資本流出に対応するためにＩＭＦの資金利用を禁じ，必要な場合には資本管理を行なうことを加盟国に要請することもできる。この要請の後，必要な管理を行なわなかった場合には，資金利用資格喪失宣言を行なうこともできるのである（ 6 条 1 項(a)）。

　しかし，これまでこの権限が行使されたことはない。

　現在，資本移動自由化については議論がなされているところである。ポラックによって，資本移動自由化についての現在の見解をまとめると，①ほとんどの資本規制，特に資本流出規制は，（一時的な例外を除いて）効果がないばかりか，当該国にとって有害ですらある。②短期資金の流入に対する一定の規制は，国内需要の過熱化を防ぐのに有効である，③その他の規制（特に直接投資とポートフォリオ投資に対する流入規制）には，資本供給を制限し，直接投資に伴う新しい経営手法や技術の導入を抑制するといったマイナス効果がある一方で，健全性や政治的な側面での潜在的なプラス効果がある。

　そして，「現在では経常勘定の交換性は，（今もおよそ60カ国が協定上は第14条の過渡期条項の傘の下で保護されているとはいえ）ほぼ世界中で達成されており，資本勘定についても，経済理論やグローバル化した市場の力に促されて，世界のあらゆる地域の多くの国が，おおよそ自由化が望ましいと考えるに至っている[161]。」

　そして，1997年 4 月28日暫定委員会は，「資本勘定の自由化促進をＩＭＦの特別の目的とし，かつ，資本移動に関する特定の権限をＩＭＦに与えるために，Ｉ

---

(161)　ポラック（1999）93－94頁。

MF協定を改正することで合意した。」

だが，IMFの権限を資本移動にまで広げることについては，いくつか問題があるとポラックは指摘している。

まず，IMFの権限拡大は①加盟国と②国際機関に甚大な影響を与えることとなる。まず，①加盟国に対してであるが，現行の協定は国際収支の観点から規制を捉えているため，外国為替の支払いだけを対象としている。しかし，現在の資本移動自由化は「流入」も「流出」も自由化の対象としているため，必然的に加盟国が国際収支以外の目的で導入している規制の撤廃を目指すことになる。

次に②他の国際機関についてであるが，現行協定は，経常的国際取引のための「支払い」と「資金移動」をIMFの管轄としているが，取引それ自体に対するすべての権限は他の国際機関に委ねられている。ところが，IMFが求める新しい権限は資本移動自体に関するものであり，IMFは割り当てられた業務範囲（国際収支）の外側で，かつ，世界貿易機関（WTO）という他の国際機関[162]の管轄とも重なるところで自ら協定を制定することになる。このことについては，暫定委員会も業務重複の可能性を認識している。1997年9月21日暫定委員会の声明は，「協定の改正に際しては，その準備段階においても，改正協定を実施する段階においても，加盟国が他の国際協定の下で負っている義務を考慮しなければならない。この仕事を遂行するに当たって，委員会は，IMFと他の国際機関が密接に協力することを期待する。」としている。

さらに，資本規制をIMFの管轄権とすることにより，スタッフがこれを管理・執行することによりスタッフの影響力が強まる懸念がある。「資本規制もIMFの管轄となれば，スタッフが新しい規制の執行官となり，スタッフが推薦し保証する政策はすべて新協定のテストを確実にパスすることとなる。しかし，こうした新協定に基づく業務がなければ，IMFのスタッフは，資本移動自由化のコストと便益に関する加盟国の中立的アドバイザーとなり，この分野での最善の政策遂行がいかなるものかについての信頼できる情報源となるはずである。ところが，懸念されるのは，協定の改正草案が作られる前でも，新しい業務指針が予

---

(162) また，1995年から投資についての一般協定を策定することが経済協力開発機構（OECD）において試みられた。多数国間投資協定（MAI）である。この協定は，初めての直接投資に関する包括的な取極策定の試みであったが，フランス，カナダ等の反対により策定される至らなかった。この協定の草案については，谷岡・大久保（1998）参照。なお，投資に関する協定については今後WTOで議論されることとなった。

第5節　資本移動

想されるだけで，資本移動規制に対するスタッフの態度に特定の色をつけるような影が投げられていることである。」つまり，スタッフには，協定の規定とは反対に，資本管理を忌避する傾向があり，恒久的なあるいは長期的なある種の資本流入規制が安定性や健全性のために有効な場合もあるという考え方は，スタッフから見れば常軌を逸していると見なされているようだからである。

　また，アジア通貨危機は資本規制撤廃のコストと便益についてまだ多くの研究がやり残されていることを明らかにした。資本移動の自由化に対する広範な支持が完全な自由化後の「最終的結果」に対するものではないことも銘記すべきである。

　「私（ポラック — 筆者注）は，『経済理論は資本規制の撤廃を擁護している』とか『効率性基準は完全に自由な為替制度を支持している』といったところまでコンセンサスが得られているかどうか疑問に思う。抽象的なレベルで考えるなら，無制限に自由な資本移動によって得られる世界的な経済厚生上の利益は，人の自由な移動に伴う利益と同じだと言えるであろう。実際，欧州連合は，2つの自由化をほぼ同時に実施している。しかし，（言わせて頂けるなら）ＩＭＦが加盟国の移民政策を管轄下に置くことを論じるのは，時機尚早であるように思われるのである。」

　ポラックは，以上を踏まえて次のように結論づけている。

　「ＩＭＦの権限を資本規制にまで拡大するより，規制の緩和された現在の体制を維持する方が効率的だということである。なぜなら，ＩＭＦは現在の体制の下ですでに，自らが自由に使える3つの手段 —— サーベランス（監視），コンディショナリティ，テクニカル・アシスタンス（技術支援）—— によって，資本移動の秩序ある自由化を推進しているからである[163]。」

　しかし，協定の規定に反することを実行において行うよう奨励するポラックの立論は，違法行為をそそのかすものであり，大いに問題がある。（これは，ＩＭＦの常套手段ではあるが）だが，資本移動を協定化することについては，上記のような問題があることは銘記されるべきである。

---

[163]　ポラック（1999）98-104頁。

第6節　補充及び不足通貨

　IMFの保有の通貨を補充する方法として，①必要な通貨を当該国又は他の源泉から借りてくることと，②SDRを対価として購入することの2つの方法がある[164]。

　7条1項(i)は，「加盟国が基金との間で合意する条件で基金に自国通貨を貸し付けること又は基金がその加盟国の同意を得てその通貨をその加盟国の領域の内外を問わず他の源泉から借入れること」を規定しており，この規定に基づき不足通貨を借入によって補充した最初の例は，以下で説明する一般借入取極（GAB）である。この2年後には当時IMF非加盟国であったスイスがGABに準参加している。さらに，1974年・1975年のオイル・ファシリティ，1981年からの増枠融資制度などの制度の財源もこの規定に基づくIMFの借入資金である。

　ただし，加盟国は貸付を行なうことやIMFが他の源泉から借入れることを同意する義務を負わない。

一般借入取極（GAB）

　GABは，必要が生じた場合には，これら主要先進国があらかじめ決められた枠の範囲内で，IMFに対し融資を行なうことにより，IMFのポジションを強

---

[164]　7条1項（通貨の基金保有額を補充する措置）

「基金は，その取引に関して必要とされるいずれかの加盟国の通貨の一般資金勘定における保有額を補充するため適当と認めるときは，次の措置の一方又は双方をとることができる。

(i)　その加盟国が基金との間で合意する条件で基金に自国通貨を貸し付けること，又は基金がその加盟国の同意を得てその通貨をその加盟国の領域の内外を問わず他の源泉から借入れることを，その加盟国に提議すること。ただし，いずれの加盟国も，基金にこの貸付けをする義務又は自国通貨を基金が他の源泉から借入れることに同意する義務を負わない。

(ii)　その加盟国が参加国である場合には，その加盟国に対し第19条第4項の規定に従うことを条件として，一般資金勘定において保有する特別引出権と引換えにその加盟国の通貨を基金に売却することを要求すること。このような特別引出権による補充に当たっては，第19条第5項の規定に基づく指定の原則に妥当な考慮を払う。」

第6節 補充及び不足通貨

化することを目的としたものであるが、こうした制度を設けた背景には、1960年代に入り欧州の主要国が8条国に以降（1961年2月に英、仏、西独等が移行）したことに伴い、国際間の資本取引が拡大し、加盟国の国際収支の変動も大きなものとなることが予想されたことがある。IMFはこのような事態に対処すべく、1959年に50％増の一般増資、並びにアクセスの拡大という措置を講じたが、さらにこれらを補充、強化する方策としてGABが創設された。

GABは創設以来、その発動は、参加国のスタンド・バイ取極又はEFF（拡大信用供与措置）取極の利用に際してIMFの資金が不足し、補充が必要とされる場合に限定されていたが、1983年2月の理事会において、国際通貨制度の安定が脅かされるような例外状況においては、非参加国のIMF資金利用についても発動しうる旨の改正がなされた。GABの貸付規模は全体で170億SDRとし、貸付金利はSDR金利、貸付期間は原則として5年間とされている。

GABは、1977年英国とイタリアのスタンド・バイ取極のファイナンスのために加盟国8ヵ国から約29億SDR及びスイス中央銀行から約3.4億SDRを借り入れるべく使われたほか、1978年の米国ドル防衛のためのリザーブ・トランシュの引出し7.8億SDRを西独と日本からの借入によりファイナンスすべく使用された。しかし、それ以後、最近まで使用されてこなかった。この理由として「為替、資本取引の自由化が進展を遂げ、主要国が短期資本移動に伴うリスク・ヘッジに習熟したこと並びに一時的に資金不足が生じても容易にファイナンスが行ないうるようなルートが確立されていること」があげられると説明されている[165]。

1983年以降、GABは4年又は5年毎に更新されてきた。GABの最新の更新は、1998年12月26日以降の5年間のためのものである。この取極は、サウジ・アラビアとともに同期間について更新することとされた。1998年6月、GAB参加国は拡大取極の下でロシアを支援する枠組みの中で63億SDR同等額までIMFに貸し出すことに同意した。第一次払込の14億SDRについては、すでに払込みが終えられている。これは、ここ20年間で最初の活動であり、非参加国に対する最初に使われた例であった[166]。

新規借入取極（NAB）

---

(165) 井川（1992）198-199頁。
(166) IMF Treasurer's Department (1999) pp. 38-39.

89

第2章 IMFの基本構造

　1997年新規借入取極（NAB）が創設された。これは，加盟国に対する金融支援を提供する割当額の資金が制約されており，国際金融システムの安定性への潜在的な脅威に対応して巨額のファイナンスの額が必要がある場合，25加盟国がIMFに460億米ドルまで貸しつけることとしたものである。

不足通貨条項

　IMFは，特定の通貨の不足が進展していると認めるときは，加盟国に通知し，不足の原因を述べ不足解決の勧告を含む報告を発表することができる[167]。

　そして，ある加盟国通貨の需要が通貨を供給するIMFの能力を脅かす場合には，IMFは報告をしたかどうかを問わず，不足通貨宣言を公式に宣言し，その後不足通貨の供給額を割り当てることができる[168]。

　不足通貨宣言を経てIMFとの協議の後，加盟国はその通貨の取引に制限を加えることができる[169]。この規定は，ブレトンウッズ会議における米国側の譲歩

---

(167) 7条2項（通貨の一般的不足）
　「基金は，特定の通貨の一般的不足が進展していると認めるときは，そのことを加盟国に通知し，及び不足の原因を述べかつ不足の解決のための勧告を含む報告を発表することができる。この通貨の属する加盟国の代表者1人は，この報告の作成に参加する。」

(168) 7条3項（基金保有額の不足）
　「(a) いずれかの加盟国通貨の需要がその通貨を供給する基金の能力を著しく脅かすことが基金にとって明白となったときは，基金は，前項の規定に基づいて報告を発表したかどうかを問わず，その通貨が不足していることを公式に宣言し，その後は加盟国の相対的必要度，一般国際経済情勢その他適切な事情を十分に考慮して，この不足通貨の現在及び将来の基金による供給額を割り当てる。基金は，またその措置について報告を発表する。」

(169) 7条3項（基金保有額の不足）
　「(b) (a)の規定に基づく公式の宣言は，いずれの加盟国に対しても，基金との協議の後，一時的にこの不足通貨の為替取引の自由に制限を課する権限を与える。
　第4条及び付表Cの規定に従うことを条件として，加盟国は，この制限の性質を決定する完全な権限を有するが，この制限はこの不足通貨の需要を現在又は将来の当該加盟国による供給額の範囲内に制限するために必要である以上に制限的であってはならない。
　この制限は，事情の許す限り速やかに，緩和し及び撤廃しなければならない。
　(c) (b)の規定に基づく権限は，その通貨がもはや不足していないと基金が公式に宣言したときに終了する。」

として，経常収支黒字国が国際収支不均衡問題に対応することを約束したものであったが，実際に不足通貨宣言が発せられたことはない。

第7節　加盟国の義務

1.　加盟国の一般的義務

　加盟国には，IMFに加盟した場合，常に履行しなければならない義務がある。これについては，8条が規定している。8条1項は，「各加盟国は，この協定の他の条の規定に基づく義務のほか，この条に定める義務を負う。」と規定し，各加盟国はこの8条の義務を履行しなければならないとされている。

　8条2項から4項まで3つの義務が具体的に規定され最も重要であるとされている。いずれも多角的な国際決済を可能にする通貨の交換性についての規定である。ただし，協定成立時の混乱した事情を反映して必ずしも明瞭でない規定が混じっており，解釈にも定説がない[170]。

経常的支払に対する制限の回避

　8条2項[171]は，「経常的支払に対する制限の回避」について規定しているが，特に8条2項(b)については当初より争いがあった規定である。8条2項(a)は，「加盟国は，基金の承認なしに，経常的国際取引のための支払及び資金移動に制限を課してはならない」と規定する。このような支払いをするためには，通貨面で自国通貨を外貨に交換する自由がなければならないが，このような通貨の交換

---

(170)　丹宗他（1993）83頁。
(171)　8条2項（経常的支払に対する制限の回避）
　「(a)　前条第3項及び第14条第2項の規定が適用される場合を除くほか，加盟国は，基金の承認なしに，経常的国際取引のための支払及び資金移動に制限を課してはならない。
　(b)　いずれかの加盟国の通貨に関する為替契約で，この協定の規定に合致して存続し又は設定されるその加盟国の為替管理に関する規制に違反するものは，いずれの加盟国の領域においても強制力を有しない。
　更に，加盟国は，相互の合意により，いずれの為替管理に関する規制を一層効果的にするための措置についても協力することができる。ただし，この措置及び規制は，この協定の規定に合致したものでなければならない。」

第2章　ＩＭＦの基本構造

は必ずしも通貨当局の窓口において行なわれる必要はなく，為替市場において交換されることが望ましいとされた。

　この8条2項は，市場における交換可能性を規定しているとの解釈が有力である。その場合，歴史的には別々に再開された例の多い居住者交換性と非居住者交換性のどちらも8条2項の規定の範囲に含まれることとなる。

　8条2項(b)は，既に述べたようにＩＭＦ協定において最も論争の的となった規定である。石黒によれば，「この規定はもとよりＩＭＦ加盟国すべてにおいて適用されるべきことになるわけだが，その解釈上の疑義はいまだに解決されておらず，果たしてＩＭＦの理想を実現する上でかかる規定を置くことが真に必要であったかは，極めて疑問である。基本的な解釈上の問題点は，右条項のいう『為替契約』とは何か，『為替規制』とは何か，個々の為替規制がＩＭＦ協定の趣旨に沿うか否かの判断基準は何か，そして何より『執行され得ない』とは具体的に何を意味するのか（単なる抗弁事由か訴訟要件か，等），右条項は不法行為に関する請求についても適用されるのか，等々である。ＩＭＦ事務局側の努力にもかかわらず，この規定には多くの問題がある。少なくとも右の種々の点につき各国の解釈は必ずしも一致していない。これは，各国実質法（民法・商法）を統一する条約の批准について常に問題となることでもあるが，各国の条約解釈上の差異があるとき，その条約の締約国たる法廷地国が常に自国の解釈で押し通すのか，それとも，まず当該問題の準拠法を定め，準拠法所属国が締約国である場合にその国の解釈に従った処理をすべきなのかという問題が，このＩＭＦ協定8条2項(b)についても生じるのである。[172]」

　この条項の問題性は，石黒の明快な分析で一目瞭然に理解されると推察されるが，繰り返しを恐れずに言えばこの条項の解釈はいまだ定まっていない。にもかかわらず，過去3回の協定改正において放置されてきた。

差別的通貨措置の回避

　8条3項は，「加盟国がこの協定基づく権限を与えられ又は基金の承認を得た場合を除くほか，」「差別的通貨取極若しくは複数通貨措置を行なってはならず」，「自国の財務機関がこれを行なうことを許してならない。[173]」

　これは，外貨の取扱い上例えば米ドルと非米ドルとの間に差別をつけたり，双務協定を締結して相手国に対する請求権を他の国への支払いに充当することを不

---

(172)　石黒（1983）51-52頁。

第7節 加盟国の義務

可能にすることを禁止する規定である。また，複数為替相場制もこの規定によって禁止されている。

そして，「この協定が効力を生ずる日にそれらの取極又は措置が行なわれているときは，当該加盟国は漸進的撤廃について基金と協議しなければならない。」ただし，14条2項・3項の過渡期の規定に従う場合にはこれらの差別的な措置を存続させることができる。

外国保有残高の交換可能性

8条4項は「外国保有残高の交換可能性」について規定しているが，滝沢によ

---

(173) 8条3項（差別的通貨措置の回避）
「加盟国は，この協定に基づいて権限を与えられ又は基金の承認を得た場合を除くほか，第4条の規定に基づくマージン又は付表Cに定めるマージン若しくは同付表の規定に基づくマージンの範囲内であるかどうかを問わず，差別的通貨取極若しくは複数通貨措置を行なってはならず，また，自国の財務機関がこれを行なうことを許してならない。
この協定が効力を生ずる日にそれらの取極又は措置が行なわれているときは，当該加盟国は，その漸進的撤廃について基金と協議しなければばらない。
ただし，それらの取極又は措置が第14条第2項の規定に基づいて存続し又は設定されるときは，この限りでない。
この場合には，同条第3項の規定を適用する。」
(174) 丹宗他（1993）83－84頁。
8条4項（外国保有額の交換可能性）
「(a) 各加盟国は，他の加盟国が買入れを要請するに当たって次のいずれかの事実を示すときは，当該他の加盟国が保有する当該加盟国の通貨の残高を買入れなければならない。
（i）買入れられる残高が経常取引の結果最近において取得されたこと。
（ii）その交換が経常取引のための支払をするために必要であること。
買入れを行なう加盟国は，特別引出権（第19条第4項の規定に従うことを条件とする。）又は要請した加盟国の通貨のいずれかで支払うかを選択する権利を有する。
(b) (a)の義務は，次の場合には適用しない。
（i）その残高の交換可能性が第二項又は第6条第3項の規定に合致して制限されている場合。
（ii）第14条第2項の規定に基づいて存続し又は設定された制限を，加盟国が撤廃する前に行なわれた取引の結果その残高が生じている場合
(iii) その残高が買入れを要請された加盟国の為替に関する規制に違反して取得されたものである場合

れば「この規定は本来は国際決済機構としてＩＭＦの機能の仕方を述べた規定であって，加盟国の一般的義務として作られた規定ではなかったといわれており，それだけに問題が多い[174]。」

この規定は，各加盟国は，他の加盟国がある取引を経常取引に属する取引であると示した場合には，その国が提示する自国通貨残高をＳＤＲ又は相手国通貨で買入れなければならないと規定している。

この規定が何を意味しているかについては必ずしも明瞭でないとされるが，この８条４項における交換性は「通貨当局間の交換性」を意味しているとされる。よって，８条２項の交換性を「市場における交換性」と呼ぶのは８条４項の規定から逆に引出された結論であるとされる。

だが，相手国が請求してきたときには，原協定・一次改正のもとでは相手国通貨又は金での買入れの規定が適用できたのは，米国だけであり，米国以外の国については金と同格とされた米ドルで買い入れていた。買戻し（返済）に相手国通貨が使われた例はなかった。

この規定がなされた理由としては，歴史的事実として，この規定が市場における為替相場の変動幅を協定が規定しているマージンの中に収める役割を果していたからである。だが，これは固定相場制維持の義務を果す手段として作られたわけではない。

むしろ，８条４項は次のように解釈される。外貨集中性が一般的であった当時にあって政府が交換しようとする外貨の金額は市場規模に比して巨額である。従って，当局が外貨の交換を市場で行なえば市場に大きな圧力を及ぼすことになる。そのため，市場混乱を回避することを目的としてこの規定が設定された。

そして，かつてＩＭＦが交換可能性というときは８条２項から４項の三つの義務を履行している通貨を指していた。

また，原協定19条(d)は，「加盟国の交換通貨の保有額とは，第14条第２項に基づく過渡期取極を利用していないほかの加盟国の通貨の保有額に，基金が随時指定する非加盟国の通貨の保有額を加えたものをいう。」と規定している。

８条の交換可能性は固定相場である必要がないという論拠については，歴史的

 (iv)　買入れを要請する加盟国の通過が前条第３項(a)の規定に基づき不足していると宣言されている場合

 (v)　買入れを要請された加盟国が何らかの理由により自国通貨で他の加盟国の通貨を基金から買入れる資格を失っている場合」

第 7 節　加盟国の義務

に説明される。固定相場制が唯一の合法的な為替相場制度であった時代において，変動相場制を採用していたにもかかわらずその国の通貨が交換可能通貨として取り扱われた例として，カナダがある。

戦後カナダは，固定相場制を維持していたが米国との間に巨額な資本移動があったため，その維持は困難であった。そのため，カナダは為替管理を実施していたが，1950年10月に固定相場制の維持をあきらめ変動相場制に移行し，その後徐々に為替管理法を緩和し，1951年12月に撤廃した。その3ヵ月後の1952年3月26日ＩＭＦはカナダを8条国として認定した。このカナダの変動相場制はその後10年間続けられた。

一般に，固定相場制であるかどうかよりも対外支払いが自由であるかどうかについての方が貿易の拡大には影響力があるとされている。そのため，「ＩＭＦが他の条件は問わずに対外支払が自由であるか否かだけを基準として加盟国を後に述べる14条国とに分類するのは，それなりの合理性をもっている。」と滝沢は解釈している[175]。

現在でも，主要工業国は8条国の地位を保っているが，「これらの国々のいずれも，第8条4項の外国保有残高の交換可能性の義務は履行していない。この点は，少なくとも協定の上からは，重大な問題である[176]。」

2. 過渡的取極

各加盟国は，8条2項から4項までの義務を受諾するか，それとも14条の過渡的取極を利用するかＩＭＦに通告しなければならない。だが，この過渡的取極を利用した加盟国も，8条の義務を受諾する用意ができたときは，速やかにＩＭＦに通告しなければならない[177]。

いわゆるＩＭＦ8条国とＩＭＦ14条国とは，8条の加盟国の一般的義務を履行する加盟国と14条の下での過渡的取極を利用する加盟国を示す用語である。

---

(175)　丹宗他（1993）84－85頁。
(176)　同前・86頁。
(177)　14条1項（基金に対する通告）
　　「各加盟国は，次項の過渡的取極の利用を意図すること又は第8条第2項から第4項までに規定する義務を受諾する用意があることを基金に通告しなければならない。
　　過渡的取極を利用する加盟国は，その後これらの義務を受諾する用意ができたときは，直ちに基金に通告しなければならない。」

第2章　ＩＭＦの基本構造

14条の過渡的取極を利用して,「自国が加盟国となった日に実施されていた経常的国際取引のための支払及び資金移動に対する制限を存続し,及びこの制限を変化する状況に適応させることができる。」[178] ただし,安定した為替相場制度促進を容易にする通商上及び金融上の取極を締結するために,すべての可能な措置をとらなければならない。

ＩＭＦは,14条2項に基づいて実施される為替制限について年次報告を行なう。また,8条2項から4項までの規定に合致しない制限を存続している加盟国は,毎年,制限の存続についてＩＭＦと協議しなければならない[179]。これが,14条協議である。

この協議において,経済全般,為替制限措置等を討議するとともに,為替制度の漸進的廃止の方向へ努力を重ねてきた。そして,国際収支上の理由による為替制限を続けるべきではないと判断したときは,その旨理事会決議を行なう(い

---

(178)　14条2項（為替制限）
　「前項の規定に従って過渡的取極の利用を意図することを基金に通告した加盟国は,この協定の他の条の規定にもかかわらず,自国が加盟国となった日に実施されていた経常的国際取引のための支払及び資金移動に対する制限を存続し,及びこの制限を変化する状況に適応させることができる。
　この場合において,加盟国は,その外国為替政策について基金の目的を常に尊重しなければならず,事情が許す限り速やかに,国際支払及び安定した為替相場政策の促進を容易にするような通商上及び金融上の取極を他の加盟国と締結するため,すべての可能な措置をとらなければならない。
　特に,加盟国は,この項の規定に基づいて存続している制度がなくても基金の一般資金の利用を過度に行なわないような方法で支払残高を決済することができると認めるときは,その制限を直ちに撤廃しなければならない。」

(179)　14条3項（制限に関する基金の措置）
　「基金は,前項の規定に基づいて実施される為替制限について年次報告を行なう。
　第8条第2項,第3項又は第4項の規定に合致しない制限を存続している加盟国は,毎年,その制限の将来における存続について基金と協議しなけれならない。
　基金は,例外的な状況において必要と認めるときは,この協定のほかの条の規定に合致しない制限の特定のものの撤廃又は全般的な廃止に好都合な状態にあることを加盟国に表明することができる。
　加盟国は,その表明に回答するために適当な期間を与えられる。
　加盟国が基金の目的に合致しない制限の存続を固執していると基金が認めるときは,その加盟国は26条2項(a)の規定の適用を受ける。」

第7節　加盟国の義務

わゆる「B／Pリーズンなし」との判定，又は「8条国移行勧告」)。

その決議の効果として，WTOとの関係では直ちにガット協定11条（数量制限の一般的廃止）の適用を受けることとなり，ガット協定12条を援用した国際収支上の理由による輸入制限ができなくなる。IMFとの関係では，特に規定上の効果はないが，加盟国としては徐々に制限を撤廃して8条国に移行しなければならないとされている。ただし，移行の時期については加盟国が自主的に決定する[180]。

1960年には強制的ではないが，8条国とも協議を行なうことは有意義であるという決定がなされ，それ以降IMFはその国が8条国であると14条国であるとを問わず，毎年1回協議を行なっている。そして，二次改正以降は，4条の監視もその場で行なっている[181]。

ま　と　め

IMFは，戦後の頻繁に起こった危機をくぐりぬけ現在まで存在している。そして，戦後に生じた様々な危機に対応すべく，3度協定が改正された。まず，国際流動性の不足の懸念に対処するためSDRが創設され（一次改正)，次に国際通貨体制の危機に対応して変動相場制を認容した（二次改正)。また，債務危機に起因する途上国の債務滞納に対応すべく，滞納国に投票権を制限するなどの制裁を規定した（三次改正)。

特に二次改正にいたる国際通貨体制の危機は，IMFの存続にとっても大きな危機であった。それは，IMFを当初の固定相場制を守るための機関から，為替相場を監視する機関へと変貌させることとなった。しかし，このことは，その大きな設置目的を失うことを意味していた。一方で，加盟国の国際収支危機に対応するためにその資金の拡充を図り，後に詳しく触れるが開発援助と見紛う融資を行うまでに至った。しかし，このような実行は協定上疑義がある。

また，第二次大戦の反省を踏まえた資本移動管理規定を適用せず空文化させ，さらに米国の妥協として規定された不足通貨条項は適用せずに対称的な義務を負わないこととされた。かつ，8条の加盟国の義務に関しても必ずしも厳格に適用

---

(180)　井川（1993）99頁。
(181)　丹宗他（1993）87頁。

第2章　ＩＭＦの基本構造

してこなかった。

　このように，ＩＭＦは確かに現在まで存続してきたが，当初の規定で適用しがたいものを無視したり，ある規定を拡大解釈することにより存続を続けてきたと見ることもできるのである。

第3章　ＩＭＦの意思決定機構と決定

　ＩＭＦの意思決定は，総務会と評議会（成立した場合）・理事会・専務理事によって行われる。加盟国は，改正，総務・理事の任命・選任の権限を有する。だが，一般的な権限は総務会が有している。

　全加盟国から任命された総務が意思決定を行なう総務会が，最高の意思決定機関であるとされる。もう１つの政治的な意思決定機関として，1970年代の国際通貨制度改革が論議された折りに，閣僚クラスを評議員とする評議会が二次改正で策定された。しかし，いままでのところ評議会は設置されず，その代わりに決定権限を有さない暫定委員会が継続して存続した。この暫定委員会は，1999年９月21日総務会決定により国際通貨金融委員会に改組された。

　総務会が一般的な意思決定権を持っているが，ＩＭＦのほとんどの決定は理事会に委任される。また，理事会での決定は専務理事に代表されるスタッフにより準備され，細かな日常的な決定については理事会において議題とされることのない略式の手続によって決定される。そのため，理事会と専務理事に代表される事務局がどのように実際に決定を行なっているかを知らなければ，事実と異なる理解をする恐れがある。

　本章では，まず条約・内規・規則等に規定されている意思決定機関の機能を検討することとし，それらを踏まえ実際の決定について論ずることとしたい。

　意思決定の方法としては，究極的には投票により行われる。投票制度は，３回にわたる改正すべてにおいて改正がなされ，複雑なものとなっている。そのため，歴史を踏まえながら順に理解することと致したい。

第１節　総務会と理事会の権限

１．総務会
12条２項(a)
　　「この協定に基づく権限であって，直接に総務会，理事会又は専務理事に付与されていないものは，すべて総務会に属する。総務会は，各加

盟国がその決定する方法で任命する総務1人及び総務代理1人によって構成する。各総務及び各総務代理は，新たな任命が行なわれるまでの間在任する。総務代理は，総務が不在である場合を除くほか，投票することができない。総務会は，総務のうち1人を議長に選定する。」

　総務会は，IMFの最高の意思決定機関であり，総務により構成される。総務は，自国の大蔵大臣又は中央銀行の総裁が任命されるのが通例である。しかし，総務会は理事会に広範に権限を委任している。これは，12条2項(b)[182]に基づくものである。

　しかし，理事会に委任しない総務会に留保された権限が存在する。留保される権限としては，5つの領域が考えられる。①政治的問題。政治的問題は，総務会が決定をなすことが望ましいと考えられている。なぜならば，総務は理事よりも政府のスポークスマンとして発言するからである。②国際通貨システムに大きな影響を与えるもの。③割当額改正等の加盟国間のデリケートな問題を含むもの。④IMFの過去の実行において論争的な問題を含むもの。原協定や一次改正の起草者は，一般的なルールとして理事会が多数決によって決定を行なうことをできるかぎり少なくすることが望ましい，と考えていた。そのため，特別多数決によって行使される権限は総務会に留保されたのである。⑤メンバーシップに影響を与えるもの[183]。

　すなわち，総務会は政治的決定機関として，IMFの最も重要な事項については理事会に委任せず自らが決定を行なうのである。

　総務会に留保された権限も，12条2項に規定されている。
ある権限は，IMFのすべての権限が総務会に属すると宣言する一般規定を通してでなく直接明示的に総務会に付与されている[184]。（総務会の権限については表1参照）

　なお，総務会は，通常年1回秋に開催され，世界銀行総務会と合同で行われ，

---

(182)　12条2項（総務会）
　「(b)総務会は，この協定によって直接に総務会に付与されている権限を除くほか，その権限の行使を理事会に委任することができる。」
(183)　Gold (1972) p. 13.
(184)　12条2項（総務会）
　「(c)総務会は，その定めるところにより又は理事会の招集によって会合を開催する。総務会の会合は，15の加盟国又は総投票権数の4分の1以上を有する加盟国が要請したときは，招集されなければならない。」

第1節　総務会と理事会の権限

表1　　　　　　　　総務会決定事項

	No.	事項	特別多数率 〈投票権数の%〉	協定条文 条	協定条文 項	協定条文 細目	備考
総務会決定事項	1	クォータの変更	85	3	2	a.c	
	2	クォータが変更された場合の払込方法の変更	70※	3	3	a.d	※期間の決定，通貨の特定を除く
	3	評議会の設置	85	12	1		
	4	選任理事数の増減又は維持	85	12	3	b	
	5	SDRの配分・消却等	85	18	2	a.b c	18条4項 a.dに規定。※配分率の引下げを除く
	6	SDRの配分・消却率，基本期間の変更	85※	18	3		
	7	強制脱退	85(注) (かつ過半数)	26	2	b	
	8	協定条項の一時的適用停止の延長	85	27	1	b	(表2-8) 理事会決定事項No.29
	9	協定解釈委員会決定の修正，撤回等	85	29		b	
	10	評議会準評議員の数の変更	85	付表D	1	a	
	11	協定改正関係					
		・改正案の承認	単純多数	28		a	
		・改正案の採択	85(注) (かつ3/5)	28		a.b	
		〔但し，26条1項(脱退)，3条2項d(割当額の変更)及び付表C6(平価の変更)の各条項の改正には全加盟国の受諾が必要〕		(注)総投票権数の85%以上でかつ総務の過半数又は3/5以上以上の賛成が必要			
	〈参考〉上記以外で協定上明記されている総務会の権限(投じられた票の過半数)						
	(1)	新規加盟国の承認	50	2	2		
	(2)	理事会への権限委任	〃	12	2	a.d	権限を与えられた範囲内で理事会も可能
	(3)	会合によらない表決手続の制定	〃	12	2	f	
	(4)	業務に係る規則，細則の制定	〃	12	2	g	
	(5)	理事，理事代理の報酬，専務理事の給与，勤務条件の決定	〃	12	2	i	
	(6)	適当な委員会の設置	〃	12	2	j	理事会も可能
	(7)	理事選出票数の割合を変更する規則の制定	〃	12	3	d	
	(8)	加盟国の理事会臨時出席に関する規則の制定	〃	12	3	j	
	(9)	SDR会計非参加国の総務が，SDRに関する解釈委員会で投票する資格があるかどうかの決定	〃	21		c	
	(10)	SDR会計の清算	〃	25		a	
	(11)	IMFの清算	〃	27	2	a	
	(12)	評議会への権限委任	〃	付D	3	a	(注)評議会関係は省略

出典：井川紀道編著『IMFハンドブック』104頁。

第3章　IMFの意思決定機構と決定

年次総会と呼ばれている。年次総会は1953年から開催されており，原則としてワシントンで開催されるが，3年に1度は米国以外の加盟国で開催されることが慣例となっている[185]。

2．新たな政治的決定機関

ニクソン・ショック以降，国際通貨制度は極度に混乱し，国際通貨制度改革が論議された。この国際通貨制度改革の作業を行なう場として，1972年7月IMF総務会に20ヵ国委員会が設置された。この委員会は，IMFの総務又は同等の地位にある人々からなる委員会で，総務会に対し助言及び勧告を行なうことがその任務とされた。すなわち，この機関は理事とは異なり政治的な決断を行なうことができる。但し，拘束力のある決定は行えない。委員の数は20人で，IMF理事会における20理事の選出母体（米・英・独・仏・日の理事を任命する5ヵ国と，15理事を選出する加盟国のグループからなる）ごとに一名の委員が任命された。このような委員会の構成は，先進国及び開発途上国双方の十分な参加のもとに通貨制度改革が行われるべきであるとする要請に応えるものであった。ここでの作業の結果，1974年6月「国際通貨制度改革の概要」と題する報告が20ヵ国委員会で採択された。この報告は，第一部「新制度」と第二部「当面の措置」に分かれ，第二部「当面の措置」を実施するものに限りIMFの協定改正作業を行なうこととされた。

この「当面の措置」の中にIMFの意思決定機関の改革も含まれ，国際収支調整過程の監視等を行なうための評議会を設置することとされた。評議会の評議員も総務又は閣僚クラスのものから構成される。すなわち，政治的決定機関である。

20ヵ国委員会の報告は，1974年秋の年次総会で了承された。総会は，同報告第二部を実施するため，またはその他望ましい範囲で協定改正案の検討を開始するようIMF理事会に指示した。同時に「国際通貨制度に関する総務会暫定委員会」が設立され，理事会の諮問を受け協定改正案の検討を行なうこととなった。20ヵ国委員会は，その任務を終了し，暫定委員会がこれを引き継ぐ形で，解散した。また，開発委員会が開発問題についてのコンセンサスを促進するべく世界銀行と合同して設立された。この開発委員会の構成員も総務又は閣僚クラスのものからなる。

暫定委員会は，1976年1月ジャマイカのキングストンで開かれた第5回会合で

---

(185)　井川（1992）106頁。

第1節　総務会と理事会の権限

協定改正案の実体すべてについて合意に達した。このキングストン合意にのっとりIMF理事会で文章上の詰め等が行われ，IMF協定改正案は1976年4月総務会で承認された[186]。

既に触れたように，暫定委員会は，評議会が設立されるまで勧告を行なうこととされていたが，その評議会は設置されず，暫定委員会は継続して勧告を行なうこととなった。この暫定委員会は，1999年国際通貨金融委員会に改組された。

これら評議会，暫定委員会，開発委員会，国際通貨金融委員会は，すべて閣僚クラスの者によって構成される。そのため，これらの機関においては政治的な決定・勧告を行ないうるのである。総務会も政治的決定機関に入る。しかし，総務会を除くこれらの機関は国際通貨制度改革以降に設置されたものであるため，新たな政治的決定機関として呼ぶこととした。

評議会
12条1項
　　「総務会が付表Dの規定が適用されることを総投票権数の85％の多数
　　によって決定する場合には，評議会を置く。」
評議会は，国際通貨制度の管理・適用，特に調整過程の継続的機能や国際流動性の動向を監督する。この評議会に，総務会は権限を委任することができる[187]。

しかし，評議会は総務会がとった措置と矛盾するいかなる措置もとってはならない。また，理事会は，総務会と評議会がとった措置と矛盾する措置をとってはならない[188]。

---

(186)　藤岡（1977）41−42頁。井川（1992）55−60頁。
(187)　付表D 2
　　「(a)評議会は，国際通貨制度の管理及び適応，特に，調整過程の継続的機能及び国際流動性の動向を監督し，これに関連して，開発途上にある国への実物資源の移転の動向を検討する。
　　(b)評議会は，この協定の改正のための第28条(a)の規定に基づく提案を検討する。」
　　付表D 3
　　「(a)総務会は，この協定によって直接に総務会に付与されている権限を除くほか，その権限の行使を評議会に委任することができる。」
(188)　付表D 3
　　「(c)評議会は，総務会によって委任された権限に基づき，総務会がとった措置と矛盾するいかなる措置をもとってはならない。

103

評議会は，1972年から1974年まで国際通貨制度に関する議論を行なった20ヵ国委員会とその後に設立された暫定委員会に代わる常設機関として考案された。

理事選出母体は，評議員1人を任命し評議会を構成する。評議員は，総務若しくは加盟国政府の大臣又はこれらの者と同等の地位を有する者とされている。また，7人以内の準評議員を任命することができる[189]。

評議会においては，後述する理事会における投票と異なり，「分割投票」が可能である。この理由としては，評議会が政治的責任を有するものから構成される機関であり，総務会に近い性格をもつからであるとされている[190]。

そもそも，この評議会は，ＩＭＦに政治的な影響力を与えるために米国により提案された。ＩＭＦの意思決定の階層において，評議会は理事会よりも高く総務会よりも低い機関であるとされる。

評議会は，総務会よりも討論や決定のためにより適しているとされていた。また，閣僚クラスの評議員は，理事会よりも大胆な判断を行なうことができると考えられた。

当初，評議会は二次改正発効時に設立されることが提案されていたが，途上国は評議会を好まなかった。なぜならば，評議会は，機関としての権限の行使としてＩＭＦの決定を行なうことができるからである。あまり力を持たない多くの加

理事会は，総務会によって委任された権限に基づき，総務会又は評議会がとった措置と矛盾するいかなる措置をもってはならない。」
(189)　付表Ｄ１
　「(a)理事1人を任命した加盟国及び割り当てられた票数の合計の票が，選任理事1人によって投じられる加盟国の集団は，それぞれ，評議会に評議員1人（評議員は，総務若しくは加盟国政府の大臣又はこれらの者と同等の地位を有する者とする。）を任命することができる。
　総務会は，総投票権数の85％の多数により，任命されることができる準評議員の数を変更することができる。
　評議員又は準評議員は，新たな任命が行なわれる時又は次の理事の定期選挙が行なわれる時のいずれか早い時までの間在任する。」
(190)　藤岡（1976）197頁。
　　付表Ｄ３
　「(b)各評議員は，自己を任命した加盟国又は加盟国の集団に第12条第5項の規定に従って割り当てられた票数の票を投ずる資格を有する。加盟国の集団によって任命された評議員は，その加盟国の集団に属する各加盟国に割り当てられた票数の票を個別に投ずることができる。」

盟国は，評議会による不利な決定に従わなければならないことを恐れていたのである。

しかし，途上国は，評議会設立の決定がなされたとき評議会が職務を始めるという提案をのませることに成功した。そして，その決定のためには，総投票権数の85％が必要であるとした。それは，その決定の提案がなされたとしても，途上国が拒否権を持つことを意味していたのである[191]。

評議会は，現在まで設立されていない。

暫定委員会

「国際通貨制度に関するIMF総務会暫定委員会」は，暫定委員会と略称され，ブレトンウッズ体制崩壊後の国際通貨制度改革の検討を行なう場として設けられた「20ヵ国委員会」の後を受けて，1974年10月の総務会決議により，設置された。

「20ヵ国委員会は，適切な権限を有する恒久的で代議的な評議会を協定改正により設立することが望ましいということに言及した。

そして，評議会が設立されるまで，勧告する役割をもち評議会に類似した構成の暫定委員会を設立することが望ましい。

暫定委員会は，20ヵ国委員会が廃止されたとき成立することが望ましい[192]。」

暫定委員会は，各理事の選出母体から選出された委員からなる。委員は，総務，閣僚又はそれに匹敵するランクのものからなる。各委員は，新しい委員が任命されるまで務める。

暫定委員会の委任事項として，次のような総務会の職務に関することに関し総務会に勧告及び報告する。

「（ⅰ）　国際収支調整過程の継続的運営を含む国際通貨制度の管理，調節の監視及びこれに関連した国際流動性総量の動向と実物資源の開発途上国への移転状況の検討。

（ⅱ）　理事会による協定改正提案の検討。

（ⅲ）　国際通貨制度を脅かす惧れのある突発的混乱への対処。

さらに，委員会は総務会が委員会の勧告を要請するその他の事項について，勧告を行ない報告する。

この義務を履行するため，委員会は関連分野で特定の責任を持つ他機

---

(191)　Gold (1984) pp. 540−541.
(192)　Resolution (No. 29−8).

関の作業を考慮する(193)。」
　この暫定委員会は，1999年9月30日総務会決定によって国際通貨金融委員会に改組されることが決定された。

国際通貨金融委員会

　国際通貨金融委員会は，暫定委員会の改組を行なう理事会提案承認の総務会決議によって設立された。

　国際通貨金融委員会は，名称の変更に加えて，常設化され，権限の一部として委員会の加盟国の（代理の）準備会合について規定を明記した。この新しい委員会は，以下について総務会の職務に関する事項について総務会に勧告と報告を行なう。

「（ⅰ）　国際収支調整過程の継続的運営を含む国際通貨金融制度の管理，調節の監視及びこれに関連した国際流動性総量の動向と実物資源の開発途上国への移転状況の検討。
（ⅱ）　理事会による協定改正提案の検討。
（ⅲ）　国際通貨制度を脅かす惧れのある突発的混乱への対処。
　さらに，委員会は総務会が委員会の勧告を要請するその他の事項について，勧告を行ない報告する。」

　すなわち，暫定委員会の権限は国際通貨制度の管理・調節とされていたが，通貨に金融を加えた制度の管理・調節を行なうことが国際通貨金融委員会の委任事項であるとされたのである。

　国際通貨金融委員会のメンバーは，ＩＭＦの総務であり，閣僚又は同等のランクの者とされ，理事会の構成を反映する。理事を任命する加盟国と選任する各グループは，委員会のメンバーを任命する。最初の委員会の議長として，英国大蔵大臣ゴードン・ブラウンが選ばれた(194)。

開発委員会

　開発委員会は，開発問題についての政府間の国際的なコンセンサスを促進するためのＩＭＦと世銀のフォーラムである。公式には，「途上国に対する実物資源の移転に関する世界銀行・ＩＭＦ総務会の合同閣僚委員会」である。

---

(193)　Resolution (No. 29−8).
(194)　IMF Homepage.

第1節　総務会と理事会の権限

　開発委員会は，20ヵ国委員会の後を受けて，開発プロセスを継続的にレビューし，開発途上国への資金移転に関する問題について，IMF及び世界銀行の総務会に勧告及び報告することを目的として，途上国に対する実物資源の移転に関する世界銀行・IMF総務会の合同閣僚委員会の設立の決議[195]により1974年に設立された。

　「20ヵ国委員会は，途上国に対す実物資源の移転の広範な問題を検討を進め，その結論を実施するために採択された措置を勧告するIMF・世界銀行総務会合同閣僚委員会の設立を勧告する。

　国際貿易・決済，資本フロー，投資，公的開発援助を含め既存の又将来の各国間の取極に関して，途上国に対する実物資源の移転の問題を考慮することが望ましい。」

　委員会の委任事項は，以下のものが定められている。

「(a)　開発委員会は，開発過程について概観することを継続し，途上国に対する実物資源の移転に関する広範な問題のすべての点について銀行と基金の総務会に勧告及び報告し，その結論を実施に関してことを考慮することについて示唆を行なう。委員会は，継続して，その示唆の実施がなされる過程をレビューする。

　(b)　開発委員会は，改革の概要のアネックス10に掲げられた議題を考慮しつつ詳細な作業プログラムを策定する。その作業を行なう委員会は，他の国際機関との協力が必要であることを留意する。

　(c)　開発委員会は，（ⅰ）後発開発途上国（ⅱ）現下の国際収支困難によって特に影響を受けた途上国の問題に緊急に関心を払う。」

　委員会の任務は，重要な開発問題，途上国の経済発展を促進するために要請される資金源について，世銀とIMFの総務会に勧告することである。長きにわたり，委員会はこの任務を伝統的な開発問題に加えて貿易問題や国際環境問題を含むものであると解釈してきた。

　委員会は，24名からなり，通常大蔵大臣又は開発大臣であり，世銀とIMFの全加盟国を代表する。委員は，世銀・IMF理事会で代表される加盟国や加盟国グループによって任命される。議長は，委員会の委員より選ばれ，委員会によって選ばれた事務局長によって支援される。現在の議長は，タイ国タリン大蔵大臣である。事務局長は，アレクサンダー・ショコウである。

---

(195) Resolution (No.29-9).

第3章　ＩＭＦの意思決定機構と決定

　開発委員会は，1年に2度開催される。春に暫定委員会と連携して開催され，秋に世銀・ＩＭＦ年次総会の前に開催される。会合の議題は，議長，世銀総裁，ＩＭＦ専務理事，世銀・ＩＭＦの事務局長により勧告された問題に基づく。委員会の焦点が決まれば，世銀総裁には閣僚の注意を引くがことが必要であると世銀総裁が信じる議題を提案する特別の責任がある[196]。

3．理事会
理事会の権限
12条3項
　「(a)理事会は，基金の業務を運営する責任を有し，このため，総務会
　から委任されたすべての権限を行使する。」
　これを受けて，1946年サバナ会議において，総務会は明示されている権限を除き，すべての権限を理事会に委任した。次の内規は，ＩＭＦの権限を規定している。
　「理事会は，協定により総務会に直接に付与されている権限を除き，
　総務会のすべての権限を行使することにつき総務会により権限が与えら
　れている[197]。」
　すなわち，理事会は，権限の行使を行なう執行機関であり，ＩＭＦの日常業務のほとんどを行なっている[198]。
　また，理事会には総務会から委任された権限だけでなく，協定上直接かつ明示的に理事会に与えられた権限もある。理事会の明示的権限としては，ＳＤＲ取引の緊急停止措置（23条1項），協定条項の一時的停止措置（27条1項(a)(c)），解釈（29条(a)），専務理事の選出（12条4項(a)）などである。
　それでは，なぜＩＭＦにおいて総務会の権限のほとんどを理事会に委任することができるのであろうか。
　ゴールドは，次のように説明している。「委任しうる総務会の権限は，ＩＭＦの権限であり（明示的に留保されているものを除く），総務会の権限であると表明

---

(196)　World Bank Homepage.
(197)　By-Laws, Section 15. 総務会に明示された権限とは，理事会の指針とするために決定された政策を発行すること，ＩＭＦの前年度の財政・金融取引の記録・理事会によって出された規則や細則の形態での一般的な規定を審査することである。
(198)　井川（1992）108頁。なお，理事会決定事項については，表2参照。

法と社会を考える人のために

深さ　広さ　ウイット

長尾龍一
IN
信山社叢書

刊行中

石川九楊装幀　四六判上製カバー
本体価格2,400円〜4,200円

信 山 社

〒113-0033　東京都文京区本郷6-2-9-102
TEL 03-3818-1019　FAX 03-3818-0344

既刊・好評発売中

法学ことはじめ　本体価格2,400円
主要目次
1　法学入門／2　法学ことはじめ／3　「法学嫌い」考／4　「坊ちゃん法学」考／5　人間性と法／6　法的言語と日常言語／7　カリキュラム逆行の薦め／8　日本と法／9　明治法学史の非喜劇／10　日本における西洋法継受の意味／11　日本社会と法

法哲学批判　本体価格3,900円
主要目次
一　法哲学
1　法哲学／2　未来の法哲学
二　人間と法
1　正義論義スケッチ／2　良心について／3　ロバート・ノージックと「人生の意味」／4　内面の自由
三　生と死
1　現代文明と「死」／2　近代思想における死と永生／3　生命と倫理
四　日本法哲学論
1　煩悩としての正義／2　日本法哲学についてのコメント／3　碧海先生と弟子たち
付録　駆け出し期のあれこれ　1　法哲学的近代法論／2　日本法哲学史／3　法哲学講義

争う神々　本体価格2,900円
主要目次
1　「神々の争い」について／2　神々の闘争と共存／3　「神々の争い」の行方／4　輪廻と解脱の社会学／5　日本における経営のエートス／6　書評　上山安敏「ヴェーバーとその社会」／7　書評　佐野誠「ヴェーバーとナチズムの間」／8　カール・シュミットとドイツ／9　カール・シュミットのヨーロッパ像／10　ドイツ民主党の衰亡と遺産／11　民主主義論とミヘルス／12　レオ・シュトラウス伝覚え書き／13　シュトラウスのウェーバー批判／14　シュトラウスのフロイト論／15　アリストテレスと現代

西洋思想家のアジア　本体価格2,900円
主要目次
一　序説
1　西洋的伝統——その普遍性と限界
二　西洋思想家のアジア
2　グロティウスとアジア／3　スピノザと出島のオランダ人たち／4　ライプニッツと中国

三　明治・大正を見た人々
5　小泉八雲の法哲学／6　蓬莱の島にて／7　鹿鳴館のあだ花のなかで／8　青年経済学者の明治日本／9　ドイツ哲学者の祇園体験
四　アメリカ知識人と昭和の危機
10　ジョン・ガンサーと軍国日本／11　オーウェン・ラティモアと「魔女狩り」／12　歴史としての太平洋問題調査会

純粋雑学　本体価格 2,900円

主要目次
一　純粋雑学
1　研究と偶然／2　漢文・お経・英語教育／3　五十音拡充論／4　英会話下手の再評価／5　ワードゲームの中のアメリカ／6　ドイツ人の苗字／7　「二〇〇一年宇宙の旅」／8　ウィーンのホームズ／9　しごとの周辺／10　思想としての別役劇／11　外国研究覚え書き
二　駒場の四十年
　A　駆け出しのころ
12　仰ぎ見た先生方／13　最後の貴族主義者／14　学問と政治――ストライキ問題雑感／15　「居直り」について／16　ある学生課長の生涯
　B　教師生活雑感
17　試験地獄／18　大学私見／19　留学生を迎える／20　真夏に師走　寄付集め／21　聴かせる権利の法哲学／22　学内行政の法哲学
　C　相関社会科学の周辺
23　学僧たち／24　相撲取りと大学教授／25　世紀末の社会科学／26　相関社会科学に関する九項／27　「相関社会科学」創刊にあたって／28　相関社会科学の現状と展望／29　相関社会科学の試み／30　経済学について／31　ドイツ産業の体質／32　教養学科の四十年・あとがき／33　教養学科案内
　D　駒場図書館とともに
34　教養学部図書館の歴史・現状・展望／35　図書館の「すごさ」／36　読書と図書館／37　教養学部図書館の四十年／38　「二十一世紀の図書館」見学記／39　一高・駒場・図書館／40　新山春子さんを送る
三　私事あれこれ
41　北一輝の誤謬／42　父の「在満最後の日記」／43　晩年の孔子／44　迷子になった話／45　私が孤児であったなら／46　ヤルタとポツダムと私／47　私の学生時代／48　受験時代／49　「星離去」考／50　私の哲学入門／51　最高齢の合格者／52　飼犬リキ／53　運命との和解／54　私の死生観

されど、アメリカ　本体価格 2,700円

主要目次
一　アメリカ滞在記
1　アメリカの法廷体験記／2　アメリカ東と西／3　エマソンのことなど／4　ユダヤ人と黒人と現代アメリカ／5　日記――滞米2週間
二　アメリカと極東
1　ある感傷の終り／2　ある復讐の物語／3　アメリカ思想と湾岸戦争／4　「アメリカの世紀」は幕切れ近く

| 最新刊 |

古代中国思想ノート　本体価格 2,400円

主要目次
第1章　孔子ノート
第2章　孟子ノート
第3章　老荘思想ノート
第1節　隠者／第2節　「老子」／第3節　荘子
第4章　荀子ノート
第5章　墨家ノート
第6章　韓非子ノート
附録　江戸思想ノート
1　江戸思想における政治と知性／2　国学について——真淵、宣長及びその後
巻末　あとがき

ケルゼン研究 I　本体価格 4,200円

主要目次
I　伝記の周辺
II　法理論における真理と価値
序論／第1編　「法の純粋理論」の哲学的基礎／第2編　「法の純粋理論」の体系と構造
III　哲学と法学
IV　ケルゼンとシュミット
巻末　あとがき／索引

歴史重箱隅つつき　本体価格 2,800円

主要目次
I　歩行と思索
II　温故諷新
III　歴史重箱隅つつき
IV　政治観察メモ
V　雑事雑感
巻末　あとがき／索引

| 続刊 |　**オーウェン・ラティモア伝**

〒113-0033 東京都文京区本郷6-2-9-102　**信山社**　TEL03-3818-1019 FAX03-3818-0344

第1節 総務会と理事会の権限

されている権限ではない。この区別は，なぜ理事会に内規によって権限を委任している総務会が，12条2項(b)によって総務会に留保されているものを除きすべての権限を委任していることを説明するものである[199]。」

また，総務会における政策を決定し審査する権限は，業務上重要であると考える人もあるかもしれない。しかし，これは実際的な考えではない。これまで，理事会と異なる決定が総務会から出されたことはないからである。

総務会により理事会の権限が弱められることが予測されていないのは，各総務が事実上各国の代表であり，その総務が自国が任命・選任した理事と異なる投票をするということは考えにくいからである[200]。

理事会は，執行機関として総務会に留保された権限にまで影響を及ぼすことができる。ゴールドによれば，「総務会への権限の留保によって，その権限に係る事項についての理事会の活動を妨げない。」総務会が権限を行使する決定について，理事会が勧告を行なうことは通常のことである。理事会による勧告は決定であるが，それは総務会に留保された権限を行使したものではない。それゆえ，総務会の権限の行使のために必要とされる特別多数決の要請は理事会の決定には適用されない。理事会は，多数決によって勧告の決定を行なった[201]。

また，総務会は通常理事会からの勧告を期待し，総務会は通常勧告を受け入れるが，この勧告は総務会がある決定を行なうためのものであると理事会は説明している。総務会は，政策への指針や意見を与えうるが，この場合総務会は理事会からの勧告を受け入れそうにない。年次総会において総務会は指示を与えており，ある総務の示唆が政策の展開を導くこともある。スタッフは，この示唆を検討しうる。そして，理事会がこの検討をもとにした決定を採択しうる。

例えば，英国の総務が1961年年次総会で政策提案を行なったが，これは1962年6月20日理事会決定を導きＩＭＦの業務を変更させた。

しかし，「総務会が関心ある政策との関連で検討をすべきであると決定した場合，その決定の表現は理事会が検討するよう『要請する』であり，『指示する』ではない[202]。」

---

(199) Gold (1972) p. 14. なお，一次改正前，すべての決定はＩＭＦの決定であり，採択の様式において，総務会・理事会がなすことになっているいくつかを除き，区別し難かった。Gold (1972) p. 5
(200) Hexner (1964) p. 77.
(201) Gold (1972) p. 14.
(202) Ibid., p. 15.

第3章　ＩＭＦの意思決定機構と決定

表2　　　　　　　　　理事会決定事項

(下記のもの及び協定上総務会の権限とされている事項以外の全て)

No.	事　項	特別多数率	協定条文			備　考
			条	項	細目	
		〈投票権数の〉%				
1	金の売却に伴い一般資金勘定に繰入れた額を引当てとするクォータの増加	85	3	2	b, c	
2	一般的為替取極に関する規定	85	4	2	c	
3	平価を基礎とした為替制度の導入	85	4	4		
4	買戻し期間（3～5年）の変更	85	5	7	c	
5	一般資金利用に係る特別な政策に関する買戻し期間の設定	85	5	7	d	
6	買入れに係らない買戻しに関する政策の採択	70	5	7	e	
7	個々の買戻し履行期日の最長買戻し期間を超える延長	70	5	7	g	
8	手数料率の決定(事務手数料，融資金利，賦課金，買戻し遅滞手数料)	70	5	8	ab cd	
9	報酬率，報酬の対クォータ基準の決定	70	5	9	ac	
10	保有金の売却	85	5	12	bc	
11	金による支払の受領	85	5	12	bd	
12	公定価格による保有金の売却	85	5	12	be	
13	金売却益の特別支払勘定から一般勘定への繰入	70	5	12	f (i)	
14	金売却益の途上国への分配，援助目的での使用	85	5	12	f (ii)(iii)	
15	金売却益の投資勘定への繰入れ	85	5	12	g	
16	特別勘定の終了，規則等の採択	70	5	12	j	
17	一般準備金	70	12	6	d	
18	一般資金の投資勘定への繰入	70	12	6	f (ii)	
19	投資勘定の終了，規則等の採択	70	12	6	f (vi)	
20	加盟国に対する通告の公表	70	12	8		
21	ＳＤＲの評価方法の決定	70	15	2		

第 1 節　総務会と理事会の権限

22	ＳＤＲの評価原則の変更，適用の基本的変更	85	15	2		
23	ＳＤＲ会計参加者を保有者として定める場合	85	17	3	(i)	
24	ＳＤＲ合意取引に係る操作方法の決定	70	19	2	c	
25	ＳＤＲ復元に関する規則の採択，停止等	70	19	6	b	
26	ＳＤＲ交換比率の例外的取扱いに関する政策の採択（個々の取引につき70％多数決で承認）	85	19	7	b	
27	ＳＤＲ金利の決定	70	20	3		
28	ＳＤＲ取引の緊急停止措置	85	23	1		理事改の明示的権限
29	協定条項の一時的適用停止	85	27	1	a	同　　上
30	リザーブトランシュ計算に際して除外決定	85	30	c	(iii)	
31	為替マージンの設定，平価廃止に対する異議	85	付表c	5.8		
32	平価の一律の比例による変更	70	付表c	11		

（注）（表2－6）総務会決定事項№ 6 及び理事会決定事項№ 28，29の解除は，総投票権数の過半数により理事会が決定する。（23条 1 項，27条 1 項 c ）

出典：井川紀道編著『ＩＭＦハンドブック』110-111頁。

理事会の構成

12条 3 項

　　「理事会は，専務理事を議長とし，次の理事によって構成する。
　　（ⅰ）最大の割当額を有する 5 の加盟国が任命する 5 人の理事
　　（ⅱ）その他の加盟国が選挙する15人の理事
　　総務会は，理事の各定期選挙のため，総投票権数の85％の多数により（ⅱ）に定める理事の数を増加させ又は減少させることができる。（ⅱ）に定める理事の数は，(c)の規定に基づき理事が任命されるときは，場合に応じ，1 又は 2 減少する。ただし，総務会が総投票権数の85％の多数により，その減少が理事会の任務若しくは理事の職務の効果的な遂行を妨げると認定し又は理事会における望ましい均衡を損なうおそれがあると認定する場合は，この限りでない[203]。」

　理事会は，任命による理事と選挙による理事からなる。そこで，任命によるものを任命理事，選挙によるものを選任理事と呼ぶ。現在，割当額が多い 5 加盟国

(米・日・独・仏・英）は，各国１人ずつ５人の理事を任命している。その他の加盟国は，選挙によって19理事を選出している。この選任理事の数は，本条に基づき増加させたことによる。

だが，12条３項(c)[204]の規定に基づき，上記の５国以外にも理事を任命することができる加盟国がある。この規定によれば，選任理事のうち２つの理事は，任命理事を任命している国を除いて，理事選挙前の２年間にＩＭＦが最大の純額を売却した２加盟国より任命される。この純額は絶対額であり，割当額に比例してではない。

ゴールドによれば，追加の任命理事制度は次のような目的を有するものである。

「追加任命理事の目的は，他の加盟国の見解を表明する義務を感じることなく『債権国』の見解を反映する理事を少なくとも２理事確保するためである。たとえ，理事を任命していない加盟国が理事会に『代表』を送ることができるとしても，その理事が二以上の加盟国により選ばれた場合，その者は選んでくれた加盟国に義務を感じることが想定されるからである。見方を変えれば，追加任命理事は，投票権の調整と似ている。また，これは，任命理事又はＩＭＦの資金を利用している加盟国の選んだ理事が，投票権又は任命理事数に基づいて理事会を支配しているという批判に対する応答ともなるものである[205]。」

現在，任命理事以外で一国が理事を任命しているのは，サウジアラビア，ロシ

---

(203) 原協定においては，「理事は12人以上とし，総務であることを必要としない。」（原協定12条３項(b)）

(204) 12条３項（理事会）

「(c)理事の第２回定期選挙の時以後に，(b)（i）の規定に基づいて理事を任命する資格を有する加盟国のうちに，一般資金勘定における加盟国通貨の基金保有額の過去２年間における平均額が割当額未満に減少しており，かつ，その減少の絶対額を特別引出権で表示したものが最大である２の加盟国の一方又は双方が含まれていないときは，当該含まれていない一方又は双方の加盟国は，理事を任命することができる。」

(205) Gold (1972) p. 56. 理事会に代表者を送ることができるとすることは，12条３項(j)に規定されている。「総務会は，(b)の規定に基づいて理事を任命する資格がない加盟国が自国の行なった要請又は自国に特に関係のある事項について審議が行なわれている間，理事会の会合に出席できる代表者１人を送ることができるよう規則を採択する。」

ア，中国である。

また，加盟国が追加理事を任命する権利を持っている場合，それを逃れたり理事選挙に参加するという選択はなく，任命しなければならない[206]。

一方，選任理事の選挙については12条3項(d)，付表E[207]に規定する方法で行われる。

現行協定において，理事を選任するために地域的なグループ又はその他の形態のグループを形成しなければならないという規定は存在しない。

しかし，特定のグループにより選挙が行なわれるとする提案はブレトンウッズ会議においてなされ，アメリカの諸共和国についてのみ認められていた。会議においてなぜアメリカの諸共和国を例外としたかは，明らかではない。しかし，アメリカの諸共和国による別選挙の規定を先例と見なし，ある地域にある理事数を確保することが提案されたこともあった[208]。

理事会の会合

12条3項

　　「(g)理事会は，基金の主たる事務所で常にその職務を行ない，基金の

---

(206)　Ibid.
(207)　12条3項（理事会）
　　「(d)選任理事の選挙は，基金が適当と認める規則で補足する付表Eに従って，2年ごとに行なう。総務会は，理事の各定期選挙のため，付表Eに基づく理事の選出に必要な票数の割合を変更する規則を設けることができる。」
　　付表E　（理事の選挙）
　　「1　選任理事の選挙は，投票する資格を有する総務の投票による。
　　2　選出すべき理事について投票するに当たっては，投票する資格を有する各総務は，第12条5項(a)の規定に基づいて与えられたすべての票数を1人に投ずる。最大の票を得た15人は，理事となる。ただし，投票可能の票数（有権票数）の総数の総数4％に達しなかったも者は，選出されなかったものとする。」
(208)　Gold (1972) p. 64. 原協定12条3項(b)(iv)「2人は，理事を任命する資格がないアメリカの諸共和国が選挙する。」この規定は，1956年第6回定期選挙において3人目の理事がアメリカの共和国（アルゼンチン）から選任されることによって破られた。すなわち，付表Aに記載なくかつ理事を任命する権利のないアメリカの共和国（アルゼンチン）の加盟に対応するために，総務会により許される理事数が増加されたのである。Gold (1972) p. 61. しかし，現行協定においては選任理事の選出母体については地域的な特定が規定されていない。

業務の必要に応じて会合する。」

　原協定の交渉において，理事会の役割について意見の相違があり，この相違はIMFが設立されるまで解決されなかった。アトランティック会議において，IMFは頻繁に決定を採択する必要がなく，それゆえIMF本部に理事会の継続的な設置は不必要である，という見解を英国は表明した。英国は，また，IMFの決定の多くは技術的で日常業務に関するものであるので，傑出した能力をもつものや巨大なスタッフの管理は必要がない，とも感じていたのである。

　米国は，この見解に強く反対し，理事はすべての時間をIMFのために振り向けるべきである，と主張した。この意見の相違は，アトランティック会議では解決されず，ブレトンウッズ会議でもこの相違は継続された。

　そのため，理事会は「基金の主たる事務所で常にその職務を行な」うが，「基金の業務の必要に応じて会合する」という文言を使うことにより，第一の巧妙な妥協が行われたのである[209]。

　だが，この妥協では意見の相違を解決することができず，サバナ会議において3度目の議論がなされた。争点は，理事はすべての時間をIMFに専心すべきか，又は他の業務をなすことが許されるのかどうかであった。米国は，「常にその職務を行なう」ことを主張したが，英国はIMFの業務上要請される時はいつでも理事が本部で出席できるようにすれば，「常にその職務を行なう」は満たされる，とした。

　この論戦の結果は，2つ目の妥協となったが，これは協定には記されていない。これは，内規において規定されている。

　　「基金の主たる事務所で継続して会合しうることが要請される基金の
　　業務に，すべての時間と注意を振り向けることは，理事及びその代理の
　　義務である[210]。」

　この2つの妥協は，米国に有利なものであり自国で理事会が開催されたが，ある理事はそのすべての時間を理事として職務を行なわなかった。また，国際的な義務と国内的な義務の組み合わせを保障又は否定する規則は存在しなかったが，IMFの加盟国や業務が増加するにつれて理事はこの2つの職務を果すことをやめた[211]。

---

(209) Gold (1972) p. 85-86.
(210) By-Laws, Section 14(d).
(211) Gold (1972) p.86-87.

第1節　総務会と理事会の権限

理事の国籍

協定は総務又は理事，代理の国籍を規定していない。特に，総務・総務代理が任命する加盟国の国籍である必要はなく，理事についてもその者を任命した加盟国もしくはその者を選んだ諸総務の加盟国の国籍でなければならないことは要請されていない。にもかかわらず，総務や代理は常に任命した加盟国の国籍の人である。理事を任命した加盟国は同じ国籍の人を任命し代理もまた同じである。選任理事についても，その者を選任した総務と同じ諸国の国籍を有しており，代理も理事と同国人か選任した国々の中の別の加盟国である[212]。

4．専務理事

専務理事は，理事会により5年間の任期で選出される。しかし，理事会は，総務や理事である者から選出しない。専務理事については，12条4項が規定している[213]。

専務理事の地位は，理事会の地位とは異なる。なぜならば，理事が責任を負う法主体について協定は明記していないからである[214]。

専務理事と理事会の具体的な権限の配分は複雑である。よって，このことについては，後程論ずることとする。

専務理事は，伝統的にヨーロッパの加盟国から選任され，副専務理事は伝統的に米国から選任される。しかし，2000年の専務理事交代において，その選出方法

---

(212)　Ibid., p.68−69.
(213)　12条4項（事務理事及び職員）
「(a)理事会は，専務理事1人を選定する。専務理事は，総務・理事であってはならない。専務理事は，理事会の議長となるが，可否同数の場合の決定投票を除くほか，投票権を有しない。専務理事は，総務会の会合に参加することができるが，その会合では投票してはならない。専務理事は，理事会の決定により退任する。
(b)専務理事は，基金の職員の長とし，理事会の指揮の下に，基金の通常業務を行なう。専務理事は，理事会の一般的監督の下に，基金の職員の組織及び任免の責任を負う。
(c)基金の専務理事及び職員は，その職務の遂行に当たり，基金に対してのみ責任を負うものとし，その他の当局に対しては責任を負わない。各加盟国は，この責任の国際的な性質を尊重し，その職務の遂行についてこれらの者を左右しようとするすべての企図を慎まなければならない。」
(214)　Gold (1972) p. 115.

が不透明であるとして、厳しい批判が各処より行なわれた。

第2節　投票制度

1．加重投票権の導入

　ＩＭＦの決定は，最終的には多数決によってなされる。それでは，その投票権数は何によって決められるのであろうか。国際機関は，国家間の機関であるから，国家平等の観点から一国一票制度がとられることが多い。しかし，ＩＭＦは一国一票制度をとっていない。

　ＩＭＦでは，加盟国は割当額を割り当てられる（3条1項）。この割当額はＳＤＲ（特別引出権）で表記される[215]。この割当額が，投票権を決定するのである[216]。

　よって，割当額が変更されれば自動的に投票権の変更がなされることとなる。割当額は，ＩＭＦからの資金利用の額を決定するため，その変更は資金利用の観点からも重要であるが，投票権数を変えてしまうため，票決においても重要なのである。

　それでは，いかにして，割当額の調整が行われるのであろうか。これについては，3条2項(a)が規定する[217]。

　しかし，割当額の変更については加盟国の同意と実際の払込みが必要であ

---

(215)　原協定においては，1944年7月1日の米国ドルで表記されていた。
(216)　12条5項（投票）
　　「(a)各加盟国は，250票のほか，自国の割当額の10万特別引出権相当額ごとに1票を有する。」
(217)　3条2項（割当額の調整）
　　「(a)総務会は，5年を超えない間隔を置いて加盟国の割当額につき一般的検討を行ない，適当と認めるときは，その調整を提議する。総務会は，また，その他のいかなる時にも，適当と認めるときは，加盟国の要請に基づいてその割当額の調整を考慮することができる。」
　　また，原協定においては次のように規定されていた。
　　3条2項（原協定）（割当額の調整）
　　「基金は，5年ごとに加盟国の割当額を検討し，適当と認めるときはその調整を提議する。基金は，その他のいかなる時期においても，適当と認めるときは，加盟

第2節 投票制度

る[218]。

　投票権は，割当額と関連しているものの，割当額に関連した票とは別に各加盟国は250票の基本票をもっている。これは，ＩＭＦ協定策定交渉における妥協の産物である。それは，以下のような経緯であった。

　ＩＭＦ計画の策定者と交渉者は，経済的財政的な要因を反映した割当額に従った主要な国際機関における加盟国の投票の加重という大胆な一歩は，国際法において伝統的な国家平等という政治的な考慮と結びつけられるべきであると感じていた。基本票は，国家平等の教義を認識させる機能を果すものであった。さらに，これは民間企業の概念に対する過度の支持を回避することを意図するものであった。

　また，基本票の別の機能としては，小国の意見を考慮するという点がある。
　　「ある加盟国は割当額があまりに小さいので，投票権が割当額に依拠される場合，ＩＭＦへの参加は何の意味もないと感じることが予期された[219]。」

　そのため，1942年4月のホワイト案では，
　　「参加する小国の数は，大国よりもずっと多いので，一国一票は明らかに賢明でない。しかし，出資額に応じて投票権を与えることは，一国又は二国に基金の支配を委ねることになってしまう。このことは，基金の国際的な性格を破壊し，その成功を危うくするものである。実際，一国又は二国がその政策を支配する場合，多くの加盟国が広範な権限を持つ国際機関への参加を望むかどうかは，とても疑わしい[220]。」

　しかし，国家平等の原則への若干の支持と小国への配慮は，割当額の増加に応じて基本票を増加させるほど寛容ではなかった。すなわち，割当額の増加に合わせた基本票の増加を協定に規定しなかったのである。そのため，全体票に占める基本票の割合は減少している。

　　国の要請に基づいてその割当額の調整を考慮することができる。割当額の変更には，総投票権数の5分の4の多数を必要とし，また加盟国の同意なしにはその割当額を変更しない。」
(218)　3条2項(d)（第一文）
　　「加盟国の割当額は，当該加盟国が同意し払込みを行なうまで変更されない。」
(219)　Gold (1972) pp. 18-19.
(220)　Horsefield (1969) III pp. 76-77.

第3章　ＩＭＦの意思決定機構と決定

　それでは，なにゆえ割当額に依存する投票権が規定されたのであろうか。

　割当額に依存する投票権を正当化する理由として，ＩＭＦの一般勘定の資金に対する加盟国の金や通貨の貢献と加盟国の割当額を同じものとすべきであるという考えがあった[221]。すなわち，加盟国のＩＭＦに対する貢献度に応じて投票権が変化することは当然である，とされたのである。

　また，このような加重投票権を採択し，決定を多数決で行なうことができ，全会一致の必要がないとすることは，ブレトンウッズ会議の以前から当然のこととされていた。

　1943年7月10日のホワイト案では，

　　「投票権の配分は，割当額に正確に比例する訳ではないが，加盟国の
　　割当額に密接に関連する。基本的な投票権の配分は，次のようになる。
　　各加盟国は，100票に加え10万ユニタス（100万ドル）につき1票が加算
　　される[222]。」

しかし，どの加盟国も一定以上の投票権をもつべきではないとして，次の文言が存在した。

　　「割当額にかかわらず，どの加盟国も全体投票の5分の1以上投票権
　　をもつべきではない[223]。」

すなわち，ここではたとえ投票権を決定する定式に基づいて5分の1以上の権利があったとしても，どの加盟国も全投票数の5分の1以上を持つべきでないという理念が存在していたのである[224]。

　英国は，割当額に比例する投票権については，米国よりも急進的な案をもっていた。

　1941年12月15日ケインズ案は，新しい国際機関の「運営と有効票決権は，恒久的に英米両国にあるものであると考えている」とし，英米による国際通貨機関の主導権を明記したのである[225]。

---

(221)　Gold (1972) p. 21.
(222)　Horsefield (1969) III p. 93. この条項は，1942年4月のホワイト案にも含まれていた。Ibid.,, pp. 76－77.
(223)　Ibid., pp. 93.
(224)　これ以前のホワイト案において，投票権数を制限する規定は，25％以上の投票権を制限するものもあった。Horsefield (1969) I p. 47.
(225)　1941年12月15日「国際通貨同盟の提案」。この前段では，次のように記し英米の主導権がより明確である。「わたくしは，このクラブの共同設立国としてのアメ

また，1942年2月11日ケインズ案では，
「57. 総務会の委員は，加盟国政府により任命される。各委員は，割当額に比例した投票を有する。しかし，最初の5年間については，投票において英国と米国が残りの総務よりも多い票をもつ[226]。」
そして，1943年4月8日ケインズ案は，次のように論じる。
「(5) 各加盟国は，割当額を割り当てられる。割当額は同盟の管理についての各加盟国の責任と，同盟の供与する信用便宜を享受すべきその権利の程度を決定するものである。」
「(12) 各代表は，理事会において自己を任命した国（又は諸国）の割当額に比例した投票権を有する[227]。」
しかし，どのように比例するのかについては明記されず，基本票が割当投票に加えられることも示されていなかった[228]。

それでは，米英の妥協が行われた共同声明においてどのように決着が図られたのであろうか。
1944年4月21日共同声明
「Ⅳ 2. 総務会と理事会における投票権の配分は，割当額に密接に関連している[229]。」
つまるところ，加重投票制については，米英間に大きな見解の隔たりがなかった。そもそも，加重投票制を導入すべきかどうかということが争点とはならず，どの草案でも加重投票権提案を擁護する言明を含む必要があるとは考えられていなかったのである。これにつき，ゴールドは「国際金融問題への対応における加盟国の発言は機関の資金への貢献に関連すべきであるということは，一般に受け

リカとイギリスとによって設立され，アメリカとその領土及びイギリス連邦諸国をカバーする新しい銀行を想定している。その他の諸国も加盟国となる――一部の国は設立当初から，他の国々は加盟国としての義務を果すことができる内部組織が確立されてからである。この方法は，アメリカとイギリス（後者は他の英連邦諸国との協議のうえ）が，国際会議特有の遅延し混乱する協議に煩わされることなく，新機関の憲章と主要細目を決定できるという大きい利点を持っている。」ケインズ(1992) 94頁。

(226) Horsefield (1969) Ⅲ, p. 16.
(227) Ibid., p. 22, 24.
(228) Gold (1972) p. 24.
(229) Horsefield (1969) Ⅲ p. 134.

第3章　ＩＭＦの意思決定機構と決定

入れられてきたと考えられる」と論じている[230]。

そして，ブレトンウッズ会議では，初日に投票権についての草案が回覧され，基本票についての議論はあったものの，原案は修正されず，12条5項(a)[231]として採択された。

1945年12月27日ＩＭＦ協定が発効したとき，米国の全体に占める投票権数の割合は，37.9％であった。しかし，ブレトンウッズ会議において示された付表Ａにおいて，米国の投票権数の割合は27.7％であった。これに対して，議会でのＩＭＦ加盟審議の際，米国の投票権はその重大な利益を保護するためには穏健すぎるとの批判が行なわれた。

だが，時代は下って1960年には，フランス・イタリアのような加盟国が経済的金融的権力の変化を投票権は反映していないと指摘し始めた。

また，全体として先進国の投票権数を見た場合，その投票権数は不適切なのではないかと途上国より論ぜられるようになった。1971年総会においてインド総務は，31％の人口の26加盟国が68％の投票権を持ち，69％の人口の92加盟国は32％の投票権しか行使していないという現状は，公平という観点から問題であると論じている。

この主張は，1971年8月15日以降に進展した国際通貨制度改革の提案にも関連するものであった。

さらに，国連は決議において途上国の投票権拡大について特に記している。

「次の考慮と指針は，国際通貨秩序の改革において諸国間で考慮されるべきである。

(g)国際通貨基金協定の条文への，途上国の投票権を増加させる適切な規定の導入[232]。」

この国連決議の後の1972年5月21日「第3回ＵＮＣＴＡＤにおける国際通貨状況についての決議」においても，次のことが決議された。すなわち，ＩＭＦは国際通貨問題の意思決定過程に途上国の効果的な参加を確保し，ＳＤＲの創造と途上国への開発援助の規定との関連を検討する。また，ＩＭＦが割当額決定の方法

---

(230)　Gold (1972) p. 25.
(231)　12条5項（原協定）（投票）
　　「(a)各加盟国は，250票の外，自国の割当額の10万合衆国ドル相当額ごとに各1票の票数を有する。」
(232)　A／RES／2806（ⅩⅩⅥ），January 4, 1972.

第 2 節　投票制度

をレビューしていることを留意しながら，次のことを解決する。国際通貨制度とその改革に関する意志決定過程において要請される改善，先進国と途上国が可能な限り参加した通貨協力，国際通貨システムの意思決定過程において途上国の効果的な参加等である。

すなわち，すでに1970年代における国際通貨制度改革の中で，途上国側からの投票権拡大要求は根強いものがあったのである[233]。

しかし，加重投票制度について支持が存在する，とゴールドはガットとの関係を例に引きながら論じる。ガットのある規定はIMFの助言の拘束力を規定しているが，1950年，IMFの加盟国の経済状況に対する助言を与える権限ついて，争いがあった。なぜならば，IMFが国際収支を理由とした貿易制限の導入に助言を与えることが求められた場合，その制限が課せられた時の状況に限られなければならないと論ぜられたからである。このようにIMFに狭い役割を規定しようとした理由として，締約国団における加重投票制の欠如があった。この論争は，理事会における投票によって解決された。多数はIMFのより広範な役割を支持したのである[234]。

また，多数の小国が国際機関に加盟することによって，経済規模が全く異なる国であっても一国一票であるという問題が生じるが，ゴールドは加重投票制によりこの問題を回避できるとして，この制度の有利性を論じている。これを，ゴールドは加重投票制の副産物と呼んでいる。

そして，ゴールドは加重投票制度は提案の噴出を阻止し，これにより決定が効率的になされたということを示唆する。

「加重投票権は，ほとんどの分野において特定の加盟国の同意なくては決定を採択することができない提案をなすことを思いとどまらせてきたのである[235]。」

以上に見たように加重投票制度は，現在まで賛否両論が有るものの存続し，IMFの投票制度の根幹をなしている。しかし，実際には，投票はほとんど行なわ

---

(233) Gold (1972) pp. 26-27. 途上国のあるスポークスマンは次のような発言を行なっている。国際流動性をめぐる議論において，IMF内に既存の準備資産を補完する準備的なファシリティを設置することに危険はない。なぜならば，加重投票制度は性急な決定を防御するからである。
(234) Ibid., p. 29.
(235) Ibid., p. 30.

れていない。これは，理事会で投票を行なうことでかえって反対を激化させたこともあったからである。また，投票の機会は多くはなかったが，そのすべてが重要な問題を含んでいる訳ではなかった。問題が重要でないゆえに，投票が行なわれそのことによってかえって状況が悪化したということもあった。

ゴールドは，次のようにIMFの発足当時，投票が現在と比べればしばしば行なわれていたことの理由を総括している。「このような初期のまごつきの主要な理由としては，IMFの経験のなさ，コンセンサスの伝統の欠如，成熟とともに生じる広範な同意が欠如していたからであった。伝統ができあがることにより，投票権における見解の食い違いは絶え間のない紛争要因であることを止めたのである[236]。」実際の投票については，後に詳しく触れIMFの現実の決定のあり方を検討することとする。

2．加重投票権の調整

12条5項(b)[237]は，投票権の調整について定めている。

この規定は，「信用」と呼ばれることをIMFを通じて行なった加盟国には，融資政策において大きな発言権を確保し，「信用」の利益を享受した加盟国はより小さな発言権しか与えられないというある種の保障を意図したものである[238]。

それでは，起草過程において，この条項はいかに扱われたのであろうか。

ホワイト案は，通貨の売却を認めるすべての決定について投票権の調整を提案していた。しかし，共同声明は，投票権の調整について言及しなかった。

ブレトンウッズ会議では，加重投票権の調整は，加重投票権そのものよりも反対が大きかった。米国から会議に提出されたテキストは，20万ドル買入れ・売却ごとに1票を調整するものであり，また調整制限を含まないものであった。

---

(236) Ibid., pp. 28-29.
(237) 12条5項（投票）
　「(b)第5条第4項又は第5項の規定の下で必要とされる投票については，各加盟国が(a)の規定に基づいて与えられる票数は，次の調整を受ける。ただし，買入れ又は売却の純額は，いかなる時にも，当該加盟国の割当額に等しい額を超えないものとみなす。
　（i）投票が行なわれる日までに行なわれた基金の一般資金からの当該加盟国の通貨の売却の純額の40万特別引出権相当額ごとに1票を加える。
　（ii）投票が行なわれる日までに当該加盟国が第5条第3項(b)及び(f)の規定に基づいて行なった買入れの純額の40万特別引出権ごとに1票を減ずる。」

第2節 投票制度

　米国提案では，ＩＭＦの資金利用が「罪深い」ものであることを意味してしまうとして他国より批判がなされ，結局，20万ドルではなく40万ドルの買入れ・売却ごとに1票の調整がなされることとなった[239]。また，買入れ又は売却の純額は加盟国の割当額に等しい額をこえないものと見なすことにより，調整の最大限度が規定されることとなった。

　よって，投票権の調整は割当額比例分の25％を超えることができないのである。なぜならば，調整は40万ドルの買入れ・売却を一単位としているが，投票は10万ドルの割当を一単位としているからである。例えば，オーストラリアは2億米国ドルの割当額を有しており，2000票を有する。割当額以上の外貨をＩＭＦから得ていたとしても，割当額と同じと見なされるから，500票を減じられる。すなわち，オーストラリアは割当額に比例する投票権数の25％を失うこととなる。

　この定式の1つの帰結は，投票権の下方調整が加盟国の割当投票のほとんどに影響を与えず，基本票には全く影響を与えないということであった。

　また，ＧＡＢのようなＩＭＦへの融資は，12条5項(a)の下での加盟国の投票権を増加させる効果を持つものではない[240]。

　しかし，実際に投票権の調整が適用されるのは，2つの決定のみである。第一に，5条3項(b)[241]の条件の免除について定める5条4項[242]である。

　ＩＭＦの実行においてしばしば免除された条件は，買入れが提案された日から12ヵ月間の買入れすることができる額が割当額の25％を限度とするという条件であった。

---

(238)　Gold (1972) p. 31.
(239)　原協定12条5項(b)（原協定）は，投票の調整について規定しており，この規定において米ドルが計算単位として用いられている。
(240)　Gold (1972) p. 33.
(241)　5条3項（基金の一般資金の利用に関する条件）
　「(b)加盟国は，次の（ⅰ）から（ⅳ）までの条件に従い，他の加盟国の通貨を等額の自国通貨と引換えに基金から買い入れることができる。
　（ⅲ）申し込まれた買入れがリザーブ・トランシュの買入れであること又は，申し込まれた買入れにより，買入国通貨の基金保有額が買入れ国の割当額の200％を超えることとならないこと。
　（ⅳ）基金が，買入れを希望する加盟国に基金の一般資金を利用する資格がない旨を第5項，次条第1項又は第26条第2項(a)の規定に基づいて宣言していないこと。」

さらに，割当額の200％までという限度もあるが，この限度についてはめったに免除されない。200％は，通常の出資をしている加盟国の買入れが割当額の125％となった場合に達することとなる。

1953年8月5日，初めての免除が行われ，以降無数の免除が行われたが，200％の限度に関してはほとんど与えられていない[243]。

投票権の調整が行なわれるもう1つの決定は，5条5項[244]の下での資金利用資格喪失宣言である。

加盟国が資金利用の資格喪失を宣言されたことは一度しかないが，この決定でさえ，原協定15条(a)の義務不履行の加盟国に対する資金利用資格喪失宣言を行なう権限を利用してなされ，5条5項の下なされたものではない[245]。だが，これは投票権の調整を含むものではない。

むしろ，資格喪失宣言は，かなり厳しい国際的な制裁であると考えられるので，ＩＭＦは資格喪失宣言の必要なしに資金の適切な利用について適当な保障を発展させてきた。具体的にはスタンド・バイ取極がその政策手段となった[246]。

ゴールドは，投票権が調整される決定として協定の起草者が5条4項及び5項を選んだ理由を考えることは，なぜこれらだけが選ばれたのかを考えることは簡単ではないものの，難しいことではないとしている。これらの決定は，明らかに融資に関わる決定である。

---

(242) 5条4項（条件の免除）
「基金は，その裁量により，その利益を擁護するような条件で，前項(b)(iii)及び(iv)に定めるいずれの条件をも免除することができる。」

(243) Gold (1972) p. 34-35.

(244) 5条5項（基金の一般資金を利用する資格の喪失）
「基金は，加盟国が基金の目的に反する方法で基金の一般資金を利用していると認めるときは，基金の見解を述べかつ適当な回答期限を定めた申入書をその加盟国に与える。この申入書をその加盟国に与えた後は，基金は，その加盟国による基金の一般資金の利用を制限することができる。所定の期限までに加盟国から申入書に対する回答が得られなかったとき又は回答が不満であったときは，基金は，その加盟国による基金の一般資金の利用を引き続き制限し，又は，その加盟国に相当の通告を与えた後，その加盟国基金の一般資金を利用する資格がないことを宣言することができる。」

(245) Horsefield (1969) Ⅰ p. 362.

(246) Gold (1972) p. 35.

第2節　投票制度

　投票権が調整される理由の1つとしては，加盟国が資金の通常利用以上のものについては許可が必要だと起草者が考えたからであり，もうひとつには，限定された利用以上に加盟国が使うことを妨げるためである。

　「それゆえ，融資における決定がなされる場合，加盟国の投票権は，加盟国の融資状況を反映して調整されるべきであるとすることは，適当であると考えられてきた。」

　さらに，ゴールドは，資金利用における調整の合理性は，資格喪失の決定の関連でも明らかであると主張する。

　すなわち，投票権は，いずれかの義務の不履行に基づくものではなく，IMFの資金の不適当な利用に基づいた決定の採択により調整されるものである。加盟国は，協定の下でたくさんの義務を負うが，すべてが融資に関わるものではない。加盟国が負う義務は内容上多様であるので，義務の不履行による資格喪失がなされる場合に投票権が調整されるような一般的な規定は存在しないのである。

　また，投票権の調整は，理事会に委任された権限の行使について規定されている。すなわち，総務会においては投票権の調整は存在しないのである。

　5条4項，5条5項の投票権の調整について，ゴールドは次のようにまとめている。

　「5条4項・5項は，IMFの資金利用や融資決定に関わる唯一の決定ではない。ある決定のために投票権の調整を求めたり，限定的な割合でも調整を求めることはありそうにない。その決定は，資格喪失停止決定さえ含んでいない。限定的な範囲の調整という説明は，政治的なものなのである。この2つのカテゴリーは，提案された協定に対するいくつかの批判を鎮めるために必要であるとされた決定であった。（中略）そして，米国における議会審議において，不適切な利用に対してIMFの資金を守ることを助ける保障として，12条5項(b)による調整のほとんどが作られたのである[247]。」

　また，投票権の調整は，簡単ではない。それは，買入れ・売却の純額を確定することが難しいからである。この定式の正確な効果を決定する困難は，IMFの融資メカニズムの複合的な性質や業務や取引の範囲から生じているのであり，別言すれば通貨の受領と支払の多様性から生じているのである。ある定式は作られてはいるが，理事会の最終的な決定の課題とならなかった。最終的な決定となら

---

(247) Ibid., pp.35－37.

第3章　IMFの意思決定機構と決定

なかった理由の1つとしては，IMFの実行において投票がめったになされないことがあげられる。別の理由としてはありそうにないことだが，提案の命運が広範な同意を得る必要がある場合，調整から生ずる投票権のちょっとした変化に影響を受けることを避けるるためであった[248]。

第3節　総務会・理事会における投票

1．総務会における投票

総務会は，投票により決定を行なう[249]。

総務会における投票は，割当額に比例した票と基本票を各総務が投票することにより行われる。そして，総務は加盟国に割り当てられた投票数を一括して投票する。

また，総務会を開催することなく投票を行なうことができる。そのための手続は，12条2項(f)[250]が定めている。そして，総務会は，内規を採択することにより「会合なき投票」の手続を定めた[251]。

この内規は，投票が理事会で定めた期間に行なわれることを規定している。

すなわち，理事会は，7日間隔の要請が免除されないかぎり動議の送達から7日以内には投票が行われないこととされた。この7日間の間隔の目的は，総務が望んだ場合総務が総務間で協議を行なうことを可能にするためであるが，延期の要請はしばしば免除されている。重要な問題において理事が大まかな合意に達し

---

(248)　Ibid., pp.38-39.
(249)　12条2項（総務会）
　「(e)各総務は，自己を任命した加盟国に第5項の規定に基づいて割り当てられた票数の票を投ずる資格を有する。」
12条5項（投票）
　「(a)各加盟国は，250票のほか，自国の割当額の10万特別引出権相当額ごとに1票を有する。」
(250)　12条2項（総務会）
　「(f)総務会は，規則を設けることにより，理事会が基金に最も有利であると認めるときに総務会の会合を招集することなしに特定の問題に関する総務の表決を得ることができる手続を定めることができる。」
(251)　By-Laws, Section 13.

第3節　総務会・理事会における投票

ているということは，総務間の協議がしばしば不要であるという信念に貢献するものであった。しかし，間隔の要請が免除されない場合問題が生じた。なぜなら，いくつかの投票はその間隔の間に行なわれ，それゆえ時機尚早であったからである[252]。

総務会における投票は，特定の決定のための特別多数決が協定によって要請されない場合，多数決によって決せられる。多数決が要請される場合，定足数が遵守される必要がある[253]。

この会合における定足数の要請は，会合なき投票においても適用される。

総務会は，決議の形態で決定を行なう。ほとんどの決議は，総務会の留保権限の下で採択された。その他にも，総務会が理事会に検討要請をしたものを含む広範な課題を取り扱っている。ほとんどの決議案は，年次総会前に総務会の議題とされる。通常決議案の争点は，総会前に理事会によって考慮され理事会による勧告の課題となっている。しかし，理事会は，例外的な状況が起こらない限り，総会の3ヵ月以内には総務会に決議案を送達することをやめている[254]。

2．理事会における投票
一括投票

12条3項(i)(i)は，任命理事の投票について，次のように定めている。

「各任命理事は，自己を任命した加盟国に第5項の規定に基づいて割り当てられた票数の票を投ずる資格を有する。」

そして，任命理事は理事を任命した加盟国に割り当てられた票を一括して投票する。

選任理事ついては，12条3項(i)(iii)・(i)(iv)[255]が自己の選出のために算入

---

(252)　Gold (1972) p. 53.
(253)　12条2項（総務会）
　「(d)総務会のいかなる会合においても，総務投票権数の3分の2以上を有する過半数の総務が出席していなければならない。」
(254)　Gold (1972) p. 54.
(255)　12条3項（理事会）
　「(i)(iii) 各選任理事は，自己の選出のために算入された票数の票を投ずる資格を有する。」
　12条3項
　「(i)(iv) 第5項(b)の規定が適用される場合には，その適用がない場合には理事

第3章　ＩＭＦの意思決定機構と決定

された票数を投じることと，一括投票を定めている。すなわち，選任理事においても，票を一括して投じなければならないのである。

投票権数は割当額に応じて変化するため，割当額が変わると当然投票権数も変化する。

「定期選挙間の加盟国の割当額の変更は，直ちにその加盟国の投票を行なう選任理事の投票権数に反映される[256]。」

ゴールドによれば，この決定は，できるかぎり加盟国の投票権数と理事会の全投票権を同じにしようとする傾向の表明である[257]。

理事は一括して投票するが，もし望むならばどの問題においても投票をやめることができる。理事を選出した加盟国の見解が互いに異なるときに投票する場合，理事は加盟国の見解に従って投票を割ることはできないし，全投票権数の一部を投票することもできない。しかし，加盟国は理事を通じでだけでなく直接にＩＭＦに対しその見解を知らせることは妨げられない[258]。

分割投票は，ブレトンウッズ会議において検討された。しかし，この提案は受け入れられず，原協定付表Ｃにおいて，「投票するに当たっては，投票する資格を有する各総務は，第12条5項(a)に基づいて与えられたすべての票数を一人に投票しなければならない。」とされた。分割投票提案が却下された理由としては，一人以上の理事を通じて加盟国とＩＭＦが関係する場合，ＩＭＦの業務に対する加盟国の参加の効果が弱められることが想定された[259]。この見解は，割当額の少ない加盟国が分割投票を行なうことによって，弱い影響力を複数の理事に及ぼすことはできるが，その影響力の弱さゆえにＩＭＦに参加することの意義を感ぜられないことを恐れたものである，と解釈されることができよう。

この分割投票については，一次改正のおりにも議論された。

行使されない投票権

ＩＭＦに加盟するとある投票数が割り当てられるが，加盟国の票が理事会での

が投ずる資格を有する票の数は，これに応じて増加され又は減少される。理事が投ずる資格を有するすべての票は，一括して投じなければならない。」
(256)　Decision No. 180-5. June 25. 1947
(257)　Gold (1972) p. 66.
(258)　Ibid.
(259)　Ibid., p. 67.

投票数に反映されない状況が存在する。この状況下においては，加盟国の票は理事会で投ぜられることができない。このことに対し，ゴールドは次のように正当化する。「法的な前提としては擁護できるものではないが，理事は加盟国の投票を投ずるのではなく，加盟国に割り当てられた票数に相当する投票を行なっているに過ぎない，という実行上の効果があった。しかし，理事会において投票が投ぜられない場合でも，総務会での加盟国の立場は影響を受けない[260]。」

このゴールドの説明は，若干分かりづらいが，次のように解釈されよう。理事は割り当てられた投票数を投票するに過ぎないのであって，加盟国のために投票を行なうのではない。そのため，理事会において自国の票が全く反映されないとしても，ＩＭＦの決定である。しかし，総務会ではすべての加盟国が総務を出すことができるのであるから自国の判断を示すことが可能である。すなわち，総務に与えられた票数を，影響力を行使して総務の同意を得て自国のために投票を行なわせることができるのである。

また，このような説明がなされるのは，理事が加盟国の代表ではないということに由している。そこで，次には理事と加盟国との関係について考察する。

理事と加盟国の関係

理事が，理事を任命・選任した加盟国と関係を維持しどのように票を投ずるかについて決するための手続は，協定に規定されていない。各理事は，訓令や助言を求めるかどうかを自分自身で決定しなければならない。理事が加盟国よりある連絡を受けとった場合，理事はそれが訓令であるか，助言や単なる願望の表明にすぎないのかを決定しなければならない。選任理事は，理事を選任した加盟国間の意見の相違に直面しうる。この場合でも，理事はどのようにこの状態に対応するかについて自身で決定しなければならない。

また，理事を選任した加盟国の意見が割れた際，票を割ることはできないが，投票において議事録に理事を選出した加盟国の意見を記すことを求めることができる[261]。

理事を任命していない国は，代表を理事会に送ることができる。これは，12条3項(j)[262]に規定されている。

---

(260) Ibid., p. 75.
(261) Ibid., pp. 87-88.
(262) 12条3項（理事会）

第3章　ＩＭＦの意思決定機構と決定

　ゴールドは，一括投票というルールが理事と加盟国との関係を考える上においても重要であると考察している。「一括して投票するというルールが意味することは，理事は選出した各加盟国の意見を表明することに限られるものではない，ということである。理事の役割は理事を選任した各加盟国の見解を伝達するという機械的なものであると，分割投票は意味してしまうかもしれない。

　一括投票は，任命理事がもっていない独立性のための措置を理事に与えるものであると考えられる。なぜならば，理事を選任した加盟国が，ある問題について賛成・反対両方に票を投じて欲しいということが起こりうるからである[263]。」

　すなわち，一括投票により理事が加盟国の単なる意見表明の代弁者に陥らないことを確保することができる，と主張しているのである。そして，理事を選任した加盟国や理事が国籍を有する加盟国の意志に従って職務を行なっていない選任理事も存在する，とゴールドはこの議論を補強する。

　任命理事については，選任理事よりも加盟国との関係は直接的である。ゴールドは，任命理事は，理事を任命した加盟国の意志に従って職務を行なっているとしながらも，ある程度の独立性をもてる可能性があると論じている。「任命理事は，理事がとるべき立場について訓令を与えたり助言を与えるべく，加盟国当局と密接な関係を維持すること期待されているかもしれない。しかし，多くは理事のパーソナリティーや経験に依存している[264]。」

　理事の任期についても，選任理事と任命理事とでは違いがある。選任理事には，次の定期選挙により次の選任理事が選ばれるまで選任されることとなり「任期」が存在する。だが，任命理事については，ある特定の期間任命されるが，その期間は特定されていない。

　理事がどのように投票を行なうかについては，米国等いくつかの加盟国では国内法に関連事項が存在する。例えば，米国ブレトンウッズ協定法は，米国により任命された総務と理事の投票を詳細に規定している。

　その他の国のブレトンウッズ関連法は，総務又は総務代理，理事又は理事代理が訓令を受取る手続を規定している。また，ある国では，加盟国の中央銀行や大

　「(j)総務会は，(b)の規定に基づいて理事を任命する資格がない加盟国が自国の行なった要請又は自国に特に関係のある事項について審議が行なわれている間，理事会の会合に出席する代表者1人を送ることができるよう規則を採択する。」
(263)　Gold (1972) p. 89.
(264)　Ibid., p. 90.

蔵省の役割や加盟国の総務や代理に対して訓令を与える際の両者の関係について規定する国内法や命令も存在している。このような国内法は，加盟国の実行に効果を与えている。そこでは，IMFにおいて生じた問題について中央銀行や大蔵省が国内政策を規定に従って形成し，理事に伝達している(265)。

第4節　投票と決定の効果

1．決定の効果

　総務会及び理事会の決定は，加盟国の決定ではなく，IMFという国際機関の決定である。そのため，極論すれば加盟国の意向が全く斟酌されなかったとしても，総務会と理事会はIMFの決定を行ないうる。

　「総務会又は理事会の決定は制度上機関の決定であり，それゆえ制度自体の決定である。この決定は，加盟国の決定ではなく，また非制度的な意味で加盟国の集合の決定でさえない。協定は，注意深く総務・理事について加盟国の『代表』として言及することを回避している。総務や理事が総務会又は理事会として決定するとき，IMFの職員を構成する団体として決定を行なうのであり，任命・選任した加盟国の『代表』として決定するのではない。それゆえ，総務又は理事は『加盟国』の票を投票するのではない。総務は，『加盟国に割り当てられた票数を投』じ，ある理事は『自己を選出のために算入された票数を投ずる。』

　この表現は，総務・理事が加盟国の票数と等しい投票数を投ずることを示唆するものと考えられる。総務・理事は属する機関の『職員』として投票するが，総務・理事はIMFに対してのみ義務を負っている訳ではない。

　総務・理事は，『基金に対してのみ責任を負うものとし，その他の当局に対しては負わない』専務理事や職員とは異なる(266)。」

専務理事と総務・理事は責任を負う主体が異なるという点で，性格が大きく異

---

(265)　Ibid., p. 90, pp. 92-93.

(266)　Ibid., pp. 99-100. 12条4項(d)「基金の専務理事及び職員は，その職務の執行に当って，基金に対してのみ責任を負うものとし，その他の当局に対しては負わない。」

なる。そして，総務・理事がＩＭＦに対してのみ責任を負わないことにより，加盟国の見解を代弁することを可能にしているのである。

「総務と理事が基金に対してのみ責任を負うものではないという事実は，なぜＩＭＦの決定においてその地位が外部的な効果を持ちうるのかということを説明するものである。

総務・理事は，その立場を議会やその他の団体に説明しなければならず，そこには世論も含まれるかもしれない。このことは，理事会決定との関連で生じうる。なぜならば，理事は常にその職務を行なう機関であり，ＩＭＦの一般的業務に責任を有するからである。さらに，任命理事の立場は選任理事よりも国内の精査を受けやすい。米国においては，法により国際通貨金融政策諮問委員会が，ＩＭＦとその他の機関についての業務や政策について大統領と議会に定期レポートと特別レポートを提出しなければならない(267)。」

すなわち，総務・理事は実際には加盟国の意向にそって行動する。

しかし，この総務・理事が加盟国の意向にそって行動したものの，ＩＭＦの決定がその加盟国に不利な決定であったとしよう。その場合，いかに不服であろうとも加盟国はこの決定に従わなければならない。また，この決定の際の総務・理事の行動によって加盟国が拘束されることもない。総務・理事は法的には加盟国とは別の主体であり，総務・理事がいかなる行動をとろうとも任命・選出した加盟国がその行動に責任をとらされることはないからである。これは，ＩＭＦ協定に疑義が生じた際の解釈決定についても同様である。

「総務・理事がある決定に対して投票を行なった場合，任命・選任した加盟国はその投票を支持したという理由により決定に拘束されるのではない。同様に，欠席や反対投票は決定の効果を免除する訳ではない。加盟国に割り当てられた票数が理事の投票数に反映されないという例外的な状況においても，理事会の決定は他の加盟国に対するのと同様に適用される。特定の加盟国に影響を与える決定も，加盟国一般に影響を与える決定も，その決定が基金の機関としての総務会や理事会によって必要な多数でかつ適切な手続に従ってなされたという理由により拘束的なものである(268)。」

---

(267) Ibid., p. 100.
(268) Ibid., pp. 100−101.

第4節　投票と決定の効果

　理事会において，ある理事は個人の見解を表明することがある。または，加盟国の見解を表明したということを明らかにすることがある。この表明の目的は，加盟国の不同意や留保を記録させることにあり，さらなる討論や決定が遅滞なく行なわれることを可能にする。これらの加盟国は，記録において見解を残すことを希望するだけでなく，将来においてこの問題が議論されるべきであるという見解を困惑なしに繰り返したいと考えているからである。
　だが，「この法的効果は，理事が自身の見解や加盟国の見解を表明しようと，また加盟国の反対を表明しようと同じである。正当に採択された決定は，投票において決定の優先事項であるとされたものや投票の帰属への言及に関係なく，加盟国を拘束する[269]。」
　　「しかし，加盟国に選択肢を残す規定となっている場合，総務会・理事会で決定がなされても，加盟国の同意がなければその国に効果が及ばない[270]。」
　総務や理事の投票は，ＩＭＦと加盟国との法的立場に影響を与えるかどうかについて，ゴールドは一貫して与えないという立場にたっている[271]。

2．加盟国の状況の影響

　理事は，一般的にはどのように行動しようとも加盟国にそのことによって影響

---

(269)　Ibid., p. 101.
(270)　Ibid. 例えば，ＳＤＲの配分は加盟国に選択肢を残すものであり，総務会においてその国が任命した総務が同意しない限り，その国に効果が及ばない。
　　　18条2項（配分及び消却）
　　　「(e)参加国は，配分の決定に従って行われる特別引出権の配分を受けいれなければならない。ただし，次の（ⅰ）及び（ⅱ）の条件の双方が満たされる場合は，その限りでない。
　　　（ⅰ）当該参加国の総務がその決定に対して賛成の投票をしなかったこと。」
(271)　米国において，加盟国が任命した理事がＩＭＦの決定において投票を行なったことによって，ＩＭＦと加盟国との関係を含んでいない当該国の国内法のある側面に法的効果を生じうるのかどうかについて問題が生じた（エナジティク・ワースティド・コーポレーション対米国事件）。しかし，この問題は解決されなかった。米国が任命した理事がＩＭＦにおいて投票したことについての効果の問題は，上訴裁判所において考慮されなかったのである。
　　　すなわち，米国裁判所は本件について結論を出すことを回避した。
　　　　Ibid., pp. 103-104.

を及ぼすものではない。これとちょうど反対に、加盟国の状況が総務・理事に影響を及ぼすのであろうか。

「理事が選挙の際に計上された投票数や任命された加盟国に割り当てられた票数を投ずることを妨げる一般的な規定は存在しない。特に、ある決定が特に影響を受ける選任・任命した加盟国からの要請によりなされたとしても、又は影響を受ける加盟国に関わる事項であったとしても、理事は票を投ずる資格を喪失することはない。

決定がなされるべき問題について、加盟国がIMFの目的に反する方法で資金利用したり義務不履行により資金利用資格喪失した場合でも、IMFから強制脱退の場合やSDRの義務不履行によるSDRの使用停止の場合でも、投票の資格喪失は存在しない[272]。」

すなわち、理事が投票を妨げられる一般的規定は存在せず、加盟国が資金利用の資格を喪失したり強制脱退させられたとしても理事は投票を行なうことができるのである。

3．専務理事の役割

例外的な状況を除いて、理事会において採択すべく提案された決定案はスタッフにより起草され、理事は起草しない。そして、その草案は討論の過程で理事の示唆に基づき修正されることはほとんどない。スタッフにより準備された草案は、専務理事の承認なくては理事会へは進めない。それゆえ、草案が理事会に提出されれば専務理事の承認があると理解される。重要性を有する決定については、草案を準備したり専務理事に勧告する責任を有する上級スタッフと専務理事の討議の課題となる[273]。

規則と細則の下で、専務理事の欠席の場合には副専務理事が理事会の議長となり、可否同数の場合には決定投票を行なう[274]。

---

(272) Ibid., p. 111-112.
(273) Ibid., p. 115.
(274) Rule and Regulation, Rule C-5. また、「専務理事と副専務理事が欠席した場合、理事会により選出された理事が議長として活動する。理事は、理事代理として職務を果す場合、投票権を保持する。」

第5節　票決の方法

1．多数決と定足数

明示的な規定がなければ，ＩＭＦにおける決定は過半数により決する[275]。ゴールドは，上記のような定足数が規定された理由を次のように考察している。

「各ルールにおける条件は，次の2つのことを回避する要請から策定された。すなわち，少数の総務又は理事の出席によってある割合の投票権の必要が満たされるという困惑と，全投票権のある少数部分しか持っていない総務又は理事によりある割合の総務又は理事の必要が満たされるという困惑からの回避である。

総務会と理事会との間の定足数に必要とされる投票権の割合の違いは，総務会が決定を行なう議題の性質により説明されうる。つまり，総務会がより政治的な性質をもつ決定を行なうからである[276]。」

ＩＭＦによる決定は，過半数によって決せられるが，総務・理事は投票を棄権することも可能である。しかし，投票数による過半数なのか全投票数における過半数であるかどうかによって，棄権の効果は大きく異なる。投票方法が投票数の多数である場合には，棄権は影響を与えないが，全投票権の多数決が必要である場合には棄権は反対投票と同じ効果がある。ＩＭＦで全投票権とは，すべての加盟国に割り当てられた全投票のことを指す[277]。

2．票決の方法

---

[275]　12条5項（投票）
　「(c)明示的な別段の定めがある場合を除くほか，基金のすべての決定は，投じられた票の過半数によって行う。」
　12条2項（総務会）
　「(d)総務会のいかなる会合においても，総投票権数の3分の2以上を有する過半数の総務が出席していなければならない。」
　12条3項（理事会）
　「(h)理事会は，いかなる会合においても，総投票権数の2分の1以上を有する過半数の理事が出席していなければならない。」
[276]　Gold (1972) p. 119.
[277]　Ibid., p. 120.

第3章　ＩＭＦの意思決定機構と決定

すでに見たようにＩＭＦにおける一般的な票決方法は多数決であるが，全会一致，特別多数決のような方法もある。

全会一致

全会一致を要請することは，加重投票制度の効果を弱めるものである。そのためか，理事会における全会一致は，原協定において一時停止についてしか規定されていない[278]。

同様に，一次改正においてＳＤＲについても適用されることとなった[279]。

ゴールドは，次のように一時停止について全会一致が導入された経緯について論じている。全会一致は「原協定の起草者が同意したたくさんの規定の中で珍奇なものであると印象づけられており，その規定は実務上うまく機能しないのではないかという考えから不安になっていた。このリスクにもかかわらず，起草者は政府が条文を変更する権限を保持することを望み，それゆえ理事会に改正の権限を与えることを望まなかった。この問題の解決として，ある義務，業務，取引が限定された期間緊急の場合や不測の事態において停止されることを規定したのである。しかし，いくつかの規定は，加盟国にとって過度の負担となる状況を含みうる。最大１年の業務の停止は，長期的に改正が望ましいのであれば遅滞なく条文を改正する適切な機会を与えるものである。そのことは，総務会における総投票権数の５分の４の多数の決定により停止を120日以上延長することができると

---

(278)　16条１項（原協定）（一時停止）

「(a)緊急の場合又は基金の業務を脅かす不測の事態が生じた場合には，理事会は，全会一致の表決により，120日以内の期間次の規定のいずれの適用も停止することができる。」

（ｉ）第４条第３項（平価を基礎とする金の買入れ）及び第４項(b)(為替の安定に関する義務)

（ｉｉ）第５条第２項（基金の取引に関する制限），第３項（基金の資金の利用に関する条件），第７項（加盟国による基金保有自国通貨の買戻し）並びに第８項(a)及び(a)(手数料)

（ｉｉｉ）第６条第２項（資本移動に関する特別規定）

（ｉｖ）第11条第１項（非加盟国との関係）」

(279)　29条１項（一次改正）（緊急措置）

「緊急の場合又は特別引出権に関する基金の業務を脅かす不測の事態が生じた場合には，理事会は，全会一致の表決により，120日以内の期間特別引出権に関するいずれの規定の適用をも停止することができる。」

いうことからもうかがうことができる(280)。」

　しかし，清算について理事会は多数決により取引を一時停止することができる(281)。

　この規定に基づき，理事会は一時的にＩＭＦの清算を決定する総務会の留保権限を行使することができる。しかし，「理事会は全会一致でのみある業務を停止できる一方で，緊急事態におけるＩＭＦの清算については多数決でその権限を行使するのは奇妙である。」

　この規定の理由は，次のようなものである。即時に清算された場合よりも結果として加盟国がよりよい待遇を受けてしまう業務や取引に関与することがありうる。これに対し，理事会が停止・妨害を容易に命ずるためである。

　しかし，清算がなされないのであれば，「この妨害を正当化するほど状況がひどいということを前提として理事会の全会一致の投票がなされない限り，義務，業務，取引における妨害はなされるべきではない。こうした性格を持ちつづけることについては広範に行き渡った信念が存在しているに違いない。従って，理事会は，総投票権数の過半数によって，この停止をいつでもやめることができるのである(282)。」

　しかし，二次改正において全会一致の規定は取り除かれ，特別多数決が導入されている(283)。

---

(280)　Gold（1972）p. 152.
(281)　16条2項（原協定）（基金の清算）
　「(a)基金は，総務会の決定による場合を除く外，清算することができない。緊急の場合において，理事会は基金の清算が必要であることを認めると決定したときは，総務会の決定があるまでの間，すべての取引を一時停止することができる。」
(282)　Gold（1972）p. 154. 原協定16条1項(d)
　現行協定では，「理事会は，総投票権数の過半数により，(a)及び(b)の停止をいつでも解くことができる。」（27条1項(c)）
(283)　27条1項（一時的停止）
　「(a)緊急の場合又は基金の活動を脅かす不測の事態が生じた場合には，理事会は，総投票権数の85％の多数により，1年以内の期間次のいずれの規定の適用をも停止することができる。
　　（ⅰ）第5条第2項（基金の操作及び取引に関する制限），第3項（基金の一般資金の利用に関する条件），第7項（加盟国による基金の保有する自国通貨の買戻し）並びに第8項(a)(ⅰ)及び(ⅱ)(手数料)
　　（ⅱ）第6条第2項（資本移動に関する特別規定）

第3章　ＩＭＦの意思決定機構と決定

特別多数決

米英の共同声明においては，2つの特別多数決しか含んでいなかった。すなわち，割当額の変更と平価の一律変更の2つである。

米国財務省は，原協定策定交渉において特別多数決を明らかに支持していなかった。例えば，財務省が作成した「質問と応答」においては，投票の多数決ではなくて，投票権の多数決を基本ルールとしていた。

米国は，投票権の多数決によって決定がなされるという原理から離れることについて不承であったが了承した。よって，原協定では，決定は通常投票の多数決で行なわれるが，いくつかの決定のカテゴリーについては全投票権の特別の割合が必要である，という基本ルールの規定がなされた[284]。

結局，原協定において9つの特別多数決を規定した。この数は，協定改正のたびに増加し，一次改正では特にＳＤＲとの関連において18に増加し，二次改正においては39となった。しかし，「ある規定により1つ以上のカテゴリーの決定に特別多数決が要請されることもあるため，規定の数は誤っているかもしれない[285]。」

このように特別多数決は確実に増加しているが，具体的にはどのような多数を指すのであろうか。

まず，前提として確認しておくべきことは，すべての特別多数決が，総投票権数の多数決のことを意味しているということである。投票の特別多数決ではないのである。そのため，少数の出席者による特別多数決による採決が行なわれるわけではない。

原協定では，この特別多数決を5つに分類していた。絶対多数決，3分の2，4分の3，5分の4，全会一致である。一次改正では，さらに85％の多数が追加された[286]。

　　(iii) 第11条第1項（非加盟国との関係）
　　(iv) 付表Ｃ5（平価）
　(b)(a)の規定に基づく規定の適用の停止は1年を超えることができない。ただし，総務会は，(a)に規定する緊急又は不測の事態が継続していると認める場合には，総投票権数の85％の多数により，更に2年以内の期間この停止を延長することができる。」
(284)　Gold (1972) pp. 123−124.
(285)　Gold (1977) pp. 6−7.
(286)　Ibid., p. 30.

第5節 票決の方法

　一次改正での85％の多数の導入は，ＳＤＲの創造についてヨーロッパ諸国の同意を得るためであった。つまり，ヨーロッパ共同体を構成していた6加盟国に拒否権を与えるに十分な割合が85％であったため，この数の特別多数決が導入されたのである。ヨーロッパの同意は，ヨーロッパ諸国がＩＭＦの「債権国」となり新しい資産の主要な保有者であると考えられたので欠くことができなかったのである。また，このＳＤＲの創造への米国の熱意は自国の利益を反映するものでもあった。それは，ＳＤＲの創造が米国に対する金交換要求を減じさせる可能性があるからであった。これは，米国だけが拒否権を持つべきではないとするもうひとつの理由であった。

　この85％の多数決の導入に当たっては，強い反対があった。この数はあまりにも多すぎるというのがその理由であった。特に途上国は，80％から85％に増資に必要な多数が増加することにより増資がなされないことを恐れていたのである。途上国は，一般資金の流動性が重要な支援であると考えており，一般資金はＳＤＲよりもずっと実体的に重要であるとしていたからである。

　しかし，債権国が増資を行ない80％の多数でＳＤＲに関連のない事項についても拒否権を与えられるとする提案は，債権国には魅力のないものであった。結局，この85％の多数決は，ヨーロッパ諸国に拒否権を与えることにより米国の拒否権とバランスを取ることを目的とし，批判を乗り越え導入されたのであった[287]。

　二次改正においては，5分の4の多数が要求されていた決定はすべて85％の多数に変更された。この合意は，1975年6月12日の暫定委員会のコミュニケに含まれていた。このコミュニケは，委員会は総投票権数の5分の4ではなく85％の承認により改正協定が発効するという改正草案を承認したことも記している。このような規定の変更は，六次増資において米国の総投票権数が20％以下となる割当額に同意する妥協の重要な要素であった。相対的な投票権数の減少に同意することで，先進国間で割当額を再配分するという難しい問題の解決に貢献したのである。言い換えると，米国が20％以上の投票権をもっていたことは先進国間の割当額の再配分を妨げてきたのである[288]。

　二次改正時にこの特別多数決を増加させようとしたことについて，概ね強い批判はなかったが，この提案がなされた動機は複雑である。その理由はいくつかあげることができる。決定に当たってはかなりの程度の支持が確保されること，将

---

(287) Ibid., pp. 37-38.
(288) Ibid., pp. 33-34.

第3章　ＩＭＦの意思決定機構と決定

来の提案に諸国がどのように対応するか不確実であるので加盟国・加盟国グループは拒否権を行使できること，どんな状況であっても決定が採択されることを難しくしたいという願望が存在していたこと，等が特別多数決増加の動機を構成していた。

　85％というかなりの多数が選ばれたのは，すでに存在していたからという理由もさることながら，米国，ヨーロッパ諸国そして途上国に拒否権を与えるためであった。特に，米国は一次改正時に譲歩としてヨーロッパ諸国に拒否権を与えたが，二次改正交渉時には自国のために特別多数決の増加を主張した。その理由としては，言うまでもないことであるが米国の総投票権数の割合の減少であり，さらなる減少が将来にもおこりうるからであった。

　二次改正においては，70％の特別多数決も導入されたが，この理由は75％と3分の2の間をとった妥協であった。

　この70％と85％の区別は，論理的に関連性のあるものであった。すなわち，一次改正において85％が導入された決定は，ＳＤＲの取引と原協定においてすでに特別多数決が要請されていた国際流動性に影響を与える決定であった。原協定3条2項（割当額の調整）は，割当額の変更には5分の4の多数が必要であったが，一次改正では85％が必要とされたのである。

　一方，国際流動性に影響を与えない引出し残高に対する手数料，買戻し，ＳＤＲの手数料率と金利については，総投票権数の70％が要請されることとなった。

　85％が導入された別の理由としては，総務会では85％の多数決で決定が行われるべきであると考えられたからである。ＳＤＲの保有を規定する決定については，これが当てはまる例である。総務会では適切な多数として85％を選択するという傾向がある，なぜならば，この特別多数決は総務会に留保された決定の「政治的」性質を強調するものであると考えられるからである。一方，総務会で70％の多数が要請されるのは，割当額が変更された場合の払込み方法についてのみである。この決定は，割当額の変更自体についての決定ではないことに注意すべきである。だが，例外はある。これを除いても総務会に留保された権限のすべてが特別多数決によって決せられるわけではない。新規加盟国の申請については，多数決によって決せられる[289]。

　よって，この二次改正の2つの明らかな傾向を概観すると，上記のように加盟国又は参加国の総投票権数の特別多数決の数が増大したことと，特別多数決でも

---

(289) Ibid., pp. 39－41.

第5節 票決の方法

かなりの多数を必要としていることがあげられる。

そして，このような特別多数決の導入は，加重投票制の影響を和らげ全会一致的な効果を与えるものであった。なぜなら，重要な問題では，共通の立場をとる加盟国がグループを形成し拒否権を行使することができるからである。

この2つの傾向をゴールドは次のように考察した。「この現象は，コンセンサス又は幅広い同意によって決定がなされる非公式の政策に公的な承認を与えるものである。」

そして，この改正は，IMF発足当初に比べIMFの加盟国もしくはグループの経済的・金融的力が分散していることの結果であり，途上国の数の増加や国際交渉における開発途上国の共同のアプローチの結果でもあるということができる[290]。

3．決定のための条件
協定上の条件

ある特別の参加の形態で投票されるという条件が満たされなければ，実行されない決定が存在する。協定の改正は，そのような特別な形態で決定されることが規定されている[291]。

ブレトンウッズ会議においては，投票権の大きな部分をもった少数の加盟国が，少数の投票権しか持たない加盟国に協定の改正とIMFからの脱退の選択を迫る立場に立つべきではない，と考えられていた。同時に，相対的に少数の割当額しか持たない加盟国の大連合が，大きな割当額を持つ加盟国を同じ窮地に置くことはすべきではないとされた。そのため，加盟国の大部分と多くの総投票権数をよ

---

[290] Ibid., pp. 1-2.
[291] 28条（改正）

「(a)この協定を変更しようとする提案は，加盟国，総務又は理事会のいずれから提議されたものであっても，総務会の議長に送付し，議長は，この提案を総務会に提出する。改正案を総務会が承認したときは，基金は，すべての加盟国に対し，改正案を受諾するかどうかを同文の書簡又は電報で照会する。総投票権数の85％を有する5分の3の加盟国が改正案を受諾したときは，基金は，すべての加盟国にあてた公式の通報によってその事実を確認する。」

「(c)改正は，公式の通報の日の後3箇月ですべての加盟国について効力を生ずる。ただし，同文の書簡又は電報中にそれよりも短い期間を明記したときは，この限りでない。」

り必要とすることにより，このような望ましくない状況を回避しようとしたのである[292]。

また，改正におけるすべての加盟国に対する保障条項として，すべての加盟国の受諾が必要とされている[293]。

脱退については，もしＩＭＦが耐えられない負担を加盟国に課した場合，脱退することでいつでもその負担を取り除けることが確保されるべきであるとする主張がなされた。この保障条項は基本的なものであるので，ＩＭＦのすべての加盟国による受諾がなければ，いかなる改正によっても干渉されないと主張されたのである[294]。

政策上の条件

協定に規定された方法での決定は，ＩＭＦが業務上定める形式に基づいてなされる。これは，協定が規定する条件以外の条件に基づいて決定がなされることを意味する。これを政策上の条件という。

ゴールドは，次のように論じている。

「特定の決定のために要請される多数は協定により決定され，ＩＭＦは特定の決定のために特別多数決を規定する権限を持たない。しかし，ＩＭＦの実行が示していることは，協定によって要請された多数による決定の実施は，ＩＭＦによって特定化された条件の履行に依存することがあるということである。(中略)ある条件は，ＩＭＦと加盟国の利益となる場合にのみ決定が実施されるということを確保している[295]。」

しかし，自由に政策上の条件を定められるわけではない。すなわち，決定のた

---

(292) Gold (1972) pp. 162−163.
(293) 28条（改正）
「(b)(a)の規定にかかわらず，次のものを変更する改正の場合には，すべての加盟国の受諾を必要とする。
　（ⅰ）基金から脱退する権利（26条1項）
　（ⅱ）加盟国の割当額の変更は当該加盟国の同意なしに行なってはならないという規定（3条2項(d)）
　（ⅲ）加盟国の通貨の平価は当該加盟国の提議があったときを除くほか変更することができないという規定（付表Ｃ8）」
(294) Gold (1972) p. 164.
(295) Ibid., p. 165.

めの政策上の条件について，2つの合法性を検証する基準がある。これは確立された法原則より得られたものである。すなわち，①協定の規定に合致していなければならない，②決定の事項に関して外在的なものであってはならない。

①の条件は，決定を行なうための多数決は協定によって決められた原則を回避してはならないとするものである。そのため，この条件は違う多数決によっては取りかえられない。

しかし，IMFは次の規定について以下のような決定を行なっている。

割当額の増加について必要な加盟国の同意の割合に関する総務会の決定には，原協定3条2項では総投票権数の5分の4の多数決が必要である旨規定しているが，総務会は次の決議を行った。すなわち，75％又は全割当額の662／3の割当額をもつ加盟国が割当額増加に同意した場合にのみ発効するとした決議を行ったのである。

このことにつき，ゴールドは次のように弁明している。

「増加に対してある割合の同意を要請するという条件は，新しい投票の多数決を制定することができないという原理を損なうものではない。なぜならば，条件の履行・不履行は決定を行なう機関の意志に関連していないからである。条件が満たされるかどうかは加盟国の活動に依存しており，各加盟国はどのように活動を行なうかについて決定することは自由である[296]。」

このゴールドの弁明につき，解釈上の疑義が存在すると考えられる。

第6節　実際の意思決定

IMFの意思決定について，加重投票制や特別多数決はその特徴をなすものであるが，これにあまりに注目することは，真の理解を阻害することになる。なぜなら，IMFの意思決定の要諦は，投票を回避することにあるからである。

そして，IMFの決定のほとんどは理事会に委任されているが，決定すべきことのほとんどは，専務理事とIMFの職員（スタッフ）によって準備されたものである。また，IMFのスタンドバイ取極のような融資の決定において，加盟国に直接出かけ交渉を行なうのもスタッフである。そして，無数の書類が彼らの手

---

(296)　Ibid., pp. 169-170.

第3章　IMFの意思決定機構と決定

で用意される。すなわち，実際の理事会と専務理事・スタッフの関係を検討しない限り，どのように決定されるかはわからないのである。

よって，ここでは理事会と専務理事の権限のあり方を決定に基づいて考察した後，具体的な決定の方法を見ていくこととする。

1．理事会の実際

理事会の職務の範囲は，大まかに言ってIMFの職務の範囲と同じである。理事会の主要な職務は執行機関として職務である。解釈の疑義を決する権限は，「半司法的」と分類でき，広範なIMFの政策の決定や変化する状況に合わせた法的な手段の適用は，「半立法的」と分類できるかもしれない。理事会の現実的な作業事項は，以下のものである。

① 団体組織としての職務（選挙の準備，新加盟国の承認，割当出資額の改正，内規，規則，細目の変更，公表する報告の準備等）

② 行政的な事項（専務理事・副専務理事の任命，人事の管理，スタッフの業務の組織，年金の管理等）

③ 為替相場・支払に対する制限等の分野についての業務（支払制限とその他の為替実行の承認等）

④ IMFの資金の管理（引出し・通貨の加盟国による買戻し・手数料の決定についてのIMFの政策と手続の決定等）

⑤ 一般的な通貨協力の組織（資本移動の分野における加盟国の協力等）

⑥ 他の国際機関との関係（国連，WTO，世銀等との関係）

⑦ 法的問題（協定条文の特定の規定の公式の解釈等）

大部分の文書は，情報としてスタッフから理事会に提供される。研究文書は，理事会の要請がなくても回覧される。理事会の考慮する課題は，決定の形態でなされるものもある。決定は，安全保障を目的とした為替制限の是認のような一般的な政策を扱うものもあれば，スタンド・バイ取極における加盟国の資金利用のための決定のような個々のケースに適用されるものもある。

理事会は，IMFの直接の活動範囲に入らない議題にも関心を払っている。このような理事会の傾向を知ることができるのは，年次報告である。年次報告の草案は，理事会で裁決される前にすべての加盟国の大蔵省や中央銀行のコメントに従っているので，年次報告はIMF全体の「イデオロギー」をある程度示すものであると考えられる。IMFのイデオロギーに関する価値判断は，これらの文書に基づいてなすことができる[297]。

第6節　実際の意思決定

　理事会の決定は、公式には加盟国と切り離され独自に決定を行なうことができることとされているが、実際には既に触れたように加盟国の意向に従って行動している。理事会と加盟国との関係については、協定上規定されていないが、明示的なルールではなくて暗黙のルールが存在する。

　その最も重要な暗黙のルールは、理事が加盟国の事後的な同意が結びついた事前の指示と理事会の主要な政策を一致させて行動することである。この加盟国と理事会の「同意関係」は、理事会の意思決定や執行において最も重要な基盤となっている[298]。

　実際、議題は特定の問題について特に利害関係のある理事との非公式の協議の後に専務理事より決定されるのである。

　理事会の効果的で円滑な運営に貢献する暗黙のルールとしては、大きな論争がなされそうになくスタッフに十分準備された事項のみが議題となるということである。

　理事会の通常の会合には、文書の準備を行なったスタッフが参加する。

　一般公表については、提出資料を含めて討論で使われた資料は秘扱いである。

　基準・慣行・義務の暗黙のルールは、理事会の会合を規定するものである。加盟国に代わって各理事より提出される案件は、少なくとも手続面において時には実体面においても暗黙の慣行に従わなければならない。理事間の紛争、いさかい、緊張は、その事態が十分に理解されるまで行動が延期されることによって緩和される。不公平は、ゲームの慣習として回避されなければならないルールである。また、IMFにおける外交の熟達により理事会内で影響力を発揮することもできる。理事は、同僚や事務局と協力する必要を感じており、それができないと提案が不利な立場に立つかもしれないし、仕事のいくつかを挫折させてしまうかもしれないのである[299]。

　理事会の作為や不作為は広い意味で「決定」である。作為・不作為のすべてが技術的な意味で「理事会の決定」として定式化され記録されるわけではない。不作為は、理事会の議題としないことや、加盟国に適用を取り下げるよう非公式に要請したり、無期限に討論を延期することによりなされる。決定の中の「注目する」や「異議を唱えない」のような用語は、特定の立場を理事会が積極的に認め

---

(297)　Hexner (1964) p. 82-83.
(298)　Ibid., p. 78.
(299)　Ibid., pp. 80-81.

ることへの忌避を示すものである。

例えば，カナダは1950年9月に資本市場の圧力のゆえに平価を廃止し変動相場制を導入した。しかし，当時のIMF協定は平価からの離脱を認めておらず，よって理事会がこの離脱を承認する法的な権限は存在しなかった。そのため，1950年9月30日，カナダの行動は一時的で緊急的な措置であることを「注目した」。

IMFの日常業務と長期計画は，IMFと加盟国間のユニークなコミュニケーションの機構に依存している。重要な技術的問題や政策問題が生じた場合，各理事への接触が行われる。報告や助言の日々の業務の中での交通に基づき長年にわたって発展したコミュニケーションシステムにより，理事会は短時間で加盟国の見解を得ることができる。IMFにおいて，理事の見解は加盟国により支持されているという仮定が行き渡っている。「加盟国共同体による現実の支持又は推定された支持が，IMFの民主主義の特徴的な形態となっている。」政策問題が考慮される場合又は重要な制度上の取極の範囲や業務に関する問題が生じた場合，加盟国の反応は特に重要である[300]。

2．責任の所在を示す3つの決定

理事会は，常に職務を行ない，総務会から委任された権限を行使し決定を行なう責任があり，「基金の通常業務」について専務理事とスタッフを「指揮する」。

理事会が決定機関であり，専務理事とスタッフは補助機関であると位置づけることもできるかもしれない。ここで，補助機関とは，機関の職務を補助するために日常的な事務を遂行する機関のことを指す[301]。1948年1月28日理事会の3つの決定は，決定機関たる理事会と補助機関たる専務理事・スタッフの間の関係を明確にしている。

これらの決定は現存しているが，言及されない。これらの決定は職員の意識から消えてしまっている。なぜならば，責任のパターンが長期にわたって存在してきたので，権限への言及は知ったかぶりのように見られてしまうのである[302]。

(1) 政策に関するスタッフの責任

---

(300) Ibid., pp. 87–88.
(301) 補助機関という分類は，行政法における補助機関の概念より類推したものである。例えば，原田尚彦『行政法要論』学陽書房，1994年，49頁。
(302) Gold (1972) p. 171.

第6節 実際の意思決定

「(a)勧告　専務理事の下，スタッフは基金によって解決されなければならない主要な政策や問題を研究・検討し，かつ十分な検討を保障するための活動から一歩進んで理事会にそれらに関するメモランダムを提示する責任を有する。

(b)政策におけるメモランダムの形式　スタッフメモランダムは，簡潔な形式で提示されるべきである。(1)　検討される政策又は問題，(2)　事項に関係する主要な要因及び争点，(3)　スタッフの結論と勧告。

(c)政策の知識　専務理事とその補佐は，基金の政策を形成し実施することを補佐するスタッフすべてに対して理事会によって決定された基金の政策を知らせる必要がある[303]。」

(2) 執行に対するスタッフの責任

「(a)専務理事とスタッフによる執行　専務理事とスタッフは，理事会によって決定された基金の政策の執行と理事会の決定に対して責任を有する。理事会が指示した場合のような特定の場合を除いて，スタッフは文書を起草し，加盟国に知らせ，通信し，交渉に対応し，理事会によって決定された基金の政策又は理事会決定を執行するために要請されるその他の職務を果す責任がある。

(b)理事会の情報　専務理事は，各事項に関する特別レポートや定期レポートにより基金の政策の執行や理事会の他の決定の執行に関して，理事会に対し知らせつづけなければならない[304]。」

(3) 政策や主要な問題に対する理事会の責任

「(a)政策の決定　総務会の決定に従って，基金の政策を決定し策定すること，及び基金の主要な問題に関する決定をなすことは理事会の責任である。

(b)執行　理事会は決定が正しく執行されたことを確保するために，主要な政策や問題に関する政策の執行において基金のスタッフによって行なわれた措置につき周知される[305]。」

---

(303)　Decision No. 244-1 January 12, 1948
(304)　Decision No. 244-2 January 12, 1948
(305)　Decision No. 244-3 January 12, 1948

3．理事会と専務理事・スタッフの権限

これらの決定が心理の表層からは抜け落ちていたとしても，ＩＭＦの実行において潜在的に強い影響を与えている。これらの決定は，ＩＭＦによって解決されなければならない主要な政策や問題を研究・検討し，活動に先立って十分な検討を可能にするメモランダムを提示するスタッフの責任について宣言したものである。メモランダムは，政策又は問題に含まれている主要な要因と争点を検証しなければならず，スタッフの結論と勧告を提示するものでなければならない[306]。

政策に関する理事会に責任について，「(a)理事会は，総務会の決定に従って基金の政策を決定し策定すること，及び基金の主要な問題に関する決定をなすことは理事会の責任である」と規定している。この244－3号決定によって，政策を決定・策定し主要な問題を決定することは理事会の責任であるということに対する疑念は，追い払われた。しかし，徐々に幹部やスタッフの役割が決定の枠組みの中で広範囲なものとなってきている。それは，この決定によって認められた加盟国との交渉に対するスタッフの責任が，加盟国との協議と接触が発展するにつれＩＭＦの活動の重要な特徴となったことにより如実に示された。

協定の下で生じた問題について，理事が他の理事と交渉を行なうことが求められることはめったになかったが，理事は問題に対する助言のために専務理事やスタッフに頼るようになった。そして，理事は，国際会議においてＩＭＦを代表することをやめ，専務理事か副専務理事が通常国際会議に出席することとなったのである。

また，加盟国との協議が加盟国の領域において行なわれるようになり，ＩＭＦからの使節団は理事をヘッドにするのではなくスタッフだけで構成された[307]。

そして，理事がＩＭＦの本部で常に業務を行なうことと自国で上級職を保持することを調整することは困難になった。このことをゴールドは，国際職員としての理事の性格を強調するものであるとしている。しかし，「同時に，理事はＩＭＦに対してのみ責任を負っている訳ではないので専務理事とスタッフとは異なる。」理事は自国を代表して話すことができるし，かつＩＭＦの業務において自国の意見が策定されることを助けることもできるのである。これをまとめてゴールドは，「ＩＭＦにのみ責任を負っていないという国際職員としての性格は，特に国際的な規制機関としての役割においてＩＭＦの効果に大きく貢献するもので

---

(306) Gold (1972) p. 172.
(307) Ibid., pp. 172－173. Horsefield (1969) Ｉ p. 198.

第6節　実際の意思決定

ある[308]。」と位置づけている。

　IMFは，その権限において加盟国を拘束する義務のコードを管理し，時にはその義務の範囲と意味について微妙な区別をしなければならない。なぜならば，理事が常にその職務を行ない，協定・内規・IMFの実行によって規定されたある役割をもち，その履行においてIMFの政策を決定するからである。そのため，加盟国当局はこの機関とその活動を監督せざるえなくなる。

　また，加盟国がIMFの決定過程に入ることは重要なことであるとされている。それだけではなく最大限十分な加盟国が含まれるべきであることは暗黙の原理とされている。この原理については多くの証拠がある。投票権が剥奪されることはめったにないことがその例である。

　この中で，加盟国は大きな影響力を発揮することがある。それは，もし加盟国のほとんど又は少なくとも特に影響を受けると感じている加盟国が受け入れなければ，重要な新しい政策は採択されそうにないからである。これは，IMF内の権限の分配の結果によるものである。

　この加盟国と機関の間には明らかに法的な区別が存在する。しかし，この区別は政策の主要争点についてなされる過程について現実的な印象を与えるものではない。それゆえ，決定が遅れたような場合，その遅れは加盟国の側の解決への適切な支援の欠如よりも機関の側の意志やイニシアティブの欠如によるとされてしまうのである[309]。

　理事会は，また，IMFの融資活動を統制している。この中で，理事によって構成された機関が加盟国によって出資された資金の利用について決定をなすべきであるとされている。

　しかし，融資権限において，理事会は権限を行使しない傾向がある。すなわち，明らかに提起されたすべての決定の草案を却下し修正する権利を理事会はもっているにもかかわらず，個々の為替取引やスタンド・バイ取極に関する専務理事による勧告を修正なく受けいれる傾向があるのである。理事会のこの傾向については，様々な理由が存在する。融資業務に関する勧告は，その業務を求める加盟国との長く複雑な交渉が専務理事とスタッフにより終結されなければ，理事会に提出されない。ある了解が加盟国と達せられれば，その公式要請の提出は，専務理事がなすであろう勧告に同意することを示すだけである。しばしば，その業務は加

---

　(308)　Gold (1972)　p. 173.
　(309)　Ibid., pp. 173-174.

盟国による通貨当局によって書かれたレター・オブ・インテントを含んでいる。レター・オブ・インテントとは，加盟国当局は国際収支困難に対応するに当たってなすことを予定している政策を公にしたものである。専務理事の勧告は，このレターに基づくものである。

また，専務理事とスタッフは，専務理事の勧告が理事会によって採択された政策と矛盾しないということを想定して活動を行なう。

しかし，そもそも矛盾が生じないように活動が行なわれていると考えることもできる。例えば，ＩＭＦによって売却される通貨の選択のような業務においては，勧告がなされる前に理事と非公式の協議が行われる。だが，もし理事会がその業務のいくつかの点に批判がある場合，理事会は専務理事の勧告を受け入れるが，次の業務においては実行を修正することを望んでいることを専務理事とスタッフに明らかにする[310]。

4．決定の準備過程

提案が理事会に提出され，理事会はこれを決定するが，この提案が準備される過程はほとんどスタッフによって担われ，非公式な形で発展してきた。ゴールドは，「理事会に提出される決定が準備される手続は，実務的に総じて非公式に発展してきたものである。」と論じている。しかも，ある程度，各専務理事は手続を自ら決定してきたのである。これは，特にスタッフの使用に関してあてはまる。

準備過程には，2つの局面がある。①スタッフによる情報収集・技術的な評価と②加盟国との事前協議である。

1948年の決定にも規定されているように，理事会に提案されるほとんどの決定案は，スタッフによって書かれた1つ又は2つ以上のメモランダムを伴っている。メモランダムは，性質と内容に関して多様である。メモランダムは，データ，協議における報告，経済又は金融分析，法解釈，又はこれらの組み合わせを提供するものである。このような文書は，1つの部局，他の部局と協議を行なった1つの部局，又はいくつかの部局によって準備される。問題が政策的に重要である場合，専務理事，副専務理事及び部局の長とその補佐が集まって検討することとなる。6以上の部局の長がしばしば含まれるが，この数は柔軟に変わるものであり議論される問題に依存している。議論の結果，方針が合意され，必要ならばメモランダムや決定の草案は修正される。

---

(310) Ibid., p. 175.

第6節　実際の意思決定

　もう1つの重要な準備過程は，②加盟国との事前協議である。各理事は特定の利害，一般的な利害をもつ加盟国と協議を行なう。この加盟国の立場を非公式に知ることにより，各理事の行動や責任を決定するものであり，全体としての理事会の業務に決定的に影響を与える。

　理事会の非公式会合は，複雑な問題の探求に大きく貢献しており，最終的な理事会の決定に決定的に影響を与える暫定的な合意を生み出す可能性がある。重要な組織的・業務的・行政的な問題の理事会の討論については，ある理事間又はある理事と専務理事との間の討論が先になされることが多い。スタッフの速やかで効果的かつ技術的な助言は，データ収集・解釈・利用の過程で理事を助けている。理事間の意見の交換や明確化は，理事会の議題に限定されることはなく，広い意味での通貨問題まで拡張される[311]。

　また，年次協議や融資業務の検討のための加盟国に対する使節団においては，使節団のブリーフの草案は関係全部局が準備する。この草案は，専務理事と副専務理事に提出され，原則面で重要な問題が含まれている場合には，部局の長や複数の部局の長と議論が行なわれる。使節団は本部に戻り，速やかに専務理事と副専務理事に報告を行ない，その後理事会に対する詳細な報告と勧告を準備する。

　この報告と勧告は，理事会への決定案の提出と同じ過程を経ることになる。もし職員の長である専務理事の支持が得られない場合，決定案は，理事会に提出されない[312]。

　さらに，加重投票制によるIMF内の権力バランスを考慮して，加盟国はIMF資金利用を提示する前に米国理事の立場を知るべく接触することがある。このような接触は，他の強力な理事についても行われる[313]。

決定案の主導権

　1948年決定は，専務理事とスタッフが，理事会での検討と決定が必要な政策や問題についてイニシアティブをとることを認めている。専務理事は各理事会の議題を準備し，その議題には理事が要請した事項を含まなければならない。この理事の要請は，問題や事態が展開した場合に必要な活動に注意を向けさせるということや，将来や現在の問題に目を向けさせるというような広い意味で使われてい

---

(311)　Hexner (1964) pp. 88–89.
(312)　Gold (1972) p. 176–177.
(313)　Hexner (1964) p. 89.

第3章　ＩＭＦの意思決定機構と決定

る。

　専務理事とスタッフは，通常の職務において主導権をとっているが，理事がスタッフに研究を要請したり示唆することはよくあることである。

　専務理事は，一定の期間前に理事会に対し作業プログラム案を提出することがある。そのプログラムは理事会により是認されたり修正されたりする。専務理事の主導による作業の進展の歴史的な事例としては，ＩＭＦの将来の作業に関する1961年２月10日の専務理事声明があげられる。この専務理事の主導権により，国際収支困難に対するＩＭＦの資金利用に関する1961年７月28日決定，ＧＡＢを認めた1962年７月20日決定，買入れと買戻しに使われる通貨の選択に関する1962年７月20日決定のような重要な決定が行われることとなったのである。

　一次改正は，公式に専務理事のイニシアティブについて新しく重要な権限を与えた。専務理事はＩＭＦに対してのみ責任を負うものであるので，一次改正の交渉者は専務理事だけがＳＤＲの配分と消却を提案する権限をもつべきであると決定した。専務理事は，ある状況下では提案を策定する権限を有し命令することできる。一方で，専務理事は総務会，理事会から提案をなすように求められた場合対応しなければならない。しかし，専務理事は提案を策定する前に，首尾一貫性と広範な支持があるということを確信する必要がある。

　広範な支持が要請されるのは，重要な問題を投票で解決することは回避したいと加盟国が希望していると見なされたからである。反対者が反対投票によりある提案を却下するような状況に至ることは望ましいことではないと考えられたのである。もし，専務理事の提案が却下されたときに多数派と少数派が対決にいたるような場合，特別引出勘定における参加国間の調和がかき乱されるかもしれないからである。従って，専務理事は提案をなす前に参加国間の広範な支持を確保すべく協議を行なうよう命ぜられている[314]。

5．決定と解釈
決定の様式

　総務会の決定は，どのようなものであれ，決議の伝統的な様式の中に通常ある。いくつかの理事会決定のみがＩＭＦの初期に決議として起草されたが，現在決定の様式には最大限の柔軟性が存在する。

　決定は，政策の声明，加盟国に回覧され他機関に送付されるレター，総務会へ

---

(314)　Gold (1972) pp. 177−179.

第6節　実際の意思決定

の理事会の年次報告における一節，総務会への特別報告，融資業務や規制権限を承認する概要声明のような様式をとりうる。「しかし，これらは理事会の広範な実行のいくつかを説明するものにすぎない。」例えば，ＧＡＢは決定であるが，「規定（statute）のような外観をもつものである[315]。」

加盟国の義務について一般的な性質をもつ決定は，いくつかの例外があるが，年次報告で公表され，決定選集（セレクティッド・デシジョンズ）に収められる。

標準的な様式が，特定の決定のカテゴリーにおいて発展している。スタンドバイ取極は，標準化の傾向をもつ例である。最新の決定選集においても，スタンドバイ取極の雛形が収められており，標準的な様式のありかたを知ることができる[316]。

決定の解釈

また，理事会は必要な場合にはいつでも総務会の決定を解釈する。どの総務も同意し得ない場合，理事会の解釈を総務会の議題とすることができる。なぜならば，総務会はその決定を解釈する最終的な権限を有するからである。

理事会は自身の決定も解釈する。しかし，ＧＡＢを解釈する専属的権限を有していない。なぜならば，この理事会の決定は国際協定であり，協定の趣旨に関連せずＩＭＦ協定29条に範囲内ではない場合，協定の疑義はＩＭＦとＧＡＢの10参加国により解決されなければならないとしているからである[317]。

ＧＡＢの決定は以下のように規定している。

「29条の範囲に入らないこの決定との関連で提出された解釈の疑義は，基金，疑義を提出した参加国，及びすべての参加国の相互の満足によって解決される[318]。」

ＧＡＢの10参加主体のうちすべてが加盟国ではないことがこのように規定をなさざる得なくさせたのである。すなわち，2参加主体は自身の権限で参加した中央銀行であった。法的には参加した2つの中央銀行は独立の当事者であるが，Ｇ

---

(315) Ibid., p. 180.
(316) IMF (1999) pp. 158-164.「スタンド・バイ取極と拡大取極－標準様式」
(317) だが，この理解はスタンド・バイ取極というＩＭＦの決定を協定と扱っていないということと首尾一貫性を欠いている。そのため，スタンド・バイ取極を協定として扱わないことについて，決定の中で規定している。
(318) Decision No. 1289-（62／1），January 5，1962，Paragraph 20.

ＡＢについて疑義が生じた場合中央銀行の見解を尊重すると想定される。しかし，10ヵ国の参加国に割り当てられた票は，ＧＡＢの解釈に関するＩＭＦの見解に基づき理事会で投票する理事の票を反映したものとなる[319]。

決定の期間と決定の改正

ＩＭＦの決定は，ある単一の問題にのみ適用されるものがある。また，継続して業務が行なわれることが予定されている決定もある。

協定解釈のような決定は，期間の制約なく適用される。これは，29条の下での公式の解釈であっても29条の下で採択されていない非公式の解釈決定であろうとも同じく期間的な制約はない。

ＩＭＦの政策を定める決定は，期間が限定されているものもあるし期間が限定されないものもある。基本的な政策における多くの決定は，期間が限定されておらず何年にもわたって存続する[320]。

また，審査条項を含んでいる決定が多数ある。「この決定は，状況が許容するまで理事会による審査を条件として実施される[321]。」このような文言は，よく使われる。

このような審査を含めることは，一種の妥協であり，ＩＭＦの政策や実行の新しい展開に対して注意を払っていることを示していることもあるし，決定の対象である課題に対して経験が不足していることを示していることもある。

ＩＭＦは，いつでも決定を停止し改正することができる。この権限は，決定を行なう権限に内在するものである。そのため，無効にしたり改正を行なう権限について，決定に明記されることはほとんどない[322]。

いくつかの改善が，決定の改正や停止との関連でなされている。

第一に，決定のあるカテゴリーについては加盟国によって停止されうることとなった。

第二に，ある決定は国際協定となる。このような決定では，他の加盟国の同意がある場合のみ権限が行使されるとＩＭＦは規定している。ＧＡＢの条件はその例である。そこでは，ＩＭＦがすべての参加国の同意がある場合にのみ期間内に

---

(319) Gold (1972) pp. 184−185.
(320) Ibid., pp. 185−186.
(321) Decision No. 270− (53／95) December 23, 1953.
(322) Gold (1972) p. 187.

その決定を改正することが宣言されている。

　第三に，ＩＭＦが29条の下での決定を再考することができるかどうかついては疑義がある。この疑義は，少なくとも2つある。すなわち，理事会はその規定の下で採択したある解釈を修正することができるか。又は，総務会でのみ修正されることができるのか，の2つである。

　ゴールドはこの難問に次のように答えている。

> 「この疑義に対する答えは，少なくとも部分的には18条（引用者注，現29条）の下で理事会からの上訴が総務会に適用される『決定は最終的である』という文言にある。解釈が間違っていると考えられる場合，もし協定の改正が唯一の救済であるならば，奇妙なことであろう。しかし，18条の下で採択された解釈を修正することは，抵抗があるであろう。規定の下での手続は公式なものであるし，法の安定性は大事な価値である。そして，解釈の修正は御都合主義との疑念を招くことになる。だが，この問題の射程は狭い。なぜならば，ただ10回の解釈しか18条の下でなされていないからである。」

　結局修正はできるのか，できないのか。

　この修正問題は1961年に理論以上の問題となった。しかし，この問題を解決すること必要はなかった。なぜならば，理事会は修正する代わりに問題となった解釈を明確にする決定を採択することができたからである[323]。

　結局，ゴールドの言明では，修正できるのかできないのか不明確なままである。

　第四に，ＩＭＦの決定は法の中の行為であり，それゆえ法の一般原則に従う。従って，決定は利益が加盟国に与えられる場合を除いて，決定は遡及的に適用されない。同様に，加盟国はエストッペルを理由とすることやＩＭＦによる不当な遅延を理由することができ，その決定の適用が不公正な状況では，ＩＭＦは加盟国に決定を適用してこなかった[324]。

6．実際の決定

　理事が議論の要請をしない場合，多くの決定は，理事会の議題とすることが必要のない略式の手続によってなされる。また，決定の採択にいたらないが理事会で激しい議論がなされることもある。理事会は，探求的であるだけの議論をなす

---

(323) Ibid., p. 187.
(324) Ibid., pp. 187−189.

第3章　ＩＭＦの意思決定機構と決定

ことができるし，決定を採択することをやめることもある。

　理事会は公式の会期中であって通常提出された提案が「略式の」手続の範囲に入らない場合開催される。
そして，特に政策について重要な問題を含む場合，非公式のセッションが行われることにより，理事会が予備的な又は探求的な課題について議論を行なうことができる。また，非公式であるため理事の見解が任命・選任した加盟国の見解であるということを含意することなく提示することができる。

　理事は，公式のセッションでも非公式のセッションでも加盟国の見解であるということを宣言しうるが，加盟国の見解を表明しているかどうかについて明確化することは要請されない。理事が何も言わない場合，理事の見解と加盟国の見解は一致したものであると推論される。理事が加盟国の見解を表示しているという仮説は，意見の形成に影響を与えうるが，決定がなされた時の理事が表明した立場だけが法的な有効性をもっている。

　理事が非公式のセッションで見解を表明したが，その見解が加盟国のものであると明らかにしない場合，聞き手は理事の見解の淵源について推測する。聞き手は，その発言が理事を任命・選任した加盟国の見解であるとみなすかもしれないし，見なさないかもしれない。理事会は，理事の見解と加盟国の見解とが整合しているのかどうか，又は公式の発言として受取られない討論における単なるアイデアを紹介する機会とするのかどうかを決定する。もし，理事が加盟国の見解であるということを明らかにしない場合，加盟国の見解は表明されていないものとして非公式のセッションの議論を行なうのが慣例となっている。

　公式・非公式のセッションとも機関としての会合である。しかし，理事は機関としてではなくセミナーにおいて会うこともあれば，専務理事と協議を行なうグループとして集まることもある。このような機会では，理事は加盟国の見解であると発言したとしても，最大限非公式で明確な手続なしに意見の交換を行なうことが許される。だが，この種の議論においては多くの場合記録がなされない。

　また，ＩＭＦの事務局は，理事の利用のために刊行物の形で記録を残している。しかし，理事会の非公式のセッションには議事録が存在しない。長きにわたり理事会の公式セッションの議事録は，ＩＭＦ事務局のスタッフにより詳細に作られてきた。議事録は，逐語的な記録ではないが，理事，議長，理事会の公式会議における意見を記述している。議事録には多くの目的がある。まず，議事録は膨大な公式記録として活用される。議事録は，必要な場合に決定の解釈を助ける準備作業であるともいえるかもしれない。

第6節 実際の意思決定

　また，議事録は，まだ十分な合意がない場合にコンセンサスを作り出し，投票なしの決定の採択を促進する手段でもある。仮定条件や了解を表明できるのであれば，提出された決定案を受け入れることができると考えている理事もいるであろう。全体として又は部分的にその決定に不同意であり，疑義をもっているかもしれないが，もし記録上に理事の見解が残るのであれば，その採択を妨害することを望まない理事もいるだろう。

　詳細な議事録は，その見解が説明や留保や反対意見であったとしても，決定に対する理事の見解を残すことを可能にするのである。すなわち，反対意見をもっているが反対を継続したくない理事がいる場合，議事録は，理事会が投票を行なうことなく決定に至ることを助けるための議長の手持ちの手段となるのである[325]。

　理事会では，どの理事でも意見の表明に制限が加えられることはない。たとえ投票権の多数を代表する理事がある問題について同意していたとしても，少数派の議論も細部まで考慮される。意思決定手続は，柔軟なギブアンドテイクに基づいている。少数の票しかもたない理事でも，その議論がすべて開陳されるまでは討論を続けることができる。スタッフは，討論の間に通貨の技術的又は法的問題が含まれる場合協議に加わる。

　しかし，理事の間には共通の目的を共有しているという感じがあり，かつ国際通貨政策遂行に継続性があるという印象を与えるような先例や業務の慣行への支持がある。理事会の公式な決定は，かなり注意を払って起草される。加盟国の国内問題や威信に不利な影響を与える用語は回避される。

　また，手続の秘密は，デリケートな問題について理事が自由に話したり書いたりすることを可能にしている[326]。

投票の回避

　大野は自らの経験に基づき，次のようにIMF理事会の決定の「雰囲気」を語っている。

　　「IMFや世銀では理事たちが実際に投票して黒白を争うことはほとんどない。たいがいの理事会の進行を見ても，各理事が準備してきた原稿を低い声で読み上げたり質問が出る程度で，とくに面白いこともな

---

(325)　Ibid., pp. 192-195.
(326)　Hexner (1964) p. 91.

い。彼らの発言内容も大事だが、もちろん本当の駆け引きは裏で行われているのである。各国政府はＩＭＦ・世銀上層部に様々な圧力をかけてくる。他方、専務理事や総裁には理事会の議題選択権が与えられているので、各国の意向を睨みながら案件を戦略的に提出することによってかなりの影響力を行使できる。また主要国の賛成が得られないことが明らかな案件ははじめから議題にのせない。理事会の決定は「討議の雰囲気」を議長が要約することによって下されるが、こうした事情であるから提出された案件が理事たちの反対で否決されることは稀である[327]。」

すなわち、ＩＭＦの意思決定の顕著な特徴は、理事会における決定が投票ではほとんど行なわれないということなのである。

しかし、投票が全く行われていない。ということではない。理事会で「見せかけの公式投票」が行われ、対決の政治が回避されたこともあったのである。さらに、提案された決定の性質上特別多数の存在を確かめる必要がある場合でさえ、投票を公式に数え上げることは通常不必要であった。なぜならば、提案された決定に反対が存在しないことは明らかだからである。ごくまれに、公式の投票が正確な投票数を記録することなく行われた。多くの投票は、ＩＭＦの初期の時代になされた。なぜならば、その当時の手続は各理事に、理事会議事録に詳細に理事の見解を記録させる機会を与えなかったからである。そのため、投票の必要がない場合でも理事がその立場を記録させるために投票が求められたのである[328]。

投票について一般的な説明をすることはできない。経済的又は金融的な争点で投票が行なわれる場合でさえ、投票なしに解決される現在の争点よりも重要であったわけではないし、微妙な問題であったわけでもないからである。そして、しばしば、偶然の状況が投票が行われるか否かを左右した。

また、大野が既に述べたように、ほとんどの決定は、「雰囲気の一致」をもとに行われる。これに対し、理事は欠席したり、不同意を記録させることは可能である[329]。

ゴールドは、「理事による投票の回避されるのは、その政策が承諾されている

---

(327) 大野（1993）15－16頁。
(328) 以下の数字は大変古いが参考にして頂きたい。特別多数決による決定を除いた公式の投票で採択された決定は、ＩＭＦの歴史において1947年から1971年までに30回しかなく、比率的には理事会において多数決が要請される公式投票が行なわれたことは、260決定のうち約１回であった。Gold (1972) pp. 195–196.
(329) Ibid., p. 196.

第6節　実際の意思決定

からに違いない」としている(330)。投票を回避しうることは，規則及び細則の規則C−10第一文に規定されている。これは，1946年9月25日に理事会により採択された。

「議長は，通常公式投票の代わりに雰囲気の一致を確認する。どの理事も12条3項(i)又は21条(a)(ⅱ)で規定された票数の票での公式投票を要請しうる(331)。」

この規則C−10の採択にもかかわらず，投票に対し強い支持が存在した時期があった。1947年の終わりから1948年の初めにかけての理事会と事務局・スタッフ間の権限の分配についての議論の際，ある争点における活動を妨げるデッドロックを乗り越える唯一の方法が投票であるならば投票をなすべきである，と専務理事は勧告した。専務理事から見れば，加重投票制はブレトンウッズにおいて受け入れられたものであり，全会一致は望ましいとしても，投票が破滅的な影響をもつものではないとしたのであった。

初期において，この見解に対し，支持をした任命理事が存在し，少数ながら支持があった。この議論は，初期の議論に参加していなかった理事によっても繰り返されたが，少数派のままであった。多数の理事はこの見解に反対であった。1949年から1950年にかけてIMFから見れば投票が頻繁に行なわれたが，総じて理事会は投票を好まなかった(332)。

しかし，ゴールドは，最終的に投票が行なわれることが確保されているので，「雰囲気の一致」を投票の代わりに確認することができると論じている。「すべての理事による投票が認められなかったならば，規則C−10の最初の一文に表明された政策が継続してなされるということはなかったであろう。たとえ理事が規則の第二文の下で投票を要請する権利をもっているとしても，投票を求めることは控えられてきたのである。」また，投票は1953年以降も要請されてきたが，理事会の「通常の伝統」から離れることとなるので投票を求めた理事により遺憾の意が表明されてきた。そして，「討論の通常の過程によって」争点の解決が続けられることを希望する表明がなされてきたのである(333)。

(330) Ibid., p. 197.
(331) Rule and Reguratons, C−10. Adopted September 25, 1946, Amended September 18, 1969, and April 1, 1978.
(332) Gold (1972) pp. 197−198. 同じ議題について複数の投票が行われた件を一回の投票として勘案した場合，1949年4回，1950年5回投票が行なわれた。Gold (1972) p. 196.
(333) Ibid., p. 198.

決定が「雰囲気の一致」によりなされる場合投票は回避されるが，投票の効果は無関係というわけではない。1947年5月に理事会は，「雰囲気の一致」は，「投票がなされた場合にその問題において行使されるに十分な票をもった理事によってその立場が支持されている」ことを必要とすることを決定した。とはいえ，「雰囲気の一致」は加重投票制の効果を弱めるものである[334]。
　フィッシャーは，次のように会議の雰囲気について論じている。「『コンセンサス』はIMFの理事会における討議に適用されるには強すぎる言葉である。しかし，妥協に対して熱意がない場合でも，多くの加盟国が妥協を有益なものであると見なしており，一般的に受け入れられる妥協を求めることについては広範な同意がある[335]。」
　また，理事会は，コンセンサスを作りあげるべく交渉を促進するということはできる。これは，理事がコンセンサスを作り出すために理事会を使うからだけではなくて，理事間の日々の接触が彼らの間の関係を密接にするからである。
　理事は，理事間でだけでなく専務理事やスタッフと密接な接触を維持することが可能である。スタッフによって補佐された専務理事のイニシアティブは，重要な争点解決の重要な要因である。そして，理事が提案や草案のために加盟国，専務理事及びスタッフと接触し，コンセンサスが理事会の膨大な会合の後に達せられることもある。
　この過程は，見解が割れた場合理事間で可能な限り妥協を行なう理事の意向に依存するものである。この過程において，各理事の貢献の大きさは必ずしも投票権数と関連するものではない。
　各理事の投票権数は会議の意向を決定する際に考慮されなければならない。しかし，明白に認められているわけではないが，別の要素も影響を与えている。理事会は，個人としてできる限り投票権数に言及することなく同意できる決定にいたるよう努めている。その目的は，雰囲気の一致による決定がより平等なものであるという原則をさらに緩和するものである。このことは，別の機会でも追及されている。理事会は，投票権の必要な多数をもっていたとしても，理事の少数だけが支持している決定を回避している[336]。
　以上のようにIMFにおいて，投票が回避されていることは明白である。だが，

---

(334)　Ibid.
(335)　Fisher (1968) p. 339.
(336)　Gold (1972) pp. 199−200.

第6節 実際の意思決定

投票の回避は投票権に対する関心がなくなったことを意味するものではない。ある国の金融的な力の増大やIMFの融資業務に果す役割の増加によって，投票や決定の取極を調整がなされることはこのことを示すものである[337]。

それでは，投票が回避されるのはなぜか。この設問をゴールドはたて，みずから答えようとしている。

> 「なぜ，IMFが投票を回避する決定をなしてきたかを説明することは特に難しい。どの説明でもすべての加盟国と理事の態度を解明するものではないのであろう。より説得的な説明の1つとしては，IMFの任務の性質によるものがある。IMFの任務は，特定化されており明白である。任務による限定は，政治的な考慮の範囲を限定し，特定の合意事項の中での加盟国間のパートナーシップを促進する。(中略) 任命・選任国が紛争の当事者である理事は，提案された業務や取引に反対することはないであろうし，たとえその業務により他方の紛争当事国の利益となるとしても投票を求めることはないであろう。めったにないことであろうが，せいぜい，理事は棄権するくらいのことであろう[338]。」

このように決定の方法は，IMFの機能に応じて少しバラツキがある。IMFには大きく分けて規制権限と融資権限があるが，規制権限については，コンセンサスや広範な同意によって決定が達せられた場合，IMFの決定に従うと理解されてきた。

それにひきかえ，融資権限においては有力国が大きな影響力を振るっている。このことをゴールドは次のように論じている。「融資機関としてのIMFの加盟国は，より大きな金融的な力を有する加盟国の影響を許容している。この力の認識は，持てる国が自制して行動し，より大きな投票権を行使することを控えることを助長している。それは，より強力な加盟国の見解が優越しないこともある，また，調停がなされるまでは反対の決定は採択されない，ような均衡を導く傾向を示してもいるのである[339]。」

しかし，既に触れたように，大野は「主要国の賛成が得られないことが明らかな案件は，はじめから議題にのせない」と記述している。意思決定について，政治学的な研究を行なわない限りゴールドの結論の可否は論ぜられない。

---

(337) Ibid., p. 216.
(338) Gold (1972) p. 201.
(339) Ibid.

第3章　ＩＭＦの意思決定機構と決定

実際の決定と投票

　大野によれば，ＩＭＦの意思決定メカニズムは案件の重要性に従って重層構造になっている。先進国政府，専務理事，及び担当局の一部の上級職員（ＩＭＦではフロントオフィスと呼ばれる）の三者がＩＭＦの意思決定の参加者である。なお，その他の大部分のＩＭＦ職員は意思決定にほとんど参加せず，専ら自分の所属する局のフロントオフィスの命令に従って作業を行なう。このモデルによれば，融資案件に応じてＩＭＦの決定方法は大きく異なり，3つに分類される。

　①　戦略的に重要性をもたない案件や小国の交渉は，担当する地位局のフロントオフィスが方針を立てて逐次対処する。ここでの決定は，過去の慣例に則って局長の独断と偏見を交えたものである。地域局の処置に対して他局が意見や反論を行なうこともあるが，その場合でも組織全体としての決断は手続やフィナンシャル・プログラミングと呼ばれる分析を重視する機能主義的なものである。このような案件については，実質的な結論が固まった後に専務理事や理事会に報告し，形式的に承認を受けるにとどまる。

　②　より重要な案件になると，専務理事自身が政府高官と面会したり当該国を訪問したりして交渉の陣頭指揮をとる。この場合，各局は専務理事をサポートするにすぎず，客観的分析や加盟国平等の建前よりも，専務理事の個人的な関心が全面に押し出される。個性の強い人が専務理事になると，専務理事のトップダウン的な意思決定が多くなり，職員の影響力は低下する。

　③　さらに重要な案件になると，専務理事は大国の意向を無視することはできず，国際政治上の考慮に左右されることになる。先進国政府は，理事会や暫定委員会を通じてＩＭＦに特定国への融資の承認・取消，融資政策の変更を迫ることができる。これに対して借手の途上国政府は発言力が小さいため，先進国の後ろ盾がない限りほとんど無力である。湾岸戦争前後の被害国救済，旧ソ連諸国のＩＭＦ加盟などは，Ｇ7で事実上決定され，ＩＭＦはそれを実施に移すだけであった。

　案件により3つの対応が行なわれるため，大野は「ＩＭＦは官僚機構・プロフェッショナル集団・国際政治の場という3つの性格を兼ね備えている」と位置づけている(340)。

　この議論を前提にすると，ＩＭＦの意思決定は，投票によって行なわれるものではなく，「雰囲気の一致」で決定が行なわれる。よって，どのように決定がお

---

(340)　大野（1993）16−18頁。

こなわれるか不明確である。しかも，非公式に大国が影響力を発揮するため決定が公正さを欠く可能性もある。そして，何よりこの雰囲気の一致は，途上国は意思決定メカニズムからの追放を前提にしているのである。

結論的に言えば，投票の回避は，ゴールドがまとめているようにＩＭＦという国際機関を守るために機能したのである。「投票の回避は，加盟国の経済的な利害が多様である中では，機関の凝集性を助長するものであった。だが，すべての争点における投票権の行使を目的とした同盟形成の傾向はほとんど見られなかった。協定が起草された際，米国において恐れられたことは，多数の『債務国が』が少数の『債権国』と対決し多数票で負かすということであった。協定のある規定は，加重投票権の調整や債権国による追加理事の任命のような債務国が支配しないための保障となすことが意図されていたのである[341]。」

7．理事会決定の拡大と決定の実施
理事会決定の拡大と権限踰越

理事会は，協定の厳格性を弱めるべく効果的に解釈権限を使ってきた。解釈を通じて協定を柔軟に扱っていくアプローチは，加盟国により明示的又は暗黙に承認されてきた。

「ＩＭＦの職務を拡大させる決定的な判断基準は，ＩＭＦの目的についての理事会の考えにあると考えられる。変化する情勢に対して理事会によって適用された目的は，ＩＭＦの『真の』目的であると考えられてきたのである。」フィツモーリスは，「条約の施行は，新たな目的や展望を明らかにする。すなわち，『真の目的』を効果有らしめるべく元来の考案者の意図が，とりかえられ踏みにじられるのである。」

しかし，アルベレスは次のように論じている。

　　「解釈の原則は，一度施行された制度や法的な命令はそれ自身生命を得る。その発展は，新しい国際情勢に従い法を策定し条約を設立した者の意図によることなく判断されるのである[342]。」

このような「目的志向的」な基本文書の解釈は，国際裁判所により支持されていると考えられるかもしれない。

---

(341)　Gold (1972) p. 216.
(342)　フィツモーリス，アルベレスの論についても右論文によった。Hexner (1964) pp. 92−93.

第3章　ＩＭＦの意思決定機構と決定

　国連の経費事件において，国際司法裁判所は制度的実行性の政策を追及し，「この機構が国連の明示された目的の１つを達成するために適切であったという主張を正当化する行動をとるときには，こうした行動は，機構の権限を踰越するものではないと推定される」とした[343]。

　そのため，このような機関の現実の「実行」は基本文書の関連規定の「真の」意図の正当な証拠であると考え，変化する情勢にＩＭＦ協定を適応するに当たり理事会を制約するものはないと結論づける者もいる[344]。

　だが，裁判所の推論は，グロスの批判を受けた。ブランリーは，グロスの批判を次のようにまとめている。総会は勧告をなすことができるだけであるが，裁判所の見解では義務的でない勧告が結果として拘束力ある財政上の義務となることを認められている。このことは，一層緊密に統合されている共同体について否定されている超国家的な財政的権限を総会に与えることとなる。さらに，権限踰越にならないとする推定は，加盟国の主権平等原則に反するものであって，「超国家」の創設を示すことになる。

　多くの法律家は，国連にいっそうの権限を付与する決定に好意的であるかもしれない。しかし，国家は抽象的概念ではないのであって，政治的同盟はどんなに一時的なものであるにせよ，政治的機関の決定に指示を与えることがある。「制度的実行性」や「推論された権能」について述べることは，きわめて多くの論点を回避することになる。

　　「この事例における争点は，法的であると同時に政治的なものであった。裁判所における選択は，憲章の構造に関して大きな仮説を伴うものであった。この種の司法的管理は，加盟国間の大きな意見の対立を調和させるという課題を解決しない。実際に上の意見は，危機をさらに悪化させ，ひどい結果をもたらしたかもしれなかった。」

　結局，この危機は，交渉によって解決された。米国は，この勧告的意見の結果憲章第19条を援用したのである。また，会期中総会で表決は行なわれなかった[345]。

　このように，国連の経費事件の勧告的意見については強い批判が存在する。よって，これを援用して権限踰越を正当化することは，大きな異論を生じさせるこ

---

(343)　ブラウンリー（1992）605-606頁。
(344)　Hexner (1964) p. 93.
(345)　ブラウンリー（1992）606, 610頁。

まとめ

ととなるであろう。

決定の実施

ある理事会決定は，スタッフにだけによって実施され，デリケートな決定では加盟国によって実施されなければならないものもある。

IMFは，IMFの政策と決定を実施するために強制すべく制裁を行なうことができる。しかし，IMFの現実的な執行メカニズムは公的な制裁に依存していない。一度の例外を除いては，理事会は制度的な制裁によって決定を執行しなかった。この一度に該当するのは，チェコスロバキアのケースである。チェコスロバキアは，IMF資金利用を拒否され最終的にIMFの規制と政策を遵守していないという理由でIMFから脱退を要求された。

公的な制裁に依存しない執行政策は，国家の威信を考慮し長期的な戦略に適合するものである(346)。

だが，執行は融資権限と規制権限間において非対照的である。

まず，為替に対する規制権限についてであるが，フランスは長年にわたって協定の平価制度に適合しない為替制度を継続したのである。カナダも既に触れたように変動為替相場を継続し，明白な協定違反を続けた。両者とも最終的にIMF協定に従ったが，制裁は行なわれなかった。

強制脱退の要求が行われた端緒は，チェコスロバキアのIMF資金利用要請であったことが象徴的なことであるが，IMFは自身のもつ尺度に合わない案件については，承認しなかったり停止を行なうことができる。そもそも，既に述べたように理事会に案件を提出しないこともできるのである。このように，融資権限についてはIMFは絶大な権限を有し，加盟国に強制を行なうことができる。

まとめ

本書ではIMFの意思決定制度と実際の決定のあり方について検討した。

まず，一般的に決定権限を有する総務会についての規定を確認し，次に1970年代の国際通貨制度改革以降に規定された評議会等の新たな政治的機関について把握した。

---

(346) Hexner (1964) pp. 91-92.

しかし，総務会の権限の多くは，理事会に委任されている。そこで，理事会の権限・構成等について確認した。
　総務会，理事会における決定は最終的に投票で行われるが加重投票制度が導入されており，他の多くの国際機関の投票制度と異なっている。また理事会では一括投票制度が導入されており，分割して投票することができないため，ある加盟国は，自らの意思表示を投票で行うことができないことを意味する。これは，理事会における投票が加盟国の見解を機械的に伝達するというものではなく，ＩＭＦの機関として決定を下すことを意味している。
　しかし，総務，理事はＩＭＦに対してのみ責任を負っているわけではない。この点につき，ＩＭＦにのみ責任を負う専務理事や事務局と異なる。
　実際の決定においては，総務会の権限が委任される理事会の役割は非常に大きい。しかしＩＭＦの事務局・スタッフの役割が徐々に広範囲なものになってきた。加盟国と支援・協議を行い理事会への提案を準備する中で，事務局・スタッフは主導権をとることができるのである。
　また，投票はほとんど行われない。これは，どのように決定が行われたのかについてにわかには理解しがたいことを示すものでもある。また，理事会がＩＭＦの目的を「解釈」することにより，これをＩＭＦの真の「目的」とし，業務範囲を拡大したとされる。しかし，これは法的に正当かどうか疑義のあるところであろう。
　さらに，ＩＭＦの決定の効果が業務分野に応じて差異があると考えられる。このことについては，後の章で論じることとする。

第4章　IMFにおける法構造

　IMFの主要な規定については前章で見たが，IMF協定はどのような法なのであろうか。ここでは，ゴールドの論文「法のルール」によりながら，検討を進めていく。
　この論文において，ゴールドは，「IMFは経済機関であるが，協定の改正時だけでなく政策の策定・適用時つまり実際の無数の活動が行われている際にも，機関の法が重要である機関である。」として，IMFにおける法の重要性を強調している。そして，これまでIMFにおける法律家の任務は，生じた問題に対して法の中で解決策を見出すことでありつづけてきた。そのIMFにおける解決方法の一端は，すでに見たとおりである。しかし，法の枠内で解決策を見出すだけでなく，「同時に国際公法の一分野である国際通貨法としての法を発展させることもまた，IMFにおける法律家の任務であった[347]。」
　IMFにおいて，法の役割はますます大きくなっていると考えられるが，その理由として考えられることは，①自国の経済管理について責任を有する政府によって引き受けられるべきことが多くなり，過去の対決と協調の時代よりもずっと多く秩序ある法過程に従って何をなすべきかについて選択しなければならなくなっている。また，②ますます大きくなる国家間の金融・経済力の拡散もまたその理由となっている。国家間の権力の非対称さがあるため，強国による弱国に対する強制の外観を回避する手段として，法の尊重が導かれたのである。確かに，IMFにおける投票権には相違があるが，支配的な行動が行われることを回避する手段としての法の援用が助長されているとしている。だが，規制権限，融資権限といったIMFの権限行使において，その権限の行使の効果は軽視されてはならない。最後に，③IMFの権限と加盟国に留保された権限とを区別する必要性が理由として挙げられている[348]。
　1945年にIMF協定が発効するまでは，慣習法としても条約法としても国際通貨法は取るに足らぬものであった。

---

(347)　Gold (1980a) p. 1.
(348)　Ibid.

第4章　ＩＭＦにおける法構造

　序章で見たように、「ゲームのルール」とは、金本位又は金為替本位の下で中央銀行が遵守したものであるが、国内通貨政策を統制するという観点からは、国家を拘束するものと見なされていなかった。ＩＭＦ協定の発効によって、国際通貨についての国際法が史上初めて生まれ、法規範が生まれたのである。
　第二次世界大戦前、英国マクシミリアン委員会の報告は、通貨に対する「国際的な基準の管理は技芸の領域にあり科学ではない。全体の構造を破壊する危険を冒して、義務的で例外を認めないで制約を課す公的な行動コードを策定することができると示唆したものは誰もいなかった。」として、ルールが、シグナルとか道標以上のものではなかったことを示していた。
　しかし、ホワイト案は、
　　「通常の銀行及び安定化機能以上の機能を持つ提案が計画の中で構想されており、それは、以前の提案よりも合意に至ることを助けるものであり、ずっと大きな支持を受けるであろう。国際的な行動や多国間の主権において従来まであまりに神聖であった経済分野において、連合国内の高水準の協調と協力を容易ならしめ、その道を作るような規約が緊急に必要である。自国優先主義や弱肉強食のような時代遅れで破滅的な経済政策の中では、違反が横行するに違いないのである[349]。」
として、国際的な協調と協力を可能にする国際条約の必要性が説かれ、
また、ケインズ案でも、
　　「3．ある点からは、この特殊な計画は、同じ基本的な発想を基調としているとはいえ、それぞれ異なる各種の見解よりは、一層野心的であるが、しかし同時に、おそらく実際によりよく機能することが知られるであろう。なぜならば、それは完全に国際的なものであって、個々の双務協定を積重ねたものではなく、1つの一般的な取極に基礎をおくものだからである。もとより、多角的計画のもつ有利性の中のいくつかを獲得するために適合した双務協定を総合した提案も提出できることは疑いない。しかし、このような調整には多くの困難が伴うであろう。連合国が当面の悪弊を克服して勝利を勝ち取ったとき、その勝利から湧き出てくる、よりよきものを作るという目的と希望のエネルギーとの統合によって始めて可能になる純粋な創造的行為をとおして実現されない限り、包括的な計画が現実に機能するかどうかは疑わしい。その故に、こ

---

(349)　Horsefield（1969）Ⅲ p. 40.

第4章　IMFにおける法構造

の提案は野心的であるという批判が出るのは，欠点ではなくてむしろ利点なのである[350]。」
と，双務協定の積重ねではなく包括的な国際条約の必要性を主張している。

ケインズは，また，国際的な規範が受け入れられる程度，加盟国に保留される裁量の程度，適切な規範と新しい国際機関による裁量の行使の選択に関心をもっていた。

「15. おそらく，最も困難な問題は，どれだけが規則によって決裁され，どれだけが自由裁量によって処理されるかを決定することである。もし，規則が重要視されることになれば，本制度の加盟国に負担させる義務は明確となり，中央管理の責任は最小のものとなる。他方，義務を通常は政府固有のものである自由裁量の放棄を法律によって要求することになるが，その結果，状況によっては主権が侵害される結果を伴うことになるゆえに，これは我が国や米国によって容易に受け入れられることではないだろう。もし自由裁量が重要視されるならば，われわれは最終決定をどこまで個々の加盟国に委ねられ，どこまで中央管理機構に委ねられるかを決定しなければならない。もし個々の加盟国の自由が過度になれば，無規律が生じ不当な自由が横行することになるであろう。自由裁量を与えるのが中央管理機構であれば，過重な責任がそれにかかることになり，中央管理機構はそれを使いこなす実力をもたない権限を行使することになるだろう。もし，規則が重要視されるならば，理論上は計画は一段と水も漏らさぬような強固なものになりうる。もし，自由裁量が重要視されるならば，計画は実際上はさらに円滑に機能するであろう。これらすべてのことは，いかなる超国家的当局について当てはまる典型的な問題である。私の最初の草案においては規則の方に偏向しすぎているとの批判を受けた。この草案においては，偏向は他の方向に向けられている。なぜならば，経験する前にあまりに多くのことを決めてしまうことはせず，計画は例えば五年という当初の実験期間後に再考することにしたほうがよいと思うからである。法と放縦との間の正しい妥協は，集団的な英知と討論によってのみ確保できるのである[351]。」

これと似たような議論が一次改正や二次改正時にも生じた。しかし，ケインズ

(350)　Horsefield (1969) III p. 21.
(351)　Ibid., p. 6.

第4章　IMFにおける法構造

が利用できなかったIMFが業務を遂行する中で得た経験から見れば，国際組織の創造と適用の中で生じた問題の1つは，法と放縦の問題というよりは法と法形成の問題であった，とゴールドは論じている[352]。

本章では，IMF協定の成立により生じた法規範を検討し，その適用のあり方を探るとともに，加盟国の義務不履行又は遵守されることが期待されるものを遵守しないことに対する制裁（ゴールドの用語では救済）について検討する。また，IMFの法と決定の首尾一貫性を政治的考慮・非経済的考慮の観点から考察を進める。そして，最後に加盟国間の平等がどのように扱われているかを検討し，IMFの法のあり方を探ることとする。

第1節　IMFの法規範

1.　IMFの法規範の分類

IMFの法を規定する法規範は，文書の種類によって分類されることができる。このアプローチによれば，規範は3つに分類される。

① 加盟国によって承諾された協定の条文，
② 内規，決議，総務会によるその他の決定，
③ 規則と細則及び理事会によるその他の決定。

これらに加え，権限内において専務理事によって出される指令もある。

IMF協定は条約であるので，IMFの法は条約法や国際公法で適用される規範を含んでいる。また，法学説は，しばしばIMFの諸問題においても適用される[353]。

2.　IMF法の階層構造

規範は階層を構成する。総務会の決定は協定に合致するものでなければならず，協定に従って解釈される。

> 「内規は，国際通貨基金協定の条文の権限の下で採択され，補完することを目的とする。そして，内規は協定に従って解釈される。内規の規定と協定の条文の規定又は要求が抵触する場合，協定の条文が優越す

---

(352)　Gold (1980 a) pp. 2−4.
(353)　Ibid., pp. 4−5.

る⁽³⁵⁴⁾。」

理事会の決定は，協定と総務会の決定に一致しなければならない。

「規則と細則は，協定の条文と総務会によって採択された内規を補完するものである。規則と細則は，協定又は内規を代替するものではない。規則と細則は，内規を補完するものとして，協定に含まれる目的や権限を実行するために必要かつ望ましい業務上の規則，手続，細則及び解釈を提供する。規則と細則が協定の規定又は内規のいずれかと抵触する場合，協定と内規が優越し適切な改正が規則と細則に対してなされる⁽³⁵⁵⁾。」

専務理事の指令は，これらすべての規範と一致しなければならない。

上記のように，ＩＭＦの規範には階層があるが，各規範の同じ分類内には同じような序列はない。特に，1条に規定されたＩＭＦの目的は，どれが優先するかについての序列を提示するものではない⁽³⁵⁶⁾。

ある状況下では，目的が両立しないため，目的の序列を発見しようという試みがなされてきた。同様に，ある状況下において，ある規定が明らかに調和を欠くため調整の問題が生じた⁽³⁵⁷⁾。

しかし，このことは起草当時より懸念されていたことであった。

ホワイト案は，「いくつかの目的が調和的なときや抵触するときがあるという事実は，国際安定化基金の管理が単純な規則にまでいたっていない，ということを示している。安定基金の業務の成功には，適切な要因の継続的な検証と特定の作為不作為が期待され，効果に対する継続的な評価が必要である。」としている。

すなわち，協定のすべての関連規定を調整する解決策を見出す必要がある。もし，十分な調整ができないとしても，関連規定の合理性と状況の評価から示される最善の解決策を選択することが任務となる。

さて，具体的に目的間で抵触した例として次のものがある。1条3項は，為替安定の促進，加盟国間の秩序ある為替取極の維持，競争的為替減価の防止を規定している。この目的によれば，ＩＭＦの承認がなければ加盟国は複数通貨措置を

---

(354) Preamble to By-Laws.
(355) Rule A-1.
(356) ＩＭＦの目的に序列がないことが，英国控訴院が8条2項(b)の為替契約を制限的に解釈した際に影響を与えた。(ウィルソン，スミセット＆コープ有限会社対テルジ事件)
(357) Gold (1980a) pp. 5-6.

行ってはならない。一方，1条4項のIMFの目的は，加盟国間の経常取引に関する多角的支払制度の樹立を支援することであり，そのためには8条2項・3項・4項に合致した通貨の交換性が達成されなければならない。

そして，この2つの規定は次の場合に抵触した。1959年に国際貿易や支払の大部分を占める多くの加盟国は，既に留保している以上に為替相場での市場の為替取引に対してより自由に規制できるのであれば，交換性への大きな一歩を踏み出すことができると主張した。これに対し，IMFはこの状況下では，複数通貨措置を承認することで国際通貨制度全体の利益に資するとしたのである。つまり，この問題を解決するために1条4項を優先した。

同じような例は，6条3項（資本移動の管理）と8条3項（差別的通貨措置の回避）の抵触である。6条3項は，IMFの承認の義務なく国際資本移動を加盟国が管理することができることを規定している。8条3項は，協定に基づいて権限を与えられ又はIMFの承認を得た場合を除き，差別的通貨取極若しくは複数通貨措置を禁止している。問題は，加盟国が資本規制を適用した場合に差別的通貨取極をとることができるかどうかである。IMFは，加盟国はIMFの承認なく差別的な資本規制を適用することができると決定した[358]。

この決定がなされたのは，IMF協定の交渉者が1930年代の不安を引起こした「ホットマネー」の逃避を規制するために規定されたことを重視したからであった。IMFは，複数通貨措置と資本規制の規定の調整問題の更なる考慮を留保した。この留保の理由としては，特に平価制度における為替相場の国際的な管理原則の重要性と為替相場を取り扱うほかの規定を考慮する必要性があげられた[359]。

3. 命令的規範と任意規範

協定の規範は，加盟国とIMFの権利と義務を創造する。

加盟国に対して禁止を規定する規範がある。命令的規範である。8条2項(a)

---

(358) Decision No. 541- (56/39), July 25, 1956.
(359) Gold (1980 a) pp. 6-7.
(360) 8条2項(b)（第一文）（経常的支払に対する制限の回避）
「いずれかの加盟国の通貨に関する為替契約で，この協定の規定に合致して存続し又は設定されるその加盟国の為替管理に関する規制に違反するものは，いずれの加盟国においても強制力を有しない。」

第1節　ＩＭＦの法規範

「ＩＭＦの承認なしに，経常的国際取引のための支払及び資金移動に制限を課してはならない。」と規定しており，これが命令的規範の例である。

一方，ある規範は，ある条件を遵守することを条件に，加盟国の自由を認めるものである。6条3項の資本移動の管理がその例である。

任意規範としては，8条2項(b)[360]がある。

ＩＭＦの承認のいらない経常取引の支払や資金移動や資本移動に対する為替管理は，協定に合致して存続する。だが，為替管理が協定に合致せず存続したのかどうか，協定が発効する前に加盟国が有していた権限に合致し，それ以降継続してきたのかどうかを立証することは不可能である。

そのため，8条2項(b)の第一文は，論争の種となってきた。この第一文の規定は，承認が必要な場合その規制がＩＭＦの承認を受けることを条件として，経常取引の支払や資金移動や資本移動に対するすべての為替管理規制に適用される[361]。

4．第三国

加盟国と他の加盟国との関係，加盟国と非加盟国との関係を規定する規範も存在する。条約は，加盟国ではない国に同意なしに権利を与え義務を課すことはできない。しかし，締約国は非締約国との関係で権利を与え義務を引き受けることがある。すなわち，第三国に効果を及ぼすことができるのである。条約法に関するウィーン条約の34条から38条は，条約と第三国を規定している。35条は，「いずれの第三国も，条約の当事国が条約のいずれかの規定により当該第三国に義務を課することを意図しており，かつ当該第三国が書面により当該義務を明示的に受け入れる場合には，当該規定に係る当該義務を負う。」と規定し，36条では同様に権利を与えることができると規定する。

ＩＭＦ協定においても，11条に非加盟国と加盟国との通貨関係を規制する規範を含んでいる。しかし，ＩＭＦはこの規範の実施が求められることはなかった。それは，遵守されていないという証拠が少なく，かつＩＭＦの加盟国が継続的に増加していたからである。

ウィーン条約38条によれば，国際法の慣習的規則が第三国を拘束することがあるが，ＩＭＦの法のどれも慣習的規則にあたるものはない。

ＩＭＦへの加盟と加盟にあたって必要とされる義務により，次のことが裁判所

---

(361)　Ibid., pp. 7−8.

第4章　ＩＭＦにおける法構造

によって受け入れられつづけてきた。すなわち，たとえ特定の規範が協力を課していないとしても，法廷地の公序により，通貨問題を含む問題について加盟国間で協力が要請されるということである。また，国際法や国際機関の実行，国内法は，その主張を支持する証拠として引用することができる。さらに，他の国際機関の規範から手段を得ることもできる。

国内法の分野における例としては，非加盟国の為替管理規制は加盟国の法廷地の公序に反するものではないという現代的な視点を8条2項(b)が支持していることがあげられる。

ＩＭＦの規範は，ある点では世界的なものであるということができるが，それはその規範が世界中で適用されるということではなくて，組み合わせられて全世界に影響を与えるからである。その規範は，加盟国に適用されるが，他の加盟国や非加盟国との関係も規定する。また，規範の遵守について，加盟国は従属領域の政府についてもＩＭＦに対して責任を負う[362]。

5.　決　定

ＩＭＦの規範の多くは，機関の決定の中に見出される。決定はＩＭＦの規制権限，融資権限のすべての面を取り扱っており，かつ機関内部についても取り扱っている。決定の量は増え続けている。ＩＭＦの法を構成している規範に特に関係がある決定は，一般的な用語で定式化される決定である。各加盟国にかかわる決定は次の決定のための先例となり，別の一般的な決定を将来導くかもしれない。

1979年3月2日の決定は，以前の一般的な決定を代替するだけではなくて，ＩＭＦが各加盟国とのスタンド・バイ取極を承認する決定の中で行なってきた実行を一般的な用語で示したものである。

もうひとつの決定の傾向としては，協定が改正されるときに決定が協定に編入されることである。ゴールド・トランシュ政策についての以前の決定が，一次改正において取り入れられたのがこの例である。

この傾向は，二次改正によってさらに加速している。それは，ＩＭＦの現代化として論ぜられてきた。この動機は，既存の決定の法典化というほど簡単なものではない。

協定にある決定を正当化する明白な規定が存在しない場合，不満を感じる加盟国がある。機会があれば決定を協定に編入することは，合法性についての疑念を

---

(362)　Ibid., pp. 8-9.

追い払うことができる。しかも，改正交渉は膨大な妥協が実際的に必要であるから付加条項を付け加えることもできる。

　しかし，決定の協定への編入の過程には危険も存在している。危険の１つは，ＩＭＦが決定を行なうことができる柔軟性を失わせることになるというものである。買戻し（返済）がその例である。ＩＭＦは，投票の多数決によって買戻し期間を決定していた。協定が規定したのと異なる期間は，今では投票権の高度の多数によって採択されなければならないのである。この柔軟性の喪失は，起草者に意図されていたものであったが，必ずしも意図されずに失われる危険も存在した。すなわち，その危険とは，起草者がある問題について包括的な規定を想定したことで，黙示的権能を排除又は制約してしまったことである。

　ＩＭＦの決定は，すべてが同じ性質を有するわけではない。協定により明示的に又は黙示的に行動に義務が課せられるので，加盟国が特定の方法での行動が要請される決定がある。それは，行動のための勧告を行なうことやガイドラインを作ることとは区別される。協定に従って特定の行動が要請される決定と勧告やガイドラインの決定との決定的な差異は，協定に従って行動を要請する決定についてはその不遵守が自動的に義務違反となるが，勧告やガイドラインについては義務違反とはならないということである。加盟国の行動は，勧告やガイドラインの不遵守により協定上の義務の無視が示される場合のみ，義務違反となる[363]。

第２節　法規範の適応

　ＩＭＦの法規範の効果は，加盟国によって尊重される程度に依存し，加盟国の尊重は，加盟国がその規範が加盟国の利益を増進するという確信の程度に依存する。規範が時代遅れであるため規範は不十分なものである，と感じられるようになることがある。平価制度を構成した規範は，当初は硬直的なものではなく安定の原則に基づくものであったが，硬直性を生み出してしまった。柔軟性が喪失してしまったのは，規範が変化する状況において不適切であったからか，規範が実行において誤って適用されたからか，意見は異なっている。しかし，この柔軟性の喪失は，規範に対する尊重の撤回を導いたのである。

　ＩＭＦの法を変化する情勢に適用する柔軟性の必要性は，二次改正にいたる過

---

(363) Ibid., pp. 9-11.

程において認められることとなった。

ニクソン・ショック，スミソニアン体制の崩壊を受けて，国際通貨制度の再建作業が始まり，1972年国際通貨制度改革の作業を行なう場としてIMFに20カ国委員会が設置され，1974年「改革の概要」と題する報告が採択された。この「改革の概要」は，第一部「新制度」，第二部「当面の措置」の2部からなる。しかし，オイルショックのような変化の激しい情勢に照らして，改革全体をすぐには実施できないと考えられた。そのため，IMF協定改正の作業は，第二部に要請された「当面の措置」をもとに行なうこととされた。そのすべてが二次改正に盛込まれたわけではないが，二次改正を準備する委任事項に似たものとなった。しかし，協定の中の改正の多くが「当面の措置」のリストのなかに見出されるわけではない。

委員会の作業の報告を受けた1974年秋総務年次総会は，その提案を支持した[364]が，この二次改正について，ゴールドは，「二次改正の起草者は，暫定的な期間にのみ適用される協定を準備するという考えを放棄し，進化過程という考えを明らかに受け入れたのであった[365]。」としている。

そして，IMFは，情勢の変化に法規範を適応させるために以下の手段を有している。

1. 改 正

情勢の変化に法規範を適応させるための最も重要な手法は，協定改正である。

しかし，一次改正がなされるまでは，手続的に難しいので改正という手法が採用されることはないと広く考えられてきた。しかも，解釈等の改正以外の手段があるため，改正は不必要であると考えられていたのである。

---

(364)　井川（1993）50－59頁。
(365)　Gold（1980 a）p. 12.
(366)　17条（原協定）（改正）
「(b)前記(a)にかかわらず，次のものを変更する改正の場合には，すべての加盟国の受諾が必要である。
　(i)　基金から脱退する権利（原協定15条1項）
　(ii)　加盟国の割当額の変更はその国の同意なしに行なってはならないという規定（原協定3条2項）
　(iii)　加盟国通貨の平価はその国の提議があったときを除く外変更することができないという規定（原協定4条5項(b)）」

第2節　法規範の適応

　原協定[(366)]では，協定の変更は提案は，全加盟国の5分の3で総投票権数の80％が受諾が必要であり，3つの規定については，全会一致すなわち全加盟国の受諾が必要であった。

　この規定に基づきIMF協定は，改正された。

　一次改正の主要な目的は，既存の準備資産を補完するSDRの配分により重要な新しい機能をIMFに付け加えるためであった。一次改正は，1945年12月27日の原協定発効からほぼ24年後に採択された。そして，一次改正からほぼ9年後に二次改正が発効した。

　二次改正は，平価制度の崩壊の結果としてかなり数の変更を行なった。重要な変更点は，為替取極についての新たな規定，SDRと金の取扱，IMFの業務と取引の現代化である。

　そして，「IMFに過去よりも大きな柔軟性を与えるような手続が二次改正に含まれた」。改正は，二次改正において受諾要請の方法が改正されたので，より難しくなった。5分の3の加盟国が必要であることは変わらないが，改正提案の支持が二次改正において80％から85％に増加した。この二次改正の規定は，現行協定においても変わっていない[(367)]。

　但し，すべての加盟国の受諾が必要とされる3つの規定については，変更は行なわれなかった。

　原協定の交渉において，加盟国の行動を必要とせずにIMFの機関が協定を改正することができる（自己改正）とする提案がなされた。2つの提案がブレトンウッズ会議においてなされたが，ある提案は範囲が限定されていないものであり，別の案は特定されたあまり重要でない課題に限定されるとするものであった。結局，ブレトンウッズ会議において自己改正の提案は却下されたが，IMFにある規定の業務を停止する権限を認める妥協を導いたという驚くべき結果を生み出した。

---

(367)　28条（改正）
　　「(a)この協定を変更しようとする提案は，加盟国，総務又は理事会のいずれから提議されたものであっても，総務会の議長に送付し，議長は，この提案を総務会に提出する。改正案を総務会が承認したときは，基金はすべての加盟国に対し，改正案を受諾するかどうかを同文の書簡又は電報で照会する。総投票権数の85％を有する5分の3の加盟国が改正案を受諾したときは，基金はすべての加盟国にあてた公式の通報によってその事実を確認する。」

第4章　ＩＭＦにおける法構造

二次改正の策定交渉においても，4条の改正をうけて，いくつかの重要な課題についてＩＭＦによる自己改正の提案がなされた。自己改正は代替勘定とのかかわりの中で提案された。それは，詳細な関連規定について合意に達することが難しかったからである。しかし，この提案は原協定交渉時よりも支持が少なかった。自己改正権限に対する主要な異議が各国の立法府から出された。それは，立法府が立法過程を回避し立法的な承認なしに加盟国の義務を増加させるための提案であると見たからであった[368]。

2. 変　更

ＩＭＦは，協定のある規定を変更し，かつ新たな状況にこれらの規定を適用させる権限を有している。

変更の権限は，自己改正の権限とは異なるものである。なぜならば，ＩＭＦによって変更された規定は協定には編入されず，かつ元々の規定は協定から削除されることはないからである。もし，規定を変更した決定が決定効力の終了の日以後更新されず代替されない場合，元々の規定が実施される。変更の権限の多くは，総投票権数の特別多数決による決定によって行使される。

改正された規定は協定に編入され，さらなる改正によってのみ元々の規定に戻すことができる。

ＩＭＦの変更の権限は，次の条文に規定されている。

買戻しの基本期間（5条7項(c)），報酬の引上げ（5条9項(c)），選任理事の数（12条3項(b)），理事選任に必要な票の割合（12条3項(d)），ＳＤＲの配分と消却の基本期間（18条2項(c)），ＳＤＲと引換えに通貨を提供する参加国の指定（19条5項(c)），ＳＤＲの復元の規則（19条6項(b)），平価制度を導入した場合のマージン（付表Ｃ5）。

ゴールドは，変更の権限が協定に盛込まれた理由について，次のように考察している。「変更の権限が創造された理由としては，当初の規定が時代遅れのものとなりうるという合意が存在していたからである。もうひとつの理由としては，活動のために必要な規定を作り，膠着状態が生じるリスクを回避することにより，ＩＭＦの効果に貢献するという要望が存在していたことである。なぜならば，投票権の必要な多数は，通常のものでさえ見出されないからである。合意が適当な

---

(368) Gold (1980 a) pp. 17-19.
(369) Ibid., p. 20.

第2節　法規範の適応

変更に基づいて達することができない場合，もともとの規定が適用される[369]。」

3. 授権権限

ＩＭＦは，規制業務，融資業務に関する決定を行なう権限を有する。

二次改正交渉の間，「授権権限」の用語はこの権限を示すものとして使われた。授権権限は，変更とは異なるとされる。なぜならば，授権権限が設定された規定は変更における特定の要素を含んでいなかったからである。そして，「ＩＭＦには，明らかに規範を創造する権限があり，協定に含まれた規範が実施されることを決定する権限がある。」

しかし，いわゆる授権権限の法的な性質と効果は，他の権限と異なるものではない。授権権限が性質や効果の点で，別の分類のものとして見なすことができるような定義を示すことはできない。

多くの交渉者が授権権限であると考えたある権限は，ＩＭＦによる一般的な為替取極の勧告（4条2項(c)），付表Ｃの平価制度の導入（4条4項），ＳＤＲの新たな使用の許可（19条2項(c)）である[370]。

4. 規則の策定

総務会と理事会は規則を採択する一般的かつ特別な権限を有している。

12条2項（総務会）

「(g)総務会は，権限を与えられた範囲内で，理事会は，基金の業務上必要な又は適当な規則及び細則を採択することができる。」

この権限に基づき内規が総務会によって採択され，規則と細則が理事会によって採択されてきた。規則と細則は，より直接的な関係があるものである。なぜならば，「規則と細則は，協定に含まれた目的と権限を実行するために必要であり望ましいとされる業務上の規則，手続，細則，及び解釈を提示する。」[371]

規則と細則は，ＩＭＦの業務における無数の重要な問題を取扱っており，必要に応じて採択されている。

内規と規則・細則は，ＩＭＦのほかの決定と法的な性質上異なるものではないが，他の決定よりも変更しにくいと考えられている。

決定が一般的に適用され，一時的に効力を有するものであると考えられていな

---

(370) Ibid., pp. 20−21.
(371) Rules and Regulations, A−1.

第4章　ＩＭＦにおける法構造

い場合，さまざまな理由によりその決定に審査が組み込まれている。それは，このような決定が，妥協によるものであったからかもしれないし，変化の激しい情勢に対応してであるからかもしれない。そして，規則・細則はＩＭＦがその業務を行う権限を付与するために必要であり適当なものであるとされているので，総投票権数の特別多数を必要とすることなしに採択され修正される。

　ＩＭＦは規定を実行すべく規則を採択する権限を有することを，多くの規定は宣言している。例えば，5条7項(j)(iv)は他の加盟国の通貨と引き換えに提供される自由利用可能通貨に関する規則を採択することができる，と定めている。このような規定については，規則を採択する権限について特別な言及が法的には必要はない。ある起草者は，いくつかの規定に正確さや詳細さを求める特別な言及を要請したが，この種の規定が合意に達することは不可能であると判った。それは，いくつかの規定のために，このような合意に至るためにさらなる努力を費やさなければならないことは不当であると考えられたからである[372]。

5.　勧告とガイドライン

　ＩＭＦと加盟国は，内規と規則・細則がＩＭＦと加盟国の行動に適用される範囲で，これを遵守することが要請されている。ＩＭＦは，加盟国の行動に対して勧告を行いガイドラインを発する明白な権限を有する。しかし，加盟国が勧告とガイドラインを遵守することを期待されているが，その不遵守は自動的に義務違反となるものではない。勧告やガイドラインを策定する重要な権限としては，一般的為替取極を勧告する権限（4条2項(c)）と為替相場政策に関して加盟国に対する指針とするための特定の原則を採択する権限（4条3項(b)）がある[373]。

6.　協力義務

　加盟国の明白な義務として，加盟国間又はＩＭＦと協力することを加盟国に求めることができる。

　ＩＭＦは，加盟国との協力義務を様々に利用したが，これらの決定は加盟国の新たな義務を創造するものではなかった。

　二次改正において，自国の為替取極を選択する自由が認められた。だが，加盟

---

(372)　Gold (1980a) pp. 21-22.
(373)　Ibid., p. 22.
(374)　Ibid., p. 23.

国はIMFと他の加盟国と協力することを約束したのである[374]。

協力義務としては，次のような規定がある。

>「秩序ある為替取極を確保し及び安定した為替相場制度を促進するため，基金及び他の加盟国と協力することを約束する。」（4条1項）
>
>この4条の協力義務ついては，ソフトローとの関わりの中で詳述することとする。

この4条以外にも，様々な協力義務を協定は規定している。

>「各加盟国は，準備資産に関する自国の政策が，国際流動性のより良い国際監視を促進するとの目的及び特別引出権を国際通貨制度における中心的な準備資産にするとの目的に合致することを確保するため，基金及び他の加盟国と協力することを約束する。」（8条7項）
>
>「参加国は，この協定の他の条の規定に基づき特別引出権を国際通貨制度における中心的な準備資産にするとの目的に従って行なわれる特別引出権会計の効果的な運営及び特別引出権の適切な使用を容易にするため，基金及び他の参加国と協力することを約束する。」（22条）
>
>「(j)(ii)自国通貨が買戻しのために基金によって特定される各加盟国は，買戻しを行う加盟国が特定された自国通貨を自由利用可能通貨である他の加盟国の通貨と引換えに買戻しの時に取得することができるように，基金及び他の加盟国と協力しなければならない。」（5条7項）

等がある。

7. 停止権限

IMFは，緊急の場合又はIMFの活動を脅かす不測の事態に柔軟に対応するために特定の規定による業務を停止するという珍しい権限を有している。

どちらの事態においても，IMFは特定の規定の業務を停止することができるだけでなく，停止期間中代わりの規則を採択することができる。

この停止権限を，23条1項[375]と27条1項[376]が規定している。

---

(375) 23条1項「緊急の場合又は特別引出権会計に関する基金の活動を脅かす不測の事態が生じた場合には，理事会は，総投票権数の85％の多数により，1年以内の期間特別引出権の操作及び取引に関するいずれの規定の適用をも停止することができる。この場合においては，第27条第1項(b)から(d)までの規定を適用する。」

(376) 27条1項（一時的停止）

この停止権限は，ＩＭＦと加盟国に改正が望ましいかどうか考慮する時間を与えるものであり，同時に事態において適切である規則に従って職務を続ける権限をＩＭＦに付与するものである。

ＩＭＦは，ＳＤＲの取引に関連するある規定の業務を停止すべく，この権限を一度だけ行使した。そして，二次改正に修正された形で編入されたのである。二次改正では，大きく２点の改正がなされた。

第一に，理事会は全会一致に代わって全投票権の85％の多数決によりある特定の規定の業務を停止する決定を行うことができ，停止期間の考慮に更なる時間を与え，かつ望ましいと考えられる場合に改正の採択に時間を与えるべく時間が延長されたのである。

第二に，ＩＭＦが規定の業務を停止した場合，加盟国の特定の活動を認める権限をＩＭＦに与えられていた。しかし，二次改正において，ＩＭＦはどの規定の業務を停止する必要なくこの活動を認めることができることとなった。

ゴールドは，停止権限について次のように自らの見解を表明している。

「ＩＭＦが行使することができる停止という珍しい権限は，協定の交渉者に地図のない水域に乗り出す勇気を与えるものであった。ほんのいくつかの規定だけが原協定の権限によるものであったが，規定を増やそうとする動機は，明らかに目新しいものであった。為替取引のマージンやＩＭＦの資金利用に関する規定は，この動機による明らかな例である。一次改正が採択された際，ＳＤＲに関連するすべての規定の施行は停止権限に従う，と考えられるような規定を策定したことは，大胆な実験であった。ＳＤＲに関連するものについて文字通りの適用したら，混沌の状況を引き起こしたことであろう。結果的に二次改正は，その権限がＳＤＲの操作と取引に関連する規定のみに適用されると明確化した。しかし，この限定にもかかわらずこの権限は広範囲なままである[377]。」

8. 役務の提供

ＩＭＦが，黙示的権限として認めていた権限を，二次改正は明確にしている。５条２項(b)[378]がそれである。

トラスト・ファンドは，ＩＭＦがこの規定の下で提供することができる融資役務の例である。ＩＭＦは，５条２項(b)の下で融資・技術役務として代替勘定を管理することができるが，さらなる役務も創造することができる。そのため，この

---

(377) Gold (1980 a) pp. 23−24.

第3節　法規範と不遵守に対する救済

規定は国際通貨制度の進展の中で重要な役割を果たすことができようし，かつ「やりにくい」改正の必要を回避することができると考えられたのである(379)。

9. 他の手法

　国際通貨制度の進展に促進するための手法は，無数にある。過去において国際通貨制度の進展の中で重要な影響を与えてきたものであり，将来のおいても同様の力を発揮するであろうものがある。この政策は，ＩＭＦのすべての業務をカバーするものであり，協定の規定に基づいて採択する権限があるもの（例：5条7項(h)）や指示されているもの（例：5条3項(a)）に限られない(380)。

第3節　法規範と不遵守に対する救済

　ゴールドは，これまでの法規範の遵守は，期待したよりはいいといえるが，完璧とは言い難い，と判断している。しかし，各加盟国によるあからさまな義務違反は稀である。1971年8月15日ニクソンショックはその稀な例である。だが，この稀な例はブレトンウッズ体制を崩壊させた。しかし，この平価制度の崩壊させた米国の行動は，ＩＭＦの法違反とすることはできない，という解釈の余地があった。

　それは，米国は，二次改正前に4条4項(b)の第二文(381)に従って通貨に関する約束をＩＭＦにしていた唯一の加盟国であったことによるものであった。

　金を売買する約束は，自発的なものであり，義務違反なしに加盟国の意思で撤

---

(378)　5条2項（基金の操作及び取引に対する制限）
　　「(b)基金は，要請があった場合には，基金の目的に合致する金融上及び技術上の役務（加盟国が拠出した資金の管理を含む。）を提供することを決定することができる。この金融上の役務の提供に係る操作は，基金の計算で行ってはならない。この(b)の規定に基づく役務は，加盟国に対し，当該加盟国の同意なしに，いかなる義務をも課するものであってはならない。」
(379)　Ibid., p. 25.
(380)　Ibid., pp. 25–26.
(381)　4条4項(b)（原協定・一次改正）第二文
　　「加盟国の通貨当局が国際取引の決済のために本条第二項に基づいて基金の定める限度内において事実上自由に金を売買しているときは，その加盟国は，この約束を履行しているものと見なす。」

回することができた。だが，交換を行いつづけてきたという米国の実行が，平価制度の最も重要で基本的な規範となったのである。

すなわち，金の交換を停止しただけでは，米国は義務違反とは見出させなかったのである。

だが，この分析は米国が1971年8月15日に続いてとった政策が協定違反ではないということを意味してはいない。約束の撤回の結果として，米国は領域内で米国ドルを含む為替取引の為替相場が規定のマージン内で行われたと見られるべく適切な措置を適用する義務を履行しなければならなかったのである。しかし，米国はこの目的のためのどの措置もとらないことを公表した。

米国は，また8条4項によって要請される限定された額の米ドルの外国の公的保有を交換しなければならなかったが，1971年8月15日のアナウスメントはこの形態の交換性も拒絶したのである[382]。

1. 目的による救済の分類

IMFは，加盟国による義務の不履行に対して様々な応答をなすことができる。これらの応答は，制裁ではなくて救済と呼ばれてきた。IMFは義務違反に対して救済を適用するだけではなくて，義務違反とは扱われないが望ましくない活動を加盟国が行った場合にも適用した。

救済は，様々な方法で分類されるが，救済を三つに分類する方法がある。

①救済が義務違反に限って適用される場合，②違反の認定なしに適用される場合，③あるときには違反に適用され，あるときは違反として扱われない場合。

もう1つの方法は，ある救済が複数の目的を持っている場合，救済の目的から分類するものである。①IMFの一般資金勘定やSDRの効果を保証することを目的とする救済がある。これらの救済は，一般資金勘定やSDRの加盟国の操作や取引が協定に合致することを確保することが意図されている。

また，②加盟国に調整政策を遂行させることを目的とする救済がある。そして，加盟国に調整行動をとらせることを目的とする救済と自身で調整を生み出し貢献することを目的とする矯正的な救済の間に区別がなされる。

③義務違反と関連し明らかに懲罰的なものがある[383]。

---

(382) Gold (1980 a) pp. 26−27.
(383) Ibid., pp. 27−28

第3節 法規範と不遵守に対する救済

2. 手法による救済の分類
同僚の判断
　意思決定の章でも論じたが，法的な分析によればＩＭＦの機関の決定はＩＭＦの加盟国の決定ではない。しかし，ＩＭＦという機関の決定は，事実上加盟国の決定であると考えられている。この見解によれば，救済が適用される決定は，ＩＭＦの他の加盟国によるある加盟国に対する判断について道義的な効果をもつものである。この救済は，2つに分類される。
① 報告，加盟国に対する見解の非公式の伝達。（5条5項（一般資金を利用する資格の喪失），7条2項（通貨の一般的不足），12条8項（加盟国に対する見解の通知））。
② 加盟国に対する抗議（14条3項（制限に関する基金の措置），19条2項(d)（参加国間の操作及び取引），19条3項(b)（必要性の要件））[384]。

周　知
　ＩＭＦは，加盟国の状況についての報告を公表する権限がある（12条8項（加盟国に対する見解の通知））[385]。

負担の増大
① 加盟国が買戻しを行なわなかった場合，ＩＭＦは，罰則的な程度にまで資金利用に対する手数料を引き上げることができる。（5条8項(c)（手数料））。
② たとえ，加盟国が通常の経済的基準に基づいて指定されなかったとしても，ＩＭＦはＳＤＲと引換えに通貨を提供する参加国を指定する。(19条5項(a)（通貨を提供する参加国の指定）。
　また，加盟国が買戻しを行なわなかった場合，他の状況でＩＭＦがその通貨を売却しなかったとしても，ＩＭＦは一般資金勘定を通じて他の加盟国との取引の中で，ある加盟国の通貨を売却することができる（5条7項(h)（加盟国による基金の保有する自国通貨の買戻し））[386]。

利益の否定

---

(384)　Ibid., pp. 28-29.
(385)　Ibid., p. 29.
(386)　Ibid.

利益の否定に分類される救済は，次のものである。
① ＩＭＦの資金利用の資格喪失（5条5項（基金の一般資金を利用する資格の喪失）），ＩＭＦの金の売却益を受け取りや金の直接売却に参加する資格の喪失（5条12項(e)，(f)(ii)（その他の操作及び取引））
② ある加盟国に対する他の加盟国による差別的な為替制限の認可（7条3項(b)（基金の保有額の不足））
③ ＳＤＲを使用する権利の停止（23条2項(a)(b)(c)(e)(f)（義務の不履行））
④ ＩＭＦからの強制的脱退（26条2項(b)）

別の救済の区別としては，①ＩＭＦが認定した場合に自動的に適用される救済と②ＩＭＦが適用することを決定した場合のみ適用される救済，という区別がある。自動的な救済の適用は，稀である。自動的な救済としては，ＳＤＲの使用停止（23条2項(c)），不足通貨発行国に対する差別的措置の自動的な認可（7条3項(a)(b)）がある。なお，認められていない平価の変更に対する資格喪失は，削除された[387]。

救済政策

ＩＭＦは，義務違反と違反として扱われない活動両方に対する救済を寛大に行う公式化されない政策を続けてきた。加盟国が非難であると受け取るような活動に訴えることのＩＭＦの忌避は，次のようなことを暗黙に意味すると説明される。すなわち，①救済の頻繁な利用は法規範の遵守を弱め，反対の反応を生じるかもしれない。別の理由としては，②もし義務が無視される場合，他の加盟国に対して救済を広範に使用する加盟国の政策の主張は，加盟国自体に対する跳弾となるかもしれないからである。さらに，次のような理由は考えにくいが，③ある救済は，潜在的な貸し手が資金を加盟国に利用させたくない場合，苛酷で望ましくない結果を生じるかもしれない。ブレトンウッズ会議において経常収支黒字国と経常収支赤字国の対称的な取扱いに貢献すると考えられた不足通貨条項の下での差別の救済でさえ，あまりに苛酷であると見なされ，今まで適用されてこなかった。

違法というラベルを貼ることへの自制は，協定の起草者が加盟国に対して考えられる反応に対して敏感でありつづけてきたことからも明らかである。また，協定の表現で義務の不履行と規定し，命令不服従を示唆する「違反」や「義務違反」といった文言を避けていることからも明らかである。

---

(387) Ibid., pp. 29－30.

第3節 法規範と不遵守に対する救済

違反がSDRの効果やIMFの資金の安全に対して有害なものである場合，IMFは反応する傾向がある。この状況下においてさえ，応答の方法を判断してきたのである。例えば，規則・細則のK-2はIMFが加盟国に資金利用の資格喪失を宣言することが認められるときはいつでも，理事会はこの宣言をとりやめることができ，加盟国が一般資金を利用することができる条件と範囲について提示することができると規定している。この規則は，加盟国に資格喪失宣言をすることなしに，一般資金の利用を延期し却下し制限する協定解釈の決定によって補完されてきた[388]。

これらの決定で認められた権限の行使でさえ，ほとんどないことである。資格喪失宣言手続や資格喪失宣言を伴わない場合でさえ，一般資金の延期・却下・制限の決定は，非難的なものであるように考えられ，それゆえ恨まれてしまう可能性がある。

しかし，IMFは憤慨の唯一の対象ではないかもしれない。なぜならば，この応答に対する憤慨は，非難的な決定を支持した理事を任命・選任した加盟国に向けられるかもしれないからである。理事会は，この種の事項が理事会の議題に上ったとき，理事がとるべき立場について選出母体の諸加盟国から指針を受け取ることがよくある。たとえ，指針を受けとらなかった場合でも，このような決定を支持することを嫌がるものである。なぜならば，その決定が憤りを引き起こす期待を共有しているからである。

IMFや他の国際機関の経験が示していることは，批判的な性質を持つ効果的なものとして国際的な判断がある。同僚の判断による恥の動員は，判断が出された加盟国が無視し得ないものである。この敏感性は，なぜ長年にわたり8条協議の理事会決定への抵抗が存在しつづけてきたのか，なぜ4条3項の協議が理事会の「結論」となったのかを説明するものである[389]。

結論が，「決定」よりも好まれたのは，結論と決定が異なるものと考えられるからであり，かつ法的に「結論」が理事会決定とほぼ同じであるとしても，判断という感じをあまりもっていないと考えられるからである。

さらに，IMFの資金を保護すべく，加盟国を非難するような決定を行うことを限定するために，IMFはその他の手続を発展させてきた。スタンド・バイ取

---

(388) Decision No. 284-3, March 10, 1948, Decision No. 286-1, March 15, 1948.

(389) Decision No. 5392- (77/63) April 29, 1977.

第4章　IMFにおける法構造

極はその発展した手段である。

スタンド・バイ取極は，IMFの実行の中で生まれ，二次改正以前において協定に規定されていなかったが，クレジット・トランシュにおけるIMFの資金利用の主要な手段となった。スタンド・バイ取極におけるパフォーマンス・クライテリアは，この取極の下でのIMFの資金を保護する主要な手段である。ある加盟国がパフォーマンス基準を遵守していない，もしくは遵守してこなかった場合，その間スタンド・バイ取極の取引に関わることができない。これは，理事会による通知や決定の必要なしに自動的に行なわれるのである。

義務違反に対する救済を適用することへのIMFの忌避が，協定の下での加盟国の義務が不完全な法 (leges imperfectae) に近いものとなっていると示唆している者がある。彼らは，救済が採用されれば強い遵守が達成されると論じつづけてきた。

この前提は，立証することも反証することもできないが，救済が行われなくても，義務を履行させることができる。締約国の義務の不遵守は他の加盟国がその義務を無視することとなり，条約の目的を挫折させてしまうので，自己利益は義務を遵守する最も強力な利益となる。

もう1つの強力な影響力があるものとして，恥の動員において示唆されるように，国家が義務違反の烙印を押されることを嫌がるということにある[390]。

違反結果の統制

義務を履行しない加盟国に救済を適用をしてもしなくても，IMFは違反の結果を統制する措置をとることができ，この方法により違反が引き起こす害を最小化することができる。加盟国は為替相場に関する義務を遵守してこなかったが，このために，IMFは加盟国との協力義務にしばしば依拠してきた。

二次改正前の4条4項(a)[391]の下での加盟国のIMFとの協力義務は，中心相場とマージンについてと変動為替相場についての指針についてのIMFの決定であった。これらの決定は，1971年12月18日のスミソニアン協定と二次改正の発効の日までの間，為替相場の規制のためのコードに似たものとなった。しかし，こ

---

(390) Gold (1980 a) pp. 30-32.
(391) 4条4項（一次改正）（為替の安定に関する業務）
「(a)各加盟国は，為替の安定を促進し，他の加盟国との秩序ある為替取極を維持し，且つ，為替の競争的変更を防止するために，基金と協力することを約束する。」

第3節　法規範と不遵守に対する救済

れらの決定は，決定に従った為替相場実行を有効なものとしなかったし，有効なものであるとはできなかったであろう。

　だが，次のような見解も可能である。合法性も違法性も取引に要求されないため，平価制度の崩壊の後に法のルールが適用をやめたということではなくて，IMFは4条4項(a)の下で為替の実行を「有効に」してきたように，このような権限の下でこれらの決定を有効なものとすることができるとするのである。

　この「有効化」論争について，ゴールドは，「どのようにこの論争を説明するにしても，加盟国の合法性や国際通貨問題における法のルールへの選好を強調するものである。」として，法のルールを加盟国が選好したことを強調するのである。ゴールドは，明白に協定に違反するものを「有効」とできないので，このような評価を下したのであろうか。

　さて，緊急の場合又はIMFの活動を脅かす不測の事態が生じ，加盟国が義務を遵守することができない場合，IMFが状況を統制する手続として，義務を課す規定の実施を停止する。しかし，IMFはすべての規定を停止する権限を有していない。もし，規定の停止が可能である場合，IMFは実施が停止されている間規定の事項についての代替のルールを採択することができる。

　一方，為替取引のマージンを指図する規定の実施が，1971年8月15日から1978年4月1日まで停止されなかったことは驚くべきことであると考えるかもしれない。

　当時，この決定を行うためには全会一致の投票が必要であった。ある理事は，一般的な通貨の変動や状況を承認することを好んでいなかった。為替取引のマージンの実施の停止は，無効であると主張することは難しかったであろう。無効の状態継続の選好は，安定的で調整可能な平価の法制度における合意に向けて加盟国を刺激するものであった。

　②もう1つの義務違反を統制するものとして，他の加盟国による義務違反は，義務を無視した違反者に対して報復する権利をもう一方の加盟国に与えるものではない。互恵主義が協定で仮定されており，加盟国が義務を無視した場合他の加盟国に自助に訴える権利があるとする原則はない。自助が有効であれば，混沌が訪れていたであろう。

　権利を侵された加盟国は，義務不履行の加盟国が規則を守るように，IMFに対し訴えることができる。自助の否定は，法のルールの明らかな反映である。IMFは，平価制度当時においては，法のルールの維持を主張していた。加盟国がその通貨の為替相場についての義務を遵守しない場合，他の加盟国は，各々の決

断やその加盟国との合意によって，自国の通貨と権利を侵した国の通貨の為替相場を設定することができない。そのため，ＩＭＦとの協議と為替相場設立の同意が要請されたのである。

しかし，平価制度において報復の原則が存在したと考えられることがある。なぜならば，加盟国が自国通貨を変動相場とした場合，他の加盟国は領域内の為替取引において自国の通貨と変動通貨の平価による相場を維持する必要がなくなったからである。しかし，この規範は報復の原則ではなくて，各加盟国が自国通貨平価制度を維持する責任があり，他国に対し責任を課する権利を持っているわけではないという原則の表明である[392]。

ＩＭＦにおける違反の効果

加盟国が義務違反を行なった場合，ＩＭＦはその加盟国との取引を禁ずることはできない。例えば，二次改正前，加盟国は市場の為替取引において平価で行なわない場合，ＩＭＦはその加盟国に資金利用の資格喪失を宣言する権限を有していた。しかし，ＩＭＦがこの活動を取らない場合，ＩＭＦは他の加盟国通貨をその加盟国に売却することとなったであろう。協定は，ＩＭＦが広く認められている為替の相場で取引に入ることを認めていた。この理由は明白である。加盟国とＩＭＦは，権利を侵した加盟国通貨を含む取引の凍結により影響を受けるべきではないとされていたからである[393]。

寛 容

ＩＭＦは，規定に基づき加盟国の義務免除を与える権限を有している。例えば，8条2項(a)におけるＩＭＦの承認による経常的国際取引のための支払及び資金移動への制限の賦課，8条3項による協定又はＩＭＦの承認による差別的通貨取極と複数通貨措置の導入がある。しかし，この権限はすべての義務に拡張されない。免除は，規定の実施の停止と区別される。なぜならば，免除はある加盟国に与えられるが，停止はすべての加盟国に適用されるからである。免除は，免除がなければ義務違反となる加盟国の活動を有効ならしめる。違反への寛容は，正式な概念ではないが，免除と似たものである。しかし，義務違反の活動を有効なものとしないという点で決定的に異なる。

---

(392) Gold (1980a) pp. 34–36.
(393) Ibid., pp. 36–37.

第3節　法規範と不遵守に対する救済

違反が行われた時権限ある活動をとらない場合,違反を許容することになると解釈しうる。しかし,寛容は機関による是認の要素を含むものとして定義されうる。しかし,この是認は免除の意味での承認ではない。是認は,黙示のものもある。

ＩＭＦにおいて,寛容によって生じた問題は平価制度時の変動相場に関連してであった。ＩＭＦの態度に対する疑義が生じた1949年には,平価への変更の過渡期に変動相場は有効であるという傾向があった。法的な立場が不確実であったので,ＩＭＦは次のように決定することによって対応した。すなわち,ＩＭＦは変動相場は情勢の緊急性の観点から見て適切な措置であり,ＩＭＦは異議を唱えない。

しかし,次の年「情勢の緊急性」を支持して「適切な措置」という文言を削除した。

この決定は,法的な問題を解決しないだけではなく,無効に対する寛容は厄介な問題となるため論議の的となった。

1951年法的な問題は解決された。すなわち,変動相場は短期間の過渡期の措置としてでさえ無効であるとされた。しかし,法的立場を説明した年次報告は,加盟国が変動相場に訴えざるえない「偶然で例外的な場合」があり,情勢が変動相場の原因であるという加盟国の意見にＩＭＦが説得される場合,ＩＭＦは「その活動へ承認を与えることはできないが,そのような状況にあるということはできる」。

ゴールドは次のように論ずる。「変動相場への正当性が失われたとＩＭＦが決定した場合,ＩＭＦは既知の結論を形成しなければならなかったであろうし,協定の下での活動が必要かどうか,望ましいかどうかを決定しなければならなかったであろう。」

やがて,この説明は,先進国との関連ではＩＭＦの政策としてみとめられるようになった。その他の加盟国との関連では,極度の不安定とインフレーションの厳しい制約の中で安定した為替相場を維持することができるのであれば,ＩＭＦは通貨を変動相場にすることにより寛容であり,実際それを促すこともあった。

寛容への疑義は,基本的な規範から逸脱の有効性を認めない決定が行なわれた場合のみ生じる。二次改正以降は,変動相場との関連ではこの問題に直面することはない[394]。

---

(394) Ibid., pp. 37−39.

第4章　ＩＭＦにおける法構造

第4節　ＩＭＦの法と決定の首尾一貫性

政治的考慮

世銀協定においては，業務における政治活動の禁止を明記している[395]。

しかし，ＩＭＦ協定には政治活動の禁止について触れた規定は存在しない。だが，1条の最後の一文「基金は，そのすべての政策及び決定につき，この条に定める目的を指針としなければならない。」は，世銀協定の政治活動の禁止について明記された事項を暗に意味する，と理解されてきた。

また，ＩＭＦ協定は，ある活動については政治的考慮について触れている。ＩＭＦは，加盟国の為替相場政策について加盟国の指針となる特定の原則を採択しなればならない[396][397]。

この「尊重するものでなければらない」という文言は，「妥当な考慮を払わなければならない」という文言よりも強い効果を与えるものである。

「妥当な考慮を払う」というより弱い表現は，1979年3月2日の理事会決定「基金の一般資金の利用とスタンドバイ取極」にも見られる。これについては，後に詳しく触れることとする。

ゴールドは，この「妥当な考慮を払う」という文言でも，ＩＭＦが政治的な考慮をすることを完全に否定するものではないとして，次のように論じている。

---

(395)　世銀協定4条10項（政治活動の禁止）
　　「銀行及びその役員は，加盟国の政治問題に関与してはならず，また，決定を行うに当たって関係加盟国の政治的性格に影響されてはならない。その決定は，経済的事項のみを考慮して行うものとし，これらの事項は，第1条に掲げる目的の達成のため公平に考慮されなければならない。」

(396)　4条3項（為替取極の監視）
　　「(b)この原則は，加盟国の国内の社会的又は政治的政策を尊重するものでなければならず，また，基金は，この原則を適用するに当たり，加盟国の置かれた状況に妥当な考慮を払わなければならない。」

(397)　また，ＩＭＦは付表Ｃの規定に従って平価制度を導入することができる。この付表において，ＩＭＦに提議された平価に同意をし又は異議を唱える権限を認めている。
　　付表Ｃ　4項
　　「基金は，提議された平価に対し，その提議を受領した後相当な期間内に，同意し又は異議を唱えければならない。」

第4節　IMFの法と決定の首尾一貫性

「この弱い表現は，IMFが加盟国の政治的目的を修正することを望んでいないと説明されうる。このパラグラフが意味することは，加盟国の政治的目的に妥当な考慮を払った後に，その目的が調整を阻害し協定に合致するIMFの資金利用を妨げる，とIMFが結論した場合，資金利用を差し控えることが協定上IMFに要請される。この状況において，IMFの資金を利用させることは，IMFの目的に合致するものではなく，取引を認める決定は1条の最後の一文に合致しないものであるとされるであろう(398)。」

加盟国による義務違反はすでに論じたところであるが，ここではIMFによる義務違反を論ずることとしたい。基本となる条約に合致しない国際機関の活動という問題に対し，関心が大きくなっており，このような活動の法的な効果について意見の大きな相違がある。

IMFの権限外の非経済的・非金融的考慮に基づくIMFの決定が不適切であるかどうかについては，説明する必要がある。なぜならば，そのような決定は協定に合致しないからである。このような考慮は，「政治的」なものと呼ばれる。これについて，しばしば説明をする必要が生じた。なぜなら，加盟国政府がとった政治・社会政策を理由として，IMFは資金利用の条件を課すべきであり，ある国に対しては差し控えるべきであるとする勧告がなされ考慮されてきたからである。

例えば，米国では，補完的融資制度（SFF）の導入に当たって人権やベーシック・ヒューマン・ニーズなどを考慮すべきであることが議会で議論された。

だが，このような協定に規定されていない目的をIMFは追求することはできない，としてゴールドは次のように主張している。

「IMFを代表して指摘されたことは，これらの大目的の推進が賞賛に値するものであっても，IMFは協定に一致してのみ活動を行うことができるのであり，主張された大目的を追求する権限を有していないのである。IMFは，資金を利用させる際に権限を越えた考慮を行うことはできないし，協定に従ったものを除いて資金利用を差し止めることはできない。協定の適用条項に従って加盟国が資金利用資格喪失宣言がなされないかぎり，IMFは資金を差し止めることはできないだろう。（中略）もし加盟国がIMFの政策やスタンド・バイ取極の下でのパフォーマンス基準を遵守しない場合，資格喪失宣言がなくとも，IMFの資金

---

(398)　Gold (1980 a) pp. 37-39.

第4章　IMFにおける法構造

は利用できなくなる。しかし，これについては法的な権限がある。なぜなら，IMFは資金の不適切な利用を認めるようには求められていないからである。」

　IMFの権限を踰越させようとする提案に対する反対意見として，法の混合を招くこととなり，また権利が撤回されるならば義務が履行されなくなる，というものがあった。米国財務長官であったブルメンソールは，「もしわれわれがIMFの取引に人権の考慮を適用したならば，IMFの下での義務を履行している限り法的に認められるIMF加盟国の権利を否定することとなる。（中略）もしこの種の国際金融的なメカニズムを導入した場合，利益があるかもしれないが，そのようなメカニズムは機能しないだろうし，権利が奪われるのであるから加盟国は義務を守ることをやめるであろう。」

　また，国連からのある加盟国のIMFの資金利用の差し止め提案に対しても，IMFは同様な応答を行った。協定に合致した場合のみ活動を行うとするIMFの権限は，国連とIMFとの間の協定1条2項[399]によって認められるものであった。この協定は，1947年11月15日に発効した。

　また，同協定4条2項[400]は，協定と合致しない勧告を受けとる困惑からIMFを守るための規定である。

　この規定は，「公式の勧告」に言及しているが，この規定に適合しないアプローチがIMFに対して取られてきた。

　国連IMF協定6条1項では，IMFは，国連憲章48条2項[401]の下でIMFの加盟国で国連の加盟国でもある国が安全保障理事会の決定を実行する義務に「注意する」としている。さらに，業務活動において，IMFは国連憲章41条・42条[402]の下での安全保障理事会の決定に「妥当な考慮」を払う。

---

(399)　国連IMF協定1条2項

　「基金は，加盟国間の協定によって設立された専門機関であり，協定の条文に規定されているように，国連憲章57条の範囲内の経済及び関連分野についての広い国際的な責任を有している。国際的な責任の性質と協定条文の条件により，IMFは独立の国際機関であり，独立の国際機関として職務を果たすことが要請されている。」

(400)　国連IMF協定4条2項

　「どの機関もまたどの補助機関も，妥当な事前協議なく別の機関に対し公式の勧告を行なわない。

　公式の勧告は，協議が他方の適当な機関によりできる限り速やかに検討された後になされる。」

194

第4節　ＩＭＦの法と決定の首尾一貫性

　ＩＭＦが国連憲章48条2項の下での決定の目的のために「適当な専門機関」であるかどうか，もし決定がＩＭＦの条文に合致して行なわれない場合ＩＭＦの決定を実行することが協定6条1項により要請されるかどうかの疑義を解決する必要は，これまでなかった。

　条文に合致しない状況においては，ＩＭＦは「適当な専門機関」ではないと考えられる。ＩＭＦによる「妥当な考慮」は，特に安保理の決定に合致した行動がＩＭＦ協定に反する場合には，国連憲章41条42条の下での安全保障理事会の決定に合致した義務とは帰しえない。

　しかし，国連ＩＭＦ協定6条1項の下で，ＩＭＦ加盟国が国連加盟国でもある場合，加盟国がＩＭＦにおいてある活動を行うことが要請されるということを，ＩＭＦは注意している。

　だが，「政治的考慮」を定義することは簡単なことではない。政治的考慮とは，「経済的」又は「金融的」考慮から区別されるものである。この区別は定義ではなく，政治と経済・金融のカテゴリーが重複しているため，単なる指針以上のものではない。

　ＩＭＦは決定を行うときだけではなくて，実行の法において政治的考慮に巻き込まれる危険を最小化しようとしている。1979年3月2日決定で，スタンド・バイ取極のレター・オブ・インテントに含まれた加盟国の広範な政策の実施のための詳細な決定に巻きこまれるのを回避するために，ＩＭＦはマクロ経済変数に集

---

(401)　国連憲章48条2項
　「前記の決定は，国際連合加盟国によって直接に，また，国際連合加盟国が参加している適当な国際機関におけるこの加盟国の行動によって履行される。」
(402)　国連憲章41条（非軍事的措置）
　「安全保障理事会は，その決定を実施するために，兵力の使用を伴わないいかなる措置を使用すべきかを決定することができ，且つ，この措置を適用するように国際連合加盟国に要請することができる。この措置は，経済関係及び鉄道，航海，航空，郵便，電信，無線通信その他の運輸通信の手段の全部又は一部の中断並びに外交関係の断絶を含むことができる。」
　国連憲章42条（軍事的措置）
　「安全保障理事会は，第41条に定める措置では不十分であろうと認め，又は不十分なことが判明したと認めるときは，国際の平和及び安全の維持又は回復に必要な空軍，海軍又は陸軍の行動をとることができる。この行動は，国際連合加盟国の空軍，海軍又は陸軍による示滅，封鎖その他の行動を含むことができる。」

中したのである。このような詳細な決定は，抑制負担を課す経済部門の決定のような国内の政治的考慮に基づかなければならないであろう。

IMFが政治的問題に巻きこまれることへの忌避の顕著な例は，安全保障を理由として課された規制である1952年8月14日の決定である。

この問題は8条2項(a)が問題となった。8条2項(a)は次のように規定する。

> 「前条第3項(b)及び第14条第2項の規定が適用される場合を除くほか，加盟国は基金の承認なしに，経常的国際取引のための支払及び資金移動に制限を課してはならない。」

この規定に例外はないが，1950年中国と北朝鮮の本土又はその国民に対して米国の管轄権内で支払及び資金移動に制限を課すと，米国はIMFに通知した。経済的・金融的理由によってではなくてこの地域における国連軍を支援するために，加盟国はこの制限を正当化した。この制限は8条2項(a)の範囲外であると米国は論じなかったが，IMFは承認すべきではないという暫定的な意見を示した。理事会は，米国の活動を注視し，IMFの権限の検討期間中活動を差し止めることを決定した。

1951年7月キューバは，IMFに同じように制限が課されたことにつき通知を行なった。

1952年8月14日決定は，IMFの困惑を示すものである。

> 「8条2項(a)は，その文言にそって，動機及び制限が課された状況にかかわらず支払と資金移動についてのすべての制限に適用される。加盟国は，国家安全保障又は国際安全保障の維持のためにこのような制限を課すことがある。しかし，IMFはこの種の活動を導く政治的・軍事的考慮についての適切なフォーラムを提供するものではない。このような性質をもつ考慮のみを含む問題とIMFが討論のための適切なフォーラムを提供する経済的な動機と効果を含む問題との間に正確な線を引くことは不可能であるという観点から，IMFがその義務を履行するために，そして加盟国の正当な利益を保護するために，IMF協定によって与えられた権限を行使しなければならないという観点から，次の政策決定が行われた。」

この決定は，未だに効力を有し，加盟国の判断において国家安全保障又は国際安全保障に関連して8条2項(a)に従い制限を課そうとする加盟国は，できる限り制限を課す前にIMFに通知すべきであるということを規定している。加盟国は，制限を課す前に決定を要請することができ，IMFは速やかに行動する。もし状

況が事前の通知を許さない場合，加盟国は状況が許す限り速やかに通知を行なう。これは通常制限の通知の後30日以内である。通知はすぐに理事会に送られる。通知を受領してから30日以内に，制限が安全保障を維持するために課されたことをＩＭＦは納得していないとＩＭＦが加盟国に伝えない場合，ＩＭＦは制限の賦課に異議を申立てないと加盟国は想定しうる。米国による制限はこの決定の範囲に入ると見なされる。

そして，この決定が採択されてから加盟国による無数の活動は，ＩＭＦに対する通知の対象であり続けてきた。

しかし，通常制限が導入された後に，通知された。このような制限は，国際的な紛争・事件・対立の結果として課せられてきた[403]。

第5節　法の下の平等

1. 法の下の平等

原則として，すべての加盟国はＩＭＦの法の下で平等である。

だが，ここでの平等は2つの点が考慮されなければならない。

第一に，法の下の平等は，考えられるすべての観点からの平等を意味するものではない。この区別は，ＳＤＲ参加国と非参加国の区別にも拡張される。さらに，14条の過渡期の規定を利用する加盟国と8条2項・3項・4項の義務の履行を約束する加盟国間にも区別がある。しかし，これらの区別は不本意な区別とは異なるものである。

最も劇的な違いは，加盟国間の割当額と投票権の違いであり，これによりＩＭＦの意思決定過程に果たす役割が異なることである。また，各加盟国の割当額は，出資額を決定する。割当額は，大きくは世界の中での加盟国の経済的・金融的地位に関連しているが，ブレトンウッズ会議においても，それ以降においても，その他の考慮が割当額の決定に影響を与えている。投票権は，割当額に関連しているが，完全に関連しているわけではない。割当額の規模を問わず，各加盟国は国際法における伝統的な国家平等原則を尊重して，250票をもつ[404]。この投票権については，すでに論じた。

---

(403) Gold (1980a) pp. 60-68.
(404) Ibid., pp. 70-71.

第4章　ＩＭＦにおける法構造

　第二に，法の下の加盟国の平等という概念は，協定によって作られ許容される区別に従って実施される。この考え方は2つの原則からなる。公式の平等と呼ばれる第一の原則は，加盟国の権利・義務に基づく協定の規定は，加盟国を差別するわけではないという原則がある。第二の原則として，ＩＭＦの政策は加盟国を差別するものではないという原則がある。
　これは，画一性と呼ばれる。
　しかし，画一性はどちらの原則においても確立したものではない。だが，この概念は，ＩＭＦの業務に大きな影響を与えている。実際，ある提案に対する異議として不適切に引用されることで重要視されてきた。このような機会において画一性が引用された理由は，この教義が正確な同一性を要求するものとして誤解されたからである。しかし，画一性は同一性ではないと考えられる。だが，画一性が援用される頻繁さ，影響，尊重は，それをＩＭＦの教義として要求することを正当化するものである。
　加盟国の権利と義務に関する協定の規定は，加盟国を差別するものではなく，ＩＭＦはこの原則に従って活動する。例えば，ＩＭＦは，加盟申請について条件を規定しているが，協定に対する留保を受け入れていない。同じ理由により，他の加盟国の権利・義務と異なる権利・義務を申請国に対して課すような条件をＩＭＦは規定していない。新しい加盟国に異なる権利・義務を課すことを回避し，原加盟国とその他の加盟国を実際的に区別することを妨げる実行は，協定に組み込まれている。2条2項[405]がその例である。
　画一性の原則は，実際に検証されてきている。無数の極小国家が，ＩＭＦに加盟し，この現象の結果について関心が集まっているのである。ＩＭＦにおいて検討された問題のひとつとしては，極小国家に特別の地位を与えるかどうかであった。しかし，法的教義としての画一性原則に基づいてこのような考えは挫折した。もし，ＩＭＦが申請国の義務を拡張し権利を制限することが法的に可能となれば，現実に申請国の権利を拡大し義務を制限することが可能になり，これが強大な申請国に適用されれば悩ましい問題となったであろう[406]。

---

(405)　2条2項（その他の加盟国）
　　「加盟国の地位は，総務会が定める時期に，総務会が定める条件に従ってその他の国にも開放する。その条件（出資の条件を含む。）は，既に加盟国となっている国について適用されている原則に合致する原則を基礎とする。」
(406)　Gold (1980a) pp. 73-75.

第5節 法の下の平等

2. 政策における画一性

IMFの政策に適用される画一性の原則は，加盟国が同じ状況であると法的に考慮される場合，加盟国が等しく扱われるということである。しかし，画一性は同一性ではない。だが，協定のいくつかの規定の下で，「同一」という文言が画一性と区別されずに使われている。例えば，5条9項(a)は，「報酬の率は，基金が総投票権数の70％の多数により定めるものとし，すべての加盟国について同一とする。」と規定し，同一という文言が使われている。反対に，「手数料の率は，すべての加盟国について一律とする。」と規定し，手数料率は同一ではないのである。

12条6項(d)は，一般準備金の「分配は，すべての加盟国に対し，割当額に比例して行う」と規定している。よって，権利・義務を取扱う規定は画一的な取扱いや同一の取扱いを規定していない場合，同一の取扱いが暗に規定されるのか又は画一の取扱いが暗に規定されるかをIMFは決定しなければならない。加盟国間の違いが正当化されることを示唆する権利・義務の実体がないとしても，同一の待遇が優先される。その唯一の例は，5条11項の一般資金勘定において保有される加盟国通貨の価額の維持についてである。

画一性が適用されることが明らかなIMFの活動の分野は，国際収支問題に直面した加盟国を支援するためのIMFの資金利用である。

この活動について，IMFは異なる政策を策定することができる[407]。

また，異なる期間を規定することができる[408]。

しかし，すべての加盟国について同じ実行的な効果を有していない場合，特別な政策が認められるのかどうか疑義がある。IMFのクレジット・トランシュ政策の下で，協定の一般的な表現の範囲内の国際収支上の必要のあるすべての加盟

---

(407) 5条3項(a)第一文

「基金の一般資金の利用に関する政策（スタンド・バイ取極又はこれに類似する取極に関する政策を含む。）を採択するものとし，また，特別な国際収支問題のための政策を採択することができる。」

(408) 5条7項（加盟国による基金の保有する自国通貨の買戻し）

「(d)基金は，その一般資金の利用に関する特別な政策に基づいて取得した通貨の買戻しについては，総投票権数の85％の多数により，(c)の規定に従って適用する期間と異なる期間であってすべての加盟国について同一であるものを採択することができる。」

手数料率についても，

第4章　ＩＭＦにおける法構造

国は，ＩＭＦの資金を利用する権利がある（5条3項(b)(ii)）。

特別な政策は，一般的な表現内に入るものであり特定の国際収支問題から生じた国際収支上の必要のために採択されることができるとされた。

輸出変動補償融資は，輸出の落込みから生じた国際収支上の必要に対応することとされ，緩衝在庫補償融資制度は，一次産品のための国際的な緩衝在庫制度にファイナンスすることで国際収支困難に関連すると規定されている。すべての特別な政策は，このような形で特別の問題に結びついていると見られる。国際収支問題のための特別政策を正当化するためには，気まぐれな理由や恣意的な理由によるものではなく，その問題が他の問題と区別される必要がある。

画一性を基礎としてなされる区別を許容する原則は，ＩＭＦの資金利用のためであるか他の目的のためであるかを問わず，その区別が協定の規定と直接的で明白な関係がある，というものである。この原則は，法の平等の保護という基本原則と似たものである。

ＩＭＦの資金利用との関連での画一性の議論から，すべての加盟国が特別な政策から利益を得ることはできないということ，及びたとえ加盟国が他の特別政策やクレジット・トランシュ政策の下で買入れをなすことを可能とする国際収支上の必要を有していたとしても，すべての加盟国がそれを利用することはできない，ということは明らかである。特別な政策にアクセスするためには，加盟国は政策が規定する問題を有していなければならず，その政策の条件に合致しなければならない。しかし，特別な政策の条件を満たしたどの加盟国もその利益を否定されず，適合した他のすべての加盟国が利用しうる同種の利益を有していなければならないことが，画一性の原則により要請される。

画一性の原則を擁護するために，特別な政策の策定の中で実行上はそうでなくても少なくとも法の上では，ＩＭＦは政策が加盟国の特定の分類内に限定されないことを示唆する表現を採用する。すなわち，画一性の教義は問題に基づく区別を許容するものであるが，加盟国の分類に基づくものではないとするのである。例えば，輸出変動補償融資では，

　　5条8項（手数料）
　「(c)加盟国が前項の規定に基づいて要求される買戻しを行なわなかった場合は，その保有する当該加盟国の通貨を減少させることについて当該加盟国と協議した後，基金が保有する当該加盟国の通貨のうち買い戻されるべき部分につき，基金が適当と認める手数料を課することができる。」

第5節　法の下の平等

　　「基金は，一時的な輸出の落込みによる支払困難に直面した加盟国特
　　に一次産品輸出国をどのように支援するのかを決定する政策を審査す
　　る。」
　また，拡大信用供与措置（EFF）においては，
　　「策定及び管理において，ファシリティは特に途上国にとって利益あ
　　るものである。」
このファシリティにおいては，法の問題として特別な分類にある途上国に制限されていない。同じような理由から，緩衝在庫融資ファシリティは，その産品の緩衝在庫融資制度に貢献する輸出国と輸入国が利用することができる。
　画一性の教義に潜む危険としては，過剰な形式主義を促してしまうということである。ゴールドは，「無差別への献身と管理の便利さの要請の組み合わせにより危険が生じる。この組み合わせは，複雑さをもった広範囲な規範のコードとなりうる。IMFの融資活動の単純化は改正の主要なテーマのひとつであり，ある詳細な定式が協定から削除された，と二次改正のコメンタリーは記している。」と論じている。[409]

3.　先進国と途上国

　IMFの資金利用に関する2つの決定は，IMFの先進国加盟国と途上国加盟国との法的区別に関する疑義を生じさせる。この問題は，ブレトンウッズ会議までさかのぼり，そこでは，1条にある規定を導入することによりある特別な問題を認識させるべく，途上国は，懸命な努力を行った。
　しかし，その努力は水泡に帰し，1条の目的は，途上国についての規定は盛り込まれず，かつ，既に述べたように開発をIMFの目的に含まないものとなった。
　このような途上国と先進国を区別する提案は，新しい準備資産であるSDRの配分においてもなされた。SDRにおける先進国と途上国の区別は，一次改正を導いた交渉の初期の段階では進捗したが，結局この提案は却下された。ブレトンウッズ会議とは逆に，この提案は，ある先進国によって推進された。加盟国の2つのカテゴリーの承認という問題は，20ヵ国委員会の議論においても取り上げられた。このとき，SDRの配分と開発援助をリンクさせる提案には十分な支持が得られなかったが，加盟国の権利義務を策定するに及び途上国に有利な待遇を与えるべく先進国と途上国を区別する提案は，支持を得た。改革の概要は，委員会

---

(409)　Gold (1980) pp. 75−77.

が支持した途上国の有利な待遇についての提案を法にくみ入れる協定改正を要請した。

この種の様々な提案が二次改正策定作業の中でなされたが，その努力は失敗に帰し，途上国の要求が記録の中に残すべくコメンタリーの中に含めるための試みがなされた。しかし，この提案も却下された。

途上国の特別な利益の承認要求は，協定草案や改正草案に限られるわけではない。そして，画一性の制約にもかかわらず途上国の利益は認識されてきたのである。この種の決定のリストに付け加えられるべき重要な決定は，1979年3月2日の決定である。途上国とは言及していないが，パラグラフ4，7，8，9は途上国のために導入された表現を含んでいる[410]。

4. 画一性と対称性

画一的な権利と義務は，加盟国に同等の効果を及ぼすものではないとする議論がなされてきた。ある加盟国にとって，義務は，負担がかかるものであるが，権利は利益を与えるものであるとも論ぜられてきた。非対称的な加盟国の待遇について批判がなされ，国際通貨制度のより対称的な実施を支持するものであった。

画一性の教義において，特別な政策は特別な問題において採択されることができるものであるが，実際問題として特別な政策の効果は特定の分類の加盟国に限定されている。

一方，対称性という概念は，この分類の中のすべての加盟国に対する同等の待遇を目的としていない。政策の受益を受けることについて同等の待遇を享受させることは，画一性の目的である。だが，対称性は，ある分類で区別された国家間において同等の待遇に達するために求められる。よりよい待遇を求める途上国は，国際通貨制度において不利益が非対称的に機能しているとしている。

対称性についての議論は，加盟国間に2つの区別を含むものであり，先進国と途上国間の区別について熱心に議論が行なわれてきた。1つの区別は，経常収支黒字国と経常収支赤字国の区別である。もう1つの区別は，準備通貨の発行国とその他の国との区別である。前者の対称性について，不足通貨条項は，経常収支赤字国でIMFの資金利用を行った加盟国への及ぼす効果と対称的効果を黒字国に及ぼすことが意図されていたが，「不足通貨条項は，対称性を確保するために実際上効果を有してこず，そのことが対称性についての国際的な議論がやまない

---

(410) Ibid., pp. 77−80.

1つの理由であると考えられる。」[411]

　ＩＭＦは，加盟国を画一的に扱っているのでもなければ，対称的に扱っている訳でもない。このことは，必要に応じて画一性や同一性により正当化し，ある時は対称性による政策を正当化するものであることを示唆するものである。すなわち，上記のようなゴールドの分類にＩＭＦの業務が当てはまりにくいのは，こうした区別をあいまいなままにし，裁量的にＩＭＦが区別をおこなってきたことを示唆しているのかもしれない。

<h2 style="text-align:center;">ま　と　め</h2>

　本章では，ＩＭＦがどのような法原則によって変化する状況に適応し義務違反を正し，法と政策の一貫性を保持し，法の下の平等を規定しているのかを，ゴールドの論文を通じて明らかにした。
　まず，法規範を分類し，加盟国と非加盟国に対する効果を論じ，機関の決定の法的位置づけを明らかにした。つぎに，改正・変更・授権権限等によるＩＭＦの法の変化する状況への適応を論じた。さらに，法規範の不遵守に対する制裁（ゴールドに従えば救済）のあり方を確認し，ＩＭＦの方と決定の首尾一貫性について政治的な問題や非経済的な問題に焦点をあてて論じた。
　その上で，ＩＭＦにおける法の下の平等に対するゴールドの理解を確認した。
　ここでの目的は，ＩＭＦの法が一般的にどのように考えられるのか把握することであった。本章での一般論をふまえ，ＩＭＦが決定を多用することで存続の危機をのりこえたのかを，以下の章で明らかにする。

---

(411) Ibid., pp. 80-81.

第5章　IMFの法とソフトロー

　20年程前から一部の国際法学者の間でソフトローという概念が提唱され，様々な学者により論ぜられているが，概念自体は，学者により多様な意味を持つ言葉として使用され，そのことにより議論の混乱を招いている，とされている。また，ソフトローと呼ばれる文書は多様であり，その一般的な用語ゆえ誤った単純化がなされているともいわれる。この文書は，形態，表現，係争物，参加者，記載，目的，フォローアップ及び監視手続の点において，多様性を示している。そして，ソフトローを提唱することは，法学的，実体的，手続的レベルにおいて受け入れられている国際秩序に挑戦することであり，この主張に内在するいくつかの矛盾は分析を更に混乱させるものであるとされている[412]。

　だが，IMFの協定によらない法創造について，ゴールドはソフトローと規定し，その正当化を図っている。そのため，ここではIMFの法とソフトローの関係を，主として，ゴールドの著作を中心として検討を進めていく。その前に，ソフトローについての一般的な理解を説明することとする。

第1節　ソフトロー

　1970年代にソフトローの概念が登場するのは，次の2つの事件を契機としているとされる。1つは，1974年における第6回国連特別総会3201号決議「新国際経済秩序樹立宣言」及び同年の第29回総会3281号決議「国家の経済的権利義務憲章」等の採択である。特に「経済憲章」の法的性格は，その起草過程から争点となっており，それが条約と同等の拘束力はもたないことは明らかであるとしても，多くの論者はそれが単なる「勧告」にとどまらず，何らかの法的効力を有していると認めるべきだとする主張を展開したのである。同様の主張が，国連多国籍企業委員会や国連貿易開発会議で作成された行動綱領についても行なわれた。

　2つ目の契機となったのは，1975年のヘルシンキ会議最終議定書の採択であっ

---

(412) Chinkin (1989) p. 850.

た。この議定書は、米ソを含む35ヵ国がヨーロッパの安全保障、現存の国境承認、経済的・社会的協力、人権保障など広範な事項について取極めた重要な文書であるが、それは「法的誓約」を含まず署名国を拘束しない文書として性格規定されたため「非拘束的国際協定」と呼ばれ、こうした協定を国際法の枠組みの中でどのように把握すべきであるか問題となり、ソフトロー概念を積極的に評価する契機となった。

　この2つに示されたソフトローとされる規範は、①具体的な権利義務関係の画定に関わるものではなく、むしろ一般的・抽象的な原則・指針を内容とする、②法規範としては未成熟で規範内容の明確性に欠ける、③法的拘束力を持たないか稀薄であり、緩やかな行動規範に止まってその履行は当事者の善意に依拠する部分が多い、等がその特徴として指摘される[413]。

　ソフトローの対象としては、成文の国際文書と慣習法に至らない不文規範がある。成文の国際文書は、条約としての地位を持つが、拘束力の稀薄な国際文書と条約としての地位を持たない国際文書がある。村瀬によれば、条約としての地位を持たない国際文書は、①国連総会決議、1972年ストックホルム人間・環境宣言のような国際組織・国際会議の決議・宣言など、②多国籍企業行動綱領のような行動綱領、行動基準など、③国際法委員会の構成における地理的配分・ローテーション等に関する紳士協定のような紳士協定、④ヘルシンキ最終議定書のような非拘束的国際協定、がソフトローにあたるものである[414]。

　このソフトローの提唱は、国際法における法と非法を二元的に截然と分断するのでなく、この両者を一連の系列の中で捉え、その中間段階ないし灰色地帯を積極的に把握していこうとする意図に基づいている。村瀬によるバクスターの評価の整理によれば、ソフトローの積極的側面とは、以下の7点である。第一に、規範性の弱い国際文書であっても、それが存在することによって、それ以降の当事者における議論の交渉・合意形成のコースは、それがない場合と違ったものとなる。第二に、ある問題がそのような規範の主題として取り上げられたならば、その問題についてはそれ以降、国家の国内管轄事項であるという主張を行なうことができなくなる。第三に、その規範は当事者間の交渉に関連する新しい基準を設定するとともに、一定の論点についてはすでに当該規範によって解決済みだとして排除されるなど、議論の土俵を整理する。第四に、「ソフトロー」規範は、法

---

(413) 村瀬（1985）96－99頁。
(414) 同前・99－100, 106－107頁。

第5章　ＩＭＦの法とソフトロー

的見解の支配的傾向や指針を提示することによって紛争解決のための法的枠組を設定するのである。第五に、その「ソフトロー」を生み出した国際機関自身にとっては殆ど法的拘束力と同様の効果を持ち、その機関を拘束する。第六に、「ソフトロー」は一定の国家においては、その国内法の定立ないし国内裁判の判断基準としての援用を促し、ある種の国内的効力をもつことがある。最後に、第七に、「ソフトロー」規範の多くは定期的な再検討ないし履行確保の制度を内包しており、それによって「ハードロー」への進化が促進される。このハードローとは、「厳格な国際法上の合意」を指している[415]。

なお、条約はすべて形式上は法（ハードロー）であり、完全な法的拘束力をもつものである[416]。

また、ソフトロー論争の火付け役となったハーグ国際法アカデミーシンポジウムにおいて、ゴルディーは、ソフトローの機能は、①期待の形成、請求の主張、譲歩等の材料を提供すること（しかしソフトローが常に条約化への道をたどる訳ではない）、②指針や政策命令として行政的立法行動を指示することにより、ソフトローは国際法の形成に重要な役割を果たす、としている。さらに、キスは国際立法においてソフトローは、国際法の拘束的規則の形成における役割と同時にソフトローのままの形で役割を果たすことを指摘している。これは、これまで拘束力が認められないと従来考えられてきたものに、何らかの手だてによってある種の拘束性を付与することができないか、という考えに立脚するものであると位田は理解している[417]。

このような評価に対し、以下のような様々な問題点が指摘されている。第一に、概念の多義性、対象の広汎さにより論者において共通の了解がなく、すべての領域をソフトローという概念で包含した場合、分析概念としての用を担えない。第二に、これと関連してソフトロー概念の基準の曖昧さが指摘されうる。第三に、ソフトローによるルールの設定によりその内容を支持する国家に対してその行動を正当化する事実上の効果を与えるが、逆にその規範内容を受け入れないような

---

(415)　同前・99, 101-102頁。
(416)　位田（1985）㈡7頁。村瀬は、すでに見たように拘束力の稀薄な条約をソフトローとして位置づけたが、本書では位田に従い、条約はすべて法（ハードロー）として扱うこととする。なお、ゴールドは、後で見るように、ハードローではなく、ファームローという文言を使用しているが、同じ意味をもつものであると考えられるので、ここではここでは意味内容的には区別せずに論ずる。
(417)　位田（1985）㈠7-8頁。

国家の態度を硬直化させ，法の発展を行詰まらすような効果を招く可能性があるような形で自己矛盾となるものがある。第四に，法と非法の間の灰色地帯を積極的に位置づけようとするソフトローの考え方は，国際法総体において灰色地帯が無制限に広がってしまうという危険性を常に内包している。そして，ソフトローにみられるような相対的発想は，国際法総体の脆弱化につながる。そこで，法と非法の間のグレイゾーンを狭めていく体系化された国際立法活動が重要であり，意識的かつ組織化された体系的な法定立メカニズムの設定が，理論的にも実際上も強く要請されていると村瀬は主張している(418)。

村瀬と同じ懸念を位田も共有している。すなわち，国際法の議論においては法と法でないものを峻別し，後者を国際法の埒外においていたのに対し，ソフトローという用語の使用は両者の区別が曖昧になりつつあるような印象を与える。第二に，他の用語と異なりこれを用いる学者によって意味内容に相違があり，第三にソフトローの語がかなり広い範囲の対象を表すことになるためこの語を用いる有用性に疑問を感じるとしている(419)。

すなわち，ここでまとめられることは，ソフトローという概念が登場した政治的・経済的・社会的状況についての理解は共有するものの，状況に対応するためにはソフトローは有用な概念とする捉え方と，ソフトロー概念を多用することによって規範の曖昧さを招くこととする批判的な捉え方が対立しているということである。しかも，この対立は，単純化すればソフトロー許容とソフトロー廃止という二者択一的な見解の相違であるということであり，容易に結論を下すことはできない。

第2節　ＩＭＦの法とソフトロー

一般論としてソフトローについての考え方を見たが，それではＩＭＦの法をゴールドがソフトローとして位置づけるのはなぜであろうか。この視点よりゴールドの所説を検討することにする。

1.　ゴールドによるソフトローの理解

---

(418)　村瀬 (1985) 103-104, 110-111頁。
(419)　位田 (1985) ㈠2頁。

第5章　ＩＭＦの法とソフトロー

　まず，ゴールドは，ソフトローの定義は，それを論ずる著者と同じくらい多数にのぼるものであり，いまだ結論が得られていないことに同意し，その上で，多くの定義に共通するものとして，ソフトローが，「ファームローが拘束力を持つという伝統的な観点からすれば，国家を拘束するものではない。」とする。そして，「この考えは，以下のようによりはっきりと定式化される。すなわち，ソフトローは選好（preference）を示すものであり，特定の事柄につきなすべきこと，又はなすべきでないことにつき義務を示すものではない。この議論の基礎にある仮説とは，この選好にそった作為や不作為が国家又は国家の属する国際機関に直接に利益を及ぼすものであり，かつ間接的に国際機関に属す国家に利益をもたらすものである。これらの利点は，ソフトローに従う義務が交渉者や加盟国に受け入れられなかったとしても，得られることができる。」

　すなわち，ルールが条約のような形態をとらなくとも，ソフトローがある種のルールとして加盟国に受け入れられ，利益を及ぼすことができるとするのである。

　「それゆえ，ソフトローは，いくつかの例で，国家間又はＩＭＦと加盟国間の妥協として見ることができる。その他の例においても，ソフトローはファームローを支援する十分な経験を欠いている場合に得られることができるすべてである。上記の場合において，ソフトローは経験と試みの機会を提供する。」

　ソフトローは，条約のような権利・義務を確定するものではないから，「ソフトローの性質をもつ表明された期待に従って国家が行動し得ないということは，条約もしくは国際慣習法違反と見なされない。」

　そのため，ソフトローにおいては，違反者は国際法の下で違反者に対して課される恥の圧力から逃れることとなる。「にもかかわらず，ソフトローは，それを遵守するすべての当事国によって共有される期待の一部となっている。」

　そして，ソフトローは期待であるのであるから，ソフトローの不履行に対して予め決められた罰則が課せられることもない。

　そのため，①当事国がソフトローに従った行動をとることができない場合，その行動に救済が課せられうるが，この救済は義務違反の罰ではない。だが，②ある状況もしくはあるときにおいて，ソフトローが伴っている期待をファームローに転換するために手続が存在するかもしれない。ファームローに転換した場合には，違反について罰が科せられるので義務となる。

　しかし，③ソフトローは，義務を課すものではないので，ソフトローの文言は必ずという訳ではないが，多くの場合不明確でかつ時には故意に不明確に起草さ

れている。ソフトローの表現のこのような性格により、解釈の余地が生じるのである。

だが、ゴールドが注意を促して主張するのは、このソフトローが「不完全な法(lex imperfecta)と異なるということである。ここで、不完全な法とは、義務を作り上げるが、明確な罰又は義務違反に対するどんな罰も設定するものではない、とされるものである。

そして、このような「ソフトローは、IMFの法の中で、特に広く影響力があり重要な要素であったし、今では以前よりも重要である。」として、IMFの法分析において、ソフトローという概念により分析することが必要不可欠であることを主張する[420]。

ソフトローの解釈への影響

IMFの法は、ソフトな性質をもつものであるが、IMFの①法の解釈と②執行両方に影響を与えている。

まず、①解釈に対してであるが、解釈は、それが遵守されていないという結果を含め、特定の規定がソフトローとして分類されなければならないものを確立し、かつその結果を決定するために必要とされる。だが、IMFの一般資金の利用資格喪失、SDR使用権の停止、投票権の停止、強制脱退のような義務違反の罰を含んでいない。

しかし、ソフトローの不遵守に適用される救済は、義務違反に課される罰によく似ている。この救済と罰との類似により、ガイドラインや勧告の形でのソフトローをファームローの義務と扱うものがいる。その結果、利用可能な救済を罰と見る傾向が生じ、ソフトローとファームローの区別をさらに曖昧にする傾向を生じさせている可能性がある。

だが、ソフトローとファームローを解釈上区別することは様々な理由から必要である。①ファームローとソフトローの法的効果が異なる。②解釈技術の点でも異なる。解釈技術の違いについてゴールドは、「ソフトローの要素を上記のように理解した場合、解釈者がファームローのための確立した解釈技術から離れ、ファームローを解釈する基準の一貫性よりも、好みで解決を見出すようなより広い裁量をもつものとして解釈者自身を見なしたくなるのは、驚くべきことではないだろう。」としている。すなわち、ゴールドは、ソフトローにより広い裁量を

---

(420) Gold (1996) pp. 301-302.

第5章　ＩＭＦの法とソフトロー

もって解釈することができることを認め，ファームローとの相違を明確にしたのである。だが，このような広い裁量を持つ解釈が正当かどうかは，また別の問題である。

技術的に重要な問題としては，ソフトローにおける法の無視に対する救済が可能かどうか，救済が可能であるとして罰に転換することが可能か，もし転換が可能であるのならばその時はどのような状況や手続なのか，といった問題がある。

このような技術的な問題もさることながら，ソフトローについて最も重大な疑問を避ける訳にはいかない。

すなわち，「ソフトローは法なのか。もしくは，せいぜい幸運な場合に法として発展しうる供給源にすぎないか。」という点である。

ある学者は，ソフトローを道義的もしくは政治的宣言以上のものとして解釈してはならないとしている。この見解は，ソフトローを未成熟さの証左であるとするものである。

これに対して，ゴールドは，「経験はこれを正当化し得ない。ＩＭＦのソフトローは，国家主権の引渡しに対する国家の反抗と，ＩＭＦの拘束されない実行に対する国際的な関心との間の創造的な妥協をしばしば示すものであった。ソフトローは，経済・金融政策の領域においての国際法の発展に創造力に富む動因となりつづけてきた。」

そこで，ゴールドは「ソフトローをＩＭＦ体制の必要不可欠な構成要素として扱い，特徴的な性格を有する法ではあるが，法の構成要素として見ること」としたのである[421]。

ソフトローの執行への影響

「ＩＭＦ法の部分としてのソフトローは，協定だけではなくて内規，規則，細則，ＩＭＦ諸機関の決定のような下位法規からなる。これらの全ての要素を考慮する正当性は，究極的には条約から得られる。よって，ＩＭＦは，誠実に法のすべての要素を解釈しなければならない。さらに，ＩＭＦは，ファームローの解釈に適用される原則以上にソフトローの解釈原理を適用しない。そして，ソフトローは，加盟国の特定の行動又は行動を差控えることにつき選好を表明するものである。」[422]

---

(421)　Ibid., p. 303.
(422)　Ibid.

ソフトローが協定だけでなく，内規以下の下位規範を含みうることは通常の法と同じであり，解釈に当たってはファームローの原則以上にソフトローの解釈原理を適用しないとしたが，これは，ゴールドが先に示した，「解釈者がファームローのための確立した解釈技術から離れ，ファームローを解釈する基準の一貫性よりも，好みで解決を見出すようなより広い裁量をもつものとして解釈者自身を見なしたくなるのは，驚くべきことではないだろう。」とした言明と矛盾する。後に見るように，実際には，ソフトローはファームローよりもずっとソフトな取扱をされてきたと解釈すべきである。このソフトローは，規制権限・融資権限のいずれにおいても見出すことができる。そこで，それぞれの権限においてどのようにソフトローがＩＭＦを存続せしめるために効果があったかを見ることとしたい。

第3節　規制権限とソフトロー

　これまで繰返し述べてきたように，ＩＭＦは，通貨制度を規制し，経常収支困難の加盟国に融資を行なう。よって，ＩＭＦの権限には，大きく規制権限と融資権限があるということができる。以下では，ＩＭＦが具体的な権限を行使する中で，どのようにソフトローが使われているかを見ることとしたい。そして，本章では特に規制権限について取り扱い，融資権限については別の章で歴史的な発展過程の中で捉えることとする。

1.　為替相場におけるソフトロー

　為替相場は，ＩＭＦの規制権限の中心を占めてきた。原協定におけるＩＭＦの規制権限の主要な特徴であった平価制度においては，各加盟国はＩＭＦの承認と同意の下で金に対する自国通貨の平価を設定し，加盟国領域における為替交換におけるその通貨と他加盟国通貨との計算は，上下の幅が特定的で狭い範囲の中で設定することが要請されていた。

　だが，二次改正は，為替取極を裁量で決めることができる制度を有効なものとした。この制度は，金を基準に通貨の価値を維持しないという唯一の例外を除き，加盟国が為替取極を選択することを許容するものである（4条2項）。

　この規定に従って，為替取極を選択することができることとなった。すなわち，ある単位に対して厳格に固定もしくは屈伸した関係を設定したり，または加盟国

が自国通貨の為替価値に影響を与えるために統制を行わないことを許容することにより，自国通貨の為替の価値を決定する自由を与えられた。

また，平価制度では，金を計算単位としていたが，改正によりＳＤＲを計算単位とすることにより，世銀が金を計算単位としていたため直面したような解釈問題に直面せずにすんだのである。

勧　告

加盟国には為替取極を選択する自由があるが，国際通貨体制の進展に応ずるため，総投票権数の85％の多数による決定により一般的為替取極に関する「規定を設ける」ことができる[423]。ＩＭＦは，簡易でより統一的な通貨制度が効力を発することができるために，為替取極の多様性を減ずることを正当化する諸条件が進展してきたことを決定することができるのである。また，ＩＭＦは，特定の為替取極もしくは限定的な取極の選択の選好を表明することができる。この規定により，加盟国がＩＭＦの選好によって行動することを促すことができる。

だが，加盟国は，この勧告の決定に従う義務はない[424]。

また，この規定は，固定相場制への回帰を望む加盟国と将来において自由と柔軟性の引渡すことを厭う加盟国との妥協によるものである。

ＩＭＦに選好を表明する権限を与える規定は，加盟国がＩＭＦの目的や為替取極や為替相場に関する加盟国の一般的義務に合致していることを条件としているが，一般的為替取極に関して規定を設ける決定は，加盟国が為替取極を選択し適用することを制限するものではない。

しかし，罰として認識される反応が禁止されている一方で，ＩＭＦが選好を表明した決定を加盟国が無視した場合に，コンディショナリティの実行の下で考慮した場合はどうであろうか。ＩＭＦのこの行動から生じた法律問題は，解釈によって解決されなければならない。

---

(423)　4条2項（一般的為替取極）
　　「(c)基金は，国際通貨制度の進展に応ずるため，総投票権数の85％の多数により，加盟国が基金の目的及び前項の規定に基づく義務に合致する為替取極であって自国が選択するものを適用する権利を制限することなく，一般的為替取極に関する規定を設けることができる。」

(424)　1962年7月20日「国連の経費事件」の勧告的意見によれば，勧告という文言は，示唆，助言等を含むが，命令や命令的な指示は入らない。

第3節　規制権限とソフトロー

　ＩＭＦの決定が国際通貨制度の進展に応じなければならないため，勧告を行なうことができるとするこの規定は，明らかにソフトローの一例である。

　このことは，多くのもしくはほとんどの加盟国が既に従っている一般的為替取極の措置とＩＭＦの勧告が一致するということが含意されている。総投票権数の85％の多数によりＩＭＦが勧告をなすことを要請する決定が為されるということがその証左である。

　ＩＭＦの措置における「勧告」という文言は，通常ソフトローの兆候である。しかし，この文言は，ＩＭＦに勧告をなす権限を与える規定においてのみ現われるものではない。

　すなわち，ＩＭＦは，規定の事項につき勧告を為す権限を与えられているという解釈により，（規定されている場合及び規定されていない場合にも勧告をなしうるという）結論に到達したのである。そして，お気づきのように，ＩＭＦが一般的為替取極に関して勧告をなすことができると解釈させる規定は，勧告について言及していないのである。

　この規定は，フランスと米国の代表によって準備された。しかし，為替取極を選択する加盟国の自由を保障する規定を含んでいなかった。フランスと米国による草案は，選好が遵守されるための権限をＩＭＦに与えることをさえ意図されていた。

　この「規定をなす」という表現は，確かに曖昧である。そして，この表現が異論を生じさせたので，加盟国が自身の為替取極を選択する完全な自由を保持するという条項が挿入されたのである。

　そのため，この加盟国の選択の保障は，ＩＭＦの選好の表明が勧告であり義務ではない，ということを意味するものとして理解されたのである。だが，「規定をなす」という条項は，勧告に重みを与えるために残された。

　しかしながら，これまで，ＩＭＦは，一般的為替取極を加盟国に対し勧告をなしてこなかった。

　このことについて，ゴールドは次のように判断している。「勧告は国際通貨制度の進展によっては正当化されないということを推論により指摘されるに違いない。」しかし，「国際通貨制度の進展に応じて」という条項は，ＩＭＦの解釈もしくは裁量行為に残されているということを意味する。

　さらに，問題とされるべきことは，判断基準は，条文にはないということである。

　そこで，ゴールドは，次のように手がかりを求めた。すなわち，特定の勧告を

なすことを正当化するような発展が起こったかのどうかをＩＭＦが判断するためには，現在の状況と当初の状況を比較しなければならないが，その当初の状況に当たる日を特定し，その後の発展を考慮することが唯一の手がかりであるとしたのである。その当初の状況に当たる日として，4条2項(b)は「1976年1月1日に存在していたような国際通貨制度の下」と規定している。

その日以降に十分な程度かつ質的な変化が生じなかった場合に，勧告を行なった場合，ＩＭＦの選好に従って自身の為替取極の選択を引き渡さない理由を加盟国が説明する道義的責任を負わせる可能性がある。そのため，勧告をなすに当たっては，ＩＭＦは加盟国を困惑させるべきではない，という含意があると解釈される，とゴールドは考えた。

以上のように，勧告については基準が欠如しているが，これは4条4項[425]による付表Ｃの平価制度の導入の決定の際の詳細な規定と表明と対照的である。

つまり，4条4項は，為替取極についてＩＭＦに加盟国に対し勧告をなすことを可能にするソフトローであるのだが，ＩＭＦはこの権限の行使に当たってファームローの制約に従っているのである。この勧告をなすためには，国際通貨制度の進展に応じなければならず，総投票権数の85％の多数がこの種の勧告をなすためのＩＭＦの決定のために必要である。

同様に，加盟国が為替取極の選択の自由を行使しＩＭＦの勧告に従わないならば，加盟国はその選択がＩＭＦの目的や為替取極に関する一般的義務に一致しなければならないという確固たる条件に従うこととされる。

---

(425)　4条4項（平価）
　「基金は，総投票権数の85％の多数により，国際経済の条件が安定的なしかし調整可能な平価を基礎とした広範な為替取極の導入を許容するものであることを決定することができる。
　基金は，世界経済の基礎的な安定に基づいてこの決定を行なうものとし，このため，加盟国の経済における物価の動向及び成長率を考慮する。
　この決定は，国際通貨制度の進展に照らし，特に，流動性の創出要因を考慮し，また，平価制度の効果的な運営を確保するために，国際収支が黒字である加盟国及び赤字である加盟国の双方が調整を達成する目的で迅速かつ効果的であって均衡のとれた措置をとるための取極並びに介入及び不均衡に対する処置をとるための取極に考慮して，行なわれる。
　基金は，この決定を行なった際に，付表Ｃの規定が運用される旨を加盟国に通告する。」

第3節　規制権限とソフトロー

この4条4項の規定を踏まえ，ゴールドは次のような結論を下している。

「ソフトローがファームローに従っているということが示すことは，ここで示されたとおり，ソフトローがある意味で法と見なすことができないという論ずることを難しくするものである。」[426]

指　針

各国に為替取極を選択する自由を与えている規定より，4条1項[427]に規定する加盟国の一般的義務が優先する。4条1項の義務は，既に触れたように，加盟国の為替取極，通貨の為替相場，為替政策についての義務に言及しているものである。そして，「この規定は，この規定の特徴により，これをソフトローと呼ぶことを正当化しうるかもしれない荘厳な起草の例とされ，実際そのように呼ばれてきた。」だが，ゴールドは4条1項の規定をソフトローとして分類することを否定する。

「なぜならば，国際通貨制度の『基本的な目的』並びに『中心的な目的』を『認識して』から始まる長い序文的な条項の後に，この規定は五つの義務を含んでいるからである。」

だが，IMFは，この序文における表現やこの規定のその他の部分の解釈につ

---

(426)　Gold (1996) pp. 304-307.
(427)　4条1項（加盟国の一般的義務）
「各加盟国は，国際通貨制度の基本的な目的が諸国間における商品，役務及び資本の交流を助長しかつ健全な経済成長を維持するわく組みを提供することであること並びにその中心的な目的が金融上及び経済上の安定のために必要な秩序ある基礎的条件を継続的に発展させることであることを認識して，
秩序ある為替取極を確保し及び安定した為替相場制度を促進するため，
基金及び他の加盟国と協力することを約束する。
各加盟国は，特に，次のことを行なわなければならない。
　(i)　自国の置かれた状況に妥当な考慮を払った上，自国の経済上及び金融上の政策を物価の適度の安定を伴う秩序ある経済成長を促進する目的に向けるよう努力すること。
　(ii)　秩序ある基礎的な経済上及び金融上の条件並びに不規律な変動をもたらすこととならない通貨制度を育成することにより安定を促進することを探求すること。
　(iii)　国際収支の効果的な調整を妨げるため又は他の加盟国に対し不公正な競争上の優位を得るために為替相場又は国際通貨制度を操作することを回避すること。
　(iv)　この項に規定する約束と両立する為替政策を実施すること。」

第5章　ＩＭＦの法とソフトロー

いて，公式にも非公式にも決定を行なっていない。

　5つの義務のうち最も広いものは，「秩序ある為替取極を確保し，及び安定した為替相場を促進するため，基金及び他の加盟国と協力する約束」である。そして，「特に，加盟国は行なわなければならない。」として，4つ義務が規定されている。文理的に解釈すれば，「しなければならない」のであるから，1項から4項までの条項が各加盟国の義務を意図している証拠である，と言うことができるかもしれない。この4つの規定を分類すると，最初の2つは，加盟国の国内政策に直接影響を与えるものであり，後の2つは対外政策に直接影響を与えるものである。

　最初の2つは，明らかに不明確である。繰り返しを厭わず記述する。

(ⅰ)　自国の置かれた状況に妥当な考慮を払った上，自国の経済上及び金融上の政策を物価の適度の安定を伴う秩序ある経済成長を促進する目的に向けるよう努力すること。

(ⅱ)　秩序ある基礎的な経済上及び金融上の条件並びに不規律な変動をもたらすこととならない通貨制度を育成することにより安定を促進することを探求すること。

　これらの規定は，命令的というよりは勧告的なものであるが，既に記したように義務として規定されている。(ⅰ)の下での加盟国の行動は，特定の目的に達する義務としてでなく，目的に到達する方向で努力する義務として規定されている。

　この規定についてゴールドは，「この規定のあり方のためらいがちな傾向は，もちろん，ＩＭＦの規制権限に国内目的やこれらの目的を達成するための国内政策を引き渡すことに対する加盟国側の用心深さの結果である。」としている。

　それでは，2つの条項の義務により，ＩＭＦが規定を解釈することができるのであろうか，又は，客観的な基準によってその義務が実行されているもしくは無視されていることを判断することができるのであろうか。

　原則的に言えば，ＩＭＦが権限上又は非公式の決定よってその規定を解釈する権限を与えられていることは，争いがない。

　だが，技術的な難しさのために，この任務は，容易なことではない。

　また，技術的な難点が解消されたとしても，明確な解釈は，規定を計算ずくで曖昧にしようとし政策運営についても加盟国に可能な限りの自由を保持しようとした交渉者の既知の意図と一致するものではないとして，加盟国は反論を行なう可能性がある。

第3節　規制権限とソフトロー

　さらには，明確化することで，違う目的をもつ交渉国並びに反対国間に成立した妥協を覆すかもしれない。
　加盟国から見れば，このような曖昧な規定であるから，解釈の余地を加盟国側に維持させているのであり，抗議がなされた場合にこれに対応するよい理由であると見なしているかもしれない。
　これらの理由によるためか，ＩＭＦによって解釈がなされてこなかった。
　そして，ゴールドは次のようにこの4条1項の加盟国の義務をまとめている。
　　「この規定はソフトローではないかもしれないが，ＩＭＦによる非解
　　釈もしくはソフトな行政を導いた。この規定は，交渉者がその規定を機
　　能するものとするため後のさらなる解釈に依拠するものであり，時には
　　それを阻止するものであることを示しているのかもしれない。」[(428)]
　すなわち，ゴールドは，4条1項の文言上義務であると規定されているため，4条1項を義務であると扱うが，この規定が限りなくソフトローに近いことを認めるのである。そして，明確な判断が下せない理由として，加盟国間の判断の違いを顕在化させないことに置くのである。
　4条1項が義務であることについて，さらに文理的な解釈を続けている。
　「各加盟国は秩序ある為替取極を確保し及び安定した為替相場制度を促進するため，協力することを約束する」としており，(i)から(iv)までの規定が確固とした明白な義務をもつ要件として考慮されうる。
　また，1号から4号までは「各国はしなければならない」という文言が前置きされている。これもまた，ゴールドが4条1項が義務であると扱う理由である。
　為替に関する加盟国の義務を解釈することは非常な困難であるが，協定は，①ＩＭＦが効果的な実施を確保するため国際通貨システムを監督し，さらに②5つの一般的義務の遵守を監督することを命じている。（4条3項(a)）
　国際通貨制度を監督するためには，ＩＭＦが一般的為替取極に基づき勧告を行うかどうか，又は付表Cの平価制度を実施を求めるかどうかを決定できる必要がある。そして，為替取極，為替相場，為替政策における一般的義務の加盟国によ

---

(428)　Gold (1996) pp. 307–309. しかし，ゴールドは「規定によって，加盟国が明白な命令を実行しているどうかにつきＩＭＦが合理的な判断に達することが難しい場合，規定が真に義務なのかソフトローとして分類される期待と見なされるべきか論ずる余地がある。」と論じ，規定にあってもソフトローとして扱われる可能性については論じている。Gold (1996) p. 309.

第5章　ＩＭＦの法とソフトロー

る遵守を監督するためにも，これらの義務の解釈が必要であると考えられる。だが，上記のとおりＩＭＦはこれまで解釈を避けつづけてきた。

ＩＭＦがこの２つの監督機能を果たすために，４条３項(b)[429]は，「ＩＭＦが加盟国の為替相場政策の確実な監視を実施し，また為替相場政策に関するすべての加盟国に対する指針とするための特定の原則を採択する」と規定している。この規定は，「各加盟国は，この監視のために必要な情報を基金に提供しなければならず，また，基金が要求する時は，自国の為替政策について基金と協議しなければならない。」と続けている。

この規定において，２つの重要な点がある。①ＩＭＦによる監視と②各国の為替相場政策に対する「指針」とするための原則である。

②の原則は，協定下での為替に関する各加盟国の自由に伴うリスクに対する重要な保障として考えられる。このリスクとは，秩序ある為替取極や為替相場制度の安定が損なわれることである。

さらに，指針を超えてＩＭＦが特定の原則を採用して過度に権限を行使することに対する警告となり，加盟国を保護するための原則がある。この原則とは，加盟国の国内の社会的又は政治的政策を尊重するものでなければならない，というものである。

この原則を適用するに当たり，ＩＭＦは，加盟国の置かれた状況に妥当な考慮を払わなければならず，このことはＩＭＦが加盟国の経済的必要，問題，優先順位の差異を考慮しなければならないということを意味する。

---

　(429)　４条３項（為替取極の監視）
　「(b)基金は，(a)の規定に基づく任務を遂行するため，加盟国の為替相場の確実な監視を実施し，また，為替相場政策に関するすべての加盟国に対する指針とするための特定の原則を採択する。
　各加盟国は，この監視のために必要な情報を基金に提供しなければならず，また，基金が要求するときは，自国の為替相場政策について基金と協議しなければならない。
　基金が採択する原則は，加盟国が一又は二以上の他の加盟国の通貨の価値との関連において自国通貨の価値を維持する二以上の加盟国の間の協力的取極並びに基金の目的及び第１項の規定に合致する他の為替取極であって，加盟国が選択するものと矛盾するものであってはならない。
　この原則は，加盟国の国内の社会的又は政治的政策を尊重するものでなければならず，また，基金は，この原則を適用するに当たり，加盟国の置かれた状況に妥当な考慮を払わなければならない。」

第3節 規制権限とソフトロー

　この条項の主要な目的は、この原則の重圧が途上国にとって耐えうるものであることを途上国に再保証するためである。
　ここで、「妥当な考慮」というこれまで何度も出てきたIMF特有の表現が使われている。この文言は、その他の考慮が加盟国の状況と比較考量されなければならず、その他の考慮が無視された場合、その状況において持続している影響を無視するかもしれないという考え方を示唆するものである。
　このように、IMFが監督権限を持つことに対する加盟国の自由の保障の重要性にも拘わらず、この原則はソフトローであるとされる。
　ゴールドは、その理由として、「指針」という文言がソフトローを意味するという文理的な解釈をまた行なっている。「この結論の証拠は、『指針』という文言の使用にある。『ガイドライン』のような文言やこれと関連した文言は、IMFにより義務の存在を否定するものとして解釈されている。規範的な区別が勧告と指針との間にあるわけではない。この区別は文体によるもの以上のものとは考えられない。」
　ソフトローであるため、指針を加盟国が遵守しなかった場合でも、無視のみを理由として協定の義務違反とはならない。
　すなわち、「指針に従わなかった際に、加盟国は指針が作られたことに伴う期待を侮辱することになるが、加盟国はその実行には理由があり非難さるべきでないということを説明する権利が与えられている、と見込まれることは不可避である。」
　このような事態に対し、IMFは加盟国を非難し指針を遵守することを促すことはできるが、「IMFは指針の不遵守自体が義務違反であると主張することはやめなければならない[430]。」
　すなわち、加盟国の行動は、協定違反を構成することなく、加盟国が実行を継続する可能性は残る。

指針とするための原則

　ある加盟国は、為替相場政策に関するすべての加盟国に対する指針とするための特定の原則を設定するIMFの権限が、期待を条文化するような形でIMFにより解釈され実行されることを希望してきた。
　条文化は、監視や実行可能な4条の解釈によって蓄積された経験の結果として

---

(430) Gold (1996) pp. 310−312.

第5章　IMFの法とソフトロー

なされるかもしれない。

　この原則を規定する「特定の」という文言は，コードが一定の正確さや実効性をともなって定式化されていることを示そうとするものであるが，「特定の」という文言によりソフトローの概念を放棄すると解釈されることはなかった。

　すなわち，期待を条文化することは，これまで実現してこなかったのである(431)。

監　視

　4条3項(b)は，IMFは加盟国の為替相場政策の「確実な監視」を規定しているが，「確実な」という文言は起草の最終段階で批判を受けた。なぜならば，IMF協定のほかの規定は「確実な」というような文言が使われておらず，他の規定におけるIMFの機能の効果を減ずるものと見なされたからである。

　しかし，この文言が残されたのは，監視を，為替取極が裁量的な制度であるため生ずるかもしれない無秩序に対する砦とするためであった。

　それゆえ，監視に対するIMFの決定は，実体的な内容や監視の目的よりも手続的な局面や監視の範囲に集中しているのである。

　そして，この決定は，IMFと加盟国間の定期協議を規定しており，かつ特別協議についても規定している。

　特別協議として，IMFから加盟国との打ち合わせが必要がある状況として，6つの場合が示されている。

　　「2．上記に規定された原則の加盟国による遵守の監視に当たり，基
　　金は加盟国との討論が必要であることが示される以下の進展を考慮しな
　　ければならない。
　　（i）　為替市場におけるある方向への長期にわたる大規模な介入，
　　（ii）　国際収支目的の，持続不可能な公的又は準公的借入，長期にわ
　　　　たる短期の公的・準公的な貸出し。
　　（iii）（a)国際収支目的の，通貨の取引や支払に対する制限の導入，強

---

(431) Ibid., p. 312.
(432) 『為替相場政策に対する監視』為替相場政策に対する基金の監視の原則，Decision No. 6026-（79/13）January 22, 1979, as amended by Decision No. 10273-（93/15）January 29, 1993, and Decision No. 10364-（93/67）May 10, 1993.

化，長期にわたる維持。
(b)国際収支目的の，資本の流入・流出の制限や誘因の導入や改正
(iv) 国際収支目的の資本流出の不規則に助長・阻害する通貨・金融政策の追及
(v) 競争力や長期の資本移動に影響を与える要素を含む基礎的な経済・金融状況と関連しない為替相場の行動,
(vi) 非持続的な民間資本のフロー[432]」

もし，リストにある進展の1つが起こった場合や結果としてIMFが特別協議を求めた場合，市場等が特定の原則を加盟国が履行しなかったと推測するかもしれないというリスクを最低限にするために，このリストは注意深く起草された。だが，このリストに記載された状況が生じたとしても，何かが間違っているという推定的証拠としてさえ解釈されるものではない。

そして，ゴールドは監視におけるソフトローの条文化についてのIMFの態度を次のように評価している。「この分野におけるソフトローがファームローへとハード化するように考えられる時はいつも，IMFはソフト性の持続を強調し警戒をおこたってこなかったのである。IMFは，ソフトローの制約を超えていかないように拘束されている。もし，ソフトローが協定に含まれている場合，協定の権限又は適当な改正なくてはソフトローはファームローに転ずることはできない。しかし，いくつかの加盟国はこの改定に関心がないかもしれないし，ソフトローが転換すると誤って推測されるかもしれない。もし，IMFがソフトローの制約を遵守していないと加盟国が考えた場合，加盟国は解釈を要求することができる。

IMFの警戒は，確実な監視の手続のすべての局面に行き渡っており，これはソフトローの性質によるだけではなくて，為替相場についての批判的な世評又は批判と考えられるものによって生じうる害によるものである。」[433]

この特別協議だけでなく，IMFは別の方法で加盟国と「打ち合わせ」を行なっている。例えば，次のような「打ち合わせ」がある。定期協議間の端境期に，専務理事が，ある加盟国の為替相場政策がIMFによって採用された特定の原則に従っていないと考えた場合，専務理事はその加盟国に「非公式にかつ秘密裏に」その問題を取り上げなければならない。だが，この接触は，「協議」ではな

(433) Gold (1996) p. 315.

い。

　そして，専務理事が最初の接触により，原則が遵守されているかどうかにつき問題があると結論した場合，確実な監視の下で加盟国と「秘密を基礎に打ち合わせ」を主導し，行わなければならず，速やかに原則の遵守の問題が存在しているのかどうか結論を下さなければならない[434]。

　この「打ち合わせ」という文言は，この文言の完全な意味の協議が初期の段階においてさえ始まっているという印象を回避するために使われている。この打ち合わせの終了後，すぐに専務理事はその結果につき理事会に報告しなければならない。

　この報告は，理事会の議題となり，理事会はこの報告にどのように対応するか決定する。だが，この手続のこの局面は完全には明らかではない。しかし，「協議」が行われたと考えられる。なぜなら，IMFの実行においてIMFとの協議は理事会による問題の考慮並びにその結果として決定を含んでいるからである。

　ゴールドは，この打ち合わせと協議を区別することは望ましいとしている。それは，打ち合わせによって，加盟国による特定の原則の遵守が専務理事の満足のいくものとなるかもしれないからである。

　このとき，「打ち合わせ」は協議の過程の一段階であるとは見なされず，理事会の議題でもない。しかし，専務理事はこの結論につき「すべての理事に非公式に助言しなければならない[435]。」

　だが，この表現は，打ち合わせの当事国である加盟国は，この問題を理事会の議題とすることを要請することができるが，専務理事は結論をIMFの機関としての位置を占めている理事に伝えていないということを意味する。

　理事会に議題を提起する加盟国の特権により，たとえその原則が遵守されてい

---

(434) 『為替相場政策に対する監視』「監視の手続」Decision No. 6026- (79/13) January 22, 1979, as amended by Decision No. 10273- (93/15) January 29, 1993, and Decision No. 10364- (93/67) May 10, 1993.

(435) 「原則が遵守されていることについて専務理事が満足した場合には，専務理事はすべての理事に非公式に助言し，スタッフは次の4条協議の討論のために報告しなければならない。しかし，当該加盟国がこの手続が継続することを要請しない場合には，専務理事は理事会の議題としない。」『為替相場政策に対する監視』「監視の手続」Decision No. 6026- (79/13) January 22, 1979, as amended by Decision No. 10273- (93/15) January 29, 1993, and Decision No. 10364- (93/67) May 10, 1993.

第3節 規制権限とソフトロー

るかどうかについての専務理事の一般的事実認定がその加盟国に有利であったとしても，加盟国が同意していない専務理事の結論に対して加盟国は異議を申立てることができ，理事会の議題としないことができる。そして，スタッフは，次の協議において打ち合わせについて報告を行う。

このように，手続は非常に複雑であるが，ゴールドによればこの「手続の複雑さにより，最大限に加盟国の利益を守るだけでなく，専務理事の権限と理事会の権限及び機能の間の均衡を達成することも意図されているのである。」(436)

ソフトな行政

だが，ソフトローと確実な監視との結合は，不安定な結合であった。そして，「為替相場政策のソフトローの実行は以下のことを明らかにした。すなわち，ソフトローがファームローよりもＩＭＦの側に立ったソフトな行政をともなわれがちであるということは，解釈の問題においてさえ，明白であるということである。」

3つのことがそのソフトな行政を説明している。

①第一に，加盟国との打ち合わせの必要を示す6つの進展が見られた場合，加盟国が特定の原則を遵守し得ないという含意を避けるべくＩＭＦは気を遣ってきたと考えられてきた。一方で，ＩＭＦは何かしら不都合なことがあったと他の加盟国や世間に誤った疑念を残すというリスクを恐れているのである。1979年1月22日，ＩＭＦは，「打ち合わせのために」実体的に上記と同じ手続を確立する2回目の決定を行ったが，これは6つの進展と関連するものではなかった。

むしろ，打ち合わせはよりソフトな理由によって主導され，専務理事は「加盟国の為替取極がどのようなものであっても，加盟国の為替取極若しくは為替相場政策の変更，又は当該通貨の為替相場の動きは，重要であるかもしれない若しくは他の加盟国に重要な影響を与えているかもしれないことを考慮する。」(437)

また，②ソフトローにしたがって決定が行なわれた時でさえ，ＩＭＦの決定が批判的なものである場合，加盟国にとって気にかかるものとなる。

このような決定は，ＩＭＦによってだけでなく他の主権国家によって相反判断と考えられることがあるが，ＩＭＦとの協議は確実な監視の下でなされるべきであるとされてきた。ＩＭＦの長い伝統や実際の解釈において，上記のとおり，Ｉ

---

(436) Gold (1996) p. 316.
(437) Ibid.

MFとの協議は理事会や理事会による決定に結び付けられている。この原則は、理事会により主張され、理事がIMFとの協議が何を意味するかを論ずる際には、理事はIMFとの協議とは理事会との協議であるとした。

理事は、この原則を主張することにより自身並びに加盟国の権限を主張する可能性がある。

また、特にその批判に義務違反が含まれていなくとも、政治的理由で加盟国は他国を批判する決定と彼ら自身を結び付けられることを恐れるかもしれない。

この難問の解決するため、確実な監視における主要な決定には次のような部分を含んでいる。「加盟国とスタッフとの打ち合わせの終了後3ヵ月以内に、理事会は結論に達し4条に基づく協議を終了させなければならない[438]。」妥協のこの部分の手がかりは、「決定」の代わりに「結論」という文言を使っていることである。

別の妥協としては、理事会が加盟国と打ち合わせに基づきスタッフの報告を議論した後、専務理事が理事会の議長の職権に基づきこの議論を総括し、理事会はある時は修正を行いこの総括を是認する。この総括が、理事会の「結論」を構成する。これは、理事会で承認された決定と法的には同じ性質をもっているが、規制権限の主張があまり顕著でないために、「結論」は「決定」よりもよりソフト又は曖昧な文言であると考えられている。

最後に、③総括の形式が、妥協のより穏やかな内容と一致するということである。すなわち、結論は、理事会の決定として明確には公表されないのである。諸見解は、「理事会」に帰せられ、全理事に対して発言を行ったのか若しくは議論において発言した理事に対してのみ発言を行ったのか明らかにされない。理事の名前も記されない。ある論点において見解の相違が記録されることはある。また、結論において、ある見解がある理事から表明されたという結論が記録されることもある。

多くの場合、「見解が持たれた」のような表現が使われ、特定の見解をもった理事に言及する際には、「いくつか」「ある」「ある数の」「たくさん」「ほとんど」「ほとんどすべて」のような特定しない表現が使われる。

また、柔軟な内部コードが適切な文言を選択すべく発展しており、通常どの理

---

(438) Decision No. 6026- (79/13) January 22, 1979, as amended by Decision No. 10273- (93/15) January 29, 1993, and Decision No. 10364- (93/67) May 10, 1993.

第3節 規制権限とソフトロー

事が言及し投票したか明らかにしない。
　IMFの内部にいたゴールドにとっても，このような手続のあり方を是認できるものではないようだ。「コードは，コンセンサスや幅広い合意が形成されるまでは，理事会の報告を起草する際有益であるが，理事会の『結論』のためのコードの使用は問題である[439]。」
　それでは，どのように曖昧な規定が「確実な」監視と調整されるのであろうか。だが，この問題について，解釈の問題とはされてこなかった。
　ゴールドは，「『確実な』という形容詞は，IMFが協議を明らかにしその結論を対外的に話すべきである，ということを意味しているのかもしれない。この文言はまた，加盟国がその評価にしたがって行動することを確保するために，IMFが協定と一致する行動はなんでもとり続けるべきであるということも意味している。」としている。そして，確実な監視は，IMFが国際通貨制度や為替取極に関する加盟国の一般的義務の遵守を監視する機能を果たすことを可能ならしめるための手続である，ということはこの解釈においても現われていると考える。
　解釈に頼ることができないのであるから，準備作業を検討することが理解のために有用であるとゴールドは考えた。「協定の起草におけるIMFの語彙や監視における下位の法は，法的な表現の歴史の研究の必要を示すものである。『結論』『妥当な考慮』『打ち合わせ』『協議』といった語が現われた文脈において，このような日常的な文言のおもしろみのなさの陰に何があるのか理解するためにはどのようにしたらよいか。準備作業（travaux preparatoires）を検討することのドグマ的な拒否や国際世論の支持につき小さな役割しか与えないことは，無知に向けての政策となるものだ[440]。」
　また，為替相場政策に関するすべての加盟国の指針とするための原則の特定化や加盟国が原則を遵守しているかどうか決定するIMFの手続は，確実な監視に関するすべての事項を取り扱うものではない。IMFは，加盟国が為替において一般的義務を行っているか決定しなければならないが，この決定をなすとき，IMFは加盟国がこの原則に従って行動している若しくは行動していないという事実を考慮する。また，IMFは，ある加盟国がIMF及び他の加盟国と協力していないことを結論づけることはできるが，IMFは原則の無視自体が義務違反となると決定することはできない。そして，この違反とは，協力の不履行であるか

(439)　Gold (1996) p. 318.
(440)　Ibid.

第5章　ＩＭＦの法とソフトロー

もしれない。経験的にいえば，ＩＭＦが協力を何と理解するかについては解釈の幅がある。

そして，実行において，監視は規制的というより助言的であり勧告的でありつづけた。そして，この監視は多くの加盟国にとって，技術支援の性格をよりもっていたのである。

最後に，ゴールドは，この監視を次のように評価する。「加盟国が組織から金融支援を求める際，ＩＭＦの資金の使用のための基礎として加盟国がおこなっている政策につき，ＩＭＦと加盟国がより理解を深めることを助けるために，監視は明らかに利益をもたらすものであった[441]。」

このことは，4条3項とはこれは異なる目的のために，この監視権限を利用していたことを示すものである。

ソフトな解釈

ソフトローとファームローの間には解釈において重要な差異がある。この差異は，ＩＭＦの実務において重要である。加盟国がソフトローとされる規定と合致している行動をとっていないとしても，加盟国はそれだけの理由では制裁に従う理由はない。

だが，ソフトローとファームローのソフトな解釈の効果が似通っていたとしても，ソフトローとファームローのソフトな解釈とは区別されなければならない。

ファームローのソフトな解釈の例として，ＩＭＦの承認なしに経常的国際取引のための支払及び資金移動への制限を禁止した8条2項があげられる。この制限禁止は，通貨の交換性を確立し，保持するために必要不可欠である。だが，多年にわたり，規制権限の下でＩＭＦの承認が必要とされるとされる規制の概念を，ＩＭＦは解釈することができなかった。この理由は，この概念に帰せられるべき範囲につき，加盟国間において論争が未決であったからであった。すなわち，ＩＭＦの権限の範囲について争いがあった。

経常的国際取引，経常的取引決済のための支払，経常取引の収益の資金移動に直接適用されるすべての規制に対して，ＩＭＦは管轄権を有しているとして広くＩＭＦの権限を解釈する人々が存在している。貿易制限を含む経常取引の制限が，取引に伴う支払や資金移動を間接的に妨げる効果があるということが，この議論の根拠とされている。

---

(441) Ibid., p. 319.

第3節　規制権限とソフトロー

　一方，経常取引により要請される支払又は経常取引から生ずる収益の資金移動に直接に適用される制限のみ，ＩＭＦに管轄権があると狭い解釈をとる一派がある。この見解の相違は，規制の技術的な枠組みや執行についての意見の相違から生じたものであった。

　この意見の対立の止揚は，1960年までなされなかった。合意が達成されたのは，国際貿易や支払において主導的な役割を果たしている国を含む多くの加盟国が，通貨の交換性についての協定上のすべての義務を実行するという約束をする準備があるとしたからであった。

　すなわち，協定における規制の概念の解釈は，加盟国が実行を約束する義務の範囲を理解するために必要であり，この必要性に迫られて解釈の合意が得られたのであった。最終的に達成された合意は，狭い解釈をもとにしたものであった。

　この解決は，準備作業であるブレトンウッズ会議において，支払と資金移動についてのＩＭＦの管轄権とちょうど対となる貿易に対する管轄権を有する国際貿易機関を設立する構想が支持されていたことに影響されたものであった。結局，国際貿易機関は設立されなかったが，ガットの発効を導いた。そして，周知のとおり1995年ＷＴＯ協定が発効し貿易に関する国際機関がようやく成立した。

　さて，ＩＭＦは，協定の交渉者たちが協定の規制の概念を広く解釈し，貿易の制限に対する国際的な管轄権の大きな重複を予期していたということはありえないと考えていた。よって，ＩＭＦは，条文の交渉者の意図は，貿易と支払に対する規制についての相補的な管轄権の確立にあったのだと結論づけたのである。

　そして，ＩＭＦはファームな解釈を行なわないことによってのみ，協定の規制の概念を分類することができると考えた。よって，広い解釈と狭い解釈の双方が受け入れられるアプローチとして，適用における柔軟性や改正の可能性を示唆するソフトな定式化を行なったのである。

　また，ＩＭＦの実行において，加盟国に対する指針が法のソフト性を示すテクニックとなっている。

　ＩＭＦにより採用された定式とは，「ある措置が，8条2項の下での経常的国際取引の支払及び資金移動に対する制限であるかどうかにつき確かめる指針的な原理は，その措置が利用しうる又は為替の使用に対する直接的な政府の制限を含んでいるかどうかによる[442]。」

　このソフトな定式化にもかかわらず，全体としてみて，これは真の解釈とされ

---

(442) Decision No. 1034- (60/27) June 1, 1960.

第5章　ＩＭＦの法とソフトロー

これまでファームローとして適用されてきたのである。

「しかし，経験が示していることは，協定に含まれる（ファームローの）義務の一時的な（特に，ソフトな）解釈がファームな解釈に発展しうることにより，上述したプロセスが許容されるということである[443]。」

だが，これは，ＩＭＦが条約に特定の権限がないのにソフトローを義務に転ずることができることを意味するものではない。

すなわち，ソフトローを義務として扱うことはできないが，ファームローの義務を一度ソフトに扱ったとしてもファームなものに転換することができるとゴールドは解釈したのである。

救済とソフトロー

救済については，ＩＭＦの法構造で既に触れたが，ソフトローとの関係においても救済という概念は重要である。救済は，義務違反に対して適用されると同時に，義務ではないが遵守が期待されていることに反する作為・不作為がなされた場合にも適用されてきた。そして，この適用によりＩＭＦが義務違反に課した罰とある程度似た効果を及ぼすことができたのである。

ここで，「救済とは，多くの場合，加盟国の望ましくない行動に対するＩＭＦによる防御的な対応以上には違反に対する罰を意味しない[444]」，という意味である。

この防御的対応としての救済という聞きなれない概念の発明は，英国と米国の交渉者の意見の相容れない相違とケインズが記した問題を解決した。その問題とは，加盟国の平価の変更に対するＩＭＦが権限をもつ範囲，という基本的な問題に関連するものであった。

ケインズにとって，ＩＭＦに対する完全なもしくは相当な権限の移転はあまりに革命的なものであった。構想されている国際機関は，加盟国の通貨の平価を変更したり，加盟国から提議された変更を承認・非承認を行なう権限を持つべきでないとケインズは提起した。

一方，米国の交渉者は，加盟国が通貨の平価変更に対する権限を保持すれば，米国の世論がＩＭＦのプランの最も支持できる点であると見なしていた為替の安定性に対する重大な脅威となる，と見なしていた。

---

(443) Gold (1996) pp. 319-320.
(444) Ibid., p. 321.

第3節　規制権限とソフトロー

　その後，ケインズは，イングランド銀行総裁であるカットオによって提案された立場に移った。それゆえ，この提案は，カットオ条項と名づけられた。
　カットオ条項の要諦は，ＩＭＦは加盟国が変更を望んでいる平価の変更につき協議を行うが，加盟国はたとえＩＭＦが反対してもその変更を導入する権利を有するというものである。しかし，ＩＭＦはすべての加盟国の支持において，ＩＭＦの資金に対する当該加盟国の利用を停止するという権限をもつというものであった。
　米国は，平価変更を違反として扱うことに固執した。それは，変更が違反として扱われないならば為替の安定に対する脅威が継続するから，という理由であった。
　ケインズは，変更を義務違反と見なすことなしに加盟国がその通貨の平価を変更しうる裁量を保持するという見解は，米国交渉者にとっては政治的に受入れ難いものであることを認識していたが，書面による戦いの後，ＩＭＦの資金の利用を否定することで平価の変更が条約の目的に適合しないという十分な印象を与えるものだとして，ケインズは米国を説得した。
　ケインズにとって，この妥協の最も重要な点は，ＩＭＦの承認なく加盟国が変更を決定した場合に，加盟国は義務の違反者として見なされないということである。
　そして，原協定において苦心して作り上げられた解決策は，加盟国が基礎的不均衡の是正するためを除いては，自国通貨の平価変更を提議してはならないとするものであった[445]。
　すなわち，加盟国通貨の平価変更は当該加盟国がこれを提議し，かつ基金と協議した後に限りこれを行なうことができる（原協定4条5項(b)）。また，提議された変更が，第一次平価に既に加えれた変更を含み，引上げであると引下げであると問わず，第一次平価の10％を超えない場合，ＩＭＦは異議を唱えてはならない（原協定4条5項(c)(i)）。これは，戦後直後において適切な平価を選択することが難しかったゆえ，加盟国にある裁量の余地を与えたのであった。
　もし提議された変更が，同様に計算して，20％を超えない場合，ＩＭＦは同意することも異議を唱えることもできるが，その加盟国から要請があれば72時間以

---

(445)　4条5項（原協定）（平価の変更）
　「(a)加盟国は，基礎的不均衡を是正しようとする場合を除く外，自国通貨の平価の変更を提議してはならない。」

第5章　ＩＭＦの法とソフトロー

内にその態度を宣言しなければならない（原協定4条5項(c)(ii)）。これは，第一次平価から20％を超えない限り，加盟国に緊急の行動の余地を与えるものであった。

だが，提議された変更が20％を超える場合，ＩＭＦは同意又は反対を唱えることができ，宣言すべき72時間を超えることができた（原協定4条5項(c)(ii)）。

この平価変更に関する権限は，ＩＭＦと加盟国間に注意深く割り当てられている。しかし，加盟国は，ケインズのアプローチによって権限を保持したのである。だが，条文策定の交渉の過程であまり明らかでない譲歩があった。それは，「同意する」(concur) という文言の使用である。外からはその重要性や意味をほとんど理解できないが，この「同意する」という文言は内実を知るインサイダーにとっては特別な意味があったようだ。

ＩＭＦは，加盟国に疑わしい場合に有利に解釈する利益を与えていると推定されているが，これは「同意する」(concur) ではなくて「同意する」(agree) という文言であればこの意味を示すことはできない，と彼らは知っていたのである。この解決は，またＩＭＦがある特定の状況で同意し別の状況で異議を唱えないことについて裁量を含むものであった。これらの語法の違いにより，concur という語の使用することで，変更による効果を妨げることなく，ＩＭＦは変更が正当なもの見えるような外観を避け，表立って行動しないことができると考えたのである。

上記の解釈のプロによる持って回った解決は，ほとんど理解することができないが，この解決はケインズが主張しつづけた次のような原理を確立するものであった。

すなわち，ＩＭＦが異議を唱えることができる場合，その異議にもかかわらず加盟国が提議された変更を行なうときは，加盟国はＩＭＦの資金利用資格を喪失するという救済を受け，さらには強制的脱退を被ることとなるが，加盟国は義務違反を行なっていないと見なされるということである。このことは，原協定4条6項（認められていない変更の効果）に規定された。

だが，加盟国を義務違反としないために使われたテクニックは，世論や観察者が認められていない変更が違反であるとするＩＭＦに有利なあやまった解釈を導くほど曖昧なものであった。

現行協定では，加盟国は規定に従った行動をとる権利があるとしており，この原協定の「認められていない」という文言は加盟国よりもＩＭＦの権限を強調しているものと解釈されうる。加盟国の自由・名声を保護しソフトローを作り上げ

第 3 節　規制権限とソフトロー

るこのテクニックは，次の例では，間接的なものであることが示された。
　ＩＭＦの資金利用資格喪失の救済に従わなければならないとある加盟国に宣言する場合，原協定15条 2 項(a)[446]の第一文が義務違反を取り扱っているため，利用資格喪失のための法的基礎となる原協定15条 2 項(a)に言及することなく原協定 4 条 6 項自体でその結果を表明したのである。
　そして，原協定15条 2 項(a)の第 2 文は，原協定 4 条 6 項の認められていない平価の変更に際し，15条 2 項(a)の罰として加盟国に利用資格喪失を課す必要がないことを意味していると解釈される。
　さらに，加盟国は原協定 4 条 6 項の救済の下での自動的な資金利用資格喪失に従わなくてもよい。この戦略は，ＩＭＦが原協定15条 2 項(b)[447]のもとで加盟国を強制的に脱退させる決定の可能性についての原協定 4 条 6 項言及により明らかである。
　この原協定15条 2 項(b)の表現は，通常の義務の不履行と「認められていない平価の変更」を区別するものであった。
　原協定 4 条 6 項は，原条文の交渉における妥協として大きな意味を持つものであったが，ＩＭＦの実行においてはほとんど効果がなかった。なぜなら，平価制度の歴史において，たった一度しか「認められていない平価の変更」は行われなかったからである。
　この原協定 4 条 6 項は，現実世界においてはあまり適用されず，規定やその解釈の歴史は多くの人々によって忘れられてしまった。しかし，ゴールドによればこの原協定 4 条 6 項の真の重要性は，「それがＩＭＦの拡張的なソフトローの先駆者でありつづけたことである。」
　「認められていない平価の変更」の条項自体は，現在の協定から削除されてし

---

(446)　15条 2 項（原協定）（強制的脱退）
　　「(a)加盟国がこの協定に基づくいずれかの義務を履行しなかったときは，基金は，その加盟国が基金の資金を利用する資格がないことを宣言することができる。
　　本項の規定は，第 4 条第 6 項，第 5 条第 5 項又は第 6 条第 1 項の規定を制限するものとみなしてはならない。」
(447)　15条 2 項（原協定）（強制的脱退）
　　「(b)相当の期間の経過後加盟国がこの協定に基づくいずれかの義務の不履行を続けているとき，又は第 4 条第 6 項に基く加盟国と基金との間の相違が継続しているときは，総務の過半数で総投票権数の過半数を代表するものによって行なわれる総務会の決定によって，その加盟国に基金からの脱退を要求することができる。」

まったので存在しない。

　だが，付表ＣはＩＭＦが総投票数の85％の多数により評価制度の導入することができるという規定をおいている。付表Ｃは，いくつかの点で原協定と相違点があるものの，以前の平価制度の規定に依拠している。そのため，「認められていない平価の変更」の概念の削除が原協定と付表Ｃの相違点となっている。

　それでは，この付表Ｃはなぜ導入されたのか。米国の代表は，二次改正の最終段階で付表Ｃを導入することを求めた。その時まで，米国の主要な目的は米ドルの為替相場を義務からできる限り自由にすることであった。だが，いろいろ経緯の中で，付表Ｃの導入を押し進めた。

　以前の協定の下で認められていない変更であるとされてきた平価の変更は，付表Ｃが実行された場合一転して加盟国の義務違反となる。このことは特に26条2項(c)[448]の言及により明らかである。すなわち，停止の決定から相当の期間の経過後においても義務の不履行を続けているときは，総投票権数の85％を有する過半数の総務によって行われる総務会の決定により，その加盟国に基金からの脱退を要求することができるのである。ここでは，原協定に見られたような，認められていない平価の変更を義務の不履行とは別の脱退要件としていない。すなわち，付表Ｃの下での「認められていない平価の変更」類似の行為は，義務違反として扱われるのである。

　但し，付表Ｃの平価制度が規定されていることは，為替に関する加盟国の一般的義務を廃止するものではない。これらの義務の効果の継続については，付表Ｃ[449]に記されている。

　この規定の結果として，協定4条1項・3項・4項・5項及び付表Ｃの加盟国の義務の不履行に対し，ＩＭＦが適当であると考える協定上のいかなる措置も，

---

(448)　26条2項（強制的脱退）
　　「(c)(b)の加盟国が(b)の規定に基づく停止の決定から相当の期間の経過後においてもこの協定に基づくいずれかの義務の不履行を続けているときは，総投票権数の85％を有する過半数の総務によって行われる総務会の決定により，その加盟国に基金からの脱退を要求することができる。」

(449)　付表Ｃ（平価）
　　「1　基金は，加盟国に対し，この協定の適用上，第4条第1項，第3項から第5項まで及びこの付表の規定に従い，特別引出権又は基金が定めるその他の共通表示単位により，加盟国が平価を設定できる旨を通告する。
　　共通表示単位は，金又は通貨であってはならない。」

第3節　規制権限とソフトロー

IMFはとることができる。IMFが対応しうる権限は，平価の変更に限られない。例えば，4条3項により，為替相場政策につき加盟国の指針となるIMFの特別な原理の遵守について，IMFは監督することができる。

このようにいかなる時代よりも，平価制度が厳格に付表Cの下で規定されているので，IMFは解釈又は他の実行により4条3項のソフトローをハード化する権限をもっていないし，もつ必要もないのだ。

それでは，なぜ，「認められていない平価の変更」の概念は，二次改正で放棄されたのか。この理由は，二次改正提案の理事会レポートのコメンタリーによっては明らかではない。その理由は，下に示すように驚くべきものであった。

この概念を効果有らしめていた原協定4条6項は，多くの加盟国に知られていなかった。そして，この概念が適用された唯一のケースは，ずっと以前のものであった。さらに，4条と付表Cのフランスと米国の草案が長い改正協定の最終段階で提出されたので，理事会は，二次改正の他の規定ほどには付表Cを検討する機会を持てなかったのである。

多くの加盟国は，付表Cの平価制度は実施されそうにないと考えたため，この付表Cに同意したのかもしれない。それは，付表Cを実施するためには総投票権数85％の多数を得た決定が必要とされ，かつ，付表Cの制度の実施の決定のために必要な諸条件が満たされそうにないからである[450]。

また，この平価制度においては，制度を規律している諸規定がファームローとして解釈されるときですら，加盟国はソフトな行政を選好した。これは，原協定14条の規定の適用がその例とされる。この規定は，過渡期と名づけられ，戦後が変化と調整の時期であることを認め，そのため生じた加盟国提出の要請を判定するに当たってはその加盟国に対し好意ある判断をなさなければならないと規定している[451]。

一方，この協定は，「加盟国は基礎的不均衡を是正する場合を除く外，自国通貨の平価の変更を提議してはならない。」（原協定4条5項(a)）と規定し，基礎的不均衡が必要であるとされていた。

---

(450)　Gold (1996) pp. 321-326.
(451)　14条5項（原協定）（過渡期の性質）
　　「基金は，加盟国との関係において，戦後の過渡期が変化及び調整の期間であることを認め，それに起因する加盟国提出の要請について決定するに当り，相当の疑義に対しては加盟国に有利に決する。」

第5章　ＩＭＦの法とソフトロー

　1948年3月1日の決定において，もし変更の幅が基礎的不均衡を是正するために不十分であるとＩＭＦが結論づけたならば，ＩＭＦが提議された平価の変更に対し反対を唱える権利を有しているものと解釈した。だが，一方で，理事会は，基礎的不均衡を是正するに必要な平価の変更の幅を正確に決定することができないこと，ならびに平価変更の加盟国の提議につき決定に達する場合，過渡期又はそれ以後を問わず，加盟国に好意ある判断を与えなければならない，ということを認めたのである。
　そのため，ＩＭＦは反対を唱える権利を有していることをこの決定は明らかにしたのだと解釈し，それだけでなく，ＩＭＦは異議を唱える義務があると解釈した。すなわち，平価の不適切な又は過剰な変更を提議した加盟国は，義務を履行しなかったものとした。また，平価の変更に対する罰として，提議された変更は却下され，協定の目的に照らし結果として無効なものとした(452)。
　しかし，このようなＩＭＦの行動は，協定上義務でないものを義務として解釈し，罰を適用したものと解釈されうる。
　この基礎的不均衡の概念に関連したＩＭＦの実行は，ファームローのソフト行政のもう1つの例であるとされる。この概念の平価制度における重要性にもかかわらず，その定義は協定にはない。
　基礎的不均衡の意味を体系的に理解する試みは，ＩＭＦが1970年9月にレポートを発行するまでなされなかった。だが，その時には平価制度はすでに圧迫されていた。
　協定における概念の説明やＩＭＦによる解釈決定がなされなかったということは，解釈されるべき事項について様々な見解があることを示すものであった。
　それでは，基礎的不均衡について米国はどのような見解を抱いていたのであろうか。米国は，基礎的不均衡について満足のいく定義はなし難いとしていた。米国としては，あまりに漠然とした又はあまりに厳格に作成された定義は，使いづらいものであり危険なものであった。だが，受け入れられる見解を彫琢することは必要不可欠である。よって，ＩＭＦは十分な経験を蓄積するまで延期されるべきであるとした。そのことは，協定の交渉者がこの重要な概念に帰せられる意味をもとにした合意を控えたことや，ＩＭＦがある適当な時期にその業務を行なうことに示されていると米国は解釈した。そして，ある概念の実際の経験を蓄積することの有用性は，起草者の意図にのみ依拠して解釈を行なうことの不適切性を

---

(452)　Gold (1996) pp. 326−327.

第3節　規制権限とソフトロー

説明するものであり，解釈を助けるものとして経験の有用性を説明するものでもあるとした。

　一方，英国の見解は，基礎的不均衡の定義について交渉者間の合意を避けるという戦略が，米国とは異なる理由で，有利であるとするものであった。すなわち，定義を避けることにより，ＩＭＦは，提議された平価の変更に柔軟に対応することができるのである。加盟国は，より大きな自由とＩＭＦを説得するより多くの機会を得ることができる可能性があるとしたのである。

　ゴールドは，基礎的不均衡についてＩＭＦが定義を避けたことについて，「ＩＭＦは，定義は助言を与えるものではないという交渉者によって表明された意見と同じ見解であったので，平価制度の期間中基礎的不均衡の解釈を採用することをしなかったのかもしれない。」

　そして，「もし，この仮説が正しいのなら，解釈を避けるＩＭＦの動機がいつも同じではないということを示唆している。基礎的不均衡の事例において，少なくとも英国の見解においての動機は，ＩＭＦにとっては権限の拡張を与えるものと理解しうる，法の実施についての柔軟性を確保するためのものであった。権限を縮小する例として，資本移動のための特別な為替相場が複数通貨措置に対するＩＭＦの規制権限に入るのかどうかという問題に対する不作為の動機は，ＩＭＦの権限を制限するものとして現われている。また，8条2項(b)についてさらなる解釈をなしえなかった動機は，国際的な債務問題に関し債務者の側にも債権者の側にもＩＭＦが介入したくなかったということであった。」

　すなわち，ＩＭＦは争点に応じて権限を縮小して加盟国の自由に委ねる領域を広げたのである。これをなさしめたのは，概念の定義が存在しなかったからであり，これにより裁量の幅を広げることができたのであった。

　だが，基礎的不均衡の定義をしなかったことを，平価制度の概念の機能の拒絶や批判として考えてはならないとしている。その理由として，現行協定の付表Ｃに基礎的不均衡を含むことでこの概念を保持しているからであり，「ＩＭＦは過去にこの概念を定義しようとしなかったとしても，この概念の必要性と有用性を保証するものである。」[453]

　ここで，基礎的不均衡について客観的に判断できることは，主要な加盟国間の

---

(453)　Ibid., pp. 327-328. 付表Ｃ 6，7 は基礎的不均衡を是正するために平価の変更を定義できること，及びＩＭＦは基礎的不均衡を理由とした平価の変更に同意しなければならないことを規定している。

第5章　IMFの法とソフトロー

見解が分かれる場合には，IMFは決定を行なわないということであり，そのことにより，主要国の逆鱗に触れないように柔軟に権限を縮小し，加盟国の自由に任したのである。

2. ソフトローの影響力の拡大と加盟国の自由

加盟国の行動は，ソフトローの影響力が拡大したことに影響を受けている。すなわち，ソフトローの事項が国家の裁量の範囲内のものであることをもって加盟国が反論を行うことができなくなった，もしくはできにくくなった。共有された期待を無視する加盟国の行為・不作為は義務違反とはならないが，加盟国は，機関によって解釈されたソフトローが尊重される期待を共有しているのである。

よって，加盟国がソフトローに従って行動しないとしても，IMFや他の加盟国からのソフトローに関連した批判を無視することができないのである。

ソフトローは，ファームローよりも使い勝手がいいために，そもそもファームローを規定しようとする努力なしに，ソフトローを規定しようとすることがある。

> 「交渉者は，潜在的なファームローよりソフトローを採用してきたのかしれないが，いくつかの例においてはソフトローは法の存在しないところに対する代替物となってきたのかもしれない。なぜならば，ファームローがどの形態でも可能なものとして考慮されなかったからである。」

また，すべての経済発展段階の加盟国がソフトローの選択を支持するとしても，その動機は異なっている。例えば，総投票権数を少ししかもっていない加盟国は法の解釈又は実施について大国による決定に対する保障としてソフトローのソフト性を見出すのであり，それゆえファームローよりもソフトローを選好するのである。

一方，大国は，ソフトローが利害関心のある議題について合意に達する唯一の方法である場合，ソフトローに甘んじるのかもしれない[454]。

ソフトローと加盟国の自由

ソフトローは，特定の方法での加盟国の行動の自由を認める規定と区別されなければならない。ソフトローと加盟国に自由を認める規定の差異は，ソフトローがIMFの選好や推奨であるのに対し，加盟国が特定の方法で行動する自由にIMFの選好が含まれていないということである。

---

(454) Ibid., p. 329.

第 3 節　規制権限とソフトロー

　規制権限における加盟国の自由の明らかな例は，為替取極を選択する加盟国の権利である（4 条 2 項(b)）。だが，既に見たように，国際通貨制度の進展に応ずるためＩＭＦが一般的為替取極を勧告した場合には，ＩＭＦは義務を課すことなくある選好を表明することができる（4 条 2 項(c)）。
　しかし，協定は加盟国の自由の行使にある制限を課している。
　すなわち，加盟国は為替取極を自由に選択することができるが，金の価格に関連して通貨の対外的な価値を維持することは禁止される（4 条 2 項(b)）。
　さらに，資金移動を管理する加盟国の自由は，協定の 2 つの規定によって権限を与えられた場合を除くほか，国際経常取引のための支払を制限し又は契約の決済上の資金移動を不当に遅延させるような方法で管理を実施してはならない（6 条 3 項）。
　また，ＩＭＦの非加盟国又はその領域内にあるものとの為替取引に制限を課す権利は，その制限が加盟国の利益を害しかつ基金の目的に反するとＩＭＦが認定する方法で行使されてはならない（11 条 2 項）。
　これらの各制限は，解釈の問題を提起している。解釈における主要な問題は，自由を制限しているという警告を加盟国が遵守しえなかった場合，加盟国の特定の行動が自由の行使として正当化されるかどうかである。だが，ここでの自由の制限は，加盟国を拘束するものであり，それゆえソフトローではない。
　だが，「実行が示しているのは，たとえ上記のような制限が無視されなかった場合においても，協定によって認められている自由の行使を妨げるべく加盟国に対し勧告権限がある，とＩＭＦが協定を解釈しうる」としていることである[(455)]。
　この問題は，金売却問題においてあらわれた。原協定の下では，金取引に関する義務として加盟国にプレミアム価格すなわち平価にＩＭＦが規定したマージンを加えた額で金を売却することが禁止されていた。しかし，加盟国が他の買手にプレミアム価格で金を売ることは自由であった。そのため，ある加盟国はプレミアム価格で大量に売却していたのであった。
　そこで，ＩＭＦは 1947 年 6 月 18 日為替安定の危険のためプレミアムによる金売却を非難し，すべての加盟国が他の国や国民と取引することを防止する効果的な措置をとるべきであると勧告する声明を加盟国に向けて発した。ＩＭＦは，また為替の不安定の潜在要因を抑制する国際的な努力に参画することを促す主張を加盟国が非加盟国になすべきである，と勧告した。

---

(455)　Ibid., pp. 329-330.

第5章　ＩＭＦの法とソフトロー

　だが，ＩＭＦが提起した立場は，協定の誤った解釈であるだけでなく，プレミアム価格での売却はプレミアムを減少させＩＭＦが予測した国際通貨制度の潜在的なリスクをむしろ減らす効果があるとして異議を申立てられた。ＩＭＦは，法的問題においてさらなる論争を避けるため，政策声明は勧告という形でなされ，加盟国の義務を訴えるべく協定の解釈としてはなされなかった。

　しかし，声明が法的権限の存在を確認することなく出されたので，解釈が必要となった。

　ある加盟国は，ＩＭＦの勧告と一致した行動をとったが，この声明の命運は金の主要生産者たる南アフリカの反応に依存していた。だが，南アフリカといくつかの国は，この勧告を気に留めなかった。

　1951年3月に，ＩＭＦは再び表明したが，南アフリカを含むいくつかの国の取極や措置に対し，1947年6月18日のＩＭＦ政策声明の効果を確保する基盤をもっていなかった。

　よって，加盟国に新たな措置を導くＩＭＦの努力は失敗し，同年9月にＩＭＦは原声明の経済的理由を再確認した新しい声明を発行した。しかし，統一的な努力を加盟国が約束することを期待するには実行的でないものと考えられた。

　それゆえ，ＩＭＦはこの政策を遵守するよう加盟国を促す一方で，加盟国の選択にまかせた。この声明は，ＩＭＦがもはやこの勧告の遵守を監視しようとしていないことを意味していた。すなわち，この声明は政策の失敗の告白となったのである。

　この事件は，たくさんの論点を示唆している。まず，この事件は，加盟国による自由の行使がＩＭＦの目的に脅威を与え加盟国の利益を害する場合，協定によって認められている自由を行使することをやめさせるべく加盟国に対し勧告をなす権限があると，ＩＭＦが非公式に解釈していることを示したのである。

　また，この事件は，ＩＭＦが政策を推進すべく勧告を行ない，理事会で加盟国を促したとしても加盟国に義務の遵守を求めることができなければ，その遵守が特に重要である場合1つの又はいくつかの加盟国の抵抗により無効になりうるということをも示している。

---

(456)　4条4項（原協定）（為替の安定に関する義務）
　「(a)各加盟国は，為替の安定を促進し，他の加盟国との秩序ある為替取極を維持し，且つ，為替の競争的変更を防止するために，基金と協力することを約束する。」

第 3 節 規制権限とソフトロー

このことは,反抗的な加盟国に対して勧告を行ない,IMFは国際的に加盟国の不快を引き起こすことができるが,IMFは協定違反の責任から生じる同じ程度の恥を与えることを期待できないということを示すものである。

また,為替安定等を促進するための協力義務[456]を援用して,勧告を拘束的なものとしうるかどうかについての問題を,IMFは解決しようとしなかった。

この問題は,IMFの目的を促進するための協力義務とプレミアム価格で金を売却することを許容する効果を持つ規定[457]とを調整する解釈を要請するものであった。

しかし,1947年6月18日の声明もそれに続く声明も,加盟国がIMFの勧告を尊重する義務があるということを主張していない。義務の遵守にとって必要であると考えられる協力義務を適用することに疑いがあったので,IMFの躊躇したのであろう。

だが,このような権限なしでは,IMFの勧告は効果的ではない。

また,この事件は,選択的な非解釈の例でもある。すなわち,勧告をなすに当たって合意に達するために,1947年6月18日の声明は原協定4条4項に言及せず,1951年9月28日の声明でも原協定4条2項や協定の他の関連規定を特定することなく漠然としか言及していない。

IMFの躊躇の理由としては,金のプレミアム価格の経済的効果に関する加盟国間の合意の欠如があげられる。そして,この躊躇は,合意がないことに加え,抑止的な効果と協定の規定間の明らかな抵触という難しい法的問題を解決することへの忌避が伴っていた。

よって,IMFは,競合する義務の調整よりも勧告に依拠する方が,よりその目的を達する可能性があったと結論づけたのである[458]。

3. 協力義務

協力義務は,その義務が特定的なものではなく,しかも特定的な義務を規定できなかったことを償うために採択されたと考えられるため,協力義務をソフト

---

(457) 4条2項(原協定)(平価を基礎とする金の買入れ)
「基金は,加盟国による金の取引のために,平価の上下のマージンを定める。加盟国は,平価に所定のマージンを加えた額をこえる価格で金を買い入れ,又は平価から所定のマージンを差し引いた額未満の価格で金を売ってはならない。」
(458) Gold (1996) pp. 330−333.

第5章　ＩＭＦの法とソフトロー

ローと捉える見解がある。また，義務を履行しなければならない加盟国が，協力について何が特定の行動か決めることができるため，ソフトローと捉えられることがある。すなわち，協力について自身で規定することができるから，ソフトローと捉えられるとするものである。

だが，ゴールドによれば，「ＩＭＦにおいては，協力義務は実際義務であり，ＩＭＦが条約の行政組織であり責任を負う法主体であるので，義務の遵守として何が加盟国に要請されるのかＩＭＦが決定することができる，とＩＭＦや加盟国により理解されてきた。

この結論により，すべての加盟国にとって統一的な義務を生じさせることができるのである[459]。」

このようなＩＭＦの法的理解は，ＩＭＦ協定の改正によって影響を受けなかった。そして，現行協定では，安定的な為替相場制度を促進するためにＩＭＦ及び加盟国と協力することは，加盟国の義務とされている。このような義務が必要とされるのは，平価制度から裁量的な為替取極制度の転換により，安定的な為替制度の目的を達成するために，加盟国が政策調整を行なうことがより必要となったからという理由であった。この際，各国通貨の為替相場の安定性は，あまり強調されなかったのである。むしろ，安定的な制度のためには，状況の変化に対する為替相場の敏感性が必要とされているのである。

だが，協力義務はＩＭＦにのみ負わされつづけている。すなわち，加盟国が協力義務を遵守しているかどうかを決定する法的権利を加盟国に与えなかったのである。一方，加盟国は，他の加盟国がその義務を履行し得なかったことにつきＩＭＦに訴えることができ，その訴えはＩＭＦの機関としての課題となる。この場合，解釈がなされることが必要である。

このことは，政策を調整する際，どのように協力するか又はどのように協定の目的を達成しようとするのかについて，加盟国による決定が妨げられるということを意味するものではない。

> 「しかし，ＩＭＦは，ＩＭＦが理解するところの協力にはいたらない又は適合しないという理由で，加盟国の協力的な行動が協定上の義務の遵守を構成していないことを決定する法的権限をもっている[460]。」

---

(459)　Ibid., p. 333.
(460)　Ibid., pp. 333-334.

第3節　規制権限とソフトロー

協力の一般的見解

　ＩＭＦは，平価制度が実施されていた時代，その後の崩壊と二次改正発効までの時代において，為替の分野でＩＭＦと加盟国の協力義務を多用した。
　これまでも，協定の関連規定が曖昧であるか又は十分に特定的でない場合，ＩＭＦは解釈を助けるものとして協力義務に依拠してきた。この場合，ＩＭＦの行動は，協定に示されている義務を超える義務を加盟国に作り出しているように考えうる。そのためか，ＩＭＦは理事会のコンセンサスか少なくとも広範な合意により決定をなす傾向がある。そして，協力義務に依拠する際には，明示の義務の遵守を求めるものの新しい義務を策定しようとはしなかった。この場合の形式としては，ＩＭＦはある行動を要請するのではなく，勧告の形でその選好を表明した。
　協力義務の「このような実行は，ソフトローかファームローのソフトな行政と見なしうるものである。」
　勧告は，法的論争を回避したり延期することを可能にし，単なる協力以上のものを実現できるという理由で，ＩＭＦは勧告という形式を多用してきた。だが，勧告に従って加盟国が行動しなかったとしても，先験的に協力義務違反とは見なされる訳ではない。ＩＭＦは，加盟国が協力義務を履行していないということを決定する前に，たんに加盟国による勧告の無視を考慮するのではなく，その事例におけるすべての証拠を考慮する。
　また，加盟国が特定の行動を要請するＩＭＦの決定に従わなかったとしても，ＩＭＦは加盟国が協力義務違反をおかしたと結論づけないかもしれない。この場合，加盟国はＩＭＦの決定により要請された方法とは別の方法で義務をはたすかもしれないが，義務の遵守を証明する責任は加盟国の側にある。もし加盟国が証明し得なかった場合には，ＩＭＦの決定に従った義務をはたさなければならない。
　加盟国の主権を侵害することなく協力義務を履行することの難しさは，協定の微妙な表現からも見ることができる。
　条約が加盟国の行動義務を表現する通常の態様は，加盟国が規定された方法で行動「しなければならない」と指示するものである。このような文体は，義務を課すには最も適切であると考えられてきた。
　しかし，本協定の協力義務では，加盟国が特定の目的を達成するため協力することを「約束する」という構成をとっている[461]。

---

(461)　4条1項，8条7項，22条において，「基金及び他の加盟国と協力することを約束する。」ことが規定されている。

第5章　IMFの法とソフトロー

　ゴールドは、「この語法は、加盟国が非特定的な義務を受け入れつづけることへの同意を強調するものである。経済問題に対する裁量や条約上協力義務に従って要請される行動が特定されることなく、国際的な監督や規制に従わなければならない場合、このような表現は加盟国にとってより敬意を表せられるものと考えられてきた[462]。」

　協力を約束し、IMFに勧告をなす権限を与え、かつ状況に応じて行動を規定する権限をIMFに与えることに国家が同意したのは、大きく3つの動機によるものである。

　①まず、準備資産政策を巡るものであった。加盟国は、その時平価のアンカー通貨であった米ドルと国際通貨制度に異変が起こった後、準備資産としての通貨の役割につき同意に至ることができなかった。そのため、協力義務規定が導入されたのである。

　次に、②国際通貨制度のさらなる進展についての不確実性のため、より幅広い定義をすることの忌避があげられる

　最後に、③平価制度から転換した国際通貨制度は不完全なものであり、今後改正する余地があるという意見を二次改正交渉のいくつかの参加者が有していたことである。

　これらの理由に共通しているものは、変動相場制への傾倒であった。

　また、この協力義務は、繰り返しになるが、交渉者がより特定の規定に同意することができないので、代わりに規定されたものであると考えることができるのである。

協力と解釈

　加盟国の行動が協力義務に一致しているかどうかを決定する権限と、協定を解釈する権限とは区別される必要がある。そこで、IMFが決定を行なう場合、どちらの方法で決定が行なわれたのか、を明確にする必要がある。だが、非公式に解釈を行なうことにより、どちらの方法で決定が行なわれたのかを不明確にすることがある。

　非公式な解釈は、特別な手続が設定されていない。(非公式であるので当然であるが) 一方、有権的な解釈の規定は、当然、解釈の形態についての特別な手続が設定されている。協力の内容についての決定には、この特別な手続が適用されて

---

(462)　Gold (1996) pp. 335.

第3節 規制権限とソフトロー

いない。このことは，協定の解釈の問題としない限り，特別の手続が協力義務の内容に関する決定のために規定されていないということを意味するのである。また，決定が解釈の問題とされない限り，有権的解釈の特別手続はその決定のその他の部分についても適用されない。

しかし，協力の規定が特定されていれば，この問題が不可避的に解釈の問題となる。それでは，先に見た4条1項の義務は特定されているものと見ることができるであろうか。

4条1項の義務は，「特に」という文言を始めにおいて規定されているが，四つの規定された義務が，秩序ある為替取極や安定した為替相場制度の観点からIMFや他の加盟国と協力する加盟国の一般的義務をあますところなく規定しているか，又は一般的義務に従ってIMFが4つの条項に含まれていない行動を求めることができるかどうか，を決定しない限り，義務が特定されているかいないかを判断することはできない。

しかし，IMFは未だこの問題を取り扱っていない。よって，結論を出していないのである。

このことは，何を意味しているか。これは，IMFが4つの条項が網羅的なものではないということを決定した場合，一般的な協力義務に従って求められた行動が，解釈の問題とはならないことを意味するのである[463]。

協力の意義

協力義務を課す規定が義務的な用語で表現されている。しかし，この規定による行政はあまり厳格でない手法を許容するものであり，行政が勧告的なものとなることで権限が犠牲にされることはないと，IMFは仮定してきた。

複数通貨措置に関し上記についての議論が行なわれた。複数通貨措置とは，加盟国通貨が2つ又はそれ以上の為替相場を有する制度のことである。

だが，ここでもIMFは，平価制度の期間中この概念によってカバーされる正確でかつ包括的な定義を定式化しようとしなかった。

その結果，複数通貨措置の実行に対するIMFの権限の行使は，予測可能なものではなかった。また，現在においてさえ，複数通貨措置の定義に対するIMF

---

(463) Ibid., pp. 336−337.
(464) Decision No. 6790- (81/43) March 20, 1981, as amended by Decision No. 11728- (98/56) May 21, 1998.

のアプローチはソフトなものでありつづけている。このことは，現在も使われている主要な決定の導入の一文から明らかである。

> 「理事会は複数通貨措置実行に関する基金の政策の審査を続けてきた。基金は以下に記された結論に概ね示されたアプローチによって方向づけられなければならない[464]。」

この決定は，特に平価制度の廃止に際して概念を調整する必要性の観点から，政策の1つとして呈示されたものである。ここで使われている「方向づけられた」「アプローチ」「概ね示された」という文言は，IMFのソフトなアプローチの証拠である。解釈を避けようとする政策声明の戦術は，IMFの実行の中ではよくあることである。このようなやり方が示唆しているのは，この決定が最終的なものでも包括的なものでもないということである。

すなわち，この概念が他の措置を含んでいるとIMFが見出しうるならば，決定の改正又は特定の事例における暫定的な決定が困惑を引起こすものではないからである。

そして，時間の進展に伴って，ますます解釈的な意見としてこの文体で書かれた決定を行う傾向が強まり，解釈的な注解として洗練されることとなった。

8条3項は，協定によって権限を与えられた場合又はIMFの承認を得た場合を除く他，加盟国が①複数通貨措置を行なってはならないことを規定し，②さらに差別的通貨取極も禁止される。すなわち，複数通貨措置と差別的通貨取極の2つの措置は，多くの場合経常的国際取引の支払制限や資金移動の制限となるものであるが，これらの措置は，もし協定によって権限を与えられないならば又はIMFによって承認を得られないならば，禁じられている。

また，これら2つの措置は，IMFの目的である通貨の交換性と両立しないため望ましいものではない。

だが，これまでのIMF協定は，過渡的取極に関する14条を含んできた。

原協定では，「この協定の他の条の規定にもかかわらず，経常的国際取引のための支払及び資金移動に対する制限を存続し，及び変化する状況に適応させること」（原協定14条2項）につき権限が与えられている。

二次改正は，実質的に同じ規定を維持し，単数の「加盟国」を複数の「加盟国」に代え，「取引」の文言の後に「自国が加盟国となった日に実施されていた」という文言を加え，過渡期の措置として維持し，変化する状況に適応する加盟国の権限に対する制限を明確化した。（14条2項）

複数通貨措置が経常的国際取引のための支払と資金移動の制限となった場合，

第3節 規制権限とソフトロー

　原協定の下でIMFにより検討された重要な問題とは，8条3項の承認を得る必要なく過渡的取極を利用する加盟国が変化する状況に応じた措置をとる権限があるかどうかであった。

　IMFは，承認が必要であると決定した。

　それゆえ，為替の安定を促進するためのIMFとの協力義務により，たとえその措置が過渡的取極の範囲内の制限であったとしても，加盟国に複数通貨措置の適応の承認を求めることが要請されているとしたのである。

　そして，IMFは，その変更が真に14条の意味の範囲内の変化する状況に対する適応であったのかどうか，そして為替の安定を促進する協力をなしえなかったのかどうかも決めることができるとした。

　この決定は，為替相場規定の改正や平価制度の廃止の結果としての協力義務の定式化の変更にもかかわらず，依然として効力をもっている。

　この決定は，8条と14条の関係に関する解釈と協力義務の適応についてのものである。

　上記のように，それは，加盟国に特定の行動を要請し，その不履行により加盟国が義務を遵守していないとすることによって義務に内実を与える権限をIMFが有していることの証拠であるとされている。この例として，IMFは，1948年1月にフランスが認められていない平価の変更をなし複数通貨措置と差別的為替取極を採用した後，同様の措置をとったことがあげられる。

　この決定は，協力義務に関するIMFの行政が勧告というソフトローに限られないということを示すものでもある。

　この決定によって説明される法的原理としては，協定の解釈においてある規定が他の規定に影響を与えうるとしても両規定はお互いに抵触しないという推測がなされるということである。すなわち，どちらの規定も他方を無視し得ないのだ。

　さて，この決定は勧告による協力義務に依拠するものであるが，IMFの承認が必要な行動を要請するものではない。この措置は，予想のつかない危機の時代において特に重要であった。この決定の序文は，前例のない状況の中でのIMFのアプローチを明確に示すものであった。

> 「この決定は，加盟国が4条4項(a)と総務会決議26-9号に合致した措置を現在の状況において取り続けることを望んでいることを示すために理事会によって採択された。4条4項(a)と総務会決議は，すべての加盟国が適切なマージン内の為替相場の望ましい構造を維持するべく基金や他の加盟国と協力することを求めるものである。この決定は，基金に一

第5章　ＩＭＦの法とソフトロー

致した適切なマージンをもつ効果的な平価の再開に先んじた暫定期間において，加盟国が最大限基金の目的を遵守することを可能ならしめることが意図されている。」

すなわち，この場合には加盟国が決定により規定された特定の為替相場措置を遵守したとき，加盟国はＩＭＦとの協力義務と一致した行動をとっていると見なされるのである。ＩＭＦと連絡がとられ，為替相場がＩＭＦによって「望ましいものではない」とは見なされない限り，ＩＭＦは，この決定の他の措置についても同様の見解をもつこととなった。

この形態での警告は，加盟国の選択に有利な推測がなされることが意図されていた。

決定の一部において，規範を示唆する命令的な表現が使われていたが，これらのパラグラフはＩＭＦの関心を引起こすことなく加盟国が自由に選択できる措置に注意が向けられていたものとして理解されている。

ＩＭＦはこれらの措置を推奨しているが，それは，その措置が広く行なわれた場合，ＩＭＦと協力する加盟国の義務に合致していると加盟国をみなすことができるからである。しかし，加盟国は遵守していると考えられるその他の措置をとることは排除されない。それゆえ，その他の措置の検証が必要とされるが，遵守を証明する責任はその措置を行なっている加盟国の側にある，ということをＩＭＦは主張することができる。

勧告された措置は協定の為替相場規定と一致しなかったが，勧告が行われた。しかし，為替取引において小さなマージンしかない平価制度を復活することを助けることに合法性が与えられない可能性がある。しかし，ゴールドは，次のようにこの措置を擁護する。「ＩＭＦによって勧告された協力義務の遵守は無秩序を限定するものであろう[465]。」

命令的な表現は，この決定に含まれていたが，これについては違う分析が必要である。これらの決定は，その時代の状況で複数通貨措置や差別的通貨取極として解釈されるであろう為替相場措置を規定した。そして，その規定によってＩＭＦはこのような措置を承認したり承認しない法的権限を有しており，この場合協定の命令的な表現を使うことが可能であった。固定相場制が他の制度よりも好ましいものであり，固定相場に基づいた制度が協定改正交渉が完成したとき再制度化されるかもしれないという信念の影響の下，この決定が採択されたのである。

---

(465)　Gold (1996) pp. 337−340.

第3節　規制権限とソフトロー

　この信念に基づき，この決定の起草者は為替の釘付けについての様々な形態を取り扱った。この思考の結果として，釘付けされない為替相場は為替の秩序に対する主要な脅威となるとしたのである。
　だが，これらに基づいてIMFは決定を行なわなかった。それは，包括的な基準を策定することにより逆に変動相場を制度化するかもしれないからであった。一方，別の意見をもつ加盟国は，IMFに通貨当局の為替市場介入に対して何らかの権限を与える考えを好まなかった。なぜならば，為替相場を管理する自由を優先している加盟国の裁量に制限を加える可能性があるからである。
　最終的には，合意が達せられ無秩序を抑制する決定となった変動相場制度の管理のためのガイドラインが策定された[466]。この決定の目的として，

　　「『変動為替相場の加盟国』は，その通貨が相対的に狭いマージン内で
　　他国の通貨又は通貨の合成に釘付けされないという意味で独立に変動す
　　ることを意味する。」

　この決定は，為替取極と為替相場が協定に合致しなかった時代になされたものであり，協力義務に基づいて無秩序を最小化するための努力がなされたのである[467]。
　すなわち，無秩序な時代において秩序を求める法的基盤として協力への義務があげられたが，ガイドラインを策定し，ソフトな行政によって協力を行なわしめようとされた。そのため，「規則」という文言は避けられた。しかし，「ガイドライン」はあるものにとって脅迫的なものと考えられた。
　よって，強制という印象を避けるために，メモランダムが理事会の議論の結果を踏まえ書き直された。この決定はIMFのスタッフによって準備された文書の理事会の承認という形態をとるものであった。
　この決定における語法は，このガイドラインの「暫定的で実験的な性格」を示

---

(466)　Decision No. 4232-(74/67).
(467)　Gold (1996) pp. 340-341. このガイドラインは，変動相場制の正当である認めるとともに，安定的なしかし調整可能な平価制度を設立することが望ましいものでありかつ可能であるという期待によって影響されていた。Gold (1984) p. 545.
　　ここでの協力義務は原協定4条4項(a)に基づくものである。
　　4条4項（原協定）（為替の安定に関する義務）
　　「(a)各加盟国は，為替の安定を促進し，他の加盟国との秩序ある為替取極を維持し，且つ，為替の競争的変更を防止するために，基金と協力することを約束する。」

第5章　ＩＭＦの法とソフトロー

すべく行われた議論の結果を踏まえたものであった。このガイドラインの内容は，現行協定の下でＩＭＦが採択した為替相場政策に関するすべての加盟国の指針として特定の原則よりも，コンメンタリーによって補われる野心的でありかつ完成した産物であるとされた。

このガイドラインは，特定の原則や加盟国の為替相場政策への監視といった考えの源泉であった。

それだけでなく，ゴールドから見れば，このガイドラインは，「ソフトローがさらなるソフトローだけではなくてファームローを生むことができるということ」を示すものでもあった[468]。

このゴールドの議論を補強するものとして，多くの学者が，ソフトローが経験を重ねることによりファームローの源となることができるという理由で，他の分野においてソフトローの概念を支援していることがあげられる。また，上記のような決定は，為替相場におけるＩＭＦの法が崩壊した状況において，解釈の助けを借りて状況を統制したＩＭＦの努力の賜物であった。しかし，1970年代の数年間，ＩＭＦは為替相場の新しい法的義務を確立することができなかったため，このような努力がなされたということができるかもしれない。

これらを踏まえて，ゴールドは，ブレトンウッズ体制の崩壊から二次改正までの間の状況をソフトローの多用という観点から次のように総括している。

「ＩＭＦは，ＩＭＦと協力する加盟国の非特定的な義務の解釈に大きく依拠することによって無秩序を防止し，協力義務からソフトローを形成すべく努力したのである。この経験は驚くべきものであった。なぜならば，ソフトローが協定の規定によって生まれたがある点で協定と一致しなったからである。

既に言及されたように，ソフトローは二次改正というその後の法に影響を与えたが，より大きな価値はファームローの崩壊の後カオスとなることを防ぐことを助けたことにある。それゆえ，いつもソフトローが弱々しいものであり特定的な規定をもつファームローの役に立たない代用品であることを理由にして，協力の義務に反対することは誤りである[469]。」

すなわち，ブレトンウッズ体制が崩壊し，ＩＭＦ協定をすべての加盟国がＩＭＦ協定を守らなくなる中で，ソフトローはファームローの代用品として，通貨に関する加盟国間の取極として作用したことを，ゴールドは何よりも重視するので

---

(468) Gold (1996) pp. 341-342.
(469) Ibid., p. 342.

ある。これは，権限逸脱であったとしても，ＩＭＦの法律部長として最後の瀬戸際において，ＩＭＦの法を守ったと主張する唯一の方法であったのかもしれない。

ま と め

「厳格な国際法上の合意」から見れば，ソフトローは期待からなるものであり，そもそも法といえるのか論争がある。ＩＭＦにおける期待に基づく法の実行をソフトローと位置付けたとしても，規制権限におけるソフトローの実行は弱々しいものであった。平価制度の下，ある程度の秩序を維持するために，様々なテクニックを使って，平価制度を守るべくソフトローが実行されたが，その「期待」を実行させる手段を欠き，あいまいで最終的には加盟国の自由に委ねる「法」であった。

しかし，このような状況は後に検討する融資権限におけるソフトローと対称的である。それは，期待に反しているとＩＭＦが認定した場合，資金利用を停止することにより加盟国に壊滅的な損害を与えることができるからである。

第6章　融資権限の拡大とソフトロー

　第1章では，IMFがいかなる意図の下で設立され，IMF設立のためのブレトンウッズ会議においていかにIMF協定への開発という文言の挿入が阻止されたかを検討し，かつ世界銀行を設立することによってIMFが長期の投資の問題から引き離されたことを見た。ここでの目的は，それにもかかわらず，IMFの融資[470]がIMFの当初の構想と逸脱して実行されるようになったのかを明らかにするものである。このIMFの加盟国に対する融資は，5条「基金との取引」に定められているが，この規定に基づく基金の加盟国に対する資金供与の取引の性質は，通常の法律上の分類のどれにも入らないユニークなものである[471]。

　ゴールドによれば，基金の取引は，明らかに貸付けや信用供与と異なる。また，加盟国は買戻しの義務を負うため債務者とするのも適切でなく，出資の利用を為しているため債権者と呼ぶのも適切でない。そのため，不正確な用語を用いることが便利なことがしばしばあるが，「基金の事業は，ユニークな性質をもち，また伝統的な法律用語をもってはこれに対処できないから，これは不正確に対してなすべき賞賛にすぎない[472]。」

---

(470)　IMFの資金供与については，IMFは融資という文言を使用しており，大蔵省職員によって書かれた『IMFハンドブック』，『図説国際金融』等においても融資という文言が使われている。しかし，ポラックによれば，スタンド・バイ取極，拡大信用供与措置，構造調整ファシリティ（SAF），拡大構造調整ファシリティ（ESAF）について「IMFは，4つのうちの最初の2つの取極の下で利用される資金を示す場合，現在『信用』（credit）という用語（協定において注意深く避けられている用語）を使う。いささか不可解な理由により，SAFとESAF信用は『貸付』（loans）と分類される。IMFの用語は，世界銀行グループの用語と反対である。世界銀行は，『貸付』をなし国際開発協会は『信用』を与える。」Polak (1991) p. 6. だが，本書では，IMF，大蔵省における文言に従い融資という文言を使う。なお，IMFの融資制度については，井川（1992）153－191頁参照。

(471)　土井（1968）57頁。

(472)　ゴールド（1965ｂ）86頁。

第1節　自動性論争とスタンド・バイ取極

1. 自動性論争の結果

　原協定5条3項(a)は，加盟国は他の加盟国の通貨を買い入れることができるとし，原協定5条3項(a)(i)は，「通貨の買入れを希望する加盟国が，この協定の規定に合致する支払をその通貨で行なうために，その通貨が現に必要である旨を示すこと」だけを規定しているが，加盟国の買入れ希望に対し，ＩＭＦが異議を唱える権限については，原協定4条6項（認められていない変更の効果），原協定5条5項（基金の資金を利用する資格の喪失），原協定6条1項（資本移動のための基金の資金の利用），原協定15条2項(a)（強制的脱退）においてＩＭＦの資金を利用する資格の喪失が宣言された場合，ＩＭＦは加盟国からの資金利用の要請を拒絶することができる。しかし，利用資格喪失が宣言されるかもしれないということは，加盟国の要請を抑止する効果をもつものであり，また利用資格喪失の宣言については投票が必要となるが，その投票が行われた場合，どのように投票すべきかにつきすべての加盟国を困らせることになるであろうと，ゴールドは論じている[473]。

　資格喪失宣言を伴わないＩＭＦの異議については，協定において認められているかどうか，当初より議論があったところであり（いわゆる自動性論争），ＩＭＦの異議を認めない形で原協定が策定されたと考えられたが，加盟国の大部分がドル不足の重圧化におかれていた発足当初において外貨資金に関する協定条項をそのまま実施すれば，ＩＭＦの外貨資金供給機能は麻痺状態に陥る恐れがあった。このため，ＩＭＦの専務理事は業務開始に先立ち，ＩＭＦの外貨資金の供与は，(1)その加盟国に通貨危機が存在し，しかもその危機がＩＭＦの資金利用により回復の見込みがある場合に限ること，(2)加盟国の外貨買入れは，ＩＭＦ当局の個別の審査に服すること，を条件としてのみ与えられる旨声明し，これによりＩＭＦの外貨供給機能は，当初から自動性を喪失して，ＩＭＦ当局の完全な管理下におかれることとなった[474]。

---

(473)　Gold (1970) p. 23.
(474)　堀江 (1962) 182頁.

第6章　融資権限の拡大とソフトロー

　そして，1948年3月10日の理事会決定は，ＩＭＦが異議を唱えることができることを確認することとなった。
　すなわち，「5条3項(a)(i)における『示す』という文言は，『宣言する』を意味する。加盟国は，協定の規定に合致する支払をその通貨でなすために，その通貨が現に必要であることを宣言すれば，第5条3項(a)(i)にいう条件は，満たされたことになる。
　しかし，基金は正当な理由があれば，その通貨が『現に必要』でないという根拠で，その通貨が支払を『その通貨で』なすために必要でないという理由で，またはその支払が『この協定の規定に合致』しないという理由で，この宣言の信憑性について異議を唱えることができる。その通貨が『現に必要である』の句は，すべての場合に画一的に適用される方式によって定義することはできない。その通貨が『現に必要である』と疑う正当な理由があるときは，基金はそれぞれの場合について，すべての事情を考慮して，この句を適用しなければならない[475]。」
　この決定によれば，ＩＭＦは加盟国が示していることは正しいと推測するが，ＩＭＦは通貨が現に必要でなく若しくは要請された通貨の支払のためには必要でない，または要請された通貨の支払が協定に合致していないという理由で，正当な理由に基づき加盟国に異議を唱えることができる。「現に必要とされる」という文言は，すべての事例に統一的に適用されるようには定義されていないが，通貨が現に必要とされるということを疑うに「十分な理由」が存在する場合，この文言は事例におけるすべての条件に照らし各事例に適用されなければならない。この決定は，第二次大戦後の各国が直面した問題は国際収支問題でなく，よってＩＭＦの権限内の問題でないとした米国によって支持された[476]。
　そして，ゴールドによれば，このようなＩＭＦの決定の「不正確さや否定は，できたばかりの機関に押し寄せた危機にたいする最善の防御であった。」米国は，協定の解釈とＩＭＦの実行に圧倒的な影響力を行使したのである[477]。
　この決定により，協定の文言にもかかわらず，ＩＭＦの資金へのアクセスの保証を加盟国に与えるものとしなくなった。この決定は，加盟国は政策が反対され

---

(475) Decision No. 284-4. March 10, 1948, " Use of Fund's resources : meaning of article V, section 3 (a)(i)."
(476) Gold (1996) pp. 348-349.
(477) Ibid., p. 349.

第1節　自動性論争とスタンド・バイ取極

要請が拒絶されることを嫌ったため，資金要請への抑止となった(478)。

もう1つの現存する要請を抑制させる決定は，加盟国を資格喪失を宣言すべきかどうか考慮すべきであるとIMFが認めた場合，IMFは資格喪失について何か決定するまでは要請への回答を有効に延期することができるというものである(479)。

この決定は，加盟国の提示に反対することにIMFは躊躇しないということの警告となった(480)。

この決定は状況が変わっても生き残った。しかし，ゴールドによれば，決定は解釈的であるので，もはや効果がないものと宣言することは，決定の法的な正確性が批判されるような理由が存在しない場合，望ましいものではないとしている(481)。

さて，上記のようにIMFから異議を唱えることを認めることは，IMFの資金の濫用から保護するが，加盟国は引出の条件が不安定であったため拒絶をうけることを好まず，適切なときにおいても利用の障害を作り出したのである。そのため，IMFは資金利用を奨励し加盟国の政策に対しIMFの影響力を大きくする政策に移行した。資金利用を奨励する方法とは，第一にクレジットの各順位のトランシュを利用するための引出政策の明確化，第二にスタンド・バイ取極の導入であり，これらは加盟国がIMFの資金を利用する条件を事前に決定することを容易にするものであった(482)。

2. スタンド・バイ取極
歴史的経緯

スタンド・バイ取極は，ゴールドによれば，「IMFが発展させた最も通常的ではない法的文書である(483)。」スタンド・バイ取極は，1952年2月の理事会決議より50年代より使われることとなったが，驚くべきことに二次改正まで協定に規定されていなかった。また，このスタンド・バイ取極がどのように発展してきた

---

(478) Ibid.
(479) Decision No. 286-1. March 15, 1948, "Use of Fund's resources : postponement and limitation under article V, section5.
(480) Gold (1996) p. 349.
(481) Ibid., p. 350.
(482) 土井 (1968) 69頁。
(483) Gold (1996) p. 347.

253

第6章 融資権限の拡大とソフトロー

かを論ずることは，複雑な経過を追わねば理解し難いものである。

当初，スタンド・バイ取極とは，加盟国がＩＭＦから資金供与を受けるに際し，一時に供与額を引出すのではなく，予め一定の引出枠（クレジット・ライン）をうけ，加盟国が必要に応じこの引出枠を限度として定められた期間内に随時引出が認められる旨の取極であって，引出期間は6ヵ月ないし1年を通則とするが，理事会の承認を得れば更新が可能であった。このスタンド・バイ取極を結ぶことによって，加盟国は現在引出す必要がなくとも第二線準備として事前にＩＭＦ資金を確保しておくことが可能となり，期間と条件に制約があるとはいえ，「発足当初から失われたＩＭＦ資金利用の自動性がこれにより部分的ながら復活されたという意味において，注目される措置であった[484]。」

このスタンド・バイ取極は，ＩＭＦが5条5項（基金の資金利用の資格喪失）を適用することから生じるかもしれない法的・経済的問題を回避することを可能にするものである。しかし，「5条5項適用の通常の実行が影響を与えた法的経済的困難を回避することは主要な要因ではなく，協定のどの規定であっても資格喪失宣言に訴えることを回避するためにスタンド・バイ取極は発展した[485]。」

スタンドバイ取極の形成については，主として2つの要因があった。まず，第一に，国際収支不均衡を是正するための加盟国の国内政策につき，ＩＭＦ協定は言及していない。これは，国際通貨体制を管理する上で欠陥となると考える研究者もいたが，スタンド・バイ取極は，ＩＭＦが加盟国の適切な国内政策について拘束する法的権限を欠いていたとしても，加盟国が加盟国の状況や変化する国際情勢に適合した国内政策をなすべく，ＩＭＦが加盟国に影響を与えることを可能にしたのである[486]。

第二に，資金にアクセスする際のＩＭＦの政策の不確実性である。原協定4条6項の下での自動的な資格喪失と原協定の様々な規定の下での資格喪失宣言というＩＭＦの権限は，コンディショナリティとして知られたＩＭＦの政策の不確実性とともに，加盟国がＩＭＦの資金にアクセスすることを抑制させた。

加盟国は，ＩＭＦの政策が不確実である場合にＩＭＦが規律的な権限をもっていることは不公正である，と感じていた[487]。

---

(484) 堀江（1962）183頁。
(485) Gold（1996）p. 347.
(486) Ibid., p. 348.
(487) Ibid.

第1節　自動性論争とスタンド・バイ取極

　第三に，金融支援の予備的な保証の供与を行なうためであった。原協定5条3項(a)(i)の「現に必要である」の解釈につき，英国の寛大な必要のニュアンスより米国の早速の必要のニュアンスで，IMFにより「現に」という文言が理解された。
　だが，IMFは解釈と政策により，支援がかなり先の未来でない限り未来に必要である場合支援を利用しうるという予備的な保証を供与できるし，すべきであると結論した。この考えは，原協定1条5項の安心感を与えるという規定によって支持されるものであると考えられた[488]。
　1952年2月13日の理事会決議は，「即時に引出す目的ではなく，例えば6ヵ月又は12ヵ月といった期間内に，必要が生じたら引出しうることを保証するため，加盟国と基金との間でその加盟国の一般的ポジションについて討議を行なうことができる」[489]こととした。この表明を受けて，特定の問題の解決につき寄与するため，IMFは1952年6月に加盟国のためにスタンド・バイ取極を承認した[490]。
　1952年10月1日に，理事会はスタンド・バイ取極についての一般的な政策を決定した。6ヵ月以内のものに限定され，自動的には更新されず，理事会の新しい決定によって更新される。加盟国の権利は，公式の資格喪失，取引停止決定，資格制限が決定されない限り，引出を行なうことができるとされた[491]。
　このため，加盟国による提示を審査しないことが，IMFにとって有効なのかどうかという基本的な問題が存在した。IMFが提示を審査する権利を行使しない場合，加盟国がスタンド・バイ取極の下で買入れを要請する際加盟国の提示に異議を唱える権利を行使しないことを約束することになる。そのため，IMFは「適当な保障」の概念に合致する限定的な関与を行なうことができるとした[492]。
　IMFは，要請が為されたとき審査や異議を唱えることなく，資格を喪失していない加盟国が一定の期間内にかつ一定の額を限度としてIMFの資金を利用することができることとした。だが，IMFは，この保証を確保するため，加盟国の経済的な地位，政策，加盟国の利益から見てスタンド・バイ取極承認前の見込みを審査しなければならない。この審査は，加盟国との協議を含み，現在及び未来

---

(488)　Ibid., p. 350.
(489)　Decision No. 102-(52/11). February 13, 1952.
(490)　Annual Report, 1952, pp. 43-44. quoted by Gold (1970) p. 24.
(491)　Decision No. 155-(52/57) October 1,1952.
(492)　Gold (1970) pp. 24-25.
(493)　Gold (1996) p. 351.

255

の政策についての理解を含むものである[493]。

その後，スタンド・バイ取極の利用状況が芳しくなかったため，1953年，1959年の2回にわたりスタンド・バイ取極の条件が緩和された。まず，期間については，「交換性の維持又は回復に関係ある場合」等には，特別条件を付して6ヵ月以上に延長できることとされ，手数料については加盟国が金で割当額を払い込んだゴールド・トランシュ分については無料とされた[494]。

ゴールドは，初期のスタンド・バイ取極について以下のように論じている。「当初の理解では，スタンド・バイ取極は，すでに生じたものか，予測可能なものか，生じそうにないがありうるものかにかかわらず，必要な資金を提供するものであった。やがて，『予備的なスタンド・バイ取極』は，別個のいくらか怪しいカテゴリーに入るものと通常考えられた。それは，以下のようなケースに当てはまる。すなわち，現在又は将来における必要が存在しないが，起こるかどうかわからない緊急事態のための取極であると考えられるケースである。この意味で『予備的なスタンド・バイ取極』は，加盟国の政策の妥当性の保証証明と類似した何かであると考えられた場合，IMFが資金を提供しないとしても他の貸手が安心して依拠してしまうかもしれない。このため，IMFはこのようないわゆるシンボリック・スタンド・バイ取極の法的に真偽の疑わしい理由のために熱心でなかったかもしれない。IMFは，潜在的な貸手に安全に加盟国に融資することができるということの提示のように見えることを忌避していたのかもしれない。IMFの初期の行動についてのこの分析が正しいとすれば，貸手に対する提示に似た行為をIMFが避るという姿勢をIMFは今でも依然として維持しており，上述したスタンド・バイ取極の発展は，協定解釈の大胆な一歩の後のアナウスなき再解釈とおずおずとした後退若しくは誤った解釈を示すものである。シンボリック・スタンド・バイ取極の拒絶は，IMFの金融的活動は触媒的であるとのIMFの見解と矛盾しているとの批判を招いている[495]。」

スタンド・バイ取極の実行

1978年の二次改正において，「スタンド・バイ取極とは，基金の決定であって，その決定に定められた条件に従い，一定の期間内にかつ一定の額を限度として，加盟国が一般資金勘定から買入れを行なうことできることを保証するものをい

---

(494) 藤岡 (1977) 149-150頁。
(495) Gold (1996) pp. 351-352.

う(496)」とようやく協定において規定されることとなった。

　スタンド・バイ取極は，交渉による取極であるとされる。スタンド・バイ取極は下記のようなプロセスにより行われる。まず，加盟国がＩＭＦに対し，スタンド・バイ取極による支援を要請することから始まり，支援の必要性を認めたＩＭＦ事務局が早速スタッフを派遣し，経済調整プログラム交渉を開始する。交渉において要請国のマクロ経済問題が指摘されるとともに，財政赤字の削減，金融引締め，為替レートの引下げ，構造改革等の措置を講ずることが合意される。合意した要請国は，今後上記の政策を実施することを確約したレター・オブ・インテント(497)をＩＭＦ当局に提出し，プログラム交渉は終了する。この時，いくつかの政策がプレコンディションに指定される。プレコンディションの実施は，スタンドバイ取極の理事会上程の条件となる。レター・オブ・インテントの提出後，プレコンディションをすべて実施した場合，理事会が決定を下す。理事会が承認した場合，ＩＭＦは資金の供与を行なうこととなり，借入国は調整プログラムの実施に努めることとなるが，ＩＭＦは将来の返済を確実なものとするため，借入国のプログラムの履行状況を常に監視し，プログラムが正しく履行されない場合には借入国側に注意を喚起し，状況に応じて政策面での勧告を行なう必要がある。そこで，プログラム期間中勧告を受け入れさせ，資金を期間全般にわたって均等に活用するため，パフォーマンス・クライテリア（達成基準）と融資の分割（phasing）を採用している。すなわち，ＩＭＦは，現在プログラム期間全体にわたり資金を分割して供与し，それぞれの買入れについてはパフォーマンス・クライテリアの達成を条件としているのである(498)。

スタンド・バイ取極の法的性質

　このスタンド・バイ取極の法的性質は，ＩＭＦと加盟国間の国際条約若しくは契約のどちらでもないと考えられている。そして，後述するように国際条約や契約と考えられることを避けるべくＩＭＦは決定を行なっている。

　それでは，スタンド・バイ取極が条約でないとすることと非契約的性質はどの

---

(496)　協定30条(b)
(497)　レター・オブ・インテントが添付されるようになった経緯については，本章第2節参照。
(498)　井川（1992）130－131, 135－137頁。左記の書は，phasing について融資の分割という文言を使っている。本稿ではこれに従い phasing について融資の分割という文言を使う。

第6章　融資権限の拡大とソフトロー

ように理解されるべきか。

　まず，条約でないということについて説明する。二次改正において，「スタンド・バイ取極は基金の決定」であるとされたが，この決定について二つの解釈が行なわれている。第一に，ＩＭＦは，協定としてスタンド・バイ取極を結ぶ権限を有していない。第二に，ＩＭＦの決定としてのスタンド・バイ取極は協定ではないが，もしＩＭＦと加盟国が希望しかつ法的な障害がない場合，協定としてスタンド・バイ取極を扱うことができる。

　しかし，1979年3月2日の決定を行なった理事会での議論において，スタンド・バイ取極はＩＭＦの決定であり協定ではないというＩＭＦの特定についての加盟国の利点に関心が高まった。このため，1979年の決定において「スタンド・バイ取極は国際的な取極ではない」という表現を含んだのである[499]。

　次に，非契約的性質についてである。ＩＭＦの契約を回避する動機としては，まず，ＩＭＦと加盟国間の関係における外交的要因によって説明されよう。すなわち，世論が義務を重要な政策に対する国の支配の引渡しであると見なす場合，政治的理由から要請政府は外部の主体に対して義務を受け入れることに慎重であるからである。また，スタンド・バイ取極の契約的性質により，レター・オブ・インテントに記載された加盟国の目的や政策が他の国際機関の管轄権内にある場合，他の国際機関との紛争を惹起するかもしれない[500]。ＩＭＦが，これらを回避するためには，スタンド・バイ取極は契約的性質をもたない必要がある。

　ＩＭＦの契約の意思の拒絶は，1968年の決定において「スタンド・バイ文書において契約的な特色のある表現は，回避される」において規定されていることからも明確である[501]。

　1968年の決定を受けて，スタンド・バイ取極は，「これを約因としてＩＭＦは政策及び意図を支援するためスタンド・バイ取極を締結する」から，「これを約因として」を削除したファーマットに変わった。約因は，コモンロー上では単純契約の成立要件であり，契約の文言ととり間違えられることを恐れてのことかもしれない。

　同様のことは，レター・オブ・インテントにも見られる。

---

(499) Gold (1980b) p. 13. Decision No. 6056-(79／38) March 2, 1979. なお，この決定については第2節において論ずる。
(500) Gold (1996) pp. 364−365.
(501) Decision No. 2603-(68／132) September 20, 1968.

第1節　自動性論争とスタンド・バイ取極

　「パフォーマンス・クライテリアが履行されない場合，例えば新しい『条件』の下での『合意』に言及する傾向があった。新しい実行においては，『買入れが再開される……状況に関する……了解』に言及される[502]。」という形式に変えられた。
　さらに，1979年3月2日決定[503]では，「スタンド・バイ取極は国際的な取極ではなく，よってその契約的意味を有する表現はスタンド・バイ取極やレター・オブ・インテントにおいて回避される。」としている。これらの決定は，スタンド・バイ取極は単にIMFの決定であるという事実を強調することによって契約的な考えを追い払う意図を有するものである[504]。
　また，既に見たように30条bは「スタンド・バイ取極は基金の決定である」としている。このスタンド・バイ取極の非契約的性質についてのIMFの決定は，この文書の性質がIMFと受益加盟国との間の合意の結果であるとの分析を排除するものである[505]。
　以上のように，IMFにおいてスタンド・バイ取極につき契約を結ぶ意思が欠如している。そのような意思が相手方に対し明確である場合，取極が結ばれたと考えることはできない。そして，IMFは「その態度を加盟国に決定を伝えたりその他の手段により知らせている[506]。」
　このように，協定及び理事会決定において契約を否定し，かつ具体的にスタンド・バイ取極において作られるスタンド・バイ取極とパフォーマンス・クライテリアのフォーマットにおいて，契約的な文言の削除や変更が行なわれ，IMFが契約の意思をもつものではないことを明確に示そうとしており，契約ではないと理解することができよう。
　また，スタンド・バイ取極又はレター・オブ・インテントとスタンド・バイ取極の組み合わせは契約ではないとするIMFの結論は，法的分析と解釈の結果というだけではなくて，受益者に利益を与える一般資金の管理においてIMFが政策問題として加盟国と契約的な合意を結びたくないということの結果でもある。IMFは，自身を一般資金の管理団体としてみなしており，IMFは一般資金を利用しようとする加盟国と責任を共有しているように見えることさえ回避するこ

(502)　Gold (1980b) p. 15.
(503)　Decision No. 6056-(79／38) March 2, 1979.
(504)　Gold (1996) pp. 365－366.
(505)　Ibid., pp. 366.
(506)　Gold (1980b) p. 12.

259

第6章 融資権限の拡大とソフトロー

とを決定しつづけてきた。一般資金の貸手として加盟国と合意に至ろうとするが，契約を結ぶことに対しては乗り気でないことは，借りた資金の支払に対して受益国がＩＭＦとコントロールを共有するという印象を与えないようにするものである[507]。

だが，スタンド・バイ取極が条約でも契約でもないとした場合，何に当たるのであろうか。これについて，ゴールドは，次のようにスタンド・バイ取極の法的性質についてまとめている。

「スタンド・バイ取極は，加盟国がその宣言を基礎として基金の資金の利用を許容しなければならない。また，基金がこの宣言を基礎として基金の資金の利用を許容しなければならないという意味において，明らかに諾成的取極である。しかし，スタンド・バイ取極が基金の資金の利用を許容する基金の権限を越えた独立の国際協定であるかどうかは疑問である。これはスタンド・バイ取極に関連して加盟国がなした一定の約束が，法律上拘束力をもたない，あるいは法律効果をもたないことを意味するものではない。スタンド・バイ取極は，おそらく特別の国際協定によってではなく，基金協定によって拘束力を有し，かつ法律効果をもつものと考えられる。スタンド・バイ取極は，法律上類例のないものと思われる。性質決定が困難であることは，これが基金が発達せしめたもっとも弾力性があり，融通性のある法律的手段であることを妨げない[508]。」

そのため，ゴールドはスタンド・バイ取極をソフトローと位置づけた。

第2節　コンディショナリティ

1. コンディショナリティの導入

ゴールドによれば，ＩＭＦにおいてコンディショナリティという文言は，ＩＭＦの一般資金を利用するために加盟国が従うことをＩＭＦが期待する政策を示すものである。この文言の起源は，はっきりしない。この文言は，原協定，一次改

---

(507) Gold (1996) p. 364.
(508) ゴールド（1965ｂ）86頁。

第2節　コンディショナリティ

正，二次改正，三次改正において現われていない。この文言は，1960年代の国際流動性の議論において，条件付きでない資産と条件つきの引出権を区別する必要から現われたようだ。5条3項は，条件について言及しているが，これはコンディショナリティとコンディショナリティなしの文言の差異を説明するものではない。なぜならば，このコンディショナリティとコンディショナリティなしのいずれにおいても，この条件は適用されるからである[509]。

　また，コンディショナリティはIMFの活動の基本的でかつ顕著な特徴であると考えられるが，法律用語ではない。コンディショナリティという用語は，また協定の目的や規定に合致した資金利用の順序に加盟国が従うことを期待している政策のことを示している。コンディショナリティは，IMFが資金を保護するために必要とされる保障と考えられなければならない。なぜならば，加盟国がコンディショナリティに従って行なった政策により，一時的なものであるとしてIMFの資金の利用を終了させることができるからである[510]。

　1952年2月13日の決定[511]は，コンディショナリティを理解するうえでも，重要な決定である。すなわち，そこでは，少なくともIMFに貢献した範囲内においてはIMFの資金を利用することができることを確保したのである。この範囲は，加盟国が金で拠出した割当額の範囲（すなわち割当額の25％）であるとされ，これをゴールド・トランシュと呼んだ[512]。

　このゴールド・トランシュ内において，「加盟国は，その割当額以下のIMFの通貨の保持を上昇させる引出を尊重される疑わしい場合には最も有利に解釈する権利を享受する。」

　しかし，この決定においては，ゴールド・トランシュ以上の資金利用については規定しなかった。このゴールド・トランシュ以上の資金利用を，クレジット・トランシュという。しかし，「クレジット・トランシュについての基準を満たすために加盟国が従う政策について，クレジット・トランシュ政策の声明はなされてこなかった[513]。」コンディショナリティという文言は，この基準として適用されるようになり，特に基準が適用されるIMFの実行や決定並びに加盟国自身

---

(509)　Gold (1979) p. 1.
(510)　Ibid., p. 2.
(511)　Decision No. 102-(52/11), February 13, 1952.
(512)　二次改正後はSDR又はドル等交換可能通貨で割当額の25％払い込まねばならず，この部分をリザーブ・トランシュと呼んでいる。
(513)　Gold (1979) p. 5.

261

第6章 融資権限の拡大とソフトロー

の政策がこの基準を満たしているということを加盟国が示さなければならない基準とされるようになった。

コンディショナリティは、クレジット・トランシュにおける基準の欠如の副産物として、かつ後には採用された基準の体系的な説明の欠如により、スタンド・バイ取極において発展し、クレジット・トランシュの資金を利用するための重要な手段となったのである[514]。

2. コンディショナリティの展開

1954年2月17日、IMFはペルーに対しスタンド・バイ取極を承認した。このスタンド・バイ取極は期間を1年に設定した初めての取極であった。だが、特別の補足事項として①ペルーの経済安定化政策がIMFにとって容認し得ないものである場合には、IMFはその旨をペルーに対して事前に通告することにより、スタンド・バイ取極期間中におけるペルーの引出権を一方的に中断させることができる。すなわち、「事前通知」条項の導入を行なった。②ペルーがIMFより引出した資金は、引出完了後3年以内にIMFに返済されなければならない、という内容を含んでいた。これは、その後のスタンド・バイ取極においても踏襲されることとなった[515]。

さらに、1956年3月2日IMFがチリに対して承認したスタンド・バイ取極は、IMFの資金の適正な利用を確保するための新たな手段を盛込むものであった。すなわち、チリは1956年から1年間にわたって総額3500万ドルの信用枠をIMFから供与されたが、実際の引出は幾つか期間に分割して、しかもIMFによる合意を条件として行なわれるものとされた。具体的には、引出累計額1250万ドルまでチリは自由に引出しできるが、それ以上の引き出しに関してはその都度IMFの合意を得ることを要件とするというものであった。理事会の議論では、このような融資の分割（phasing）を先例とすべきではないとの意見、スタンド・バイ取極に関する最初の決定で意図された変更できない信用枠の設定という基本的な特徴が、特定の状況に適合した特別契約に変質させられていくことへの危惧が表明された。導入後の最初の2年間は適用例は少なかったが、1958年以降特にラテンアメリカ諸国のスタンド・バイ取極に含まれるようになり、1957年末から1965年末の期間に承認された141取極のうち117件を数えた。「スタンド・バイ技術を

---

(514) Ibid．
(515) 大隈（1988）175頁，毛利（1984）195頁，Horsefield (1969) II pp. 478–479.

第 2 節　コンディショナリティ

安定化計画の実行に適合させ，ＩＭＦが安定化計画に用いる政策道具の開発のプロセスが事実上開始されたのである(516)。」

　1957年7月29日ＩＭＦがパラグアイに行なったスタンド・バイ取極は，後述するパフォーマンス・クライテリアを導入するものであり，コンディショナリティの発展において画期的なものであった。ＩＭＦの資金の適正な利用を確保するために数量的に明示された客観的な経済政策目標の達成が，ＩＭＦからの資金引き出しの条件とされたのである。具体的には，信用及び財政政策の分野において，スタンド・バイ取極期間内の一定期間にパラグアイが達成すべき目標値が設定され，パラグアイが達成できなかった場合にはそれ以後の引出しはＩＭＦの合意を得ることを要件とすることとしたのである。これは，米国の強硬な意見を反映するものであり，これ以後信用・財政・国際収支・為替・貿易等，マクロ経済政策の分野における政策目標がパフォーマンス・クライテリアとして，スタンド・バイ取極一般に付属するレター・オブ・インテントの中に明記されることとなったのである。

　このレター・オブ・インテントは，1958年以降スタンド・バイ取極の付属文書として添付されるようになった文書であり，やがて取極とレター・オブ・インテントは一括してスタンド・バイ文書として総称されるようになった。また，スタンド・バイ取極に基づかない資金の引き出しの場合にもレター・オブ・インテントが添付されるようになったのである。そして，資金の即時引出しは特別融資制度に基づく引出しの場合のみ例外的に認められるものとなった(517)。

　そして，1968年5月31日のＩＭＦ協定の第一次改正により，資金利用に対してＩＭＦが政策を持つことについて明確な表現が導入された。そして，ゴールド・

---

(516)　大隈（1988）176頁，毛利（1984）194頁，Horsefield（1969）IIpp. 481−482.
(517)　大隈（1988）176頁，188頁。
(518)　5条3項（一次改正）（基金の資金利用に関する条件）
　「(c)加盟国による基金の資金の利用は，基金の目的に従って行なわなければならない。基金は，その資金の利用に関し，加盟国がその国際収支上の問題を基金の目的に合致する方法で解決するのを援助し，かつ，基金の資金の一時的な利用のための適当な保証を確立するような政策を採択するものとする。
　(d)基金は，申し込まれた買入れがこの協定の規定及びそれに基づいて採択された政策に合致するかどうかを決定するため，(a)の規定に基づいて加盟国が行なった申し立てを審査する。ただし，ゴールド・トランシュの買入れの申し込みについては異議を提起しない。」

第6章　融資権限の拡大とソフトロー

トランシュを除きIMFの資金利用にはコンディショナリティが課されることが明らかにされた。

すなわち，5条3項(c)及び(d)[518]がその規定である。

ゴールドによれば，この一次改正は，クレジット・トランシュに関する限り，これまでの発展してきた実行の宣言的なものにすぎず，同様にゴールド・トランシュに関しても実行の宣言的なものにすぎないとしている[519]。

しかし，この一次改正はIMFの法と実行に変化を生じさせた。その変化の一つがIMFが新しいコンディショナリティをつけない政策を策定する権限を否定するものであった。このことにつき，一次改正を提案した1968年4月の理事会報告の「一般勘定の新しいコンディショナリティをつけないファシリティを設立する権限の停止」と題されたセクションは，次のことを明らかにしている。すなわち，5条3項(a)の加盟国の提示は，要請された買入れが協定の規定や5条3項(c)の下でのIMFの資金利用のための政策に合致するために決定を行なうために検討されなければならないということを明らかにしたのである。このことは，IMFが事実上の自動性（例えば，「疑わしい場合には最も有利に解釈する権利」や同じ効果を与える扱い）をゴールド・トランシュ以外の買入れに対し今後与えないということを意味する。IMFは今後ゴールド・トランシュ以外の買入れを規定する政策をあらゆる点で適用することができるとしたのである。

それは，コンディショナリティなし又は穏和なコンディショナリティでIMFの資金を加盟国が幅広く利用することを嫌ったためであった[520]。

3．パフォーマンス・クライテリア

先に見たように，当初の枠組みにおけるスタンド・バイ取極の利用が増えてくるに従い，その利用国に対するIMFの監視機能がIMFの実行において徐々に必要とされ整えられた。一方，協定に先進国や途上国を差別する規定はないにもかかわらず，IMFの資金利用に際しての条件が，先進国と途上国との間で差別的に取り扱われているのではないかとする疑念が途上国から投げかけられた。1967年英国はポンド危機[521]に陥った際，IMFに支援を要請し，理事会はスタッフ使節団派遣12日後という最短交渉期間において，史上最高額の支援を決定

---

(519)　Gold (1979) p. 9.
(520)　Ibid., pp. 9−10.
(521)　1967年のポンド危機については，ソロモン (1990) 参照。

264

第2節　コンディショナリティ

した。このスタンド・バイ取極において，融資の分割やパフォーマンス・クライテリアが含まれていなかった。このことに，ブラジル理事は注目し，従来のパフォーマンス・クライテリアに替えて，英国型すなわち総合的な政策手段と協議に基づくスタンド・バイ取極が広範に採用されることを主張し[522]，平等の取扱を求めた。

　これらを踏まえ，1968年9月の理事会は「基金の資金の利用及びスタンド・バイ取極」と題する決定を行ない，これまでのIMFの資金利用に係る政策をレビューする最初の試みがなされた。このレビューは，基本的にはこれまでの融資慣行を再確認するものであったが，開発途上国のIMF融資政策に対する不満を部分的にせよ反映するものであった[523]。すなわち，この決定は，適当な保障と柔軟性の必要を考慮し，すべての加盟国の画一的で同等の待遇を確保するため，以下のことを決定した。(1)適切な協議条項がすべての取極に含まれ，(2)第一クレジット・トランシュを超える資金利用についてはスタンド・バイ取極であってもなくても，その期間中随時IMFと協議を行なわなければならず，(3)第一クレジット・トランシュを超ないスタンドバイ取極については，分割（phasing）やパフォーマンス・クライテリアは削除され，(4)適切な分割とパフォーマンス・クライテリアが，第一クレジット・トランシュ以上の買入れに適用される。(5)例外的なケースにおいて，分割が必要とされないが，新しい又は改正されたパフォーマンス・クライテリアに基づく合意を加盟国とIMF間で達するため，加盟国はIMFと協議することが要請されるパフォーマンス条項が起草される。(6)パフォーマンス条項は目的の到達を確保するという観点から計画の実施を評価するパフォーマンス・クライテリアを含んでいる。(7)スタンド・バイ取極の性質については，契約的な表現はスタンド・バイ取極の文書において避けられる[524]。

　このように，IMFは「パフォーマンス・クライテリア」，融資の分割という既に実行していた保証を決定において宣言した。

パフォーマンス・クライテリアの法的性質

　パフォーマンス・クライテリアとは，IMFが計画の進展の指標としてIMFが選択する加盟国のレター・オブ・インテントに規定された経済計画の一部であ

---

(522)　毛利（1984）192－193頁。
(523)　大隈（1988）179－180頁。
(524)　Decision No. 2603-(68/132) September 20, 1968.

第6章 融資権限の拡大とソフトロー

る。

　量的なもの及び量的でないものを含むが，理論的には，理事会による評価や加盟国とIMF間の議論や論争の必要なく逸脱が両者にとって明白であるという意味で客観的なものである。だが，協定のある規定やIMFのある政策の遵守に言及するパフォーマンス・クライテリアもある。

　パフォーマンス・クライテリアの客観的な性質により，専務理事やスタッフは，すべての加盟国に計画が進んでいないことを知らせることなく，自身でスタンド・バイ取極の下でのIMFの資金へのアクセスを否定する行動をおこすことができる[525]。

　パフォーマンス・クライテリアからの逸脱は，意図的なものであれ意図的でないものであれ，義務違反としては解釈されない。すなわち，パフォーマンス・クライテリアを設定するスタンド・バイ取極の条件は，ソフトローであり，IMFは義務違反が生じていると決定する必要なく一般的資金へのアクセスを絶つことができる[526]。

　これは，義務違反が生じないことにより，加盟国が資金利用のためにIMFに来ることを抑制しないであろうと考えられているからである[527]。

　ところで，先に説明したように，スタンド・バイ取極において，加盟国のレター・オブ・インテントが添付され，IMFがスタンド・バイ取極において支援する加盟国の目的や政策が規定される。加盟国の目的は計画の目的であり，パフォーマンス・クライテリアで規定されていない目的や政策を含みうるが，その不履行により，取極の下での資金のアクセスは中断されない。しかし，これらの政策は加盟国の計画の成功や協定の義務履行の能力の点でパフォーマンス・クライテリアと同様に重要である。パフォーマンス・クライテリアが作られない理由は，パフォーマンス・クライテリアが不履行が生じた場合自動的にシグナルが伝えられるような構成となっているのに対し，パフォーマンス・クライテリアがない場合はそのような影響を受けにくいということにある。

　だが，計画の成功は，加盟国がパフォーマンス・クライテリアに規定されていない目的や政策を履行しない場合にも脅かされうる。そして，IMFの資金は加盟国が自動的に機関との協議を停止している取引から締め出されないので，リス

---

[525] Gold (1996) p. 353.
[526] Ibid., pp. 353-354.
[527] Ibid., p. 354.

クを負うかもしれない。

そのため，条約の規定の下で適当である場合資格喪失を考慮する義務を法的に放棄することはできないということを意味していると，ＩＭＦは協定を解釈している[528]。

さらに，スタンド・バイ取極の取引における（加盟国の）権利は，(a)公式の資格喪失，(b)取引停止の理事会決定，の後，理事会による要請により停止される[529]，という条件を標準的なスタンド・バイ取極は含んでいる。

よって，パフォーマンス・クライテリアの不履行，及び目的又は政策の逸脱のため資格喪失が考慮される場合，ＩＭＦはこの条件を援用できる[530]。

しかし，取引が資格喪失以外の理由によりできなくなる場合，これらの条件は適用されない。最近では，スタンド・バイ取極の別の基準によりＩＭＦは援用を回避している。それは，スタンド・バイ取極の中に，加盟国は基金に対し未払いの金融的義務がある間，スタンド・バイ取極の下で買入れを行なわない[531]，という文言を入れることにより，援用を回避しているのである。すなわち，ＩＭＦに対する未払いの義務が解決されていないとして，ＩＭＦが資格喪失を宣言せずに資金利用を停止するのである。よって，パフォーマンス・クライテリア不履行のためＩＭＦの一般資金を加盟国が利用できないということにつき，資格喪失宣言を伴う必要はないのである[532]。

パフォーマンス・クライテリアは義務ではないが，ＩＭＦが決定するときのスタンド・バイ取極の条件として解釈される。パフォーマンス・クライテリアに設定された条件が遵守された場合，加盟国はＩＭＦの資金へのアクセスの保証を受けることができる。

パフォーマンス・クライテリアが遵守されない場合，取極の下で資金を買い入れる権利は「中断される[533]」。標準的なスタンドバイ取極は，先行する期間の終わりにおいてデータが中央銀行の外貨準備，公共部門の国内借入，中央銀行の国内資産のようなパフォーマンス・クライテリアを上回る場合において加盟国は

---

(528)　Ibid., p. 361.
(529)　IMF（1999）p. 162.
(530)　Gold（1996）p. 361.
(531)　ＩＭＦ（1999）p. 162. さらに，買入れ期待を履行しない場合にもスタンド・バイ取極の下での買入れを行なわない，と加盟国は宣言している。
(532)　Gold（1996）p. 362.
(533)　Ibid., pp. 354.

第6章　融資権限の拡大とソフトロー

スタンド・バイ取極の下で買戻し義務のある割当額の25％を超える加盟国通貨のIMFの保持を増加させる買入れを行なわない，と規定している。これらの規定は，先行期間の終了において他の［量的又は構造的］パフォーマンス・クライテリアを含むこともある(534)。

ゴールドは，アクセスの喪失は，資格喪失若しくはその他の罰として扱われない。5条5項の資金利用の制限とも考えられない，としている(535)。

それでは，IMFの資金へのアクセスの中断は罰でないとして，IMFは救済を行なうことができるか。ここでの救済とは，IMFからみて望ましくないが条約違反ではない加盟国の作為・不作為に対する機関の応答である。

問題は，協定によって権限が与えられていない救済をIMFが設定する権限があるのかどうかである。罰については疑いがない。IMFのこの権限を否定する原理は，法律なければ刑罰なしである(536)。

協定は，スタンド・バイ取極の下で資金へのアクセスを中断することについて明白には規定していない。そこで，ゴールドは，義務違反を含まないパフォーマンス・クライテリアの不履行に対する救済について，協定は黙示的権限に従って解釈されるかもしれないとする。

5条3項(a)は，IMFはスタンド・バイ取極又はこれに類似する取極に関する政策を含む一般資金の利用に関する政策を採択するものとしており，30条(b)はIMFが決定した条件に従うことを規定している。よって，資格喪失のような痛みが大きく不必要な罰を除き，IMFが承認したスタンド・バイ取極の条件を履行しなかった加盟国による資金のさらなる利用を妨げる権限をIMFが有していないと結論することは，不合理な解釈であろう，と結論づけた(537)。

4. コンディショナリティに対する制限と実行
1979年ガイドライン

1978年9月途上国の24ヵ国グループは，途上国の持続的成長に留意しつつ，パフォーマンス・クライテリアをマクロ経済変数のみに限定するガイドラインの設

---

(534)　IMF (1999) pp. 160-161. また，ここで列記したパフォーマンス・クライテリアは指標的なものだけである，と注記されている。
(535)　Gold (1996) p. 354.
(536)　Ibid.
(537)　Ibid., p. 355.

第2節　コンディショナリティ

定を理事会に要請した。これらの要求に対応し，理事会は1979年3月2日「基金の資金利用及びスタンド・バイ取極のためのコンディショナリティのガイドライン」を決定した。なお，このガイドラインは，一般資金に関するものであり，特別資金勘定に関するものではない。

ゴールドによれば「決定の大方は，1968年以来行われた実行の宣言的なものであるが，大きく違っている点は途上国の加盟国の見解に対しある新しい若しくは明確な要素を含んでいることである。しかし，この問題に関し論争が終わったと信じる理由は何もない[538]。」

ガイドラインは，大概以下のように規定している。

1. 加盟国は，国際収支困難の早期の段階で若しくはこのような困難の緊急性に対する予防措置として基金の一般資金の利用を支援する矯正的な措置をとるべきである。
2. スタンド・バイ取極は通常1年である。しかし，加盟国により長期の期間についての要請があり調整計画を加盟国が成功裏に実施するためIMFにより必要であると考えられた場合，スタンド・バイ取極は1年という期間を延長することができる。適切な場合においてもこの期間は，3年を超えて延長されない。
3. スタンド・バイ取極は，国際条約ではなくそれゆえ契約的意味を持つ表現はスタンド・バイ取極やレター・オブ・インテントにおいて回避される。
4. 加盟国の調整計画を支援するため，IMFは国際収支問題の原因とともに国内の社会的及び政治的目的，経済的優先順位，加盟国の状況に妥当な考慮を払う。
5. 適切な協議条項がすべてのスタンド・バイ取極に組み込まれる。この条項は，高次クレジット・トランシュにおける加盟国の買入れの期間中，協議のための規定を含んでいる。この規定は，高次クレジット・トランシュにおけるスタンド・バイ取極の下での又は他の取引の下でのすべての買入れに適用される。
6. 分割とパフォーマンス条項は，第一クレジット・トランシュを超えないスタンド・バイ取極には省略される。これらは，その他のすべてのスタンド・バイ取極に含まれるが，これらの条項は第一クレジッ

---

(538) Gold (1979) p. 15.

ト・トランシュを超える買入れのみに適用される。
7. 専務理事は，計画がIMFの規定や政策に合致し実行されると判断した場合，理事会がクレジット・トランシュにおける加盟国によるIMFの一般資金利用の要請を承認するよう勧告する。
8. 専務理事は，加盟国の無差別待遇を維持するという観点から，IMFの一般資金利用に関する政策の適用につき適当な調整を確保する。
9. パフォーマンス・クライテリアの数と内容は，問題の多様性と加盟国の制度的な調整により様々となりうる。パフォーマンス・クライテリアは，目的の達成を確保するという観点において計画の実施を評価するに必要なものに限定される。パフォーマンス・クライテリアは，(i)マクロ経済的変数，(ii)協定や協定の下で採択された政策の特定の規定を実施するため必要であるもの，に限定される。パフォーマンス・クライテリアは，マクロ経済的インパクトのため加盟国の計画の効果に必要不可欠である場合にのみ，例外的な場合においてその他の変数と関連させうる。
10. 1年を超える計画，若しくは加盟国が全て又は一部の計画についてのパフォーマンス・クライテリアを設定できない状況において，残りの期間のため加盟国と必要な了解に達するため審査がなされる。
11. スタッフは，4条協議に関連したクレジット・トランシュやIMFの資金のさらなる要請に関連して，適切なIMFの一般資金の利用により支援された計画の下でのパフォーマンスの分析と評価を準備する。
12. スタッフは，理事会による審査のため，及び計画，政策手段の効果，計画の履行，得られた結果の適切性を評価し比較するため，スタンド・バイ取極によって支援された計画の研究を準備する。このような審査により，理事会がいつ次のコンディショナリティの総合的な審査が適切であるかを決定しうる[539]。

この中で，特にパラグラフ4とパラグラフ9がIMFの国内政策への関与と開発問題との関係で重要である。

パラグラフ4は，コンディショナリティが加盟国の国内政策の介入しているこ

---

(539) Decision No. 6056-(79／38) March 2, 1979.

とにつき，途上国側からの批判を受けて策定された。ゴールドによれば，「パラグラフ4の表現は，広範で論争を生じさせうるものであるが，途上国の見解と調停しようとしたものであることは，明らかである。」

「妥当な考慮を払う」という文言は，協定や実行においても使われているが，「この句はIMFが妥当な考慮を払わなければならない考慮に重要な効果を与える方向性以上のものを意味している訳ではない。この表現は，例えば基金が為替相場政策に関してすべての加盟国の指針とするために特定の原則を採択する場合，基金は『加盟国の国内の社会的又は政治的政策を尊重する』ことが要請される協定の表現以上に効力があるものではない。

『尊重する』という文言は，より義務的であることを意味する。なぜならば，為替取極を選択する各国の自由に合致するためである。そして，よりソフトな『妥当な』という文言が選択されたのは，一般資金を利用する場合基金は『適当な保障』を採択することを強いられているからである。パラグラフ4において不適切な資金利用に基金が同意することが要請される又は要請されうるということはない(540)。」

そして，「基金は成長のために好ましい状況を維持するため調整のペースと方法に妥当な考慮を払う(541)」のである。

パラグラフ9は，パフォーマンス・クライテリアの基準について定めている。

第一に，パフォーマンス・クライテリアの数と内容は加盟国の状況に応じて様々なものになりうるが，できるだけ少なくすべきである。第二に，パフォーマンス・クライテリアは成功のために必要なプログラムの単なる一要因に過ぎない。パフォーマンス・クライテリアの遵守が成功の決定的な要因ではない。第三に，パフォーマンス・クライテリアはマクロ経済変数に限定されなければならず，または有害な通貨措置を禁止するようなIMFの政策や協定の特定の規定の遵守に関連していなければならない。マクロ経済変数という概念は，合成という概念を含むが，この概念の定義と範囲は明確ではない。信用や対外債務などがこの変数の例である。「この原理を効果あるものとしようする意図は，一般的な政策がなされる場合に細かな決定に関与すべきではなく，加盟国はIMFの資金のアクセスにリスクを負うことなく経済運営の最大限の余地をもつべきである。この意図は，パラグラフ9の第三センテンスのカテゴリー(ii)のパフォーマンス・クライ

---

(540) Gold (1979) p. 22.
(541) Ibid., p. 23.

第6章　融資権限の拡大とソフトロー

テリアに当てはまるものである[542]。」

適当な保障

以上のようなガイドラインによりコンディショナリティに一応の歯止めがかけられたが，そもそもコンディショナリティをＩＭＦがつけるのは，スタンド・バイ取極を承認するに際し，ＩＭＦは改善の見込みのある政策がなされることを望んでいるが，加盟国の計画が成功するかどうか確証を持つことができないためである。そのため，１条５項は，「適当な保障の下に基金の一般資金を一時的に加盟国に利用」させることを規定している。よって，協定上，保障は，「適当」になされねばならない。この文言は適度であることを意味している。

にもかかわらず，ＩＭＦは資金提供に際し金融的なリスクを低下させることを望んでいる。

加盟国がスタンド・バイ取極の下でアクセスする資金のすべては，「期間が設定」されている。それは，ある期間をおいて一定の額を利用することができるが，パフォーマンス・クライテリアを履行した場合のみその後も利用できることとなっており，重要な保障となっている[543]。

スタンド・バイ取極が承認された加盟国は，ＩＭＦが要請した間隔や日に報告を通じて，ＩＭＦが要請した情報を提供しなけれならない[544]。この情報はレター・オブ・インテントに規定された計画の目的や政策を達成する方向での進展に関わるものである。これは，ＩＭＦは加盟国の調整の状況を評価するために加盟国に情報を要請することができるということである。

パフォーマンス・クライテリアは，まず一部の期間のみのスタンド・バイ取極のために設定される。残りの資金へのアクセスについては，その後の期間のための適当なパフォーマンス・クライテリアについての加盟国とＩＭＦの協議において達せられるべき了解によることになる[545]。そこで，標準的なスタンド・バイ取極には次のような文言が挿入されている。「レターのパラグラフ〇〇に従い，（加盟国）政府のイニシアティブで適切な措置の採用についてＩＭＦと協議を行なう。又，パラグラフ３のいずれかの基準が遵守されなかった場合，若しくは専

---

(542) Ibid., pp. 32-33.
(543) Gold (1996) p. 359.
(544) ＩＭＦ (1999) p. 163.
(545) Gold (1996) p. 359.

第 2 節　コンディショナリティ

務理事が計画についての協議が望ましいと考慮した場合，加盟国は I M F と協議を行なう[546]。」

　より最近の保障は，加盟国のスタンド・バイ取極の承認を理事会に勧告するスタッフのメモランダムに加盟国の買戻しの能力についての報告を入れたことである。

　スタッフのメモランダムとは，加盟国の国際収支や外貨準備，対外債務のレベル，買入れの潜在的な義務と全体の対外債務の割合，IMFに対する金融的な義務の適合やIMFに支援された経済計画の実行についての加盟国の記録，債務の利子支払についての加盟国の世評のような事柄を評価するものである[547]。

　ゴールドは，IMFの融資権限の行使のために柔軟なソフトローの規定を制定することにつき，かなり踏み込んでIMFがその権限を認める解釈をしてきたとしている。

　規定は，変化する状況に応じて修正されるが，この措置は結果が望ましくない場合の保障の効果及び救済の適用と矛盾するものではない。

　だが，ゴールドは以下のように権限踰越の可能性を示唆している。

　　「保障は，時とともに増加し，ある点で1979年3月2日理事会決定の『基金の資金利用及びスタンド・バイ取極のためのコンディショナリティのガイドライン』におけるコンディショナリティについてのガイドラインを超えているかもしれない。この決定において，パフォーマンス・クライテリアは決定に含まれたテストに合致したものに限定されており，加盟国の現在のマクロ経済政策を評価するためやスタンド・バイ取極の期間中に新たな合意に到達するための審査は，例外的なものであるとしている[548]。」

　ゴールドは，このような保障のあり方はソフトローであるとし，「ソフトローは無味乾燥な法ではない。すなわち，義務を構成するものであると解釈されないとしても，ソフトローを遵守させるための基準は厳しいものになりうる」としている[549]。

---

(546)　I M F（1999）pp.163. このパラグラフ3は，外貨準備等のパフォーマンス・クライテリアを規定している。
(547)　Gold（1996）pp. 359-360.
(548)　Ibid., p. 360.
(549)　Ibid.

第6章 融資権限の拡大とソフトロー

　そして，コンディショナリティについての1979年以降の実行は，基準を裁量的に厳しくすることができることを示すものであり，ＩＭＦの柔軟な対応を示すものである。

　ゴールドは，次のようにコンディショナリティの実際について論じている。

　　「事実，決定における例外といわれるたくさんの特徴がここでは標準的な実行となっている。規定化された決定の改正は，実行において重要な変化があるにもかかわらず，決定の改正交渉が困難さを避けるために，時になされない。特に，加盟国間の利益が決定がなされた時に比べ相互に異なる場合には，なされない。ＩＭＦの実行は，制定された内規や決定よりも，ＩＭＦがどのようにその任務を見ているか，結果として何が行われるかについての方がより正確な事態を呈示することができることを示している(550)。」

第3節　スタンド・バイ取極による開発への関与

　ゴールドは，安定化と安定の維持は，ＩＭＦの目的であり手段であるが，ＩＭＦが加盟国の経済的な発展に寄与する手段ともなっている，と主張している。長期的な開発計画の枠組みの中で作られ，金に対する需要が供給と適切な均衡を維持していることを確保することが予定されている金融計画は，開発計画の成功に貢献している。ＩＭＦは，変化する状況に対応し，その権限の範囲内で国内貯蓄と資本の流入を増加させ，資源の誤った配分を止める政策を策定するために加盟国を支援している(551)。

　スタンド・バイ取極は，開発に貢献しているが，スタンド・バイ取極を受けることに関心のある途上国との交渉の中で，ＩＭＦは国際収支を改善し同時に成長と雇用を促進する計画に至るよう加盟国に奨励している。

　レター・オブ・インテントの中で以下のような目的の表明を見出すことは通常のことである。

　　「要請されているスタンド・バイ取極の目的は，政府の経済的な目的と政策を支援することである。計画の目的は，最大限の経済成長率と雇

---

(550)　Ibid., pp. 352-353.
(551)　Gold (1971) p. 288.

第3節　スタンド・バイ取極による開発への関与

用及び純外貨準備高の継続的な改善等である。19○○年の政府の経済的な目的及び政策は，公共民間部門の開発の努力と国際収支ポジションの強化のための包括的な枠組みを提供している。この枠組みにおいて，次のパラグラフは政府が金融の安定を維持しながらより急速な経済成長を目的とするスタンド・バイの期間で実施する予定の金融計画と措置を示している。」

「支出の維持は，より積極的な投資計画の結果として増大することが見込まれる。投資の分野において，政府は公共投資支出の拡大により経済に刺激を与えるためいくつかの開発プログラムを推進することを計画している。」

「要請されるレター・オブ・インテントの目的は，政府の経済的な目的や政策を支援することである。それらは，外貨準備ポジションの更なる強化や合理的な国内的な価格安定と矛盾しない最大限の成長に到達することを目的としている(552)。」

スタンド・バイ取極によって支援されたプログラムにおける成長という目的は，金融的な安定に止まるものではない。あるスタンド・バイ取極は3つの目的をもっている。すなわち，「高い成長率の維持，国際収支ポジションの達成，インフレーションの縮小」である(553)。

また，スタンド・バイ取極のIMFの承認は，多くの方法で開発に貢献している。

第一に，長期の開発目的を伴う安定化計画の支援による金融支援の規定は，間接的な寄与であるが，開発における努力を中断若しくは少なくとも甚大な後退なく，国際収支の撹乱に加盟国が対応することを支援するものである。加盟国が国際収支の撹乱と見なさず，かつその事実も生じていない場合でも，IMFの資金へのアクセスの確保は，加盟国がより拡張的な計画をたてることを可能にすることにより開発に寄与しているのである。

---

(552)　Ibid., p. 290.
(553)　Ibid., p. 291. 大野は，「IMFのオペレーションの目的は表向きには，IMF協定第1条にたくさん列挙されているとおりである。だが実のところ，IMFが融資を行なう際の中心的関心は国際収支の中期的な維持可能性 (medium-term Viability)，インフレーションの収束，経済成長の3つにあり，関心の強さもこの順番に従う。」と指摘している。大野 (1993) 38頁。これは，上記のあるスタンド・バイ取極の3つの目的と同じである。

275

第6章　融資権限の拡大とソフトロー

　第二に，技術支援もスタンド・バイ取極の要請に見合うよう実行することによりその有用性が高まる。そこで，たんに単一のスタンド・バイ取極の12ヶ月だけでなく，すぐに中断されうるが長期間の若しくは連続的なスタンド・バイ取極による持続的な期間において，ＩＭＦは加盟国と政策の策定と実施について密接な関係を保っている。ＩＭＦが5, 6, 7年間となる連続的なスタンド・バイ取極を承認することはよくあることである。例えば，ある加盟国は，10のスタンド・バイ取極と16の連続したスタンド・バイ取極をかわしていたのである。

　最後に，スタンド・バイ取極のＩＭＦの承認により加盟国の政策がＩＭＦのトランシュ政策の基準に合致しているとＩＭＦが認めていると他の国際機関，政府，民間のような他の潜在的な貸手が見なすことにより，その加盟国への更なる貸出をしばしば促進しているのである[554]。これは，いわゆるＩＭＦの触媒機能である。

　ゴールドは，通貨の安定と開発は相互依存関係にあることは広く認められていることであり，この確信がＩＭＦの業務の特徴を形作っていると指摘している。すなわち，多くの業務は間接的に途上国を利するが，直接的に利するものもあり，幾つかは密接に関連して開発を促進するのである。ＩＭＦは，国際貿易の増大や均衡のとれた成長と実行との関係を示さなければならないとする強迫観念を感じていないが，「ＩＭＦの権限内での職務で成果を得るためには，ＩＭＦは開発や途上国の特別な問題に関心を持たなければならないというのは，受け入れられる考えである[555]」としている。

　しかし，ＩＭＦ協定には先進国や途上国を区別する文言はなく，協定上は同じ待遇を与えなければならない。ゴールドのこの見解は，ＩＭＦの業務を遂行する上で必要なものを協定に依拠することなく開陳したものであるといえる。

ま　と　め

　当初，ＩＭＦの資金は各国の外貨準備と目され，自動的に利用が可能なものであると考えられていた。しかし，協定策定後，野放図な利用を恐れた米国が巻き返し，加盟国が現に必要としているかどうか審査することができることとなった。

---

(554)　Ibid., p. 292.
(555)　Ibid., p. 301.

まとめ

　だが，これにより利用が縮小したため，協定改正なしにクレジットラインのようなスタンドバイ取極という自動性のある利用方法を策定した。すなわち，スタンド・バイ取極というソフトローにより，柔軟に事態に対応したのである。しかし，当初の意図から離れ徐々に要請国の国内政策を監視する機能を拡大させた。この監視機能に対し，先進国と途上国間で差異があるのではないかという疑惑が途上国から出されたので，ガイドラインを策定しレビューすることとなった。

　一般に，加盟国が資金利用を行なうためにつけられる条件をコンディショナリティというが，協定上の文言ではなく，条件の内容についても協定で定められている訳ではない。よってソフトローということができよう。恒常的な国際収支の失調が見られる途上国が加盟国になり，ＩＭＦ資金の「適当な保障」を得るために，徐々にこのコンディショナリティが強化されることとなった。そして，このコンディショナリティはガイドラインを軽視する形で，状況に応じて柔軟に，すなわちＩＭＦによって裁量的につけられる傾向がある。

　1980年代に入り，先進国からの資金利用の要請がなくなると，ＩＭＦはますます途上国問題に取り組むこととなる。一方，ＩＭＦ協定のもう１つの柱であった為替の安定は，主要国が変動相場制に移行し二次改正においてこれを是認することにより，４条の下での協議は可能であるものの，加盟国にある種の拘束力をもって政策を策定するのは，資金利用の際のコンディショナリティに限定されることとなった。このため，資金利用を要請する途上国のみが事実上ＩＭＦの拘束を受けることとなったのである。

　ＩＭＦが資金利用の業務を中心とし，途上国に対する業務にのめり込めばのめり込むほど，コンディショナリティは強くなり，同時に途上国の実状と要請に合わすために開発や経済成長を目的とせざる得なくなった。しかし，ＩＭＦ協定の目的には開発・経済成長はないのである。次に見るのは，ＩＭＦによるあからさまな事実上の協定改正である。

第7章　協定改正なき革命

　1970年代以降，第一次石油ショック，その後の途上国の経済状況の悪化と国際収支赤字の悪化とがIMFへの主要な挑戦となった。産油国に膨大な経常収支黒字が発生する一方で，非産油発展途上国において経常収支赤字が続き，いわゆるオイルマネーの非産油発展途上国への還流が大きな問題となった。還流の経路として，最も重要な役割を果たしたのは，いわゆるユーロ・ダラー市場等の民間の金融市場であったが，ここを通じる資金は，短期的で流動的な資金であるため，国際金融市場に撹乱的な影響を与えることが心配され，より安定した多様化されたオイルマネーの還流の経路をつくることの必要性が高まった。この多様化の一環として，1974年6月IMF理事会は，オイル・ファシリティの創設を決定し，これに基づき1974年及び1975年の2年間実施された。オイル・ファシリティはその目的がオイル・マネーの還流であるという性格から，借入資金によるファシリティとしては初めて，その原資を石油輸出国（1975年のファシリティについては，主要経常黒字国も拠出）に求め，また調達コストが市場金利となることから，IMFの貸付金利も市場金利に手数料を上乗せしたものとなった。そして，これが1つの契機となり，IMFの他の融資にも市場金利が導入されるようになった[556]。

　さらに，1974年9月には，多額かつ長期の資金に対応する拡大信用供与措置（EFF）が創設され，1976年5月にはIMF保有の金の一部を売却したことによって得られた資金を主たる財源とし，低所得国向けのトラスト・ファンドが創設された。このように，IMFはオイルマネーの還流のために様々な措置を講じたが，実際には非産油途上国からIMFに対する融資の要請はあまり増加しなかった。むしろ，米国などの国際商業銀行からの借入が選好されたのである。しかし，安易な貸出を引起こし，80年代の債務危機につながっていくこととなった[557]。

　1979年から80年にかけて原油価格が2.4倍に高騰し，第二次石油ショックが発

---

(556)　井川（1992）71－72頁。
(557)　平田（1999）8－9頁。

生した。これに対して先進諸国はインフレ抑制策をとった。とくに米国は厳しい引締め政策をとったため，米ドル及び金利の上昇と世界的な景気後退を招いた。原油以外の一次産品は世界需要の減退により価格が大幅に下落し，非産油開発途上国の対外ポジションは急速に悪化することとなった。また，途上国自身の行き過ぎた国内開発計画による財政赤字や輸入の急増及び安易な対外借入依存等も重なった。そして，1982年8月，800億ドル弱（81年時点）の対外債務を抱えていたメキシコが債務返済不能に陥り，累積債務問題が顕在化した。84年，85年は先進国経済の回復により小康状態を保っていたが，86年には再び悪化し，同年末には開発途上国の債務残高は1兆ドルを超えるにいたった。

　この累積債務問題に対して，ＩＭＦは中心的な役割を果たすこととなり，ＩＭＦの調整政策として，財政赤字の大幅な削減，金融引締め，為替レートの切下げ，輸入の抑制，賃金の抑制等を中心とした厳しい緊縮政策を提案した。しかし，多くの債務国が同時に緊縮政策をとり，しかも民間資金の流入が途絶えたため問題の根本的な解決とはならず，その後再び問題が顕在化することとなった。

　こうした中で，途上国は債務処理のための様々な提案を提案を行ない，先進国においても，ベーカー米財務長官は，1985年10月ソウルで開催されたＩＭＦ・世銀総会において，債務国の成長志向型の経済成長努力をケース・バイ・ケースにＩＭＦ・世銀等の国際金融機関及び民間銀行が協調しつつ支援することにより，債務問題への戦略を強化するいわゆるベーカー提案を行なった。これは，債務問題を従来のように債務国の緊縮的な調整努力のみによって解決しょうとするものではなく，中長期的な支払能力を高めるためのものである。中長期的な支払能力を高めるためには，債務国の成長が必要であり，さらに債務国の成長を回復するためには，単にリスケジュールを行なうだけではなく，民間の銀行団を中心としたニューマネーの形で供与していく必要があるとの認識に立ったものであった(558)。このように，ＩＭＦは債務危機に巻き込まれる中で，成長に対する評価を行なう必要性に迫られたのである。

　一方，1977年英国，イタリア，1979年米国を最後として現在まで，ＩＭＦの資

---

(558) 井川（1992）73-74頁。その後，1987年9月のＩＭＦ・世銀総会において，ベーカー財務長官は債務の株式化，債務の債券化，債務の買戻し等のメニューを含むメニュー・アプローチを提唱し，日本からも1988年9月のＩＭＦ・世銀総会で宮沢構想が提案された。これらの提案を踏まえ，1989年3月にブレイディ米財務長官の提案に基づいて，同年4月のＧ7，7月のアルシェ・サミットで「新債務戦略」が合意された。同書74-75頁。

第7章　協定改正なき革命

　金を利用した加盟国は途上国に限られ，ＩＭＦは金融支援において途上国だけを対象とすることになった。しかし，その途上国の経済において，短期的に国際収支問題の解決が課題であるのではなく，長期的な開発が課題とされている。そのため，短期の国際収支支援という枠組みは，支援対象国が途上国である場合，不十分なものではないかという見解が強まることとなった。

　このような状況の変化への対応と恒常的・構造的な問題への着目と取組みが1980年代において主流になる。世銀は，1970年代後半以来の国際経済における変化による開発途上国の経済的困難に対処すべく，構造調整政策を打ち出し，「構造調整融資」が70年代末から実施され，途上国の構造問題に取り組むこととなった。これに対応して，ＩＭＦもまた，途上国の構造問題に取組み，開発と経済成長を志向することとなった。しかし，開発・経済成長への志向と構造問題への取組みは，ＩＭＦ協定とＩＭＦ自らが決定した1979年ガイドラインに合致しないことは明らかである。

　すなわち，70年代以降の世界経済の諸問題特に途上国の問題に対応するため，ＩＭＦは様々なファシリティを整え，徐々に短期資金の供給機関の規定から逸脱すると共に，80年代以降の債務危機への対応に際して途上国の内情や成長を重視せざる得なくなるのである。そして，途上国の国内問題に対応すべく，その構造問題に深く関与することとなったのであった。

　ここでは，まず70年代後半から1980年代初頭にかけての問題がどのようにＩＭＦ内部で捉えられたかをまず明らかにし，その後，1980年代の債務危機がいかにＩＭＦに対して影響を与えたのか，債権国や途上国から出された構想やレポートによりながら検討したい。そして，各国の提案を受けて，ＩＭＦがいかなる見解をもつにいたったかを検討し，どのように「協定改正なき革命」が行われたのかを明らかにしたい。

第1節　ＩＭＦの内部の葛藤

1.　ＩＭＦの内部の葛藤

　1970年代以降の途上国の経済困難なかんずく国際収支困難に対するＩＭＦの今後の対応について，ＩＭＦ発行の『ワールド・エコノミック・アウトルック』（1980年）は，次のように記している。「経常収支赤字や民間の仲介の困難の規模から見て，基金は必要なら過去以上の量を融資する準備をしなければならない。

第1節　ＩＭＦの内部の葛藤

　また，多くの国が直面した構造問題により，調整は過去の基金の典型的な枠組みよりも長期にわたることが要請されるかもしれない。さらに，基金による融資は，加盟国の状況に対する注意とともに，コンディショナリティについての理事会のガイドラインにおいて求められているある種の柔軟性を反映しなければならない[559]。」

　ＩＭＦコンディショナリティの調査を行なった経済学者キリックによれば，これは，短期の経済調整から国際収支赤字に対する長期の融資への力点の変化を示すものである。また，柔軟性を強調することは，需要管理から経済の生産構造のための政策への変化を促すものであり，かつＩＭＦコンディショナリティの加盟国のイメージの変化を示すものでもある。1970年代後半の巨額の赤字にもかかわらず，途上国は薬がさらに病気を悪化させると考えて高次のコンディショナリティが課せられるファシリティを利用することを嫌ったことはよく知られている。結果として，ＩＭＦはこの時期の赤字途上国の重要な貸手とはならなかった。ＩＭＦの事務局は，1980年代初めにこのことを理解し，赤字国がＩＭＦのファシリティをより利用するように働きかけるべく，このイメージを変化させる措置をとった[560]。

　すなわち，前出のワールド・エコノミック・アウトルックによると，「基金によって行われている政策アプローチに関して，資金供給の改善と生産的な基盤を強化する条件を作り出す努力を行なわなければならない。この展開のためには，過剰な財政赤字や政府支出の縮小，適切な金融・信用政策の採用，そして様々な問題の外側にある問題に向かう需要サイドに支持的な措置が要請される[561]。」

　再びキリックによれば，このことはコンディショナリティが需要管理に集中するという伝統的な手法の追放であり，ＩＭＦが長期の開発問題への直接的な関与を避けることはだんだん難しくなってきたことを示唆するものである。しかし，「基金は要請される調整計画に対する自身の変貌を遂げた認識とコンディショナリティに対する伝統的なアプローチの間の矛盾を解決することができなかったように見える[562]。」

　また，スタッフ内部にはこのようなＩＭＦの変貌に対する批判が存在した。

---

(559)　World Economic Outlook, summarized in IMF (1980) p. 200. see also Killik (1984) p. 206.
(560)　Killik (1984) pp. 206－207.
(561)　ＩＭＦ (1980) p. 200.
(562)　Killik (1984) pp. 208.

第7章 協定改正なき革命

キリックの論文に収められている未公刊のIMF文書によれば，
「基金のスタッフにミクロ政策のパフォーマンス・クライテリアを回避することを求めるガイドラインと供給的な問題への関心が両立しないことは，明らかである。この問題を論ずる際，パフォーマンス・クライテリアの役割について明らかにすることが重要である。しかし，パフォーマンス・クライテリアの問題は基金と加盟国当局との間の議論として終わる可能性が強く，それゆえ開発を反映した政策変数が含まれることとなる。すべて活動は，いくつかのミクロのインパクトをもつが，通常その他のミクロ的な措置は適切なマクロの結果を確保するためになされることができる，というようなやり方でミクロの政策を扱うことは一般には不適当である。特に，代替的なミクロの措置が政治的な考慮によってしばしば影響される場合，基金がこのようなポジションをとることは不適切であり，基金がパフォーマンス・クライテリアとしてミクロの措置を含めることは，通常適切ではない。しかし，基金のスタッフがプログラムの適切性についての評価を発展させ，特定の措置についての明確な考えをもつことは不可欠である。結果としてスタッフはこの分野における活動を完成させる際，加盟国当局と密接に協力することが必要である。この議論は，理事会に提出されるプログラムに反映される[563]。」

これに対し，キリックは，上記の政治的決定の関与のセンテンスは，「どんな場合にも，政治的考慮についてあるポジションをとることを回避できないので，基金のスタッフは理事会に勧告する前に安定化プログラムのミクロ経済的な内容について満足する必要がある，ということを意味しているに違いない」という解釈を下している。そして，実践的な解決策として，IMFは供給と開発に関心と専門知識を有する世界銀行との協力を強化したのだと論じている[564]。

だが，上記の批判だけでなく，IMFは投資プログラムが課題となったとしてもこれについての専門知識を有しておらず，このような業務を行なう十分なスタッフもIMFは有していないという批判も根強い[565]。

また，理事会はラディカルな変化を拒絶するであろうと判断されることや，国際経済におけるIMFの役割についてのはっきりしないビジョンのため，コンデ

---

(563) Ibid., pp. 208-209.
(564) Ibid., p. 209.
(565) Ibid., p. 210.

ィショナリティを伝統的な限定の中におこうとする動きもあった[566]。

これらを総括すると，少なくとも，1980年代初頭において，IMFの開発への関与は存在していたが，いっそうのIMFの援助機関化についてそれを推進しようとする動きとマクロ政策に限定しようとする動きが拮抗しており，明確にIMFのイメージを示すことは難しかったということはいえよう。

2. 債務危機と目的拡大への模索

IMFは，債務危機に対応する最も重要な機関としての役割を担っているが，これは3つの歴史的経緯に由来するものである。

まず，1966年にパリクラブ（公的融資債権国会議）がリスケジュールなど金融支援の交渉を行なうに先立って，債務国がIMFの経済安定政策に同意することを前提とすることとなり，これがIMFが債務問題にかかわる嚆矢となった。

また，1977年ザイールとペルーの商業銀行融資のリスケジュール交渉において，IMFが主要な役割を果した。特にザイール救済は，大掛かりなリスケジュールに乗り出した先例的なものとなった。

そして，IMFが債務問題に取り組む画期となったのが，1982年メキシコ危機以降のラテンアメリカやアフリカにおける債務危機であった[567]。

前述したとおり，IMFの伝統的な緊縮型の調整政策は，1980年代初頭より問題化した債務危機を貿易黒字を拡大することにより一時的に回避したが，一次産品価格の低迷や民間資金の流入の減少等により，債務問題の根本的な解決には至らなかった。また，債務国の国内経済は緊縮型の調整政策により成長はマイナス成長もしくは低成長となり，国民の経済水準も低下したため，債務国の反発は次第に強くなってきた。

1984年1月ラテンアメリカ債務国28ヵ国はエクアドルのキトで会合し，会議参加32ヵ国のうち，26ヵ国が対外債務問題についての統一見解をキト宣言として採択した。そして，そのなかで共同の行動規準を行動計画として発表した[568]。このキト宣言は，対外債務問題についての行動規準を作成することを最大の目的とし，かつ対外債務問題だけでなく，輸出拡大，食糧確保のための農業開発，エネルギー自給のための資源開発などについての行動指針を採択した。

---

(566) Ibid., p. 212.
(567) 毛利（1988）91-92頁。
(568) "Declaration of Quito and Plan of Action" Cepal Review, No. 22, April 1984, pp. 39-51.

第7章 協定改正なき革命

　さらに，同年6月にはそのうちの11ヵ国[569]がコロンビアのカタルヘナで再度会合を開き，「カタルヘナ合意」を発表した。ここで，債権銀行団に対して，国際市場における金利の即時かつ大幅な引下げ，既存債務の繰延べと新規融資に関する金利の市場実効コスト以下への抑制等を要求し，債権国政府並びに輸出信用機関に対して，債務繰延べ交渉における返済期間の大幅な延長，特恵的な利子率の適用を要求した。さらに，国際金融機関に対しても①融資力の強化，②コンディショナリティの基準の見直しを要請している[570]。

　このような債務国側からの反発の中で，当初はIMFの指導・管理を信頼していた先進国政府，債権銀行団にもIMF批判が現われるようになった。

　先進国政府，とくに米国政府にとっては，ラテンアメリカ諸国が早急に国際収支を改善し，主要債権銀行である米国の銀行に対し，円滑な元本・利子の支払を行なうことは，米国の信用制度維持全体にとってきわめて重要であった。同時に，きびしい緊縮的な調整政策は経済社会的混乱を助長し，ラテンアメリカ諸国の民主主義政権の政治的立場を危うくする可能性があった。

　また，債権銀行団は基本的はIMFの緊縮政策を支持していたが，長期にわたる緊縮政策は，債務国経済の破綻によってデフォルトを誘発し，債権回収に支障をきたす恐れがあるとの懸念をいだくようになった。

　このような情勢の推移から，1982年夏以降に実施された危機管理方式と，それを支えてきた基本的な考え方の再検討が行なわれることとなった。だが，緊縮政策の立案・実行の推進者であるIMFによる自発的な政策転換は困難であり，米国政府が危機管理の主導権をとることとなった[571]。

　こうした債務問題の抜本的解決策を模索する動きが活発となるなか，IMFの果たすべき役割についても議論がなされることとなった。すなわち，債務危機という，IMF設立当時IMF支援の対象としていなかった問題について対応したIMFの処方せんについての疑念が高まり，その中でIMF果たすべき役割につ

---

(569)　アルゼンチン，ボリビア，ブラジル，チリ，コロンビア，エクアドル，メキシコ，ペルー，ドミニカ，ウルグアイ，ベネズエラの11ヵ国。

(570)　日本貿易振興会（1985）69－78頁。カタルヘナ合意から2ヵ月後に調印された多年度一括繰延べ協定で，メキシコは債権銀行団から緩和された条件を獲得することができ，1984年から1985年にかけて，ドミニカ，ベネズエラ，チリなどにも多年度一括繰延べ方式が適用され，返済期間の延長，金利，手数料の大幅な引下げに成功した。田中（1998）174頁。

(571)　田中（1998）31－32頁。

いて様々な立場から提案が行なわれ,議論がなされることとなったのである。この構図は,後年のアジア通貨危機後のIMFの処方せんを不満として,様々なIMF改革案が噴出したのと同じ構図であった。こうしたIMFの改革論議について,IMFに加盟している開発途上国24ヵ国グループ(G24)は,債務国,途上国の立場からIMFの改革を唱え,債権国としての立場より米国はベーカー構想を明らかにし,IMFもまた自らの役割を論じたのである。そこで,ここでは,まずG‐24改正行動計画に触れ,途上国のIMFに対する立場を確認した後,1985年IMF・世銀総会に合わせて作成されたG‐24レポート,ベーカー構想,1987年2月の新G‐24レポート,1987年10月の第二次ベーカー構想,同じくカムドシュ演説と時系列にIMFの役割のありかたについての議論の方向性を探り,債務危機がIMFに与えた影響を検討することとしたい。

G－24改定行動計画

1979年開発途上24カ国グループ(G24)は,『国際通貨制度改革に関する行動計画要綱』を作成,開発途上国77カ国グループ(G77)の承認を得た後,同年の世銀・IMF総会に提示した。そして,G24は,その後の国際経済・国際通貨制度上に生じたいろいろな事態の進行を考慮に入れ,1984年9月21日,1979年のレポートを改定した『国際通貨・金融制度改革への改定行動計画』[572]というレポートを発表した。

このレポートは,通貨問題における広範な問題に扱っている[573]。

また,このレポートは,途上国側からの通貨問題及びIMFの問題点を摘出したものであり,改革への道程を示すものであった。

そして,IMFについて,次のような問題をまず指摘している。

「IMF自体の資金増が不十分であり,融資政策も引締められているため,援助供与力が抑制されている。IMFは,借入国側に対し厳しい原則を押し付けているが,一方,主要工業国の諸政策に対する効果的な影響力の方は弱まるという対比を見せ,調整過程における不均衡が一層

---

(572) 開発途上国24ヵ国グループ(G24)(1984)50-57頁。なお,文尾の数字は本レポートのパラグラフ番号を示すものである。

(573) このレポートで扱われている問題は,IMFの資金規模,SDR創出と配分,監視・融資手続条件等の調整手続,為替相場制度,債務問題,資金の実質移動,貿易と通貨・金融との相互関係,開発途上国と政策決定過程,通貨・金融に関する途上国間協力,国際通貨制度の抜本改革,国際通貨・金融会議開催,である。

第7章 協定改正なき革命

際立っている。」
　先述したように，本レポートは広範な問題を取り扱っているので，ここではIMFの資金規模，監視・融資条件等の調整手続，債務問題に絞って取り上げることとしたい。
　まず，IMFの資金規模であるが，その規模は世界貿易の規模からいうと相対的に減少してきている。1960年にはIMFへの各国出資額は世界貿易の約12％に当たっていたが，1983年末までに約5％まで減少した（7）。よって，早急に出資金を増額し，一般借入取極等の措置を取ることが重要である（8－9）。
　次に，監視・融資条件等の調整手続について。まず，IMFの監視手続は，極めて重要であり一層の強化が必要である。それにより，開発途上国の成長を支えることになる世界経済の回復促進と貿易拡大を目指す各主要国の政策に有効な影響を及ぼし，政策調整を助けることが可能となる。IMFの影響力は，IMF資金利用国側では非常に力あるものと受取られているが，主要工業国に対しては効果的な監視が行なわれていないため，調整政策による不当な負担が開発途上国にかかってきている。政策調整の過程において，IMF監視機能は根本的に不均衡の度合いを強め，国際的調整過程の偏りはひどいものになってきている（17）。
　「開発途上国としてはIMFに対し，途上国が直面している問題点が構造的かつ危機的性格のものであることを考慮し，途上国の経済成長と社会的諸条件に不当なマイナス効果を及ぼさない調整支援策を取ることを望みたい。その場合，各国独自の経済的，社会的，政治的環境との関連において，調整策の生産及び雇用面により高い優先度を置くべきである。IMFのコンディショナリティ（融資条件）は，国内需要の管理，抑制政策，厳密な意味での実績基準といったものに偏りすぎる傾向がある。しかし，こういった政策は賃金削減や輸入圧縮を伴うものが多く，（短期的にはともかく）中期的には継続不能である。
　もし，構造的調整策が成功するものであるとすれば，成長を目指した投資計画を柱としたもの以外にはない。顕著な経済実績が正しい方向に向かっており，IMF実績基準よりはずれているとしてもたいしたものでない場合は，IMFによる基準適用には相当の柔軟性があってしかるべきである。
　低所得の小規模島嶼経済など最貧国のケースでは，国際機関はこれら最貧国特有の諸条件を考慮に入れたコンディショナリティや実績基準を考案すべきである。」(18)
　また，開発途上国にとって調整策を取ることは，外部要因があるために難しくなっている。よって，各種融資制度の改善や拡大が検討されるべきである（19）。

IMFへの出資金が不十分であるところから，IMFとしては資金補充策として借入に頼らざるを得ず，また借入国への融資に当たっては借入金と出資金とを合わせて融資する方法を増やしていかざるを得なかった。そのうえ，出資金使用の際の報酬レートが法外に上昇し，借入側の金利も上がり，借入コストは大きく増大している。こうした状況を改善するには，IMFの中に「利子補充勘定」という特別措置を作ることが重要である (20)。

　さらに，トラスト・ファンドを復活させる (21)。
外部要因が途上国に影響を及ぼしていることを考えると，輸出変動補償融資に対するコンディショナリティが引締められ，かつアクセス限度が引き下げられたことは不当であり，これを拡充し，自動的に供与されるべきである (22)。

　債務問題については，IMFは世銀とともに重要な役割を負っており，IMFは債務国支援のため，債務問題解決につながる環境作りを進めるとともに，債務問題に関する債務国，債権国間の対等の話し合いの開始を勧告すべきである (28)。

G-24レポート

　G24は，85年秋のIMF・世銀総会に備えるためにこの改定計画をさらに改正・充実することを決定し，1985年5月28日，G24議長はワーキング・グループを設置して7月末までにレポートを完成させることを要請した。85年秋のIMF・世銀総会において債務問題を集中的に討議し，これまでの債務戦略を転換させる場として，G24は暫定委員会及び総会を位置づけた。ワーキング・グループは，7月末までに『国際通貨制度の機能と改革』というレポートを完成させ，8月19日から21日に行われた24ヵ国蔵相代理会議で論議され承認を得た後，10月6日のソウルでのIMF暫定委員会に提出された。[574]

　①途上国の当面している問題は構造的であり，持続的問題であると位置づけ (111，117)，②構造的不均衡是正のための成長政策の必要性 (117‐118)，③コンディショナリティの需要抑制型から成長志向型への転換の必要性について論じている。また，最近のいくつかのIMFの融資計画はパフォーマンス・クライテリアがきびしすぎるために中断されたことを指摘し，パフォーマンス・クライテリアの十分な弾力化が必要であることを主張している。このコンディショナリティの転換は，IMFの融資期間の延長と融資額の増加をもたらすことになるだ

---

　(574)　このレポートの内容については，奥田 (1989) 212-217頁によった。

第7章　協定改正なき革命

ろうとしている (120, 123)。

さらに、④低所得開発途上国への譲許性の高い長期融資の必要性が指摘された。特に、深刻な構造問題を抱えているサハラ以南アフリカ等の低所得途上国に対し、IMFはこれまでなされてきた以上の多額で長期の融資を行なう必要がある。そして、その融資は譲許性が高いものでなくてはならないとしている (122, 124)。

具体的な提言としては、①輸出変動補償融資制度（CFF）とコンディショナリティの緩和が提起された。CFFは借入国にとって外生的な要因によって生じた過渡的な国際収支赤字に対して緩やかなコンディショナリティを付して融資されるものとして発足したが、最近コンディショナリティが強化され、アクセス・リミットも1983年に100％から83％に切下げられた。CFFは拡充され、借入は割当額によらず自動的なものとすべきである (116)。

②金利変動補償融資制度の創設 (116)。③拡大信用供与措置（EFF）の拡充 (119―121)。④低所得途上国が利用できる「利子補給勘定」のようなファシリティの創設。⑤第9次増資が早急に行なわれ、その額は世界経済の規模に合致するようになされるべきである。その実現までは、アクセス・ポリシーを拡大すべきである、と提言された。

ベーカー構想

1985年10月、ベーカー米財務長官は、債務問題を従来の緊縮型の調整努力のみで解決するのではなく、成長志向型の調整策の採用により、債務国の中長期的な返済能力を高めることにより債務問題の解決を図る構想を、ソウルで開かれたIMF・世銀総会で発表した。

ベーカーは、次のように述べている。

「3年前、国際金融界は債務問題に取組み、債務国の成長の基礎を敷くための柔軟で協力的な過去3年間のケース・バイ・ケース戦略を採用いたしました。（中略）（国際金融機関はこの3年間の経常収支赤字の削減、成長率の増大、輸出の急増の進展に重要な役割を果したが）特にIMFは非常に巧みに主導的役割を果し、諸政策や一次的な国際収支のファイナンシングについての助言を与えるとともに、商業銀行の融資を触媒いたしました。

この進展にもかかわらず、いくつかの深刻な問題が拡大してまいりま

---

(575)　ベーカー (1985) 35－36頁。

した⁽⁵⁷⁵⁾。」

　すなわち，ベーカーは，ＩＭＦを中心とした支援策を評価しつつも，債務問題が依然として解決されていないことを認めたのである。具体的には，主要債権国におけるインフレと財政赤字の拡大，成長の見通しの引下げ，債務国に対する銀行融資の減少，銀行間のニューマネー及び債務リスケジューリング・パッケージ参加への躊躇による借手国の不確実性の惹起など深刻な諸問題が顕在化しているとした。

　これを克服するため，ベーカーは新戦略を提唱した。

　　「これらの問題に対しては，債務国の成長見通しを改善するためにも，国際債務戦略に基づいて速やかに効果的に取り組む必要があります。

　　（中略）もしも，債務問題を解決しようとするならば，次の３つの不可欠かつ相互に補完的な要素を含んだ『持続的成長のための計画』が必要であります⁽⁵⁷⁶⁾。」

その３つの不可欠かつ相互に補完的な要素を含んだ『持続的成長のための計画』とは，

① 主要債務国が，成長及び国際収支を調整するため，またインフレを緩和するために，国際金融機関の支援を得て，総合的マクロ経済政策及び構造調整政策を採用する必要，

② ＩＭＦが中心的役割を維持すること，及びこれに関連して開発金融機関(MDBs)による構造調整政策を増加させるとともに効果的にすること，

③ 総合的な経済調整計画を支援するため，民間銀行が貸付を増加させる必要がある，

というものであった⁽⁵⁷⁷⁾。

　この３つをさらに具体的に見ると，

① 主要債務国の総合的マクロ経済政策及び構造調整政策とは，

(a) 雇用，生産，効率性を向上させるための民間部門への依存を高め，政府への依存の低下，

(b) 税制・労働市場の改革，金融市場の発展による国内及び外国への効率的な投資を促進するサプライ・サイドの行動，

---

(576)　同前。
(577)　同前・36頁。

第7章　協定改正なき革命

　(c)　輸出補助金を減らすことを含めて貿易を自由化するとともに，外国の直接投資及び資本流入を促進する市場開放措置，である。

　このような政策は，以下によって構成される。

　—成長と雇用機会の拡大に向けた経済のより高い効率性及びその対応を促進するための市場指向型の為替相場，利子率，賃金，価格政策。

　—国内不均衡とインフレとを減らし，民間部門のために資源を解放することに焦点を当てた，健全な金融・財政政策。

　ベーカーは，次のように債務国における構造政策を実施を促している。「われわれは，強化された債務戦略の他の要素が実行に移されうるように，債務国が成長のためのこれらの諸政策を自発的に実行していかなければならないと信じております。」

　②　さて，IMFを中心とした国際金融機関の有効性の向上についてであるが，ベーカーはその重要性を認めると同時にその限界があることも示唆している。「成長を促進するための債務戦略を強化するに際しては，国際金融機関もまた重要な役割を果さなければなりません。しかしながら，国際金融機関が全く自らだけでは，債務国の融資の必要性に応じるだけの十分な資金を有していないことを認識すべき」であるとする。

　　「国際金融機関の中では，調整と成長とを促進するのに必要な諸政策の展開について加盟国に助言するのに，IMFが大きな役割を果してきました。特に，金融，財政及び為替相場政策に焦点が合わされてまいりました。もっとも，貿易自由化，価格政策及び政府所有企業の効率性といったような他の分野にもますます多くの注意が払われるようになってきております。

　成長を強調することは，IMFを軽視するという意味ではありません。」それでは，IMFはいかなる政策に関与するのか。

　　「IMFは，税制改革，市場指向型の価格設定，労働市場の硬直性の緩和及び外国貿易・投資に対しての経済の開放により高い優先順位を置くべきであります。このことは，IMFの支援する計画が成長指向型であることを確実にする助けとなりましょう。この努力においては，IMFが世界銀行と密接に協調して働くことが特に重要となるでありましょう。」

---

　(578)　同前・37-38頁。

第1節　ＩＭＦの内部の葛藤

開発金融機関については，ＩＭＦが果している役割を減じることなく，「より強く債務戦略の中に組み込まれる必要」があるとしている(578)。

③　民間銀行が求められるコミットメントとしては，次の3年間に新規に銀行の融資残高の2.5%に相当する200億ドルを融資することとされた。

そして，債務戦略を遂行するにあたり，ベーカーは「債務国における基礎的な調整策及び貸付に伴うコンディショナリティという主要な要素は，対外均衡と長期的成長の回復にとって引き続き不可欠」であるとし，「われわれは，成長を促進するための能力を強化するという現在の戦略を基礎とする必要があります。成長を促進するための市場指向型の経済政策及びそれを支援する適切な融資の双方がより強調されるべき」であるとしている(579)。

すなわち，米国は債務国に債務を返済させるために，債務国が持続的に成長することを認め，ＩＭＦが「コンディショナリティ」を使って，債務国に持続的な成長を可能とする構造を形成させるべく債務国に関与することを提唱したのである。しかし，このことは成長をＩＭＦの目的としない限り関与しえないはずである。だが，ベーカー提案はＩＭＦ協定の改定については提唱していない。

さらに，ベーカーは，最貧国の国際収支問題についての対応策についても論じている。「最近の経験から，これらの国々の経済問題の解決が成功するためには，健全なマクロ経済政策と同様，基礎的な構造政策の変化を含めた，総合的なアプローチが必要であることが明らかとなっております。」

そして，トラスト・ファンドの返済金の27億ドルは，このような総合的な経済計画を支援するために，他の資金源からの資金も可能なら補充してＩＭＦ資金を供与している。「このような計画の有効性は，ＩＭＦと世銀との密接な協調によって高められるでしょう。」そして，「このアプローチが，成長を促進するためのあらゆる範囲の政策について国際機関が健全で互いに斉合的な助言を与えることを一層確実にするであろうことを信じております(580)。」

として，マクロ経済政策と基礎的な構造政策を包括した総合的な政策パッケージによって低所得国の経済を監視することを明らかにした。

ベーカー構想の適用と途上国の対応

この提案に対し，1985年12月ラテンアメリカのカタルヘナ・グループは，ウル

(579)　同前・36頁。
(580)　同前・39頁。

第7章 協定改正なき革命

グアイのモンテネグロに集まり，共同宣言を発表し（モンテネグロ宣言），ベーカー構想を評価しつつも内容的には不十分であるとして，次のような提案を行なった。

① 実質金利を過去の水準まで引き下げ，債務支払の負担を軽減し，金利変動のマイナス効果を和らげるため，より長期の返済期間と据置き期間を供与できるメカニズムを検討する。
② 資本流入を増加させ，既存債務と将来の債務を分離して，後者を優遇。
③ 商業銀行は，ラテンアメリカに対する債務絶対額の実質価値を維持。
④ 債務の支払を輸出収入の一定比率内に抑え，債務国からのネット・トランスファーを制限。
⑤ 国際金融機関の資金ベースを今後3年間毎年20％ずつ拡大し，融資に伴うコンディショナリティを制限する。
⑥ パリクラブの管理下にある公的融資並びに同保証融資元本の多年度一括繰延べと利子の元本繰入れを認める。
⑦ IMFの輸出変動保証融資制度（CFF）を拡充。
⑧ IMF・世銀のクロス・コンディショナリティを債務国の経済成長と支払能力に見合ったものとする。
⑨ ラテンアメリカの輸出に対する保護主義的な措置を廃止。

もし，このような措置がとられなければ，債務国は社会的・政治的不安の発生を抑えるために，ネット・トランスファーを管理せざるをえなくなる，としている[581]。

上記のような「モンテネグロ宣言」は，⑤，⑦，⑧において，IMF政策の改革を提案しており，債務危機への対応にからめてIMFの改革が論ぜられたことを示すものである。さらに，このような債務危機国の要請が受け入れられない場合，資本移動に関する為替管理の可能性を示唆しており，資本移動の管理が危機に対する有力な防衛策となると考えられていることを示すものである。

---

[581]　IMF（1986a）p. 103. 例えば，ゴンザレス ECLAC 事務局長は，この構想が債権国政府と国際商業銀行が債務問題を債務国の経済成長と明確に関連づけ，慎重な行動をとる必要性を確認した意味で積極的な第一歩であると評価しながらも，この構想の支援額は明らかに不十分であり，これに含まれるであろう融資条件（コンディショナリティ）は，債務国の経済成長と同政府の開発・成長政策の自主的決定権に影響を与える可能性があるとして，条件付きの賛意を示した。田中（1998）32, 47-48頁。

第1節　IMFの内部の葛藤

　こうしたベーカー構想に対する期待と不満が交錯する中，1986年7月，メキシコに対して始めてこのベーカー構想が適用された。メキシコは，新経済政策を基礎としてIMFとの間でスタンド・バイ取極を結んだ。この取極において，IMFは1986年から1987年14億SDRを供与する一方，メキシコは1987年3％の経済成長の維持を目指し，財政収支を改善させ，インフレを抑制し，為替レートの弾力的な変更を行ない，貿易自由化を促進し，対内直接投資の促進を行なうこととされた。世界銀行もまた，1986年から1987年に20億ドルの融資の実行を約束した。また，メキシコ政府は，先進国の債権銀行団と交渉を行ない，60億ドルの新規融資の供与と1982年の繰延べで1987年以降1990年までに期日が到来する437億ドルについても，5年間据置きの12年間の再繰延べの合意を取付け，1987年3月に調印し一連の対外債務交渉は終了した[582]。しかし，IMF及び商業銀行とメキシコ政府の交渉は長引き，最終調印はいちじるしく遅延した。このことは，債務国側にはIMFと商業銀行の態度に対する不満を引起こすこととなった。

　1986年9月，G24はワシントンで会議を開き，コミュニケを発表した。このコミュニケは，次のような内容を含むものであった。

　債務国からの大幅なマイナスのネット・トランスファーが阻止されない限り，経済成長を志向したプログラムは達成されない（第8項）。

　債務国の経済成長を促進することが債務問題を解決する唯一の方法であることについて合意が存在しているにもかかわらず，IMFが債務国に実際に提示している経済安定化計画は，経済成長と社会的・政治的安定の達成に留意しているかどうか，重大な疑問がある。安定化計画は，各国の特殊性と国家政策の優先度に十分配慮したものでなければならず，過酷なコンディショナリティの除去と諸手続きの柔軟性が確保されなくてはならない（第9項）。

　そして，重債務国に対する商業銀行のニューマネーの供与が極めて少ない（第37項）ことを指摘し，国際金融機関の融資が急減しているのは遺憾であるとしている。（第38項）また，世銀が厳密なコンディショナリティを提示するため融資交渉が不必要に長引いているとして世銀を批判をしている[583]。

　結局，このベーカー構想は，目標達成のための具体的な実施機関を欠き，世銀は構造調整融資を大幅に増加させたものの，G24の批判にもあるようにIMFの融資額が1987年から1987年にかけて30億SDR減少するなど国際金融機関からの

---

(582)　田中（1998）32頁。
(583)　IMF（1986b）pp. 313−317.

第7章　協定改正なき革命

融資が伸び悩んだ。また，先進国民間銀行の新規融資も不調であったことなどから，「第一次」ベーカー構想は，メキシコなど一部の諸国への適用に留まり，関係当事者の全面的な支援を取り付けることができず，目標を達成することはできなかった[584]。

新G-24レポート

前述したように，G24のレポートは1985年8月のIMF暫定委員会，同年10月のIMF・世銀総会に向けて『国際通貨制度の機能と改革』が作成されたが，このレポートはIMFの諸会議において十分に検討されなかった。米国がこれまでの債務戦略を大きく転換したベーカー構想を発表し，これが中心に討議されたからである。しかし，ベーカー構想は，G-24レポートに代表される途上国側からのイニシアティブへの対応であり，その意味で途上国からの改革案を軽視すべきでない。

G24は改めて1987年2月新レポートを作成し，新たなイニシアティブの展開を図った[585]。

まず，第1章において「IMFの提示する調整計画は，途上国が片務的に国際収支の不均衡を是正しなければならないという前提に立っているが，ここに現在のIMFの最大の欠陥がある」(14) とし，「IMFが国際的な調整と雇用並びに所得の高水準の達成に責任を果たそうとするのであれば，IMFは調整計画の立案方法を変更し，経済成長，所得分配，貧困の解決について明確なコミットメントを挿入しなければならない。」(15) としている。そして，①IMFの調整計画は見直され，成長志向でありかつ当該国が抱えている社会的目標と合致する中期的なものに改められる必要があり，②IMFはその中期目標の達成のためにIMF資金を増強し，また触媒的な役割を高めなければならない (15)。

第2章（成長志向の調整）において，債務危機以後IMFが提示する調整計画は国際収支の短期的是正を図ろうとするものとなっており (19)，ほとんどの計画には極度の需要抑制のための諸政策が含まれている。実質賃金の引下げ，政府支出の削減，大幅な平価の切下げ，輸入自由化措置がこれである (20)。その結果，調整の負担は債務国側に一方的にかかり，ネットでの資金の流出，生産高，

---

(584)　田中 (1998) 33-34頁。
(585)　IMF (1987)。ここでは奥田 (1989) 230-235頁によって紹介を行う。なお，文尾の数字は，パラグラフ番号である。

第1節　ＩＭＦの内部の葛藤

雇用，1人当たりの所得の減少に帰結している（24）。

　成長志向のＩＭＦプログラムを作成するためには，「成長課題」と「金融的課題」の2つがあるが，「成長課題」がまず達成されなければならない。そして，ここから必要とされる外部の資金が算定され，金融的課題もこの算定に基づいて策定される（35）。

　「成長課題」の達成において重要な点は，国際収支問題の分析へのＩＭＦのアプローチが債務国の潜在力に合致して成長率を用意することであり，その成長率を達成するために必要な外国資金の流入額を推論することである。このように経済成長率が達成される中で，「金融的課題」とパフォーマンス・クライテリアが達成される（39）。

　「途上国の成長目標は，所得分配の改善及び貧困の改善という基本的課題と結びついているものであり，ＩＭＦのプログラムの作成においてこのことは十分に考慮されなくてはならない。」（40）

　「金融的課題」については，「金融的課題は成長課題を達成するために必要な外国資金の流入計画に基づいているのであるから，金融的課題の達成とそのための政策の結果は，外国資金の流入が必要とされる水準に実際に達するかどうかにかかっている。このことは，債権国側に調整努力について債務国と対照的（シンメトリー的）な考え方を求めるものである。」（45）

　そして，「パフォーマンス・クライテリアは金融的課題の中で策定された国際収支目標のみに限定されるべきであり，パフォーマンス・クライテリアは金融的課題に従って修正されるべきである。」（36）

　第3章は，コンディショナリティとパフォーマンス・クライテリアについて論じている。

　1979年にコンディショナリティのガイドラインが策定されたが，むしろコンディショナリティは強化されてきている（46）。コンディショナリティは経済成長と矛盾しない中期的な国際収支是正の達成としてとらえられるべきである（47）。そして，短期的により直接的でよりはっきりした成果があげられるように，需要抑制政策が基本となり，その結果経済に対して収縮的となっている（50）。

　パフォーマンス・クライテリアについては，原則として①クライテリアの数を限定する，②経常収支，外貨準備等の対外的なものに限定する，③量的側面は厳密なものにしないという3つの原則を掲げるべきである（54-56）。

　パフォーマンス・クライテリアには基本的に①国内信用量への制限，②財政赤字に対するファイナンスの制限，③対外借入に対する制限，④為替制限，貿易制

第7章　協定改正なき革命

限の導入，強化の禁止の4項目が含まれる。しかし，いろいろな口実を設けて多くの事柄がクライテリアに含められ，1983年から1985年の取極では平均8以上のクライテリアが含まれている。例えば金利，為替相場，財政赤字の削減，輸入自由化，価格政策などである。だが，これは調整計画の成功に貢献していないし，しばしば計画の中断に追い込まれている（58）。

よって，パフォーマンス・クライテリアは，①成長と合致するものでなければならない，②信用量については幅をもったものにすべきである，③公的部門の投資を最低限保証するために財政赤字に関連したクライテリアは再考されなければならない，④為替相場についてのクライテリアは，状況に合わせて実施されるべきである，⑤貿易，為替制限の除去は一律にすべきではない（59-63）。

また，事前措置（Prior Action）はパフォーマンス・クライテリアと内容的はあまり変わらないが，IMFによる融資決定の際検討されるものである。G24は，事前審査は1979年のガイドラインの精神に反し，最低限必要な場合にのみ実施されるべきものであり，それも目標達成を強要すべきではない（64）。

その他の了解（Other Understanding）についても，同様に，項目を2，3のものに限るべきで，具体的な成果を強要すべきではない。

また，偶発的要因に対する救済措置を調整計画の中に含めておくことは重要であり，偶発的要因の中に，実際の成長率が計画において想定されていたものから大幅に乖離したために生じたものも含むべきであるとしている（67）

さらに，救済を要するものとして，一次産品価格，重要輸入品価格，海外金利のような一連の外生的要因がある（68）。

第3章は，IMFへの返済についてである。

救済措置の中にIMFへの返済も含まれるべきであり（72），返済はその能力と関連させるべきであり，固定的な計画に縛られないようにすることが必要である（73）。

第4章は，資金と融資について触れ，IMFの割当額は拡大されるべきであり，その配分方法も修正されなくてはならない。割当額は，世界経済の規模に準じて増加されるべきであり，その割当は各国の状況，資金の必要性等に応じてなされるべきである（80, 83）。また，公的な中・長期の譲許的資金が低所得国に向かうように触媒的役割も果たさなければならない（92, 99）。

第5章は，IMFのファシリティについて論じているが，IMFのファシリティは最近スタンド・バイ取極に重点がおかれすぎており，借入国は高次のコンディショナリティが課せられている（117）。スタンドバイ取極に付随する調整計画

第1節　ＩＭＦの内部の葛藤

とパフォーマンス・クライテリアこのレポートが行なっている諸提案に従って修正される必要がある（118）。

また，拡大信用供与措置（ＥＦＦ）は現在ほとんど機能していないが，3年から5年にわたる構造調整と成長率を維持するため，ＥＦＦは機能させなければならない（120-121）。

構造調整ファシリティ（ＳＡＦ）は，額が少なすぎコンディショナリティがきびしすぎるので，改善が必要である（123-124）。

輸出変動補償融資制度（ＣＦＦ）は，コンディショナリティの免除と迅速な融資実行が必要であり，その融資額が割当額によらないで輸出額の減少によることが必要である（125，127）。

第二次ベーカー構想

1987年2月ブラジル政府は，国際商業銀行の中長期融資に対する利子支払を一方的に停止した。これにより，債務問題はますます切迫したものとなり，ベーカー構想の失敗が明らかとなった。

これらを踏まえ，1987年10月ＩＭＦ・世銀総会において第二次ベーカー構想が発表された。これは，1985年10月のベーカー構想を補強するものであり，民間銀行と債権国に対し状況に応じた選択肢を付与することにより債務問題の改善を図ろうとするものであった。これを，メニューアプローチとして提示した。

ベーカーは，3つの要因が関連しているとする。その3つとは，①経済政策での協調手段の強化，②開発途上国のより高くかつ持続的な成長を達成，③国際金融機関の機能強化である。

開発途上国のより高い持続的な成長を達成し，累積債務問題を解決する1985年ソウル総会以来の「持続的成長のためのプログラム」は，「今でも重要であり，かつ有効である」として，主として3つの原理が重要であるとする。それは，①経済成長の中心的な重要性，②成長を促進するために，債務国における市場志向型政策改革，③改革を支援するために株式資本，借入れ，逃避資本の還流という形で追加的な資金の必要性，の3つである。

また，今回の債務戦略も1985年と同様，ケース・バイ・ケースのフレームワークを提供するものであり，一般的債務減免案に魅せられるべきではないとしている。

そして，民間銀行の債務国に対する金融支援を促進するための金融オプションのメニューとして，9項目を提示した[586]。

第7章　協定改正なき革命

　IMFの役割については，これまでIMFが「債務問題の解決に向けて中心的な役割を果してきました。われわれは，債務問題が存続する限り，IMFがこの役割を継続しうるように確認しなくてはなりません。」として，これまで債務問題処理の中心的機関であったことを認め，今後の重要性についても論じている。

　さらに，「この役割を果すために，IMFは健全な政策アドバイス及び国際収支に係る一時的な資金を供与する金融機関として忠実でなくてはなりません。」として，IMFが一時的な資金を供与する機関であることを改めて確認している。その中で，「IMFはそのプログラムにおいて短期的な（国際収支）不均衡是正とともに，長期的な成長促進に必要とされる方策についても，より大きな注意を向ける必要がある。また，一国の管理を越えた予測し難い事情により，包括的・成長指向的プログラムがコースをはずれないよう注視していく必要がある。」とし，IMFの調整政策の成長志向性をさらに高めることが主張されている。

　上記の目的のため，IMFの融資制度及び政策変更のパッケージについて2点の具体的な提案を行なっている。

　①国際緊急融資制度の創設。これは，一次産品の下落，輸出量の低下，自然災害，継続的な高金利といった対外面での予測し難い事情がスタンド・バイ取極に与える悪影響を緩和するためのものである。
この新しい融資制度は，既存の輸出変動補償融資制度（CFF）にとってかわるものである[587]。

　また，②「新しい融資制度は，IMFプログラムの成長指向を強化するその他の変更によって補完されるでありましょう。それゆえ，成長促進と国際収支不均衡修正策に債務者が集中する機会と原動力を与えるのを助けるため，18カ国あるいはそれ以上の長期のプログラムについて，（現行の）四半期ではなく，半年毎のパフォーマンス・クライテリアを資金支出の条件とするよう提案いたします。四半期毎の監視は問題を初期の段階で発見するためになお必要でしょうが，（半

---

(586) その9項目とは，①貿易金融及びプロジェクト・ファイナンスの促進，②転貸，③債務国によるニューマネー債（優先差債）の発行，④債務国の株式の証券もしくは債券への転換，⑤エクジット・ボンドの導入，⑥デット・エクイティ・スワップの導入，⑦慈善団体が使用するための債務証券を現地通貨に転換，⑧自発的な金利の元本化，⑨一般的な国際収支貸付である。ベーカー（1987）18-19頁。

(587) この新しい融資制度の導入により，「経済政策の修正もしばしば要求されるでありましょうが，この制度が他の債権者からの追加融資のきっかけとなることを期待していております。」としている。同前・20頁。

第1節　ＩＭＦの内部の葛藤

年毎の監視は）債務者が短期的動きに対し必要以上に集中することを回避できます。半年毎の監視は，パフォーマンス・クライテリアとして構造改革をより多く用いることとあいまって，ＩＭＦのマクロ経済及び為替レート重視策を補完することとなります。市場指向的価格形成，公営企業の民営化及び改革，貿易及び外国投資の自由化といった分野が世銀との注意深い調整が企てられつつ，対象とされるでしょう。

　これらの改革の結果としての総体的なパフォーマンスの強化により，商業銀行がＩＭＦの貸出を硬直的な前提条件とするよりは，（債務国の）総体的な政策プログラムの質に対し，より信頼することとなるでしょう[588]。」

　上記のような案がまとめられたのは，先述した1987年２月のブラジルの利払い停止や，これに対応すべく1987年５月の米国のシティコープが途上国向け融資に対する総額30億ドルの貸倒れ引当金の特別積立てたこと，1980年代後半以降のニューヨークの大銀行の仲介による債務国に対する融資債権を割引価格で売買する市場が自然発生的に成立し取引が活発化していた等情勢が変化したことによるものであり，そのため既存債務の削減方式のメニューをならべるという構想に変化することとなった[589]。

　この第２次ベーカー構想の後，メキシコは新債務削減計画を公表した。しかし，債務の策減額は11億ドルにとどまり，抜本的な解決策とはならなかった[590]。ブラジルもメニュー方式に基づいた新提案を公表したが，期待された成果をあげることができなかった。

カムドシュ演説

　1987年９月カムドシュ専務理事は，開会の挨拶の中で，債務問題に関連しＩＭＦの機能，融資政策について言及した。この中で，カムドシュは，「債務危機を

---

(588)　同前。
(589)　田中（1998）36－37頁。
(590)　新債務削減計画は，①メキシコ向融資債権の買戻しを希望する銀行は，割引価格を定めてメキシコ政府に入札する（200億ドル対象），②落札分の対価はメキシコ政府発行の新国債（機関20年，市場金利付き）で支払う，③同国債の元本支払の担保としてアメリカ財務省発行のゼロクーポン債を差し入れる，というものであった。しかし，債権銀行の応札は67億ドルに留まった。落札は37億ドル，割引率も当初予定の50％に達せず30％に留まったため，債務の削減額は11億ドルに留まった。同前・37－38頁。

第7章 協定改正なき革命

脱却するには予想以上の時間がかかることを認識さぜるを得ない。一時的な危機と，持続的な困難に発展する危機を扱うことは別のことである」とし，債務処理の基本的な要素は「責任の共有の原則と協力の原則」であるとする。すなわち，「高債務国の問題を解決するためには，債務国と債権国が断固として協力する他はない」[591]としたのである。

IMFについては，3つの重要な機能があるとする。

第一に，「IMFは，より早い経済成長と安定した国際金融システムを促進する多角的協調のメカニズムを強化する上で決定的に重要な役割を果さなくてはなりません。[592]」

第二に，今後も債務問題においてIMFは中心的役割を果さなくてはならない。「その際，世銀と協力し，加盟国の変化してゆく必要に柔軟に対処しつつ，協定の原則，特に通貨機関としての性格を守ること，を堅持することになります。」

具体的には，①調整プログラムの策定と実施の支援，②資金フローの動員である。「IMFは，資金フローの動員を援助し，他の主体とともに資金フローと救済のためのファイナンスが成長の回復のために十分な額となるように支援」する。そして，③IMF自身の資金によるファイナンス[593]を行う。

この3つの機能を実現する基本的な手段は，融資ファシリティである。その融資ファシリティは3つあげられている。

① 構造調整ファシリティ（SAF）については，ベネチアサミットにおいて額を3倍にすることを依頼したことを報告し，その実現に向かっていることを述べた。

---

(591) カムドシュ（1987）30頁。
(592) 具体的には，「指標の使用を通じて，主要先進国にその経済諸政策について率直な評価を行なうこと，各国の政策が他国にどう波及するかに注意を喚起すること及び主要先進国以外の諸国の利益および希望を考慮に入れるように配慮することによって役割を果すことが求められている」とする。同前・32頁。すなわち，先進国について政策勧告を行なうということである。しかし，このようなIMFの監視が，先進国に対し拘束力をもつものではない。
(593) 同前。カムドシュは，さら続けて，IMFの資金を利用する際，「われわれはますます厳格になるべき義務を負う訳であります。IMFとしては，IMFに対する負債が期限までにすべて履行されるように全力を尽くすものであります。IMFのような協同組合的な金融機関としては，債務履行遅滞を受け入れる訳には行かないのであります。」

②　拡大信用供与措置（EFF）は，構造調整を行なっている国に対してより長期の資金を供与するために創設されたが，近年ほとんど利用されていない。活性化を考える必要がある。
③　輸出変動補償融資（CFF）のレビューも重要である。

また，IMFの融資の手続及びプログラムの策定のアプローチのレビューにあたり，最近のIMF調整計画の経験から得られた教訓を生かす用意がなくてはならない，として以下の教訓について論じた。①かつての伝統的国際収支危機と比べて，最近は回復により長い時間がかかるようになったこと。②当局のコントロールを越えた対外諸事情は，精巧に作られ着実に実施されている調整プログラムに対して破壊的に作用する。こうした場合は，予備的メカニズムが考慮される必要がある。③コンディショナリティについては，変数の縮小，及び期間の長期化が実行性の点から適当であって，かつコンディショナリティが厳格さを失わない場合がある。「コンディショナリティの総合的レビューが行われてから10年が経過し，今一度見直してもよい時期であります。数ヵ月のうちにこれをおこなうことになりましょう。」とした。このコンディショナリティの見直しについて，「G24の新しいレポートは関心を持って受取られました。われわれは，最近理事会においてこれらのレポートについて予備的な議論を行ない，その中の提言について早急に検討することといたしました。」

このように，IMFの課題を述べた後，次のようにIMFの目的に経済成長を含むものとするような基本的な取組みの姿勢を明らかにする。

「今日，私は，各国で成長を加速することを説きましたが，それは過去の過ちをおかさないよう，健全な状態でなされねばなりません。今日の困難を乗り越えるには，とくに最貧国の困難を乗り越えるには，成長の加速は避けられない道です[594]。」

ベーカーの前任であるリーガン米財務長官の債務戦略が失敗に帰し，これに対し途上国から批判の声があがった。これらに対応するため，ベーカー米財務長官は，ベーカー構想を発表し，債務国が成長型のマクロ経済政策及び構造調整政策を採用し，IMFを債務戦略の中心に位置づけ，民間銀行が貸付額を増加させることとした。このベーカー構想は，結局うまくいかず，さらなる途上国の批判として新G-24レポートが作成されることとなった。これに対し，カムドゥシュ

---

(594)　同前・32-33頁。

第7章 協定改正なき革命

は，G24からの要望を踏まえ，IMFの調整計画の改革を標榜したのである。しかし，このことは，IMFの目的を協定改正を経ないで拡大することでもあった。これについては，後述することとして，その前に，IMFの80年代以降の融資政策に影響を与えた世銀の構造調整政策を確認することとする。

3. 世銀における構造調整政策

1980年代に入り，世銀は経済的な困難に陥った開発途上国を援助する新しい投資として構造調整融資を本格的に開始した。

構造調整政策は，財政・金融面を中心とした短期のマクロ経済政策である安定化政策と補完関係にある中期のミクロ経済政策で，制度面・手続面の改革を通じて資源配分の効率化を図り，それによって経済成長を回復させ持続させようとするものである。

世銀の『1980年年次報告』によれば，

「構造調整融資は，長期融資とともに，商業銀行からの比較的短期の融資とIMFから得られる資金を補足するための努力の一つの回答としてみられた。その努力は，多くの発展途上国の経常赤字が現在の投資計画の実施と外貨を獲得する生産活動とを深刻な危機にさらすまで増大させないようにするためのものである。

この種の商品援助貸付は，中期において各国がより管理しやすい割合にまで経常赤字の縮小を促進するという特定の目的を持っている。その際採られる調整プログラムは，成長と発展の勢いを維持しながら，国際収支を強化するよう計画された工業その他の特定の政策の改革を含むものである[595]。」

そして，「構造調整のための貸付は世銀援助の形態であるが，このような援助は，常に世銀の貸付活動の一部であった。（中略）構造調整貸付は，多年にわたる計画が策定され，これを継続的な貸付によって支援することを図ったものである。このような貸付は，長期的に留意して展開されるために，危機対応型の貸付よりも永続的な効果を持つことが期待される[596]。」

このような構造調整融資は，世銀が以前から行なっているプログラム融資とは異なるものであった。プログラム融資は，その国が抱える長期的な構造問題に対

---

(595) 世界銀行（1980）65-66頁。
(596) 同前・66頁。

する解決法を見つけるよりも，むしろ目前の困難に取り組む手段に集中していたからである[597]。

この構造調整融資（ＳＡＬ）は，1980年に始まり，国際収支困難を回避し，その間に財政赤字削減，総需要抑制，為替レートの適正化などによりマクロ経済の安定化を図り，融資の際の条件となっている政策・制度・手続の変更などの構造調整を実施することにより，公的部門の合理化と民間部門へのインセンティブの強化を図って民間部門主導による持続的成長を達成しようとするものである[598]。

具体的には，この構造調整融資を受けるためには，政策条件と呼ばれるコンディショナリティが条件として課される。大きく①貿易・為替政策，②公共支出・投資計画，③価格決定，④国内資源動員からなる[599]。

そして，途上国の成長を回復させるための世銀の役割として4つの分野を自ら定めている。①政策改革に取り組む加盟国の中期的調整プログラムの策定，実行，及び監視面での援助，②プログラムを支援する世銀の融資の大幅な増加，③触媒的機能を拡張し，途上国の努力を支援する民間・公的資金を動員し協調させる過程の確立を支援，④ＩＭＦとの協調，である。

だが，このような役割を果す過程で他の機関の管轄権との重複の可能性がある。

上記のような世銀の変化を受けて，ＩＭＦもまた1986年に低所得国向けのファシリティとして構造調整ファシリティ（ＳＡＦ）の導入に踏み切り，かつ構造改革にいっそう取り組み，途上国の個別の国内政策に関与することとなり，ＩＭＦの側からも世銀の管轄権と考えられる領域に踏み込むこととなった。そのため，世銀とＩＭＦは，協力関係を密接に築く必要が生じたのである。このことについては，第8章においても論ずることとする。次には，包括的にＩＭＦの金融支援の制度を検討し，特別な融資制度の全体像を把握することとしたい。

第2節　ＩＭＦの金融支援の多様化[600]

ＩＭＦ年次報告によれば，ＩＭＦがその目的を実行する重要な手段は，加盟国

---

(597) 同前。
(598) 海外経済協力基金（1991）4頁。
(599) 小浜（1992）150頁。
(600) ここでの記述の多くは，井川（1992），財経詳報社（1999）に依拠して行なう。

第7章　協定改正なき革命

の経済調整プログラムの支援における融資を通じてである[601]。ＩＭＦが提供する金融支援には，以下で説明するようにいくつかの手段がある。すなわち，通常1～3年の調整計画を含むスタンド・バイ取極，3年より長期のプログラムを含む拡大信用供与措置（ＥＦＦ），補完的融資制度（ＳＦＦ）及び増枠融資制度（ＥＡＲ），自然災害に対する緊急支援，輸出変動・偶発補償融資（ＣＣＦＦ），緩衝在庫補償融資（ＢＳＦＦ），及び構造調整ファシリティ（ＳＡＦ）や拡大構造調整ファシリティ（ＥＳＡＦ）の下での低所得国への融資がこれらの手段に当たる。

1．多様化した金融支援
拡大信用供与措置（Extended Fund Facility：EFF）

上記のＩＭＦの変化の第一は，1974年9月の拡大信用供与措置（ＥＦＦ）の創設であった。スタンド・バイ取極は，一時的もしくは周期的な国際収支困難に対し，短期的な支援を行なうことを目的としたものであるが，国際収支の困難はその他生産や貿易面での構造上の障害や価格体系の歪みからも生じる。このような構造的な問題に対し，通常のクレジット・トランシュ・ポリシーに比し，より多額の資金をより長期にわたって必要とする国際収支困難に対する支援を目的として，ＥＦＦが創設されたのであった。ＥＦＦを要請する加盟国は，取極の全期間（通常は3年間）にわたる経済面の目的と政策の概要を記したプログラムの提出が求められるほか，より具体的な政策と措置を盛込んだ各12ヵ月毎の年次プログラムの作成が必要となる。また，パフォーマンス・クライテリアと資金の引出しについては，半年毎に分割されるが，同時に四半期毎に設定されるマクロ経済指標のベンチマークの達成状況を通じて経済状況がモニターされる。買戻しについては，4 1/2年目に開始し10年目に終了する10回の半年ごとの返済によることとされている[602]。このように，コンディショナリティは大変厳しいものであった。

一方，先に触れたように1970年代半ばから後半にかけて，巨額のオイルマネーが先進国の国際商業銀行に流入し，先進国の国際商業銀行が積極的に海外での与信を増やしていったため，国際商業銀行の融資条件は緩やかであった。そのため，ある程度経済力のある開発途上国は融資条件の厳しいＩＭＦを避け，国際商業銀行からの融資を選好した[603]。

---

(601)　ＩＭＦ（1989）p. 47.
(602)　井川（1992）158－159頁。
(603)　平田（1999）23頁。

補完的融資制度 (Supplementary Financing Facility : SFF) 及び増枠融資制度 (Enlarged Access to the Fund's Resources : EAR)

また，クレジット・トランシュ・ポリシーの下での通常資金の利用は，クォータの100％が限度となる。しかし，加盟国が比較的長期にわたる国際収支困難に陥り，クレジット・トランシュ又はEFFで得られる以上の金額を必要とされることが想定されるが，そのような場合に対して対応するものとして借入資金を原資とする補完的融資制度 (Supplementary Financing Facility, 以下SFFと略記) が1979年に創設された。SFFは，IMFと加盟国13ヵ国及びスイス中央銀行との間で取り交わされた貸付取極を原資とし，IMFの通常資金では対応しきれない資金需要に応えることを目的したものであり，加盟国への貸付金利は引出し後3.5年目まではIMFの借入金利＋0.2％，それ以降はIMFの借入金利＋0.35％とされた。このSFFは，1981年3月をもって終了し，1981年5月に，借入資金を原資とする増枠融資制度 (Enlarged Access to the Fund's Resources, 以下EAR) が創設された。

EARの下でのスタンド・バイ及びEFF取極の期間は，1年以上3年以下が通例であるが，EFF取極については，加盟国の要請があり適切と認められる場合には，4年までの延長が可能である。EARの資金利用限度枠（アクセス・リミット）には，特別ファシリティであるCCFFやBSFF並びに一般資金以外を原資とするSAF，ESAFの資金利用は含まれない[604]。

このようにIMFは資金供与を多様化していったが，歴史的に見ると，IMFの信用拡大の関心は借入国の国際収支に関連していた。しかも，1960，70年代においては，国際収支ポジションを維持するため，最低限の一時的な貿易と決済の制限で加盟国が維持可能な国際収支ポジションに達することを望んでいたのである。そのため「IMFの成長への関心は，あるとしてもあまり明白ではなかった」。そして，成長を促進するよりも，資源を貿易可能な財の生産に振り向けることや国際収支を改善することがより重要な目的であった[605]。

また，特別なファシリティとして輸出変動偶発補償融資（CCFF）と緩衝在庫補償融資制度（BSFF）が設置されている。

---

(604) 井川 (1992) 166頁。
(605) Polak (1991) p. 17.

第7章 協定改正なき革命

輸出変動・偶発保証融資（Compensatory and Contingency Financing Facility：CCFF）

IMFは既に1963年2月に外生的要因から生じた輸出の落込みに起因する国際収支困難の支援を目的とした輸出変動補償融資（CFF）を創設していたが，87年末からより広範囲にわたる外生的偶発事態への対処策の検討を開始し，88年8月にCFFを拡大改組した輸出変動・偶発保証融資（CCFF）が設置された。

CCFFは，従来の外生的要因による輸出の落込みを支援する①輸出変動補償融資と穀物輸入コストの増加を主因とする国際収支困難に対する支援，②穀物輸入コストの変動補償融資に加え，IMFとの間でスタンドバイ取極又はEFF取極を締結している加盟国に対し予測せざる外部環境の悪化に対する資金的クッションを提供，③外生的偶発補償融資からなっていた。さらに，1990年に予期せざる要因による石油輸入コストの上昇に伴う国際収支困難の支援を行なう④石油輸入コスト上昇に対する補償融資が91年末までの一時的措置として導入された。これは，1990年8月の湾岸危機発生後国際的に原油価格が高騰したことにより，多くの非産油途上国が深刻な国際収支困難に陥ったことに対する対応策として1990年11月の理事会において決定された措置である。

緩衝在庫補償融資制度（Buffer Stock Financing Facility：BSFF）

また，IMFは外生的要因から生じた輸出の落込みに起因する国際収支困難の支援を目的とするCFFだけでなく，さらに進んで国際的に一次産品価格の安定を図るメカニズムを支援する制度としてBSFFを1969年に設置した。IMFは直接的に緩衝在庫制度に資金供与を行なえないため，一定の条件を満たす国際的な緩衝在庫制度に対する加盟国の拠出のファイナンスを行なうという形での支援を行なっている(606)。

2. 低所得国向けファシリティ

IMFは，一般資金を原資とするファシリティのほかに，他の資金源により低所得国に対し比較的長期にわたり譲許的条件で支援を行なうためのファシリティを設けた。このような低所得向けのファシリティは，1976年に設立されたトラスト・ファンドを嚆矢とし，SAF，ESAFが創設されている。

---

(606) 井川（1992）170－177頁。CCFFの説明についても左書によった。

第 2 節　ＩＭＦの金融支援の多様化

トラスト・ファンド

　トラスト・ファンドは，1976年5月に当時のＩＭＦ保有金の1/6に当たる2500万オンスを市場で売却したことにより得られた利益に，その投資収益及びいくつかの国からの拠出，貸付を加えた総額約29億ＳＤＲを原資とし，低所得向けのファシリティとして設置された。融資適確国については，当時のＩＤＡ (International Development Association：国際開発協会) 融資の適格基準を参考とし，第1期（1976－1978年）については1人当たり国民所得が300ＳＤＲ以下，第二期（1978－1981年）については，同520米ドル以下という選定基準を設けた。1人当たり国民所得を融資適確の基準としたのは，ＩＭＦにおいては初めてのことであった。

　トラスト・ファンドの供与は，通常資金の場合と異なり，加盟国の自国通貨による他国通貨の買入れという形ではなく，ＩＭＦから加盟国に対する貸付という形を取る。返済は，貸付実行後5.5年目に始まり10年目に終了する半年毎の均等分割払いとされ，金利は年率0.5％であった[607]。

構造調整ファシリティ (Structural Adjustment Facility：SAF)

　1986年3月に低所得国の中期的なマクロ経済調整及び構造調整プログラムの履行を譲許的な条件で支援することを目的とするＳＡＦ（構造調整ファシリティ）が，設置された。

　これは，特別支払勘定に移転されたトラスト・ファンドの返済金（1985年－1991年で約27億ＳＤＲ）を原資としている。

　ＳＡＦのプログラムは構造上の障害を原因とした長期わたる低成長，一人当たりの国民所得の低下あるいは対外債務等に苦しむ低所得国の障害の除去を支援するとともに，他の国際金融機関やドナー国から資金流入を促す触媒的役割を果たすことを目指したものである。そのため，借入国の当局がＩＭＦや世銀のスタッフの支援の下に作成するポリシー・フレームワーク・ペーパー（ＰＦＰ）の役割が大きい。ＰＦＰは，今後3年間の借入国のマクロ経済，構造政策の目標，目標達成のための具体的戦略及び必要となる資金調達額を記した文書であり，特に1

---

(607)　同前・178－179頁。トラスト・ファンドの貸付は1981年4月30日をもって終了し，これ以降ＩＭＦはファンドの管理受託者として金利や元本の受取やその他の事務を行なっている。なお，返済された金利や元本は，特別支払勘定に移転され，ＳＡＦとＥＳＡＦの貸付原資に当てられている。

第7章 協定改正なき革命

年目については具体的施策を提示し，2，3年目については今後採るべき施策の概要を示すことが求められる。（1年毎に内容を更新）また，公的部門の投資計画，資金調達額を記し，政策の変更をもたらす社会的，環境的影響を示すことが必要とされる。このPFPは，IMF及び世銀の理事会でレビューされる[608]。

拡大構造調整ファシリティ（Enhanced Structural Adjustment Facility : ESAF)

SAFは，全体の資金量が約29億SDRと小さいため，アクセス・リミットがクォータ比50％に抑えられ，低所得国の経済調整プログラムを支援するには資金的に不十分であった。そのため，1987年6月に就任直後のカムドシュ専務理事よりSAF適確国の支援のための資金を3倍にする提案がなされ，同年12月の理事会においてSAFと同様のスキームで資金規模を拡大したESAF（構造調整ファシリティ）が設置された。

ESAFの原資の一部は，SAFの原資であるSDAの資金を利用するとともに，加盟国からの貸付及びグラントの拠出により調達することとされ，貸付原資の目標額は60億SDRと定められた。ESAFの創設に伴いSAFの継続の可否について論議が行なわれたが，結局延長された。現在は，実質的にはESAFに発展的に引き継がれている。

ESAFの適格国は，SAFの適格国と同様であり，かつPFPの取扱についてもSAFと同様である。しかし，アクセス・リミット，融資の分割及び資金源においてSAFと異なる。また，ESAFの目標はSAFの目標に類似しているが，3年間のプログラム期間に持続的成長及び国際収支ポジションの大幅な改善を図るべく，マクロ経済政策及び構造政策の両面でSAF以上に厳しいものが求められる。

ESAF貸付は，SAF資金の未利用部分とESAFトラストの資金によりファイナンスされ，アクセス・リミットはクォータ比190％であり，特別な場合には，クォータ比255％までのアクセスが可能である。返済については，SAFと同様，5.5年目に始まり10年目に終わる半年毎の10回の返済とされる。貸出金利もSAFと同様年率0.5％とされているが，利子補給を行なう補助金勘定の資金状況に応じて理事会で定期的にレビューを行なうこととされている。ディスバースは半年ごとの年2回（SAFは年1回）であるが，それに先立ち年次プログラ

---

[608] 同前・179－180頁，財経詳報社（1999）218頁。

第2節　IMFの金融支援の多様化

ムの承認とパフォーマンス・クライテリアの遵守並びに年央レビューの完了が必要となる。

　加盟国からのESAFに対するグラントやローンによる拠出金は，ESAFトラストを通じてIMFにより管理される。ESAFトラストは，貸付金勘定，利子補給金勘定，準備金勘定の3つの勘定からなる。貸付金勘定は，ESAF貸付原資の融資を受け入れる勘定である。ESAFトラストへの貸付の返済期間は，トラストから借入国への融資の5.5年目から10年目に概ね合致したものとなっている。トラストへの貸付金利は，それぞれの貸付実施機関により異なり，譲許的金利（多くの場合0.5％）のケースもあれば，短期変動金利や長期固定金利にリンクした市場金利の場合もある。

　ESAFトラストからの貸付実施機関に対する利払いは借入国のトラストに対する利払いと補助金勘定からの利子補給金から支払われる。補助金勘定への加盟国からの拠出金は，投資収益が得られるようにグラント又は譲許的金利での貸付という形をとる。

　準備金勘定の目的は，貸付実施機関の債権の保護であり，その資金は借入国のトラストへの返済が遅延した場合に代わって支払をなすために利用される[609]。

　なお，ESAFは，1999年11月22日，貧困削減成長融資制度（Poverty Reduction and Growth Facility：PRGF）に名称が変更された[610]。

　上記のように，トラスト・ファンドは，「国際収支調整のプログラムを遂行する」加盟国を支援するというものであった。しかし，10年後SAFの下，資格のある加盟国は「国際収支調整と経済成長を妨げるマクロ経済的でかつ構造的な問題を矯正するため，3年間の調整計画」を提示することが求められている。さらに，ESAFは「実質的にかつ持続可能な方法で［資格のある加盟国の］国際収支ポジションを強化し，成長を助長するプログラム」を支援するという2つの目

---

(609)　井川（1992）182−185頁，財経詳報社（1999）218頁。なお，1994年2月にESAFの資金規模は拡大された。日本は，貸付原資及び利子補給金ともに加盟国中最大の貢献を行なっている。

(610)　PRGFについても，日本は貸付原資及び利子補給金もして加盟国中最大の貢献を行っている。このほかのファシリティとして，1997年12月に設立された補完的準備融資制度（Supplemental Reserve Facility：SRF），1999年4月26日に2年間の時限措置として設立された予防的クレジットライン（Contingent Cresit Line：CCL）がある。

第7章　協定改正なき革命

的をもっている。このように、ポラックによれば、近年ＩＭＦは明白な目的の一つとして成長を評価する方向で歩んでいるのである(611)。

成長への評価・関与と協定との矛盾。この矛盾をＩＭＦは、どのように扱ったのか。次には、理事会における議論や見解、専務理事の見解、スタッフの見解によりながら、ＩＭＦの政策的な志向性を検討することとする。

第3節　開発委員会・専務理事・スタッフ見解

1. 開発委員会における議論及び見解

現状において、ＩＭＦは、支援を要請する加盟国が直面している社会問題に対しさらなる注意を向けており、貧困に関連した問題は、頻繁にかつ詳細になり、理事会、事務局、スタッフだけでなく、加盟国や他の国際機関も注意を向けるようになっている。しかも、スタッフはますますこの問題を分析や政策勧告において考慮しようと努めている、とＩＭＦの年次報告は記している。そして、この問題について開発委員会は1988年2月に議論した(612)。

また、コンディショナリティの包括的な調査が、1968年、1979年に続き1988年4月に行われた。この過程において、開発委員会はＩＭＦによって支援された調整プログラムの問題の広範囲な審査を行なった。調整プログラムの問題の中には、調整プログラムが成長を促進することを確保する手段を含んでいた。

この検討において、ＩＭＦが支援する調整プログラムは、中期的なパースペクティブにおいて持続可能な経済成長を促進すべきであることが受け入れられている、としている。中期以上の期間においては、資本構成や生産要素が成長を説明するために重要な役割を果たしている。多くの国が追加的な外国借入を行なう限定的な期間内において、早期の成長のために必要不可欠なプレコンディションが、国内貯蓄を拡大し資源配分を改善する政策を追及している。この中で、生産性や成長を改善するための重要であると考えられる構造的な措置として、現実的な為替レートの設定及び維持を含めた価格改革、資本構造の効率性を強化する措置、独占による歪みを緩和する措置などがある(613)。

---

(611)　Polak (1991) p. 18.
(612)　ＩＭＦ (1990) p. 41.
(613)　ＩＭＦ (1988) pp. 47−48.

第3節 開発委員会・専務理事・スタッフ見解

　そして，1988年9月の経済調整における貧困問題の世銀・IMF合同報告を受けて，開発委員会はIMFの最も重要な役割が加盟国の国際収支にあることに同意しつつ，IMFの支援する調整計画の所得分配や最貧層に与える影響にさらに注意を払うことを歓迎した。開発委員会は，この関心が道義的理由からだけでなく（加盟国からの）公的な反対を減らすことによって調整プログラムの成功の機会を増やすことになるため正当化される，と見たのである[614]。この議論の中で，IMFの中心的なマンデートが成長，国際収支と価格安定，開かれた経済に関わる政策を維持し又は復興することであると理解された。

　開発委員会は政策調整が貧困層の生活水準を必ずしも低下させるものではなく，健全な経済政策がインフレーションを管理し，持続可能な成長に到達するために必要であり，かつ成長が貧困の持続的な軽減のために必要であると言及している[615]。

　開発委員会は，いくつかの政策変更が短期的にある貧困層に負の影響を与えることを認めた。それゆえ，IMFの金融支援が支持した政策変更の貧困や所得分配への影響に注意を払うことを歓迎したのである。

　貧困層への経済措置の効果をより理解するために，IMFのスタッフは，以下のことを行なう。すなわち，①世界銀行のスタッフと密接に協力して，個々の加盟国の貧困に関するデータベースの改善，および協議の際の当局の見解と国際機関，NGOによって提供される情報の利用，②協議やミッションの際の，貧困についての政策調整の効果について当局と協議，③プログラムが調整を弱めることなく，貧困への有害な影響を緩和すべく構築されているかどうかの検証，である[616]。

　開発委員会は，IMFのスタッフが貧困についてさらなる調査，政策研究，内部トレーニングプログラムを行ない，加盟国との年次協議やプログラム・ディスカッションにおいて所得分配を考慮することを勧告した。しかし，同時に，理事たちは調整に含まれている社会政策をなすのは，加盟国の特権であり，所得分配はIMFのコンディショナリティに含めるべきでないことに同意した。

　また，開発委員会は貧困問題に取り組む際に，IMFのスタッフは世界銀行だけでなく国連児童基金，国連開発計画，国際労働機関のような国連機関の専門知

---

(614)　IMF (1989) p. 37.
(615)　IMF (1990) p. 41.
(616)　Ibid., p. 42.

第7章　協定改正なき革命

識をさらに活用すべきであると結論づけた[617]。

そして，開発委員会において，所得分配の問題がIMFコンディショナリティの一部となるべきでないということが同意される一方，調整計画が実施される期間中，最貧層を保護するため計画を改善することに重きがおかれることとされた。そして，そこではマクロ経済調整の目的を犠牲にすることなく，貧困に対する調整計画の効果を緩和すること，及びIMFがこの分野における加盟国の要請により効果的に応える能力を強化することにつき，広範なコンセンサスがあったとしている[618]。

また，成長と調整のためのミクロ経済政策の重要性の認識の増大は，計画設計や構造政策の監督の問題にまで及んでいるとして，開発委員会はIMFが構造改革や成長志向の調整をより強調する必要があることに同意し，構造改革が持続的な対外関係のために必要不可欠であると見なされた場合，IMFのプログラムにおいて実際このような強調を現行のガイドラインが許容するものであると言及した[619]。

さらに，SAFやESAFやEFFと同様に，マクロ経済調整の措置を補足するスタンド・バイ取極が支援した多くのプログラムにおいて，構造改革が考慮されることが期待されているとしている。多くの事例において，構造改革と持続的な対外関係との間の関係の正確な性質を確立することは，不可能であるかもしれないし，様々な構造政策の効果については知識が限定されているので，特定の改革について優先順位について決定することは，特に難しいかもしれない。また，成長を促進する構造改革の効果は，さらなる業務や経験が必要とされる領域である。さらに，ある構造的な措置が明らかにIMFの伝統的な責任の領域の中にある一方で，公共部門の投資計画の合理化，行政的及びその他のミクロ経済的インフラストラクチュアーの強化，のような措置は，直接にはあまりIMFと関係がない。これらを踏まえながら，IMFの構造改革の領域へのさらなる関与は，世界銀行との密接な協力を含まねばならない。この協力において，能力，マンデート，機関のもつ経験が尊重されるべきであるとするのである[620]。

すなわち，開発委員会は，協定やガイドラインを改正せずに開発，経済成長，

---

(617)　IMF（1989）p. 37.
(618)　IMF（1988）p. 48.
(619)　Ibid.
(620)　Ibid.

第3節 開発委員会・専務理事・スタッフ見解

構造改革に向けた大胆な一歩を踏み出した。しかし，構造改革は世界銀行のような他の国際機関が専門知識やマンデートをもっていることを認め，構造改革には取り組むもののその取組みは無限ではない，ということについても留意をしていると考えられる。

2. 専務理事の見解

1990年7月11日，国際連合経済社会理事会において，カムドシュ専務理事は以下のような演説を行なった。

「私たちの最も重要な目的は，成長である。私の見解では，これについてのいささかの曖昧さも存在しない。私たちの計画やコンディショナリティが目的としているのは，成長である。これは，私たちが国際収支の不均衡を是正し，さらに一般的には障害となるマクロ経済的な不均衡を縮小する特別な責任を果たすために，成長に向かっているという見解である。私が，成長に言及するときは，偽りの成長ではなく高い質の成長のことを意味する。」

「私たちの計画の成長という目的は，華々しいものではないが，具体的で意味のあるものであり，私たちのどの実行もすべての当事者―関係国，友人，債権者，私たち自身―の努力を高い質の成長に振り向けることを目的としている[621]。」

すなわち，専務理事は，経済成長はIMFの目的である，としてさらに大胆な一歩を踏み出した。「協定改正なき革命」は協定改正の過程を経ることなしに，実行を追認することによって達成されたのである。

この後，1995年にIMFによって開催された所得分配と持続可能な成長について会議において，カムドシュは以下のように設問をたて，それについて答えている。

「マクロ経済政策の機関としてのIMFが，所得分配に関心をもつべきなのであろうか。IMFの業務において，所得分配と経済成長との間の関係はいかなる意味があるのか。

実際上，高い質の成長の状況を作り出そうとすることによって，IMFの政策勧告は，暗に分配的な内容をもっている。例えば，監視手続において，加盟国の一般的な経済状況や政策の戦略を総合的に分析するこ

---

(621) Camdessus (1990) p. 235.

第7章 協定改正なき革命

とにより，議論は労働市場や失業問題，社会的支出の効果や効率にまで及ぶ。同様に，ＩＭＦは所得分配や社会構造や持続可能な成長に対する潜在的な負の結果につき加盟国に注意を喚起せざるを得ない。他の例では，ＩＭＦ支援の改革プログラムは，経済改革措置の短期における負の効果から最も脆弱な集団を守るためにターゲット化されたセーフティーネットを含んでいる。ＩＭＦは，この分野において技術支援も提供している。世界銀行と協力して，これらの改革は成長過程にさらに貧困層の経済的な参加を改善させることを求めている。

　これは，ＩＭＦが分配問題に取り組むより適切な方法なのであろうか。これは，公正さをもった成長に達するに十分なのであろうか。もしくは，政策勧告を改正する必要があるのであろうか。

　現在の世界の状況を理解する上で，私は，さらに行われることが必要であろうことや潜在的に必要なことが存在する，と感じている。その理由は，少なくとも２つある。高い質の成長は，多くの国で依然わかりにくいものであり，失業や貧困は考えられている以上に世界的なものである。確かに，ＩＭＦは中心的なマンデートから逸脱しないように確保すべく注意を向け続けなければならず，これらのセンシティブな問題に対し，加盟国の主権による選択を尊重しながら何を達成することができるかについて現実的でなければならないし，かつスタッフの制約やその他の優先順位を考慮する。しかし，ＩＭＦは，成長志向の調整戦略と分配政策に対する思慮深いアプローチの間の相互支持的な相互作用を最大化するための狭い道を歩んでいく創造的なアイデアを求めなければならない(622)。」

すなわち，ＩＭＦは，所得分配や経済成長について取り組むとともに，中心的なマンデートから逸脱せず加盟国の主権を尊重しなければならない，と主張しているのである。だが，成長・分配への関与とＩＭＦのマンデートすなわちＩＭＦの目的追及は両立するのであろうか。これについて専務理事は，「成長・分配」を志向し「中心的なマンデートから逸脱しない」という狭い道を歩んでいく創造的なアイデアを求める，としか説明をしていない。

　また，95年の会議の後にこの会議のフォローアップとして，1998年６月に経済政策と公正についての会議がＩＭＦによって開かれ，この会議のペーパーが収め

---

(622) Camdessus (1998) pp. 3－4.

第3節　開発委員会・専務理事・スタッフ見解

られた『経済政策と公正』と題する本の巻頭において，カムドシュは概略次のように論じている。

「IMFは，マクロ経済の安定と高い質の成長に各国が達するのを支援する経済政策を促進している。高い質の成長とは，外的なショックに直面しても持続可能である成長のことであり，適切な投資（未来の成長の基礎となる人的資本を含む）によって達成されるものであり，環境に対する関心と国家的関心を尊重し，最後に述べるが決して軽んぜられないものとして貧困を縮小し公正を改善する政策と合致するものである。

この最後の特徴，すなわち貧困を縮小し，公正を改善する政策は，様々な理由で重要である。第一に最も重要なこととして，貧困の縮小と所得の公正な分配は，それ自身で最も重要な目的であるが，これらはその他の目的を推進するものでもある。持続可能な成長を促進するマクロ経済的で構造的な政策（痛みがあるが必要な措置を含んでいる）は，典型的には広範な国内政治の支援を必要としている。経済調整の方針が国民にとって公平で社会的に公正であると認識される場合，このような支援はより成功の見込みがある。

持続可能な成長は，貧困を減少させるための重要な要素であるが，成長は，貧困から大多数の人を救い出したり，所得分配を改善するとは限らない。成長は，最も恵まれない人に利益を及ぼす政策によって補われなければならない。多くの国で構造改革を実施し，経済成長を実現したが，所得の不平等はラテンアメリカやサブサハラにおいて依然大きく，移行国や東アジアのいくつかの国において増大している。

このような開発に応えるべく，私は経済における国家の役割の転換を完成させる『第二世代の改革』の必要を強調したい。特に重要なことは，公正に執行され不公正の要素の一つである汚職の削減を助けるより単純でより公正な規制システムの設立，司法システムのプロフェショナリズムと独立性の強化，公共支出や税体系の効率性や公正の改善である。

政府支出のレベルと公正についての注意は，公正を促進するためには必要不可欠である。

IMFは，その政策勧告が公正の意味を持っており，それゆえマクロ経済政策の機関であるけれども，その業務において公正の問題に取り組まなければならない，ということを学んだのである。そのため，IMF

第7章 協定改正なき革命

はこの領域の理解をすすめ，同時に世界銀行，地域開発銀行，国連開発計画，国際労働機関，公正や関連する問題の専門知識を有するその他の国連機関を利用し，協力をすすめなければならない[623]。」

すなわち，カムドシュは成長・分配からさらに進んで，公正な規制システムを設立し，司法を強化し，財政システムの効率と公正を求める「第二世代の改革」を主張する。そのために，様々な国際機関と協力することを視野に入れたのである。だが，このように加盟国の政治・行政システムに関与する権限は，ＩＭＦ協定のどこに規定されているのであろうか。

さて，カムドシュの成長への志向は，すでに1987年の時点で調整プログラムとの関係において明らかであった。1987年2月25日から27日にＩＭＦと世界銀行との共同で開催された『成長志向の調整プログラム』というシンポジウムにおいて，彼は調整と成長を分析している。この分析は，概略以下のとおりである。

「調整と成長との関係を分析するに当たって，私たちは2つの単純な議論を退けなければならない。1つは，調整と成長は内在的に衝突するものであるとするものである。もう1つは，成長が自動的に調整を導くとするものである。

激しいインフレーションや巨額の財政赤字，広範な貿易制限などが存在する経済は，持続的な期間で成長することはできないし，しないものである。別の言葉で言えば，調整を避けることによって成長という成果を得ることができない。同様に，その国の外貨準備や信用が失われるまで調整が延期された場合，投資や貿易及びその他の生産的支出の過剰な削減が行なわれることであろう。このような無秩序で『アナーキーな』な調整は，未来の成長を抵当に入れるものである。

そこで，私は別の仮説を打立てる。調整が成長に関わる程度は，かなり程度調整の中身に依存するというものである。特に，調整が輸出能力，貯蓄，経済的効率性の拡大という形態をとり，高い質の投資計画が持続するのであれば，成長は調整とうまく結びつくことができるのである。

この種の調整は，当然偶然には生じない。輸出，貯蓄，健全な投資の決定，コスト削減的な技術を促進し，全般的な金融の安定のある環境を形成する一連のマクロ経済的でかつ構造的な政策を途上国が取ることが

---

(623) Camdessus (1999) pp. v−vii.

第3節　開発委員会・専務理事・スタッフ見解

要請されているのである。

　重要なことは，成長について考慮すべきものを考慮するような方法で，私たちが調整プログラムを集合的に管理する能力を有しているということである。しかし，現実では首尾一貫してなしている訳ではない。

　第二の点である成功する成長志向の調整プログラムについては，国独自の計画設計，総合的な中期的なフレームワーク，国民の支持という3つの必要を強調しうる。

　途上国は多様であるので，統一的な政策パッケージが効果的であるとすることはできない。

　持続的な成長のための基礎的な条件は，短期ではほとんど達成することができない。経済における国家の役割が数十年の間に拡大しすぎている場合や，財・労働・金融市場の構造に改革が必要である場合，特にそれが当てはまる。このような改革は遠大な準備が必要とされ，意図された効果が実現されるためには時間がかかる。旧式で非競争的な生産構造をうちに含む断続的な需要管理プログラムによることは，魅力的な案ではない。高度の成長を望むことは十分ではない。中期的に忍耐強く実施される統合されたマクロ経済的及び構造的な政策によって，支援されなければならないのである。困難な状況にいるとしても貧しい国はこのような政策改革から逃れることはできない。

　どのプログラムも政府や世論の支持なしには，成功しない。しかし，支持は成長なしにはより長期の調整を徐々に持続することはできなくなるだろう。

　途上国における効果的な政策は，これだけでは十分ではない。先進国が健全な財政金融政策をとり，保護主義に走らず，ＯＤＡを増大させることが必要である。また，銀行の役割も重要である。

　最後に，基金の役割についてである。世界銀行との密接な協力により，基金は成長志向の調整プログラムを策定し，それを行なうために自分の資金も含めて必要とされる資金を集める際，加盟国と協力を継続するであろう。

　基金は，国際収支・成長・インフレーションについてよい判断をなすために支援することができる。しかし，最終的な選択は，加盟国自身になければならない。

　加盟国における持続的な成長のための調整は，基金の中心的な使命で

ある。効果的な調整と健全な融資が成長・開発と（敵ではなく）同盟関係にあるという認識に反対するものはいない，私は思う。
　結論としては，国際機関は，国家と同様に，繁栄するためには静的ではありえないということである(624)。」
　IMFの融資は短期でなければならないことは何度も触れたが，彼は「持続的な成長のための基礎的条件は短期では達成できない」と断じ，中期的なマクロ経済政策・構造政策に取り組まねばならないとするのである。そして，このようなIMFの融資は，成長・開発と同盟関係にあるものとするのである。だが，これはIMFが策定したガイドラインに違反しているのではないだろうか。そして，さらに一歩踏み出し，カムドシュの方針に沿う形でこのガイドラインを公然と批判するスタッフもまた存在するのである。
　ここでの議論はまとめる必要がないほど明確であるが，再び言うと，IMF専務理事は協定改正プロセスを経ることなく，成長という新しい目的をIMFの目的の中に付け加えることとしたのである。

3.　IMFの実行とスタッフの見解 ── スタッフによる成長への傾斜とガイドラインへの批判

マクロ経済変数のガイドライン

　ポラックは，実務においても，スタッフが調整と成長の優先順位を反対の順番で考えるようになっていると論じている。その証拠として彼は，ある最近のレポートが「SAFとESAF両方によって支援されたすべてのプログラムの目的は，成長を促進し3年間の計画期間に実行可能な国際収支ポジションに向けた実質的な進展をなすことである」と記していることをあげている(625)。
　IMFスタッフは，1979年コンディショナリティのガイドライン　パラグラフ9が，コンディショナリティをマクロ経済変数のみに限定していることを批判し，ミクロ経済変数を含めたコンディショナリティの策定を要求し，又加盟国の構造改革までも含めてIMFの管轄権に入れるべきである，と主張している。そこで，ガイドライン　パラグラフ9についてのゴールドによる解釈を確認した後，スタッフの立論を検討することとする。
　ゴールドによれば，「商品又はサービスの特定の価格，特定の税，又は歳入を

(624)　Camdessus (1987) pp. 7－11.
(625)　Polak (1991) p. 19.

第3節　開発委員会・専務理事・スタッフ見解

増加させ支出を減少させるその他の細かな措置は，マクロ経済変数とは考えられない。」

「もし，他の経済的な変数がパラグラフ9の最後のセンテンスに表されている限定的な検証に合致するものであれば，マクロ経済変数に限定するという基金が遵守する制約は，絶対的なものではない。時にある加盟国は，基金がマクロ経済的な変数と考えない場合においても，国内の経済発展についての政府の統制を強化するため，ある変数をパフォーマンス・クライテリアとして扱いたいと希望するかもしれない。」

しかし，パフォーマンス・クライテリアはマクロ経済変数に限定されるべきであるとしてか，ゴールドはマクロの変数のみを例示している。

「パラグラフ9は，パフォーマンス・クライテリアの固定されたリストは存在しないことを認識している。しかし，国際収支に対する経済の超過需要の効果の観点から見て，通常採用されるパフォーマンス・クライテリアは，中央銀行や銀行部門の信用拡大に対するシーリングである。継続して使われているその他のパフォーマンス・クライテリアは，複数通貨措置の導入，経常的国際取引のための支払及び資金移動の制限の導入又は強化，国際収支上の理由による貿易制限の導入又は強化に反対するための措置である[626]。」

タンジの立論

IMF財政局長タンジは，伝統的なマクロ経済重視のIMFの政策の転換を主張し，成長をプログラムに組み込み，ミクロ的な政策についてもIMFの政策に含めることを主張した。ここでは，彼の見解がどのようなものであるか確認することとする。

タンジは，IMF支援の安定化プログラムの目的は，中期に適合した国際収支，安定的な経済環境の下での成長の促進，価格安定，対外債務の過剰な増大の防止を含んでいると指摘している。これらの目的は同じ重要性を有している訳ではないが，それぞれ安定化プログラムにおいて重要である。しかし，「基金の狭い解釈は国際収支の目的を強調し，その他のものに対し重きを置いていない。」

安定化プログラムは，安定による不況を導かないことを確保した形で成長に注意を払わなければならない。安定化が経済政策の唯一の目的である場合，安定化

---

(626)　Gold (1979) p. 33.

第7章 協定改正なき革命

プログラムは伝統的な需要管理政策に大きく依拠することになる。しかし，成長を伴う安定化の達成のためには，潜在的なアウトプットを増大させることを目的とする政策によって補われる必要がある。また，安定化プログラムは，理論上は特定的，もしくは一般的な財政政策のどちらをも含みうるものであるとする[627]。

そして，安定化プログラムは，全体の需要を減少させ全体の供給を増大させることにより国際収支の不均衡や望ましいレベルにまでインフレ率を低減させるものである。

これを，タンジは「安定化計画へのミクロ経済的アプローチ」と呼ぶ。これは，財政政策の需要管理と供給管理を明白に認識するものである[628]。

安定化プログラムは，これまでミクロ経済よりもマクロ経済的な方法にずっと近接したものであり，コンディショナリティの共通の解釈に適合するものであった。

補助金の削減のような特定の手段は，ＩＭＦのプログラムのパフォーマンスクライテリアにおいてめったに策定されることはなく，赤字削減や需要管理を行なった[629]。

しかし，ＩＭＦのファシリティプログラムの拡大により，ＩＭＦのミッションは，一般的に構造的な側面，特に特定の財政の側面に注意を払うようになり，今日では安定化プログラムにおいてより構造的（供給的）な要素に注意が払われている[630]。

伝統的なマクロ経済アプローチを続ける第一の議論は，このアプローチが客観的であるということである。

第二のより重要な点は，シーリングに依拠したパフォーマンス・クライテリアが特定の措置に関連したクライテリアよりも政治的な干渉と見なされない，ということである。

第三には，伝統的なアプローチは，特定の措置の議論よりもより専門化されたスタッフを必要としない。第四に，少なくとも財政の領域においては，多くの特定の政策変更の観点から公的な関与を規定する文書を書くよりも，一般的なシー

---

[627] Tanzi (1989) p. 15.
[628] Ibid., p. 16.
[629] Ibid., p. 17.
[630] Ibid., p. 18.
[631] Ibid., pp. 19–20.

第3節 開発委員会・専務理事・スタッフ見解

リングの形態で規定された公的な関与の方が，レター・オブ・インテントを書く上でずっと容易である[631]。

しかし，伝統的なパフォーマンス・クライテリアの強調に対して注意を促す。それは，よい安定化プログラムは需要管理に排他的に依拠しなくともよく，需要管理のためのシーリングは，各国がしようとしている構造的な変更と独立して設定されるべきではないからである。その理由として，第一に，シーリングをマクロ経済変数として使えば使うほど，各国はそれを回避することを学ぶからであり，第二に，通常，安定化プログラムは財政赤字とプログラムの目的との関係が明らかで曖昧でないという印象を与えるものであるが，重要な経済的な関係について知識は限られており，国際収支の経常勘定もしくは他の経済的な目的の一定の変化を達成するのに必要とされる正確な財政赤字のレベルについて，過剰な自信を抱くことはできないからである。第三に，シーリングは経済政策の基本的な目的から注意をそらすかもしれない。また，プログラム期間内にシーリングを達成することが，それ自体目的となりかねない。最後に，最も重要であるが，マクロ経済シーリングの過剰な信頼は，パフォーマンス条項に適合するためにある国によって使われた特定の措置の性質と持続性への注意をそらすかもしれない[632]。

よって，マクロ経済的なフレームワークの必要性は，曖昧であるので，正当化することができない。マクロ経済的なフレームワークは，安定化プログラムが第一に持続的で，第二にできる限り成長促進的であることを確保する目的をもつ措置によって補われなければならない。

以上のような立論をタンジは行なっているが，彼は，この構造問題への傾斜は1979年ガイドラインに違反するものであることに気づいている。

タンジによれば，「コンディショナリティの現在のガイドラインによれば，この論文で主張された変更は可能でないかもしれない[633]。」

しかし，タンジは成長政策を求める。成長促進的な安定化政策は，財政赤字の削減が(a)その効果が持続的，(b)そのインパクトが効率的である財政措置を通じて実行されることが要請されるのであり，財政政策の効率性は，成長にとって重要であるからである。そして，所与の赤字削減を達成するために使われる措置が効率的であればあるほど，成長率は大きくなり金融政策を不変であると仮定すると，

---

(632) Ibid., pp. 20-23.
(633) Ibid. p. 23.
(634) Ibid.

第7章 協定改正なき革命

インフレ率はますます低くなるからである[634]。

そして、経済的な目的に対する財政赤字の変更のインパクトは、かなりの程度採用される特定の措置の性質に依存する。これらの措置の性質の変更は、財政赤字と国際収支との関係を、特に中期的にかつ長期的に変えるであろう。経済政策の基本的な目的のある効果を達成するために必要とされる財政赤字の削減の要請は、効果的でない措置が選ばれれば選ばれるほど厳しいものとなるだろう、と予測する。

これらを理由として、安定化プログラムは、その他の構造的な政策に加え公共財政のミクロ的な問題を体系的に取り扱うべきである。プログラムは、必要とされる構造的な変化を含まねばならず、マクロ経済的フレームワークと構造改革を統合しなければならない、という結論に至った。

そして、タンジは、ガイドラインの改正を主張する。「コンディショナリティのガイドラインは、プログラムのために基金にアプローチしている加盟国で重大な構造的歪みを有する加盟国の税若しくは支出改革について、公的な理解を安定化プログラムの中に含めることを可能にするべく改正されなければならない。いくつかの方法では、これは実体よりも制度の改革であるだろう。なぜならば、基金は最近のプログラムに、構造的な視点を既に含めるようになっており、特定の政策の改革を実施するべく、いくつかの加盟国を説得しようとしているからである。ある国の当局は、特に見返りに得るもののない付加的なコンディショナリティとしてその改革を認識するならば、それに反対するかもしれない。

だが、プログラムの交渉中に要請されるマクロ経済の調整と構造改革との間のトレードオフがあることを認識するならば、提起された改革に対する反対はアプリオリに仮定される場合より緩和されるであろう[635]。」

すなわち、タンジは構造改革がIMFのプログラムに既に含まれていることを明らかにし、提起された改革に対して反対があるであろうことを示唆する。

だが、タンジはさらに進んで、このアプローチに従うことにより、マクロ経済的なレベルで必要とされる調整の幅を明確化することに加え、IMFは加盟国の専門家と協力して各国の成長目的を促進するために必要とされる税や公共支出や様々な構造改革の目録を作成することができるであろう、と主張する。

このプログラムは、主として3つの要素からなるものであるとする。(a)シーリ

---

(635) Ibid., pp. 27-28.
(636) Ibid., p. 29.

ングとターゲッティングをもつ伝統的なマクロ経済フレームワーク,(b)構造的なコア,(c)世界銀行の勧告,最低限の投資,成長と国際収支目的の一致した投資の分配を基礎にした投資におけるコア,である[636]。

IMFの財政局長は,以上に見たような立論を行なった。ここでは,ブレトンウッズ会議においていかに開発が阻止されたのか,世界銀行が設立されたのは何故なのか,なぜIMFはコンディショナリティをつけることが可能になり,これについてなぜガイドラインという歯止めがかけられたのか,ということをいささかも留保せず,スタッフの業務を円滑ならしめる方法の議論のみが論ぜられているのである。

ま と め

1970年代のオイルショック以降,非産油途上国の経常収支は悪化し,その後の米国の高金利,ドル高は途上国の債務を嵩上げすることとなり,さらに途上国の経常収支の状況は悪化した。また,ラテンアメリカにおける中所得国の累積債務問題が1982年のメキシコ危機を皮切りに問題化し,これに対してもIMFは対応することを求められた。一方,これらの問題に対応するべく,先進国,途上国双方から様々な債務問題の解決策が提起され,その中でIMFの役割についても論議されることとなった。途上国は,多様な経済状況に見合った成長を許容する調整政策を求め,先進国,特に債務処理策の中心となった米国もまた成長を基礎とすることを認め,IMFが成長を目標としつつ債務処理や経常収支問題に取り組むこととを提唱した。これらの加盟国の動きを受けて,特にカムドシュ専務理事就任以降IMFが成長への関心を深め,1990年の演説においては「成長はIMFの目的である」と論ずるところまで至った。スタッフもこれに呼応するかのように,以前に理事会で定めたガイドラインの見直しを成長を目的とする形で改めることを求めたのであった。これは,IMFの組織を意味有らしめるために,様々な社会的諸条件に対応すべく機能を変化させていったと理解することができよう。

しかし,この変化は協定改正なく行われたのであった。協定改正なしに最も重要なIMFの目的が変えられる。これは,「協定改正なき革命」というべき事態である。

第8章　IMFと世界銀行

　IMFが業務範囲を拡大し，経済成長までもみずからの管轄権に入れたことは既にこれまでに検討したが，開発問題を所管する世界銀行の側でもIMFの管轄権への浸透が行われ，IMFと世銀の機能の同一性が論ぜられている。ここでは，主としてポラックの「世界銀行とIMF」によりながらIMFと世銀の機能の同一性がどのように生じ，どのようにIMFと世銀間の協力関係を築いてきたかを明らかにすることを主題とする。

第1節　IMFと世界銀行の相違と接近

1.　IMFと世界銀行の業務の相違と相互浸透

　IMFと世界銀行の発足以来，30年若しくは35年もの間，両機関は限定的で表面的な接触しか持たず，別々に成長した。だが，現在IMFと世銀は似たような加盟国を対象に似たような目的のために融資を行なっている，と批判を受けている。ポラックによれば，「2つの機関の関係の最近の困難の多くは，お互いの既存の権利に対する継続的な関心と敏感さを持ちつつ，世界経済の諸条件が，中年期をむかえた両機関に業務上の接近の中で行動することを強いたことから生じたものであった[637]。」

　世銀は，国際復興開発銀行というみずからの機関名が示す通り，復興と開発という2つの使命をもっていた。世銀の最初の10年における貸付の43%はヨーロッパの工業国への復興貸付であり，これらの貸付のほとんどはプログラムローンであった。一方，途上国に対する貸付は4分の3以上がインフラ整備のプロジェクトに向けられていた。

　世銀では，資本の一部が払い込まれるが，各国の出資と世銀から受取ることができる信用の量は関係がない。世銀の融資の大部分は，世界資本市場から調達され，未払い込み資本金によって保証される。

---

　(637)　Polak (1994) p. 1.

第1節　ＩＭＦと世界銀行の相違と接近

　一方，ＩＭＦは，加盟国に割り当てられた出資を受けいれたり，加盟国から借入れた資金を財源に原則的には割当額に応じて融資が行なわれる。よって，国際金融市場と直接に関係を有しているわけではない。

　異なる任務と異なる資金源は，ある程度２つの機関の性格の違いを説明することができる。例えば，世銀は債券を国際金融市場で売却しなければならず，その際債券の買手に対して情報提供の必要性が生じる。これは，世銀をＩＭＦよりもより開かれた機関とするのを助ける。

　さらに，ＩＭＦと世銀の違いとしては，加盟国における担当官庁の違いがあげられる。ＩＭＦでは，大蔵省や中央銀行から理事が選出され，そこから訓令が発せられる。大蔵省は，世銀の理事の選出にあたっても重要な役割を果しているが，開発を所管する官庁や外務省も重要な役割を果している。

　両機関の紛争や協力は，最近になって生じてきたものである。当初，両機関の対象が異なっていたため，協力は優先度の低い問題であった[638]。

　二つの機関のスタッフが，マクロ経済政策へのアドバイスにおいて共同して業務を行なう程度は，地域の管理職のスタッフの傾向に依存していたようだ。マクロ経済政策への関心は，特に1960年代中葉の世銀のラテンアメリカ地域において明らかであった。ラテンアメリカにおいて，ＩＭＦとの事前の合意は，世銀融資の条件であった。例えば，1955年のコロンビアへのＩＭＦ使節団の団長としてポラックが受取った口頭での訓令は，世銀の副総裁とＩＭＦの副専務理事との間の会議において決定されたものであり，同じことが伝えられ，当時「あなたが右手を振れば，われわれは左手を振るだろう」といわれていたのである[639]。

　しかし，２つの機関の成長に伴い，上級の職員によってなされたこのようなインフォーマルな調整は，明らかに実際的なものでなくなった。1966年に２つの機関の職員の間でなされた議論は，第一義的な責任が所在する各々の領域についての最初の合意を提供するものであった。

　世銀においては，「開発における優先順位を含めた開発プロジェクト及びプロジェクト評価の構成や適切性」が世銀の所掌分野であると定義された。

　ＩＭＦにおいては，「為替相場，制限的なシステム，一時的な国際収支不均衡の調整，金融安定化計画の評価と支援」がその所掌分野であった。

　このガイドラインは，世銀からすべてのマクロ経済的な関心を排除するもので

---

(638)　Ibid., pp. 1−4.
(639)　Ibid., pp. 4−5.

第8章　IMFと世界銀行

あり，IMFから金融，財政政策のほとんどから排除するものであった(640)。

　それでは，何故このようなガイドラインを作ったであろうか。このガイドラインは，各々の機関の責任の外延を示すものであり，少なくとも他方の機関の侵害が通常妨げられるであろう，という期待が存在したのである。また，共通の利益が存在し，加盟国の構造と進展について各機関は無視するべきではないということが認められていた。

　このガイドラインの実施の第一義的な目的は，加盟国に対し，相互に相反するアドバイスを避けることであり，各機関のスタッフは，第一義的に責任を有する領域において他方の見解を採用するべく指示されていたのである。

　1969年から1970年において，この原則を実施する標準的な実施についてさらなる合意がなされた。このガイドラインは，使節を送る前の協議，使節を送り出した後の報告，文書の交換等を含むものであった。さらなる努力に向けた主要な要因は，ピアソン委員会によるものであった。このピアソン委員会の勧告は，一貫した政策アドバイス以上のものを求めるものであり，統合的な国の評価を促すものであった。だが，両機関では，1980年代後半までその準備がなされず，その後においても途上国の一部においてのみなされただけであった。

　しかし，両機関は債務問題に深く巻き込まれることとなり，継続してこの問題に取り組むこととなった。そして，両機関とも，途上国の状況が悪化している中で，融資業務の範囲を拡大したのである。当時の途上国の困難な状況としては，先進国の回復しない需要，高金利，交易条件の悪化があげられ何らかの支援策を必要としていた。そして，この困難は，マクロ経済安定，市場や価格メカニズムへの信頼を含む経済政策の変更を必要とするものであるとされたのである。

　しかし，「この新しい状況は，また国際機関に重大な挑戦を課すものであった。重大な挑戦とは，ほとんど革命的な政策変更を行なう加盟国に対して支援を行なうこと，及び融資の拡大によってこの過程を支援することであった。これは，マクロ経済的・構造的コンディショナリティの両者の断固とした適用を結び付けるものであった(641)。」

　このとき，両機関は，融資を拡大する準備ができており，実際熱心であった。もし，両機関の業務が密接に統合されていたならば，IMFは金融安定化についてより強化されたコンディショナリティを課していたであろうし，世銀は構造的

(640)　Ibid., p. 5.
(641)　Ibid., p. 7.

な側面において同様の強化をしていたであろう。しかし,両機関は加盟国の状況をみて,みずからの管轄を超えた政策をなすことが要請されていると解釈した。よって,IMFは,構造的なコンディショナリティへ向かい,世銀はマクロ経済管理へと向かったのである。

また,1979年後半から1981年中葉という決定的な期間において,IMFは特に為替相場調整について,自身の責任でコンディショナリティを実際に緩和したのである。

世銀においては,借手に広範囲な供給政策を要請する政策融資について議論されていたが,初期の経験はプロジェクトの金融に経済全体のコンディショナリティを付加することは実効的でないことがすでに示されていた[642]。

だが,IMFと世銀は,業務範囲のさらなる拡大が加盟国の状況の変化や開発問題のより深化した理解に基づく自然な対応であると感じていた。実際,マクロ経済安定,構造調整,制度改革(1990年代のグッドガバナンス)の必要性は,世銀・IMFだけでなく,地域開発銀行や先進国・途上国の援助機関においても受け入れられるようになっていたのである。

IMFの世銀の管轄権への拡大

1970年代のIMFは,開発途上国の特定のニーズに対する信用ファシリティを作り始めた。EFF(拡大信用供与措置)がそれである。このファシリティは,生産と貿易の構造的な非調整,又は低成長と積極的な開発政策の追及を妨げる弱い国際収支ポジションによって,国際収支問題が長期にわたって続く加盟国の問題に対して向けられるものであった。EFFは,IMFが過去においてあまり関心を払わなかったことに焦点をあてるものであり,世銀の業務の中心課題であった構造的な非調整のような問題に焦点を当てた最初のファシリティであった。

そして,トラストファンドを導入した。トラスト・ファンドは,世銀がIDA発足の際に導入したある区別を導入した。すなわち,ほとんどゼロ金利で融資を行なうことができる低開発途上国分類を導入したのである。

さらに,SAF,ESAFを導入した。IMFのこれらのファシリティは,ゼロ金利適用国のリストについて同様のリストがあり,世銀・IDA(国際開発協会)の構造を概ね複製したものである。ESAFはIDAともう1つの類似点が

---

(642) Ibid., pp. 7−8.
(643) Ibid., pp. 8−9.

ある。資金源である[643]。ESAFの資金は，加盟国からの貸付及びグラントの拠出等によって調達されるが，IDAの資金は出資金と拠出金からなる。

世銀のIMFの管轄権への拡大

世銀は，マクロ経済政策の失敗によって健全な各々のプロジェクトが開発に貢献しなくなる，という確信を持つようになり，1980年には正しいマクロ政策が必要であると見るようになった。

また，途上国が世銀からの融資を減らし，ネガティブ・ネット・レンディングの恐れが現実化してきた。様々な検討を踏まえて，1960年代と70年代にインドとパキスタンに対して使われた融資のアプローチを復活することとした。それは借入国の一般的な経済政策について広範囲な了解を必要とする国際収支目的の融資である。

このような融資のために新しく構造調整融資（SAL）が導入された。

構造調整の初期の段階において，世銀の職員は，世銀協定が課している非プロジェクト融資に対する制限を尊重しているのかどうかをあまり宣伝しない傾向があった。また，国際収支支援を与えるということによって，世銀がIMFの業務の範囲を侵害している，という批判をそらそうとする傾向があった。

構造調整融資についてのある報告において，構造調整計画が行われている典型的な国では，政府は改革が持続可能な成長を回復する最善の期待を提供するということを理解しているとし，国際収支支援は，ある時期における決済のギャップの段階的な縮小を促進するものであり，同時に構造改革が実施されれば効果が出始めるとしている。

しかし，構造調整融資が必要とされる理由とIMFによる融資との間には明確な区別が存在しない[644]。

債務危機による世銀の役割の拡大

1982年から1985年にかけての債務危機の第一段階において，IMFは国際機関として主要な責任を果した。1985年のベーカー構想は，世銀による構造調整融資を拡大すると共にIMFの融資の役割を弱めることを考えていた。

しかし，1989年のブレイディー構想では，その安定化パッケージの交渉におけるIMFの役割を明らかに弱めるものであったが，世銀については税制や行政，

---

(644) Ibid., pp. 9−11.

公共企業改革，社会福祉，貿易，金融部門，最近では民営化のような分野での構造改革の計画で主要な役割を継続して行なうこととされていた[645]。

2. 潜在的な紛争のある領域

2つの機関は共通の分野での業務分野拡大を行なってきているので，活動の多くの面が収束する傾向にある。①顧客となる国のリスト，②コンディショナリティ，③両機関が主要な関心を寄せる特定の政策領域が，同一化する傾向にあるのである。しかし，2つの機関の政策が必ずしも両立することを意味しているものではない。

① 融資対象の加盟国

まず，顧客リストであるが，世銀が工業国への融資を止めた当初，IMFと世銀は全く違う顧客国リストを持っていた。

だが，債務危機以来，ある機関から借りた国を指導し，融資のために他方の機関へも頼らせるとう圧力が加えられるようになった。構造調整融資以来，調整融資の適格性はIMFによって支援された安定化計画を要請するものとなった。そして，これは1989年3月のIMF－世銀コンコルダートの後に一般的なものとなった[646]。

② コンディショナリティ

次は，コンディショナリティの同一性についてである。世銀のコンディショナリティの実務は，IMFのそれと異なるものであった。IMFのコンディショナリティは，パフォーマンスを監視しうる指標によるもので，数も限定されていた。一方，世銀の条件は，ずっと数が多く，最近の一件当たりのSALでは平均56個の条件が付された。その多くは，一般的なものであり，監視することが難しいものであり，第二トランシュのリリースについては交渉や判断が行われる余地を残すものである。世銀は，量的な指標に依存する傾向にあるが，それは当該国が満足しうるマクロ経済的な方針に沿って運営されているかどうかの判断を助けるためのものである。

次に，IMFのコンディショナリティについてであるが，これは純粋な形態で

---

(645) Ibid., pp. 12−13.
(646) Ibid., p. 14.

適用されていない。
(1) IMFは，合意されたクライテリアからの些細な逸脱についてはウェイバーを与え，大きな逸脱についてはプログラムの改定を許容してきた。
(2) IMFは、通常スタンド・バイ取極の中期的な審査を行っている。そこで，取極の下でまだなされていない引出しに適用される条件につき，IMFと加盟国間で新たに検討が行なわれる。そのため，IMFにおいて，計画されたすべての引出しがなされる前に，かなりの数のスタンド・バイ取極がキャンセルされている。

世銀において，SALとSECAL（部門調整融資）の下でのトランシュ・リリースにおける遅延は，ありふれたことであるが，第二・第三トランシュはほぼ例外なくリリースされる。しかし，次のSALが交渉される際，厳しい交渉がなされる。

すなわち，両機関のコンディショナリティの業務の差異は，はっきりしたものではないのである。そして，ポラックは，コンディショナリティにより更にIMFと世銀間の紛争領域を広げることとなっていることを指摘する。「両機関でなされるコンディショナリティの技術上の差異にもかかわらず，同じ指標を多数使うようになっていることは，相互強化的なコンディショナリティと潜在的な紛争の領域を更に広げるものとなっている[647]。」

さらに，クロス・コンディショナリティの問題がある。IMFと世銀におけるクロス・コンディショナリティとは，債務国がIMFの条件を履行しないことにより，世銀のSAL又はSECALにおける資金を引出すことができないこととなることを意味する。

すなわち，クロス・コンディショナリティがないということは，世銀理事会で融資が承認された後は，IMFの目標を満たせなくとも，世銀融資の効果やトランシェ・リリースを止める理由とはならないということを意味する。それゆえ，貸付協定はマクロ経済プログラムの予想される進展についての明確な定義を含む必要があると世銀は考えたのである[648]。

③ 政策関心の収斂

第三に，IMFと世銀の政策関心が収斂する傾向がある。これは，一般的なI

---

[647] Ibid., p. 15.
[648] Ibid., p. 16.

MFと世銀の区別，すなわち，ＩＭＦにおける短期の資金供与とマクロ経済政策の管轄，世銀における長期の資金供与と供給政策の管轄という区別から離れ，両方の機関が同じような分野に関心を持ち，似たような業務を行なうこととなったことを意味している。ポラックは，次のようにこの両機関の収斂を位置づけている。「両機関の構造調整業務の進展に伴い，古い境界――ＩＭＦにおける短期とマクロ，世銀における長期とミクロ（又は構造）――が色褪せる傾向にある[649]。」だが，政策関心の分野の重複したとしても見解の同一性が直ちに確保されるという訳ではないのだ。

どんな組織においても，究極的には上位の意思決定者が決定を行なうものであるが，組織間においては決断しうるより高次の機関が存在しない。ＩＭＦと世銀間においても，上位で意思決定を行なう主体が存在しないため，両機関の決定を調整することは簡単なことではない。

また，世銀のスタッフとＩＭＦのスタッフ間にある相違は，ランダムなものでも個人的なものでもなく，制度的なものである。実際，両機関間の1980年代の紛争の多くは，ＩＭＦの短期の安定化についての専門知識が世銀の中期のための成長フレームワークと制度設計についての専門知識が固く結合され，短期的なものと及び長期的なものが一貫するＩＭＦ－世銀のプログラムの計画において生じてきた。

ある世銀スタッフレポートが，調整プログラムの制度的な見解の相違について報告している。ここでは，3つの相違点があげられている。まず，(1)政府の歳入と支出である。財政における優先順位についての見解の相違では，ＩＭＦのスタッフよりも世銀のスタッフが財政赤字についてより許容する傾向にある。次に，(2)国際収支のギャップについては，このギャップをファイナンスする中期計画を策定する際，ＩＭＦは「有効性」アプローチ（どのように巨額の赤字を当該国がファイナンスすることができるかを見るもの）を使い，世銀は「必要性」アプローチ（ある特定の目標を達成するために当該国はどのくらい外国からのファイナンスを必要とするかを見るもの）によって中期計画を策定する。最後に，(3)為替相場についてのスタンスに相違がある。1980年代初頭まで，世銀スタッフは，為替相場についての問題を一般的にはＩＭＦにまかせてきた。だが，1980年代初頭以降ある世銀スタッフは，当該国の経済構造の変化を求めるべく為替相場について穏健な立場から積極的な切下げを要求する立場へとシフトした。ある場合には，ＩＭ

---

(649) Ibid., p. 17.

第8章　ＩＭＦと世界銀行

Ｆのエコノミストよりも実質為替相場の切下げを要請しており，その場合すでに当該国がＩＭＦのプログラムを受け入れていたとしても，世銀は融資におけるコンディショナリティに為替相場も含める必要があると考える可能性がある。「なぜならば，ＩＭＦは世銀と異なる為替相場についての目的を持つからである(650)。」

3. 制度的な相違

何十年もの間，両機関は別々に業務を行なっていたが，みずから共存すべく準備をなさなかったために，1980年代に非自発的に共存を強いられることとなった。そして，一連の業務の中で，ＩＭＦと世銀は，みずから両機関の業務が同一化していることに気づくこととなったのである。その一連の業務とは，継続的な国際収支困難に対する構造調整であった。

だが，いくつかの点で両機関の業務には相違が見られた。1つは，2つの機関が果している異なる機能から招来するものである。

さらに，世銀とＩＭＦには抱えている課題とカウンターパートの相違もある。ＩＭＦは，長年にわたってこれらの問題に対してよくプログラム化されたアプローチを確立しており，スタッフにも浸透している。また，ＩＭＦの使節団の相手方は，金融関係官庁や中央銀行である。

だが，世銀の取り扱わなければならない課題は，ある分野に集中している訳ではない。そのため，世銀は，多くの部門や制度にまたがったより広範囲な問題群に対処しなければならないのである。

異なった目的を持つ2つの機関による別々の目的追求は，加盟国との関係において多様な業務をもたらしている。

ＩＭＦでは，通常毎年加盟国とのコンサルテーションや接触を行なっており，そのスタッフは一般にスタンド・バイ取極を要請する国における金融状況に精通している。スタンド・バイ取極により，使節団は出発前にブリーフを準備する。ブリーフとは，使節団が合意する権限の範囲内のＩＭＦ融資の量や政策条件を大まかに設定するものである。ブリーフは，その地域の当局や関連部局の長により許可され，専務理事により承認される。

このブリーフの結果を受けて，使節団はＩＭＦの事務局の代理としてレター・オブ・インテントを交渉する地位を得る。不測の事態によりブリーフからの逸脱

---

(650) Ibid., pp. 17–19.

第1節　ＩＭＦと世界銀行の相違と接近

　が必要となる場合は，使節団は合意内容についてワシントンの支持を得るべく本部と接触する。
　公式には，使節団の長は，暫定的なレター・オブ・インテントに合意するが，通常本部へ戻って数日以内に運営取極を確認する。
　理事会への使節団の報告を準備するには２，３週間かかる。報告の提出から３，４週間内の理事会承認が実務的には予定されている。ほんの稀なケースでのみ，ＩＭＦの理事会は，加盟国と交渉したスタッフがまとめ専務理事が承認した取極を覆した。
　一方，世銀では，より広範囲な問題に対応しており，多くの場合既成の解決策がすぐに使えるものではなく，どのように当該国の問題を解決するかについて明確なマンデートをもった使節団を送ることは，一般にはできない。
　また，ＳＡＬやＳＥＣＡＬの交渉前に「評価使節団」を送るが，この評価使節団は，ＩＭＦの使節団と異なり権限が与えられていないため，借入国当局と広範囲な合意を得ることが難しい。
　さらに，世銀の業務の複雑さもまたＩＭＦと異ならしめている。世銀の使節団は，ＩＭＦよりも大きくなる傾向がある。（ＩＭＦの４人から６人に対し世銀の８人から10人）世銀の使節団はより長期化する（ＩＭＦの２週間に対し世銀の３週間から４週間）。また，世銀は，レポート作成，支援の交渉にＩＭＦよりもずっと時間がかかる。
　上記のように，両機関において何年にもわたって積み上げられたこれらの仕事のやり方の違いは，両機関間で調整を行なう際実務上の困難を引起こしている。
　まず，業務にかかる時間が異なるという問題は，世銀がＩＭＦの調整計画支援の金融パッケージと連携することを難しくするものである。ＩＭＦにおいても，世銀が当該国の投資プログラムを判断して提供するのを待つことが不可能なときがあった。
　また，1988年の世銀報告は，ＩＭＦのＳＡＦのサイクルと世銀の調整融資のサイクルの同時化により「予測されるコストは，そこから導かれる利益よりもずっと大きい」と指摘しているが，同時に完全な同時化を達成することの困難さも指摘されている[651]。

---

(651) Ibid., pp. 20-25.

第2節 協力の開始とその難航

1. 協力の開始 (1980-1988)

1980年代に世銀とIMFのスタッフは，IMFと世銀の協力についての報告を各理事会に提出した。このスタッフのレポートは，両機関の協力についての基本的な態度の相違を明らかにするものであった。世銀は，1980年代の加盟国の経済問題の深刻さにより，IMFと世銀の活動の範囲をさらに絡み合わせることが必要とされ，そのことにより各機関の責任の境界があまり意味のないものとなると強調する傾向にあった。そこで，世銀とIMFは，安定化のためになされる中期的な政策措置が認められ，見解が共有されるように，調整過程に関してより統合された視点を発展させるように協力すべきであるとされたのである。

しかし，ポラックの判断によれば，この報告の議論の組み立て方は，IMFが調整と成長とのトレードオフにあまり関心をもっていないことを示唆するものである，としている。

世銀の動きとは対照的に，IMFはこの問題については沈黙を守った。しかし，IMFは調整と成長のトレードオフを受け入れず，関心領域の重複は責任の境界をあまり重要でないものにしてしまうと考えていた。

このような両機関の見解を踏まえ，ポラックは，「2つの機関間の公式及び非公式の取極の構造は，基本的な問題である重複の問題や潜在的な紛争に適切に対応しなかったし，これらの問題は体系的な改善を受け入れにくいものであるように見える。」としている[652]。

1984年に英国からIMF－世銀協力問題についてなされた提案が，加盟国からの最初の提案であった。この提案には，フランスとベルギーから支持があったものの，理事会の反応は鈍く2つの機関の実務に重要な変化を及ぼすものではなかった。

しかし，1985年9月に米国によってなされた『経済調整と成長を促進するIMF・世銀についての米国の提案』は，重大な影響を与えるものであった。この提案では，資格のある低所得国は，2年間のマクロ経済及び構造的な経済プログラムの下で，トラスト・ファンドの還流や世銀からの様々な資金にアクセスすることができるとされた。各理事会は当該機関からの資金の使用を認めるが，このア

---

(652) Ibid., pp. 26-27.

プローチでのプログラムは高度に統合されたものとなる。さらに，この提案では，IMF・世銀の共同チームは，加盟国と各々のプログラムを交渉する際，理想的にはIMFや世銀の理事会の検討や承認のために1つの文書を準備することを求めた。そして，2つの理事会が，IMF・世銀の官僚的で制度的な困難から加盟国を守るために，ほぼ同時に活動すべきであるとしたのである。

このプランは，マクロ経済及び構造改革プログラムへの包括的で調和の取れたアプローチを提供し，かつ「IMFと世銀の協力を強化するすばらしい手段」となるものであると主張したのである[653]。

2. ポリシー・フレームワーク・ペーパー（PFP）

この米国提案は，両機関の理事会において議論され，全部が採択されるに至らなかったものの，低所得に対する両機関の融資における協力という革新を導いた。

1986年3月26日に，IMF理事会は構造調整ファシリティ（SAF）を承認した。SAFは，申請国とIMF・世銀のスタッフ間の密接な協力を発展させるポリシー・フレームワーク・ペーパー（PFP）を基盤とするものである。

PFPは，当該国の主要な問題を記述するものである。それは，3年計画の目的，マクロ経済及び構造政策の優先順位と大まかな趣旨，対外的なファイナンスの必要と資金源等である。

この決定は，米国の提案に近いものであるが，意思決定については異なっていた。すなわち，世銀の理事会がPFPを最初に議論し，その後にIMFに承認を求める形式を取ることとなったのである。

IMFにおいては，PFPの承認のために，3年間の最初の年にSAF供与の承認がなされることが必要条件である。

また，PFPはIMFのSAF業務の基礎となる3つの文書の1つである。PFP以外の2つは，最初の年の政策意図を特定化したレター・オブ・インテントとIMFのスタッフによる評価である。

世銀側においては，米国の圧力にもかかわらずPFPとIDA融資との連携を策定しなかった。1987年年次総会において，ベーカーはIDA融資はSAF融資と同様ポリシー・フレームワークに統合されるべきであることを主張した。しかし，世銀は，PFPとIDA融資との密接なリンケージを拒絶することに成功した。世銀のスタッフが論じるには，PFPは「特定性，監視，深み」を欠いてお

---

(653) Ibid., pp. 27-28.

第8章　IMFと世界銀行

り，その目的に合わせて再構成することは難しいからである。また，クロス・コンディショナリティとともにPFPの借入国とそれ以外の借入国との正当化し得ない待遇の非対称性を招来することもありうる。

しかし，PFPに反対する決定的な理由は，2つの機関の同時執行の困難さにある。すなわち，世銀の融資サイクルは長いのでIMFのSAF業務で交渉される文書とリンクすることができないのだ。

PFPが世銀の業務よりもIMFの業務にリンクしていたので，PFPはIMFの関心（短期と安定化）を多く取り組み，世銀の関心（成長）にあまり取り組んでいない，と世銀の側では見られていた。IMFの側では，PFPの構造的な問題の取扱をめぐるIMFと世銀の交渉は，SAFプログラムの借入国との合意に達するのを遅らせるという不満があったのである。

両者において理解されていることは，借入国がPFPになした貢献は限定されており，そのため必要とされる政策に，期待されたほどPFPプロセスは貢献していないということである。

この理由は，世銀のPFP審査に現われている。

第一に，PFPプロセスは新しいものである。そのため，世銀・IMFだけでなく，加盟国当局でもならし期間が必要であった。

第二に，多くの低所得国においてPFPの準備と企画に必要とされるものに対応する政府当局の能力に限界があった。よって，しばしば，この任務はIMFと世銀のスタッフに進んで委ねられていたのである。

第三に，SAFの資金へのアクセスは，しばしば緊急に必要とされ，これらの必要性から，スピードと活動の継続性のために2つの機関のスタッフへの責任の委任を促した。

第四に，IMFと世銀の手続は，準備の実施，ワシントンにおけるPFPの主要部局の整理，ほぼ完成した文書についての加盟国当局との議論の整理を強化する傾向があった。

PFPへの参加国は限定されていたが，PFPプロセスは目的の1つを果したといえる。すなわち，世銀とIMFの協力を強化したのである。共同の文書の同意にかなりの時間と努力を要するので，借入国において重要とされている成長を伴う調整について，2つの機関のスタッフが共通の見解のもつことを促したのである[654]。

---

(654) Ibid., pp. 28-30.

第2節 協力の開始とその難航

3. IMFと世銀の主導権争い

　1980年代の慢性の経済不振と累積債務に苦しむアルゼンチンは，1982年から3回のリスケジュールを行なったにもかかわらず，インフレーションと国際収支危機は収まらず，外国民間銀行への債務遅滞は大きくなる一方であった。1988年には，これまでの経済改革プログラムが継続不能になり，IMFとアルゼンチン政府は，新たな改革案に基づく融資交渉を始めたが難航していた。その難航している最中の1988年9月に，世銀はアルゼンチンに対する融資を発表し，10月理事会で承認した。この融資は，4つの貸付をパッケージにした総額12.5億米ドルに上るもので，この融資のコンディショナリティは財政政策にわずかに触れた程度の極めて甘いものであったとされている。この融資を推進したのは，コナブル世銀総裁と米国の理事であった。英国は反対したが，他の主要国はこれに賛成した。

　この世銀による単独融資については，3つの理由があるとされている。

　まず第一に，当時の米国とIMF間の意思疎通の悪さが原因にあげられている。米国財務省は，IMFはアルゼンチン救済を渋っていると考え，IMFを出し抜いて世銀に単独融資させたとされる。コナブル世銀総裁は，共和党下院議員出身でブッシュ大統領やベーカー国務長官に近い人物であったため，米国の意向はIMFよりも世銀に反映しやすかったのである。

　第二に，債務救済に関するIMFと世銀の主導権争いがある。これまで，マクロ経済政策についての判断は，IMFが行ない，世銀はIMFの判定に従う，というのがこれまでの慣例であった。これに対し，世銀内部では忸怩たるものがあった。そのため，アルゼンチン融資は，世銀が経済調整のお墨付き機能に関して独立性を発揮する良い機会であると思われたのである。1989年2月ルーディングIMF暫定委員会議長兼オランダ蔵相は，IMFと世銀の間にマクロ分野の役割に関する「誤解と苛立ち」が存在することを公に認めた。しかし，民間銀行団は世銀のコンディショナリティではアルゼンチン救済ができないと判断を下し，お墨付き機能をIMFから奪うことはできなかった。

　第三に，IMFと世銀の対立を利用しようとしたアルゼンチン政府の思惑があげられる。アルゼンチン政府の戦略は，IMFと交渉が行詰まった項目に関して世銀と別途に交渉し緩やかな条件を獲得した上で，IMFにコンディショナリティの緩和を迫るというものであった。そこで，アルゼンチン政府は，IMFに世銀との交渉経過を逐次伝え，将来IMFとプログラムを組むときは世銀融資の条件が土台となることを対外的に宣伝した。そして，世銀のプログラムでインフレ圧力や財政赤字が減少し，貿易自由化政策も実を結びつつあることを強調した。

第8章　IMFと世界銀行

だが，この論争を生んだアルゼンチン融資は，改革が挫折したために予定の10分の1しか貸付を行なわずに中断されることとなり，世銀にとってはIMFの領域に踏み込むことに失敗した事例となった[655]。

4. IMF・世銀コンコルダート

アルゼンチンでの経験は，マクロ経済政策の責任の所在を公式に線引きすることについて，IMFの強い関心を引起こした。しかし，この主題は世銀が避けつづけてきたものであった。このため，先進国（G-10）の理事や大蔵省の幹部が主要な役割を果した。

G-10代理は，1988年4月「債務戦略におけるIMFと世銀の役割」を検討するというマンデートが与えられ，検討を始めることとなった。この検討は，1989年9月までに終了するという比較的ゆっくりとしたペースで行われた。債務戦略については，多くをなすことができなかったが，しだいにIMFと世銀との協力を問題とし始め，3年以内にレポートを出すこととされた。

アルゼンチンのケースは，協力の問題がIMFにとって重要であることを示すものであった。もし世銀が，当該国の一般的な政策についてのIMFの判断にかかわりなく政策融資をなした場合，IMFの「良好な経営というシール」即ち政策のお墨付きの機能の価値を損なう恐れがあるからである。

すなわち，世銀がマクロ経済的な監視を行ない，かつIMFよりもコンディショナリティがソフトなSECALを売り込むことに成功した場合，IMFとの取極への要望は消え去ってしまうかもしれないからである。この懸念を，IMF事務局及びスタッフと先進国の大蔵省や中央銀行は，共有していたのであった。

このアルゼンチンのケースについては，世銀の失敗によってIMFの立場は救われた。また，トルコにおいても世銀のIMFにとってかわることが試みられたが失敗した。だが，将来の動向は定かではない。

IMFと世銀間の議論を通じて，IMFは，マクロ経済のすべてについて主要な責任を主張した。一方，世銀は，1966年の了解において使用されなかった幅の広い用語では安定化だけではなくて当該国の信頼性についての判断や成長モデルのような世銀の明らかな関心事項も含むことになってしまうと指摘したのである。

1989年1月世銀は，G10代理報告のためのIMFスタッフの草案を受取り，激昂した。この文書は，世銀のマクロ経済の責任を軽んじ，IMFの意思決定の過

---

(655)　大野（1993）69-71頁。

第2節　協力の開始とその難航

程に服従するものであると感じたのである。当時，世銀に在籍していたスタンレー・フィッシャーは，その次の回のG10代理会合で反対を表明した。また，世銀とIMFのスタッフ間でも交渉が始まり，かつ1966年了解を改定する共同文書を準備すべくカムドシュとコナブル間においても交渉が始まった。この文書は公的な性質を有しているため，IMF・世銀コンコルダートと呼ばれる[656]。

このコンコルダートにおいて，世銀の管轄は，「開発戦略，部門別及プロジェクト投資，構造調整プログラム，公共及び民間部門における効率的な資源配分にかかわる政策，行政システム改革，貿易及び金融部門，国家企業と部門別政策のリストラクチャリング，さらに，市場ベースの制度として，世銀は加盟国の信頼性についての問題にかかわる。」こととされていた。

IMFについては，マクロに関しIMFの責任は広いままであった。（監視，為替相場問題，国際収支，成長指向の安定化政策，それらに関連した政策）

しかし，IMFは，マクロ政策と関連政策の「合成の視点」に焦点を狭めることに合意した。だが，この定式化はIMFのマクロ経済領域における責任を認めたものであると世銀が主張する余地を残すものであった。「合成」と「マクロ」は，大まかにはほとんど同じ意味であるが，「合成の視点」は経済学において意味を持つものではない。「マクロ経済政策の合成」を定義するよう非公式な議論において求められたIMF調査局長ジェイコブ・フレンケルは，答えに窮した。

このコンコルダートに対する立場は両機関において異なっていた。いくつかのIMF理事が世銀に対する譲歩に不満を表明したものの，IMFの理事会は，一般にこの合意を歓迎した。一方，世銀の理事は，あまり積極的な評価を与えなかった。

提起されたいくつかの法的疑問を和らげるべく，法律顧問は，提起されたいくつかの問題点を検討する会合の後，ある文書を提出した。

法律顧問は，世銀総裁とIMF専務理事間の合意は「2つの執行機関間の単なる了解」を示すものにすぎず，「2つの機関間の拘束的な合意」ではなく，「将来において協定を解釈する理事の権限を制約する」ものではない，と解釈した[657]。

この3年後に明らかになったことは，世銀に関する限り議論や説明によりこの

---

(656)　Polak (1994) pp. 38-39. この「IMF・世銀コンコルダート」はIMFと世銀の実際の管轄権を知る上で極めて重要であるが，公にされておらず，この文書本文を入手することはできない。情報公開が強く求められる。

(657)　Ibid., pp. 41-43.

第8章　ＩＭＦと世界銀行

懸念が一掃された訳ではないということであった。

1992年4月に両機関の長は，各々の理事会に旧ソ連加盟国との業務におけるスタッフの協力を定めたガイダンスとなる追加的な覚書を送付した。この覚書は，コンコルダートよりも明白でかつ広範なものであった。「融資に先立ち，世銀は構造調整のための政府のプログラムを規定する政策レターを受領することを期待している。そこでは，（ＩＭＦとの取極におけるレター・オブ・インテントに表明されているような）ＩＭＦと合意された了解に基づくマクロ経済政策が規定される。」

この覚書について，ＩＭＦ理事会は大きく取り上げることはなかったが，世銀の多くの理事は，意見を表明し，世銀総裁は総括において「このことは，事実上のクロス・コンディショナリティとなる」ことを認めた。そして，世銀総裁は，世銀の投融資においてもし世銀が各国の経済政策の方向に満足しない場合，ＩＭＦのレター・オブ・インテントを要請すべきでないという見解が理事会の優勢な見解であることを示し，新しい文言は旧ソ連の国の特定の状況にのみ適用され，1989年5月のメモランダムに規定されたその他の国のための既存の取極に影響を与えるものではないとしたのである。

そして，世銀総裁は，「正常な手続」として理事会と世銀・ＩＭＦ協力に関する将来の文書のために議論することを約束した[658]。

5. コンコルダート以後

以上に見たように，ＩＭＦと世銀は既にお互いの業務分野に足を踏み出し，ポラックが言う「多くの共通の領域で業務を行なっている2つの機関は，お互いがお互いの足を踏んでしまうリスクがある」状況にある。

このコンコルダートは，世銀－ＩＭＦの論争がおこなれた問題のすべてではないが，いくつかの問題に対処したのものであった。ポラックは，コンコルダート以降について，4つの視点から分析している。

まず，第一に，問題の原因に取り組もうとしなかったことがあげられる。すなわち，現在も両機関は，同じ国に中期の国際収支信用を行なっている。

第二に，既に存在した手続のほかに，コンコルダートは異なる政策アドバイスを回避すべく協力を強化する手続を作り出した。例えば，トップレベルにおいては月1回総裁と専務理事は昼食会を行ない，未決の紛争ではなく現在起こってい

---

(658) Ibid., pp. 43－44.

第2節 協力の開始とその難航

る又は起こりそうな問題を話し合うということにしたのである。

　第三に、2つの機関のスタッフの業務の重複を回避する真剣な努力がなされてこなかったが、1990年に世銀は融資やトランシェ・リリースを行なうため、及び世銀がトランシェ・リリースの決定を行なわなければならない時までに合意が失われた場合のリスク管理のため、マクロ経済発展の評価を行なうべきであると結論づけていた。そして、マクロ経済発展の評価を、ＳＡＬやＳＥＣＡＬが合意されたときにＩＭＦの取極が存在していたとしても行なうべきであるとしたのである。

　ある世銀のスタッフのワーキングペーパーは、世銀が自身で判断する範囲をより広範なケースにまで進めている。その理由として、世銀とＩＭＦは目的や優先順位が異なっていること、ＩＭＦのプログラムについての記録が雑然としてるので、世銀が安定化政策が十分に実施されたということを確信するには十分なものではないことをあげている。

　同様に、ＩＭＦも伝統的に世銀がカバーしてきた領域を精査する必要を感じている。例えば、ＩＭＦは公共支出について世銀が最新のレビューを提供できていない、と考える場合があり、このような場合、ＩＭＦはこれらについて自身で分析を行なっているのである。

　重複は、明らかに費用対効果が効率の悪いものであるが、これを根絶する試みは行なわれていない。

　第四に、問題であるのは、当該国の政策が融資の要件を満たしていないと他方の機関が知らせているにもかかわらず、当該国に政策融資を与える決定である。

　そして、これら4つの問題に加え、ソ連崩壊後の展開は2つの機関に広範囲で様々な仕事を提供することとなった。世界経済の統合、移行、マクロ経済安定、根本的なリストラクチャリングのような巨大な問題が、スタッフが対処できる以上の挑戦的な課題をＩＭＦと世銀にもたらしたのである。ＩＭＦは、特に熱意をもってこの課題に取り組んだ[659]。

　ポラックは、2つの機関が、機能の重複による逆機能を克服するよりも、既存の組織を防衛することを優先せんとしたことを指摘する。「1946年以降、特に1980年以降の経験は、組織的な困難が、少なくとも部分的には重複した活動分野をもつ2つの別々の金融機関の強いられた共存から招来しているということを示唆する。今まで、加盟国政府は、2つの機関の資金やマンパワーを統合するより

---

(659) Ibid., pp. 44-48.

第8章　IMFと世界銀行

も困難を（明示的にというよりは黙示的に）許容してきたのである。」

だが，合併した方がいいのではないか，とする主張が見られるようになっている。英エコノミスト誌は，ブレトンウッズ機関の合併は意味あることであり，いつか起こることであると観測を述べている。

そして，ポラックは「なぜ，同じ途上国に似たようなマクロ経済的コンディショナリティの下で国際収支信用を提供する2つの似通った国際機関が存在するのか？」という問いをたて，「前もって用意した答えは，もちろん合併である。それは，IMFと世銀の合併ではなくて，世銀へのIMFの合併である。そして，これは開発機関となる。」

また，「1970年代の二次改正交渉以降，IMFは国際通貨システムの機能に大きな貢献をなしていない。」しかし，G5やG7がIMFの体系的な責任を果すとは考えられないため，このシステムにかかわる国際機関を廃止すべき時ではないとしている[660]。

すなわち，先進諸国がグローバルな通貨問題に積極的に対応することが期待できない中では，通貨のための国際機関は必要である。しかし，現在のIMFは通貨以外の機能を持ちすぎている。よって，これらの機能を世銀に移すことが必要だという主張であると理解できよう。

ま　と　め

本章では，ポラックの「世界銀行とIMF」の紹介を通じて，IMFと世銀相互による「領域侵犯」について確認した。しかし，このことは両機関とも元来の目的をはみ出すことであり，かつ同一の業務を行う点で非効率なものであった。今後，どのように両機関の管理を仕切り直すのかについては，未だ決着がついていない。

しかし，法的に見て，目的を協定改正を行わずに拡大し他機関の管轄にまで踏み込むことは，許容されることなのであろうか。

最終章において紛争解決手続について検討し，このことの是非を考察する。

---

(660)　Ibid., pp. 48－49.

第9章 紛争解決手続

　IMFの実行において経済成長が志向され，IMFが自ら定めたコンディショナリティの歯止めであるガイドラインを既に逸脱するプログラムが作られている。のみならず，成長を志向するため，このガイドラインを改正しようという動きが事務局の首脳部に見られる。そして，このことは，世銀の管轄権に踏みこむことでもあった。

　だが，このように開発・経済成長をIMFの目的に付け加えることは正当化できるのであろうか。また，このように解釈について疑義が生じた場合，どこがどのように判断するのであろうか。

　ここでは，ゴールドによるIMFによる開発・経済成長の志向に対する正当化する主張を紹介した後，IMFの紛争解決手続について説明し，本書を終えることとする。

第1節　開発・経済成長の解釈

1. ゴールドによる開発・経済成長のIMFの目的化への批判

　ゴールドによれば，「多くの加盟国が成功を確保するため幅広さと効果のある経済政策を追及しているので，IMFはますます成長の問題に関与するようになっている。」そして，「IMFの融資権限の効果を支援すべく，IMFの視点はますます成長に向けられるようになっている。」だが，このことは，「IMFの目的として成長への関心を正当化することが法的に正しいかどうかという問題」を生じさせているのである[661]。

　IMFの目的において，開発・経済成長に関わる1条2項は，次のような規定である。

　　「国際貿易の拡大及び均衡のとれた増大を助長し，もって経済政策の
　　第一義的目標である全加盟国の高水準の雇用及び実質所得の促進及び維

---

(661) Gold (1996) p. 482.

持並びに生産資源の開発に寄与すること。」

ゴールドによれば,「この表現は, 1条や協定のその他の規定において『目的』という文言が使われており意味からしても, 経済成長もしくは開発をＩＭＦの目的とするものではない。1条2項は, 国際貿易の拡大及び均衡のとれた増大の助長がＩＭＦの目的であるとしているものであり, 結果的に生産資源の開発が加盟国によって追及される経済政策の第一義的な目標として促されることを期待するものである。理論的には, ＩＭＦは経済成長と関わる国際収支の状況に責任を持つ機関であり, 経済成長を追及する機関ではない[662]。

そして,「論理においても法的にも, ＩＭＦの目的を経済成長に対して管轄権をもつべく転換することを弁護できない。」もし, 経済開発をＩＭＦの目的とした場合,「ＩＭＦは国内的なものと普遍的に認識される政策に関与することが要請される。」だが, 1946年9月26日の有権的解釈は, 加盟国が一時的若しくは持続的な性質をもつ失業に対して保護するために, 平価変更を含め必要な措置を取る特権をすでに認めている[663]。

「もし, 成長がＩＭＦの目的として認められるならば, 加盟国がＩＭＦの資金を利用するしないに関係なく, 成長, 高水準の雇用, 高水準の実質所得を, ＩＭＦはすべての加盟国に押し付けなければならないが, このような政策領域は, 排他的に国内管轄権に入るものであろう。しかし, すべてのものは上記のように注意深く区別しておらず, 規定の起草の歴史や「もって」という文言が示す切れ目に無頓着なものは, ＩＭＦ協定1条2項は成長をＩＭＦの目的としていると見なすこととなる[664]。」

このように, ゴールドは, 開発政策のような政策は国内管轄権の中に入るので, ＩＭＦの目的としえないが, 注意深く区別しないものが成長をＩＭＦの目的として見なすとする。

また, 歴史的経緯を見ても, ＩＭＦ協定1条を改正する努力は, 二次改正の起草においてなされていない。「なぜならば, どのような提案でも, 1条の目的の改正はいくつかの加盟国がＩＭＦの性格を根本的に変えるものである, という結論を出してしまうかもしれないからであった[665]。」

---

(662) Ibid., p. 484.
(663) Gold (1996) p. 485. この有権的解釈については, 後述する。
(664) Gold (1996) p. 486.

第1節 開発・経済成長の解釈

二次改正の結果として，成長が4条1項（加盟国の一般的義務）において言及された。だが，この二次改正は1条の目的のリストに成長を加えるものではなかった。「そのため，目的という文言について4条1項ではobjectiveという文言が使われ，1条におけるpurposeという文言は使われなかった。この規定の効果として，4条1項が課す義務の遵守が1条に規定されている目的と一致するものであると考えられる。」と，ゴールドは解釈する[666]。

2. 正当化

だが，ゴールドは，以下のようにIMFの開発・経済成長への関与を正当化し始める。

IMFは，資金の管理のために，中期以上の期間で加盟国の予測を行なう必要がある。「この見通しをなすために，IMFは成長の予測を無視することができず，この関連において，成長に寄与する構造調整政策を無視することができない[667]。」

しかし，IMFは，成長について規制権限を有していないので，成長に関するIMFの関心は，融資若しくは助言的及び技術的権限に限定される。その中で，成長政策の支援のために資金を提供するIMFの融資権限が，特に他の形態の権限よりも関心を集めてきた。

それでは，低開発国向けのSAFやESAFのような融資制度は，成長を目的としていないのであろうか。

「一般資金以外の資源を使って融資政策を行なうに際し，正確に解釈した場合，協定1条に含まれない目的のためにIMFが資金を提供することは認められない。協定5条12項(f)は，操作や取引によって金の売却の受領額をIMFが使うことができるとする規定であり，この操作や取引がIMFの目的と合致していなければならないということを含んでいる。SAFは，この規定により設立された。5条2項(b)によるEASFにおいて，IMFは，基金の目的に合致する金融上及び技術上の役務（加盟国が拠出した資金の管理を含む）を提供することができる[668]。」

---

(665) Ibid.
(666) Ibid.
(667) Ibid., p. 488.
(668) Ibid., p. 489. なお，5条12項は「その他の操作及び取引」，5条2項は「基金の操作及び取引に対する制限」を規定している。

第9章　紛争解決手続

　ゴールドは，ＩＭＦがＳＡＦとＥＳＡＦにおいて，成長への傾斜を回避するに当たり，2つのことを行なったとしている。

　第一に，ＩＭＦは，協定の誤った解釈の責任と世界銀行の範囲の侵害を回避するため，成長の問題を取り扱うにずっと用心深く，ＩＭＦの決定や発表における成長への言及においては，通常成長と国際収支調整はつなぎ合わされていた。例えば，ＥＡＳＦの目的において「実質的に持続的なやり方で（加盟国の）国際収支ポジションを強化し成長を促進する計画」への支援が言及されている。

　第二に，ＩＭＦは，技術的な能力にかかわるものであり，世界銀行という技術的な能力を持つ組織によって追求される成長政策との抵触を避けようとした。これは，2つのブレトンウッズ機関のスタッフの共同援助を伴うポリシー・フレームワーク・ペーパー（ＰＦＰ）を提出により回避される。

　この通常とは異なるブレトンウッズ機関間の協力は，分析と勧告における首尾一貫性を追求するものである。首尾一貫性に到達するための特別な手続は，調整と成長のための政策の適切な合成に到達するために設立された。ＩＭＦのスタッフは，主としてマクロ経済問題に焦点を当てる一方，世界銀行のスタッフは，主としてＳＡＦとＥＳＡＦの下で利益を受けることが認められた低所得国の長期的な問題や部門別の政策及び投資計画を取り扱う傾向がある[669]。

　各機関の理事会は，ＰＦＰをレビューしているが，ＩＭＦの理事会は，世界銀行の理事会がレビューを行なった後にレビューを行なう。これは，ＩＭＦが成長を考慮する場合，専門機関として世界銀行を尊重していることを示唆している。世界銀行の見解は，ＩＭＦに伝えられるが，2つの機関の融資業務は法的な意味で共同ではない。

　ＰＦＰの実行は，成長はＩＭＦの目的である，という仮説に基づいて理解される必要がない。なぜならば，ＩＭＦは，ＩＭＦの権限において世界銀行の見解に依拠しながら専門家の意見を考慮できるからである[670]。

　だが，ＩＭＦと世界銀行は，協力することはできるが，資金管理の責任を共有化して協力することはできない。また，ＩＭＦは，ＩＭＦの一般資金の管理にのみ責任があり，加盟国との協定としてスタンド・バイ取極をみなすことを拒絶しているように，ＳＡＦやＥＳＡＦの下でも明らかに共同責任の理念を拒絶している[671]。

---

(669)　Ibid., p. 490.
(670)　Ibid.
(671)　Ibid., p. 491.

第1節　開発・経済成長の解釈

　また，ゴールドは，次のように論じる。「構造的な非調整もしくは他の理由による低成長がＩＭＦの目的実現の進展を妨げ，その加盟国を助けることなく国際的な価値ある資源を浪費してしまう。これは，ＩＭＦがこれらの政策の下で加盟国の資金へのアクセスを認めるとした場合，最もよい法的な正当化となるであろう(672)。」

　このように，開発や経済成長はＩＭＦの目的ではないものの，ＩＭＦ目的実現の進展を妨げる場合には，正当化されるとしている。

　ゴールドは，ＰＦＰの正当化も行なっているが，ＰＦＰは曖昧な文書である。ＰＦＰは法的な文書ではなく，ＩＭＦと世界銀行の両者の意向を混合することにより，全体としてＩＭＦと世界銀行の管轄権内に入る限り権限逸脱とはならなくするものであるとも考えられる。そのため，1つのプログラムにおいてどこまでＩＭＦが責任を負っているのか判然としない。

　また，公共部門におけるアカウンタビリティ，参加できる政府，公正で透明な法的・規制的枠組みを意味するグッドガバナンスへのＩＭＦの関与についても，ゴールドは同じ趣旨で認める。すなわち，ＩＭＦは目的の達成を妨げうると合理的に考えうることを考慮しなければならないため，ＩＭＦは世界銀行と同様に目的の障害物を取り除くための手段の1つとして，グッドガバナンスを推進すべきであるとするのである。

　そして，ＩＭＦは，加盟国の資金へのアクセスを承認する際，資金を使う加盟国がＩＭＦの1つ又は2つ以上の目的の達成への障害（成長，開発，構造調整の分野における障害を含む）となるものを削減若しくは取り除くことについて十分な保障をＩＭＦは持たなければならないとする。そして，そのための保証を与えるＥＳＡＦの下でのベンチマークやパフォーマンス・クライテリアは，法的に正当化されうる手段である(673)，としてＩＭＦがこの分野において裁量的にコンディショナリティを付けうる余地を残すのである。

　確かに，ゴールドは，カムドシュ専務理事のように，開発・経済成長をＩＭＦの目的とするという法的に正当かどうか疑わしい主張は行なっていない。しかし，このように障害を除くことがＩＭＦの目的を達成するために必要である，という論理を打立てることにより，同じ実行を別の言葉で表現しているだけにすぎない。それでは，個々の問題を障害として認定するのはどこなのか。目的の達成にとっ

---

(672)　Ibid.
(673)　Ibid., pp. 506－507.

第9章　紛争解決手続

て障害となるものをどこまでIMFの管轄権の中にあると考えることができるのか。29条(a)は，「この協定の解釈について加盟国と基金との間又は加盟国相互の間に生ずる疑義は，理事会に提出して解決する。」と規定している。次には，IMFがどのような紛争解決手続を有しており，このような解釈上の疑義を解決するのにどのように貢献しているのかを見ることとする。

第2節　紛争解決手続

1.　IMF紛争解決の特徴

29条は，IMF協定の解釈について以下のように規定している。

(a)　この協定の解釈について加盟国と基金との間又は加盟国相互の間に生ずる疑義は，理事会に提出して解決する。疑義が理事を任命する資格がない加盟国に特に関係があるときは，その加盟国は，第12条第3項(j)の規定に従って代表者を出す資格を有する。

(b)　理事会が(a)の規定に基づいて決定を行なった場合には，加盟国は，その決定の日から3箇月以内に，その疑義を総務会に付託することを要求することができる。総務会の決定は，最終的とする。総務会に付託された疑義は，総務会の解釈委員会によって審議される。この委員会の各委員は，それぞれ1個の投票権を有する。総務会は，この委員会の構成，手続及び多数決の要件を定める。この委員会の決定は，総務会が総投票権数の85%の多数により別段の決定をしない限り，総務会の決定とする。総務会への付託の結果が判明するまでの間，基金は，必要と認める限り，理事会の決定に基づいて行動することができる。

(c)　基金と脱退した加盟国との間又は，基金の清算中に，基金と加盟国との間に意見の相違が生じたときは，この意見の相違は，3人の仲裁人による仲裁に付する。仲裁人の1人は基金が任命し，他の1人は加盟国又は脱退した加盟国が任命し，審判すべき1人は，当事者が別段の合意をしない限り，国際司法裁判所所長又は基金が採択した規則で定める他の当局が任命する。審判すべき人は，いかなる手続問題に関して当事者の意見が相違する場合にも，その問題を解決する完全な権限を有する。

第2節 紛争解決手続

　ＩＭＦの解釈手続の最も重要な特徴は，総務会又は理事会が協定の最終的な解釈を採択しうるということである。この「協定の条文を最終的に解釈する基金の権限は，国際環境において最も特異な現象である[674]。」主要な国際機関の条約は，外部の機関が最終的な解釈を行なうことを定めている。すなわち，多くの機関において，国際司法裁判所若しくはその他の裁判所によって解釈の問題は解決されることとされているのである。

　それでは，なぜＩＭＦ内部に最終的な解釈をなす権限を与えたのであろうか。ブレトンウッズ会議の公刊されている記録によっても，起草者がＩＭＦに最終的な解釈権を与えるよう理由についての手がかりをほとんど得ることができない。

　これについて，ゴールドは，「特に裁判所が専門家ではない問題について，解釈問題の外部の裁判所への度重なる上訴は，基金の業務を妨げるとブレトンウッズにおいて感じられていたと推論しうる」としている[675]。

　ヘクスナーは，次のように説明している。非司法的な部門によって最終的な解釈がなされるという取極は，一連の複雑な国際交渉のギブアンドテイクの結果である。ブレトンウッズ以前やブレトンウッズにおける交渉は，主として通貨の専門家によってなされ，彼らは，金融の専門家の手に解釈を含めたデリケートな政策問題の意思決定を残そうとし，また制度の主たる政策が割当額によって示された利益の衡量を十分考慮して展開される枠組みを作り出そうとした。さらに，政治的経済的変化に対応した政策調整を排除しない枠組みを作りだそうとした。「もし，最終的な解釈機能が外部の司法機関に渡った場合，これらすべての目的が妨げられると彼らは信じていた[676]。」

　また，理事会及び総務会は解釈手続を自らの権限で開始することが認められている[677]。だが，条文の表現から判断して手続は義務的なものであるが，自動性をもつものではない。いずれかの加盟国が解釈を要請する場合にのみ，手続に入るのであって，理事会がたとえ紛争の存在を認識したとしても，手続を始める義務は理事会には課せられていない[678]。

---

(674)　Gold (1954) p. 256.
(675)　Ibid., pp. 257−258.
(676)　Hexner (1959) p. 344.
(677)　Ibid., p. 348.
(678)　Denters (1996) p. 200.

第9章　紛争解決手続

解釈手続

　ヘクスナーによれば，解釈の疑義は，具体的な紛争に限定される訳ではないと考えられる。そして，29条(a)は加盟国によって提出された解釈の要請をＩＭＦは拒絶する裁量を有している訳ではないということを意味している。また，協定上の義務に関して加盟国とＩＭＦとの間に意見の不一致があり加盟国が解釈要請をなした場合，加盟国からの解釈要請を生じさせたということからして，ＩＭＦから訴えを起すということはないだろう。

　さらに，29条(b)に従えば，理事会の解釈の決定について，加盟国は疑義を総務会に付託することができる。総務会への付託の権利は，その決定によって直接影響を受けた加盟国に限定されない。

　また，加盟国は，義務が不確かである場合，実際の又は起こりうる特定の状況に関してＩＭＦの見解を求めることができる。ＩＭＦによる助言について，加盟国との間で不一致が存在する場合，公式の解釈を求めることができる。だが，逆にいつでも加盟国が理事会に解釈の疑義を提出することができるという規定は，ＩＭＦの実行や政策について公式の解釈が求められない場合，理事会の決定に対して総務会に疑義が付託されない場合，加盟国はＩＭＦの立場を納得しているという推定を正当化することとなる[679]。

　解釈の要請により，解釈されるべき規定や用語が特定化される。さらに，ＩＭＦが協定の下である実行を行なったり，特定の方法である実行を行なう権限を有しているのかどうかについて，決定が要請されることがありうる。一般的には，ＩＭＦの実行や政策に関連するすべての疑義は，解釈の問題になりうる。

　総務会は，付託された疑義について決定を下すことが要請される。だが，協定は，付託された疑義についての決定の時間の制限について規定していない。また，総務会の権限や手続についての規定に関する疑義は，まず理事会において決定される必要がある。

　そして，29条(a)は，疑義が理事を任命する資格がない加盟国に特に関係があるときは，その加盟国は代表者を出す資格を有する，と規定し，関係のある加盟国は，理事会に対しその立場を説明し，事実の提示を行なう機会を与えられている[680]。

　さらに，脱退した加盟国とＩＭＦとの間に生じた意見の相違については，29条

---

(679)　Hexner (1959) p. 347.
(680)　Ibid., p. 348.

(a)(b)は適用されず，29条(c)が適用される。29条(c)は，ＩＭＦと脱退した加盟国間との間に意見の相違が生じたときは，3人の仲裁人による仲裁に付されることとしており，審判すべき人は，当事者が別段の合意をしない限り，国際司法裁判所所長又はＩＭＦが採択した規則で定める他の当局が任命することとされ，審判すべき人はその問題を解決する完全な権限を有すると規定している。

解釈の拘束力

　ヘクスナーは，協定を締結した加盟国の意志によって効果あるものとされるということが，解釈の基本原則の1つであるとしている。ＩＭＦ協定を締結した加盟国の明白な意志は，協定の1条の目的において規定されている。1条は，いかなる決定をするについても，本条に掲げる目的を指針としなければならないことをＩＭＦに要請している。

　業務において，ＩＭＦは無数の原則や政策を発展させているが，これらの原則や政策は，理事やスタッフに知られていたとしても，加盟国には知られていないかもしれない。これらの原則や政策は，1条に規定されたＩＭＦの目的に合致するものであり，かつその観点から発展したものである。そして，「この適用は，解釈の過程において実定法として正当化される。このＩＭＦの内部法は，もちろん，解釈についての疑義として加盟国が提起する特定の原則や政策の公式の審査に従うものである[681]。」

　29条(a)に基づいて行われる理事会の解釈決定は，ＩＭＦとその決定を総務会に審査のために付託しようとしている加盟国をも拘束する。もし，総務会に付託する要求がなされた場合，総務会への付託の結果が判明するまでは，必要と認める限り，理事会の決定に基づいて行動することができる[682]。

　個々の事件における決定は，内部的な慣習法となり，おそらく，後の非公式又は公式の解釈においても参考とされることとなろう。その決定が一般的なＩＭＦの政策に関わるものである場合，解釈的な決定によってすべての加盟国は拘束される。「基金は公式の解釈に合致して日常業務を行なうべく拘束されている[683]。」

---

(681)　Ibid., pp. 349−350.
(682)　29条(b)。
(683)　Hexner (1959) pp. 352−353.

第9章　紛争解決手続

司法的救済の欠如

　協定は，加盟国とIMFとの間又は加盟国間に生じた解釈の相違から生ずる意見の不一致に対し，伝統的な意味で「司法的な」救済を提供していない。先に示したとおり，協定の起草者は国際通貨協力はデリケートな問題であるので，伝統的な司法的な支配を望まなかったのである。起草者は，この方法が特に加重投票制により個々の意思決定者に不平等な地位を与えるものであり，紛争が利害関係のある加盟国の投票により解決されることを十分に認識していた。

　何人も自らが関係する事件の関係者たるを得ず（Nemo judex in re sua）という原則は，国際公法において広く認められ，単なる司法手続をこえて適用されるが，問題はこの原則に合致していないIMF協定の規定を，この原則が排除することができるのかどうかである。これについて，ヘクスナーは，「何人も自らが関係する事件の関係者たるを得ずという規範は，この原則に合致しない条約の規定を排除する強制的な性質をもつ国際公法の原則（強行規範）を構成する，ということは難しい」としている。また，判断を下すものの独立性が保てるかどうかについては，「解釈を行なう者に独立した地位を効果的に確保していない」とし，政治的に決定されることを示唆している[684]。

　さらに，ヘクスナーは解釈の疑義を決する場合，定義上「法規形成機能」を含んでいないと考えられるが，IMFにおける解釈はしばしば法規形成を含み，現代の国家の枠組みの中で司法的な法形成が果たされているよりもずっと広範な基準に基づいてなされているとする。29条(a)及び(b)は，有権的な解釈決定の形態で機能する準立法権のための基盤となることが意図されている。「原協定18条に依拠して公式の解釈がなされる場合，理事会は以前になした決定において理事がとった立場を実質的に変えたりすることはほとんどなく，原協定18条の解釈権限は間接的に準立法的な性質をもつ『非公式の』決定の重要性と尊厳を高めることとなる[685]。」もっとも，非公式な解釈は29条の下で異議を申立てることができる。

29条の手続によらない解釈

　IMFの解釈手続の最大の特徴は，解釈において29条の解釈手続が多くの場合

---

(684)　Hexner (1959) pp. 367-370.
(685)　Ibid., p. 370. なお，原協定18条は，改正され現行協定の29条となった。しかし，後述する解釈委員会の設立を除けば，原協定18条は，基本的には改正されていない。

第2節　紛争解決手続

採用されないことかもしれない。ゴールドは，次のように説明している。

「協定の条文は，複雑で，長く，かつ重要な文書であるが，このような性質をもつ文書が解釈の方法について何も要請される余地がないほど明確で包括的であることは，期待されていなかった。かなりの数の解釈が，基金が効果的に解釈するために必要であった。これらの解釈の圧倒的な部分は，原協定18条の外側で採択されつづけてきたのである[686]。」

IMFは『セレクティッド・デシジョンズ』を発行しており，ここに一般的な性質をもつ決定が収められているが，すべての決定がここに収められている訳ではない[687]。

ゴールドによれば，「原協定18条の下で採択された解釈とより公的で権威的な性質をもたない規定によらない解釈の間には，本質的な違いはないと考えられる。(中略) 2つの解釈への態度は同じである。すなわち，どちらもIMFの法の部分として遵守され，適応される。」

それでは，なぜ，IMFが解釈手続の外側でほとんどの解釈をなすのか。これにについて答えることは簡単ではないとする。なぜならば，その実行は，公的な決定の結果ではなかったからである。「これらの解釈は，原協定18条の下でのような最終的な権威のスタンプを与えないので，原協定18条の外側での解釈の採択は，ある非公式性をもつと説明されるかもしれない。実行は，IMFの最初に宣言されている目的であり，成功にとって必要不可欠である協議と協力の精神により合致するものである。」

さらにゴールドは，この非公式性は，加盟国の保証を損なうことなく保持されるとする。また，加盟国は原協定18条の下での解釈の疑義を提起することができるのであり，これは加盟国に対するセーフガードとなるからであるとしてい

---

(686) Gold (1968) p. 14.
(687) なお，筆者の調べる限り，IMFの『セレクティッド・デシジョンズ』は現在まで24版が発行されているが，日本にすべての版が揃っていない。だが，IMFのほとんど意思決定は，協定改正によらず決定によってなされており，法的考察を進める場合この『セレクティッド・デシジョンズ』が必要である。現在の24版は，現在使われていない決定を収録していない。しかし，例えばスタンドバイ取極の決定の変遷を調べる場合，現在使われていない決定を調べる必要があり，古い版が必要である。このように，法的研究のためにはすべての版が必要であるにもかかわらず，存在しないということは，日本におけるIMFの法的研究の低調さを示唆するものである。

る(688)。

　しかし，このようなゴールドの立論は，紛争解決に対して司法的な決定を回避しているIMFの実行を正当化するものにしかすぎない。マンは，原協定18条によらない大多数の決定と原協定18条の下での解釈は，性質，構造，表現の点で非常に似通っていると指摘しながらも，両者の「解釈」は異なっているとしている。原協定18条によらない決定は，原協定18条の下で考えられた条件を満たす解釈ではない。何千もの文書を出し変化する情勢に継続的に調整し，理事やスタッフ，そして程度は劣るが加盟国に知られる原則や政策をIMFがいかに発展させようと，「それは全く異なる事柄である。それは，解釈的決定に適用されるであろう基金の内部法を構成しているのである。重要であることは，このような『原則や政策』は解釈的な決定ではない。それは，『原協定18条の外側』でなされたからではなくて，これらの性質上の18条を必ずしも適用できないようにしているからである(689)。」

　そして，IMFにおいて，明らかに司法的な決定が軽視されている。これは，次のことからも明らかである。

一次改正による解釈委員会の設置と事実上の不設置

　1968年，一次改正の改正過程において，EC諸国の代表は，SDRを受け入れる条件として原協定18条（紛争解決手続）の改正を提案した。それは，既存の手続のもとでなされた協定解釈の決定と加盟国の意見が一致しない場合，3人の仲裁人からなる外部の裁判所が最終の裁判所として導入されるというものであった。

　当初より，IMFの法的問題に関心を示していたフランス代表は，協定の解釈は今まで他の国よりも米国と英国の代表の見解に従うものであったと考えていた。そのため，協定が改正される場合，加重投票の効果を減ずるべく18条を改正しようとした。18条(c)は，外部の裁判所を設置していたので，容易に適用されると考えられていた。

　この提案は難解であまり重要でないと見られていたが，かなりの影響を及ぼす効果があるものであった。それは，IMFが協定を自ら解釈する権限が，IMFが変化する状況に適用し，その実行において柔軟であることを可能ならしめる重要な要素である，と考えられているからであった。この柔軟性は，もし加盟国がいつでも最終的な決定を下す外部の仲裁裁判所に異議を申立てることができる場

---

(688)　Gold (1968) pp. 15−16.
(689)　Mann (1969) p. 3.

第2節　紛争解決手続

合，危機に陥るからであった。

　シュバイツアー専務理事は，IMFが協定を解釈する方法の改正は必要ないという立場であったが，フランス代表はいくつかの改正を主張したので，外部の機関よりもIMFは自身の政策決定機関を基礎とする手続を利用すべきであるとした。だが，彼は，強力な機関である常設の総務会の解釈委員会を提案した。これは，もし加盟国が原協定18条の下で総務会に対し解釈の疑義を付託した場合，疑義はまず解釈委員会によって審議されるというものであった。解釈委員会は，総務会に対し公式の勧告をなす。

　1968年3月，ストックホルムにおける10ヵ国蔵相会議において未解決の改正案が議論された際，SDRの導入に熱心だった米国代表はフランス提案に同意しているように見えた。シュバイツアーは総務会の解釈委員会という妥協案を提示し，フランスの支持を得て，委員会の各委員はそれぞれ1個の投票権を有するという提案をなした。この考えは，受け入れられた。

　従って，改正18条（現行協定29条）の下，理事会は協定の解釈の疑義について決定を行ない，どの加盟国も総務会に異議を申立てることができるとされた。ここまでは，原協定と同じであるが，その異議は特別の委員会に対してなされる。この委員会は，単に助言を行なうだけではなく，投票をなし決定を行なう権限を有する。各加盟国が1個の投票権を有するという考えは，IMFの通常の加重投票制からの基本的な変更を示すものであった。この委員会の決定を覆すためには，総務会において総投票権数の85パーセントによる別段の決定が必要である。

　1969年から1970年にかけて，委員会を設立する内規について合意のための努力がなされた。委員会の規模と構成について理事会で議論が行なわれ，スタッフも努力したが，理事会は合意にいたらなかった。「それゆえ，二次改正以降においてもこの委員会についての規定は存在しているが，実行されなかった。」そして，現在の3回にわたる改正を経た現行協定においても，規定は存在しているが，委員会は設立されていない。

　解釈委員会が設立されなかった主要な理由は，規模についての意見の不一致であった。米国において一次改正提案を議会に提示された際，銀行通貨委員会のルース下院議員は，18条に特に関心を示した。また，法を解釈する権限が，法を書く権限を越えていることを強調した。ルースは，解釈委員会における加重投票権の割合についての米国の譲歩を批判した。この譲歩により，IMF協定の解釈に対する影響力を失うからというのがその理由であった。彼は，特に不足通貨条項が米国に不利に解釈されていることに特に関心をもっていた。彼は，財務省代

355

表から，解釈委員会が設立された場合，米国は加重投票制の下で享受していたのと同じ割合の投票権を維持するという了解を保証として引出した。米国は，IMFに約20％の投票権を有していたので，この了解は解釈委員会の委員数は6人以上とならないことを意味していた。そこで，米国代表は，効率的な委員会を確保するためとして小さな委員会を望んだのである。

米国代表が小さな委員会を望む一方で，他の加盟国の代表もまた委員を出すことを望んでいた。これらの希望を満たすためには，委員会は相対的に大きくなければならなかった。この論争の結果，1969年から1970年に至る委員会設立のための努力は，成功しなかった[690]。

このように，内規が決定できないことにより，協定上の機構を設置しないことは，不当であり，29条違反である。

解　釈

協定における解釈手続を通じた解釈は，これまで10回なされた。しかし，開発・経済成長をIMFの目的としていることは正当かどうかについて，解釈したことはない。また，これまでのところ，1959年に行われた解釈が最後の解釈である。すなわち，現行の29条の下で一度も解釈はなされていない。よって，ゴールドの行なった正当化が妥当かどうかについて有権的な解釈は行なわれていない。

そもそも，解釈は協定の目的によって拘束されているのであるから，目的そのものを拡大した場合，解釈することはできない。よって，目的の拡大が権限踰越であるかどうかについて解釈はなされていないことは当然である，と解釈されるかもしれない。だが，1946年9月12日の決定は示唆に富む判断を示している。

これは，米国よりサバナ会議の際に要請された。これは，米国ブレトンウッズ法13条に従って要請されたものである。13条は次のように規定されていた。

(a) 経常取引における加盟国の国際収支の周期的，循環的でかつ偶発的な変動に関連して，資金を使用する基金の権限が，加盟国に一時的に支援を与える現行の通貨安定業務を越えているかどうか，また，救済，復興，軍備のためにファシリティが提供されたり，ある加盟国からの巨額又は継続的な資本流出に応ずるために資金を利用する権限が使われているかどうか，について，米国によって任命された総務と理事は，基金による公式の解釈を速やかに得

---

(690) Garristen de Vries (1985) I pp. 145-147. 解釈委員会についての歴史的経緯はすべて左記の本に拠った。

なければならない。
(b) 基金による解釈が(a)項に規定された疑義について肯定的なものである場合，米国を代表している基金の総務は，このような解釈を明白に無効にするため，協定の条文の改正を速やかに提案し支援しなければならない。大統領は，米国を代表して改正協定の発効のため改正を受諾する権限をもっており，かつ受諾しなければならない。

このブレトンウッズ法13条に基づく米国からの要請に対し，理事会は以下の決定を下した。「基金の資金利用の権限は，通貨安定業務のための経常収支における国際収支赤字に融資し，一時的な支援を与える目的に合致する使用に制限されることを意味するものであるとして，国際通貨基金の理事会は協定の条文を解釈する[691]。」

この解釈を変更するためには，総務会に付託するか，協定を改正するしかない。

ゴールドによれば，「原協定18条による解釈が後の基金の機関の決定によって撤回されたり，実質的に変更されない場合，ある誤った解釈は協定の改正によってのみ是正される[692]。」

だが，IMF発行の「金融機関とIMFの業務」によれば，前述のゴールドの記述とは異なり，1987年に設立された「ESAFの下での資金は譲許的な貸付の形態で中期的なマクロ経済及び構造調整プログラムを支援するため利用される[693]」としている。これは，1946年9月12日の決定とどのような関係にあるのだろうか。

また，IMFは加盟国の国内問題にどれほど関わることができるのかについても，IMFは興味深い解釈を下している。先述した1946年9月26日になされたIMFにとって最初の解釈は，この国内問題へのIMFの関与について示唆を与えるものである。この解釈に対する要請は，原協定4条5項(f)[694]に関連したもの

---

(691) Gold (1954) p. 260.
(692) Gold (1968) p. 30.
(693) IMF Treasure's Department (1998) p. 75.
(694) 4条5項（原協定・一次改正）（平価の変更）
「(f)基金は，提議された変更で前記(c)(ii)又は(c)(iii)の条項に該当するものが基礎的不均衡の是正に必要であると認めるときは，その変更に同意しなければならない。特に，基金は提議した加盟国の国内の社会的又は政治的政策を理由として変更に異議を唱えてはならない。」

第9章　紛争解決手続

であり1946年3月のサバナ会議において英国より提起された。

　英国が明確化を求めたのは以下のことであった。「完全雇用を維持するという英国の意図と協定1条2項及び5項の条項を考慮して，国際収支からの圧力から生ずる長期的な又は持続的な性質をもつ失業問題から加盟国を保護する必要な手段が，基礎的な不均衡を是正するために必要な措置の中に入るのかどうか」というものであった。

　これに対し，理事会は次のように解釈した。付託された手段は，「不均衡を是正するために必要な措置に入るものである。加盟国が基礎的不均衡を是正するため通貨の平価の変更を提議する事例において，基金はすべての関連する諸条件に照らし，提議された変更が不均衡是正のために必要かどうか決定することが要請される(695)。」

　すなわち，雇用の確保は重要な措置であり，ＩＭＦはこれを無視することができないことが示されたのである。そして，ゴールドに拠れば，ここでの考慮は，基金の目的を阻害しない範囲で考慮されるということを意味するので，ＩＭＦがいかに目的を解釈するかが問題となる。

　固定相場制はもはや存在しないが，この目的をどう解釈するかにとって重要となるのは1条(v)の「国内的又は国際的な繁栄を破壊するような措置に訴えることなしに」一時的に「適当な保障」の下で国際収支支援を行なうという規定の解釈がどのようなものであるのかということに関わる。ＩＭＦは，この点について明確な解釈をしてこなかった(696)。

　また，コンディショナリティについては，加盟国はコンディショナリティの正しい解釈が行なわれているかについて解釈を求めることはできない。コンディショナリは，ＩＭＦ協定上の概念ではなく，紛争は，協定の解釈の要請に転換させなければならないからである(697)。

2.　ＩＭＦの決定の現状と批判

　国際収支支援が加盟国から要請された際，通常，ＩＭＦ派遣団は，専務理事の指示の下国際収支支援を要請する加盟国と交渉し，この交渉に成功したならば，通貨当局はレター・オブ・インテントを策定する。その上で，専務理事が理事会

---

(695)　Gold (1968) p. 4.
(696)　Denters (1996) pp. 205-206.
(697)　Ibid., p. 201.

第2節　紛争解決手続

に国際収支支援を提供するように勧告を行なう。

　ここで顕著なことは，専務理事とスタッフの判断がきわめて重要であるということである。さらに重要なことは，専務理事の勧告は実際には公式の投票なしに理事会によって承認されるということである。理事が批判を表明した場合には，専務理事の勧告を尊重した上で，専務理事から将来修正された政策を期待するとのコメントを添えることになる。また，専務理事は加盟国との非公式の交渉が終わった後に，理事の多数が支援に反対ではないかと考える場合，勧告を取り止める。このような専務理事と理事会との間の相互作用は，理事会における対立を妨げることが意図されている。

　スタッフが加盟国と合意しない場合，スタッフはそのことを一方的に報告し，その場合，専務理事は勧告を取り止める以外には意見を出さない。だが，通常専務理事は，勧告を取り止めるという消極的な勧告は行なわない。専務理事は，各国の当局の見解を聞き通貨に関するデータを検討している派遣団の判断を信頼する以外にはほとんど選択肢がない。

　専務理事が消極的な勧告を行なわないので，理事会が加盟国の要請に対して拒否することを正当であるとする公式の決定を行なうことはできない。交渉が決裂しそうな場合，理事はその理由を専務理事から聞き出したり，必要に応じて仲介や助言をすることができるが，これはすべて非公式なものであり，コンディショナリティに関するガイドラインが理事会との協議を提供することもない。

　また，要請された調整措置は，性質上ＩＭＦに大きな裁量の余地を残すので，加盟国には，協定とそこから派生する決定が軽視され，事実が不公正に判断され，政治的な動機によって不公正に適用されていると信ずるに十分な理由がある。さらに，しばしば繰り返される批判は，派遣団が横柄に振る舞い，要請国を尊重する兆しもみせないというものである[698]。

　デンタースは，次のように紛争手続の改善を論じている。ＩＭＦの資金利用が権利の問題であるとすれば，権利の実現に対して異議が出される場合，独立の審査が行なわれるべきである。もし，スタッフが協定及びガイドラインをコンディショナリティに正しく適用したかどうか，不可欠の手続上の要請に違反していないかどうか，あるいは権限を濫用していなかったかどうかについて判断する立場にある理事会に，拒否された要請が提起されるならば，手続は大きな改善を見ることになるだろうとしている。

---

　(698)　Ibid., pp. 208－209.

第9章 紛争解決手続

　また，理事会はスタッフの不公正な事実評価があるとの批判について調査すべきである。必要ならば，紛争をもう一度交渉へと差し戻して，これに委ねるように当事者に指示すべきである。このことにより，加盟国に対する差別に対抗し支援政策における一貫性を促進するような判例を発展させることにいたるであろう。さらに，このような政策は，派遣団と加盟国との交渉の中で，理事会と専務理事の政策目的の実施を促進することとなる。調整プログラムと経済成長の促進との関係，プログラムにおける社会的経済的標準の維持の必要についての意見の表明は，ＩＭＦと加盟国との関係のまさに中核を構成するものである。そして，このことは，これらの政策目的を阻害する調整政策に異議を申立てることができるということがいかに加盟国にとって不可欠であることであるかを説明するものである[699]。

　デンタースは，以上のように現行のＩＭＦのあり方を批判し，改善策を示した。
　ＩＭＦの行なっている調整政策は要請国の内政に深く関与しており，ＩＭＦの資金は要請国の死命を制することもありうる。このように内政に関与されるのは資金を要請した国だけであり，国際金融市場が整備された現在，先進国がこれを利用する可能性は今のところ乏しい。事実上，途上国のみがＩＭＦ協定によって国内管轄権に入る内政までも拘束される。しかし，ＩＭＦにおいて紛争は未然にないものとされ，執行機関である理事会は事務局から提案がなされない場合，自ら動くことはなかった。しかし，その場合，事務局は何者にもチェックされず機能することになるのである。よって，個々の事例における疑義についてこれまで以上に解釈手続において解釈が行われることが必要である[700]。

---

(699) Ibid., p. 210.
(700) 2000年7月の「国際金融アーキテクチャーの強化」と題するG7蔵相から首脳への報告において，ＩＭＦのガバナンス及びアカウンタビリティの強化について次のように言及している。
　「個別国のプログラムを策定するプロセスにおいて，ＩＭＦ理事会の関与が一層促進されるべきである。重要かつ機微なケースについては，早期の段階で理事会に概要が伝えられるべきである」とし，恒久的な独立評価部局をＩＭＦ内に設けようとしていることを歓迎している。そして，「その独立評価部局による評価の結果に関する報告が理事会に対して行われるとともに，国際通貨金融委員会に対してその活動状況に関する定期的な報告が行われることを期待する。」とする。
　これは，既存の紛争解決手段を利用するものではないが，ＩＭＦのガバナンスとアカウンタビリティ向上に貢献するものとして評価しうる動きである。

結　び

　ＩＭＦは，第二次世界大戦のような世界規模の戦争を二度と引起こさないために，国際的に自由な経済体制を構築する一翼を担うべく設立された。ＩＭＦは，その成立から今日まで苦難の連続であった。その苦難を乗り越え現在まで存続しえたことは，驚嘆に値する。しかし，ＩＭＦ側から見れば驚嘆すべきことではなく，変化する国際情勢に対しＩＭＦ協定を柔較に解釈した結果に過ぎないかもしれない。本書は，協定によって成立した国際機関が，その組織を存続させるためにどのように協定を解釈し，存続を可能にしたかを理解すべく執筆された。
　そのために，まず，設立過程を追い，基本構造を検討し，意思決定の手法を理解し，法の規範のあり方を把握した。その上で，法の特異な運用と解釈しうるＩＭＦのソフトローについて触れ，ソフトローを使うことで権限の拡大が可能になったことを見た。そして，現在の融資制度の方向性を把握し，隣接の他国際機関との対応関係を理解した。最後に，ＩＭＦの実行がどのように解釈されるのかについて，紛争解決手続を検討した。上記のような包括的な記述により，全体理解を果さんと試みたが結果はどうであったであろうか。これは，読者の判断を待つほかない。
　ＩＭＦに対する批判は以前よりなされてきたが，特に，アジア通貨危機以降ＩＭＦは様々な批判を受け，ＩＭＦ改革の議論が各方面からなされることとなった。
　現在も継続してＩＭＦ改革論が論議されているところであるが，この改革論の全体像を検討することは他日を期したい。ここでは今後のＩＭＦのゆくえを探るべく，先進国のＩＭＦ改革論の方向性を検討し，本書を締め括ることとしたい。
　2000年7月に沖縄で行われたＧ7首脳会合の声明では，「ＩＭＦは，世界の持続可能な成長の重要な前提条件としてマクロ経済及び金融の安定を推進する上で，引き続き中心的な役割を果たすべきであるとともに，将来の課題に対処するために発展しつづけるべきである。」とされ，特に以下の措置を重視するとしている。危機を予防するためのＩＭＦの監視の強化，国際的な行動規範及び基準の実施，ＩＭＦ融資制度の改革，ＩＭＦの資金基盤の保全及びプログラム期間終了後の監視，統治及び説明責任の強化，危機の予防及び解決における民間部門の関与の促進，である。
　すなわち，広範にわたるＩＭＦの業務を追認するとともに，その内容の改革を

結　び

　求めるものであると考えることができよう。特に，ＩＭＦの融資業務について，「Ｇ７蔵相から首脳への報告」において，「危機時を含め，国際収支の調整のための一時的かつ適切に条件付けられた支援と，長期にわたる使用を避けつつ限定された状況において構造改革を支援する中期的資金を供与していくべきである。」として，長くても中期の資金供与を強調している。しかし，「世界銀行は貧困削減のための中心的な機関であるが，貧困削減と成長の達成のための主要な手段であるマクロ経済の安定についてＩＭＦが責任を有している。」とし，貧困削減戦略に取り組むにあたっては，世銀の努力と統合し，貧困削減成長融資制度（ＰＲＧＦ）を通じて最貧困国のマクロ経済の安定を図ることとされている。

　成長と貧困への取り組み。さらには，アジア通貨危機に代表される危機への取り組み。ＩＭＦの現在の課題は，50数年前にブレトンウッズに集まったＩＭＦ協定の起草者が，予想し得なかったものばかりである。

　上記のように，ＩＭＦのあり方について論議されているところであるが，議論の行方を的確に捉えるとともに，今まで必要に迫られて実行を積み上げてきた制度のあり方や運用の問題についても改革が必要であると思料される。これらを踏まえ，新しい国際金融システムを構築するときが，今到来しているということができよう。

参考文献

アイケングリーン（高屋定夫訳）(1999),『グローバル資本と国際通貨システム』, ミネルヴァ書房。
アグリエッタ『(斎藤日出治訳) (1992),『通貨統合の賭け』, 藤原書店。
位田隆一 (1985)「『ソフトロー』とは何か」『京都大学法学論叢』117巻5号・6号。
石黒一憲 (1983)『金融取引と国際訴訟』, 有斐閣。
岩田, 小寺, 山影, 山本編 (1996)『国際関係研究入門』, 東京大学出版会。
岩本武和 (1999),『ケインズと世界経済』, 岩波書店。
大隈宏 (1988),「IMFコンディショナリティの歴史的展開」『成城法学』27号, 167-196頁。
緒方貞子 (1982),『日本における国際組織研究』, 総合研究開発機構。
井川紀道（編著）(1992),『IMFハンドブック』, 年金研究所。
大野健一・泉 (1993),『IMFと世界銀行』, 日本評論社。
奥田宏司 (1989),『途上国債務危機とIMF, 世界銀行』, 同文舘。
海外経済協力基金 (1992)「世界銀行の構造調整アプローチの問題点について」『基金調査季報』No. 73。
ガードナー（村野他訳）(1973),『国際通貨体制成立史』(上・下), 東洋経済新報社。
カムドシュ (1987),「第42回世銀・IMF総会演説集（下）」『国際金融』, 12月15日, 28-34頁。
北沢他 (1995),『顔のない国際機関 IMF・世界銀行』, 学陽書房。
ケインズ（村野孝訳）(1992),『ケインズ全集第25巻 戦後世界の形成－清算同盟』, 東洋経済新報社。
ケネン（桜井一郎訳）(1989),『現代国際通貨システムとIMF』, 同文舘。
小浜裕久 (1982),『ODAの経済学』日本評論社。
ゴールド（土井輝生訳）(1965a),「民間取引にたいするIMF（国際通貨基金）協定の法的効果」『ジュリスト』318号, 3月15日, 76-84頁。
─── (1965b),「国際通貨基金 ── 国際通貨法および組織における地位」『ジュリスト』320号, 4月15日, 77-86頁。
財経詳報社編 (1999),『図説国際金融』, 財経詳報社。
世界銀行 (1980)『年次報告』
實川和子 (1996),「国際私法における為替契約の規制について」『法学新報』102巻7・8, 9, 10号。

白井早由里（1999），『検証IMF経済政策』，東洋経済新報社。
ソロモン（山中監訳）（1990），『国際通貨制度研究1945-1987』，千倉書房。
高野雄一・筒井若水（1965），『国際経済組織法』，東京大学出版会。
滝沢健三（1982），「IMF貸出のconditionality」『東京銀行月報』34号，8月号，4-25頁。
——（1980），『国際通貨』，新評論。
——（1976），『国際金融機構』，文雅堂銀行研究社。
平勝廣（1983），「IMFの『援助機関化』をめぐって」同志社大学『社会科学』31号，121-175頁。
谷岡慎一・大久保直樹（1998），「多数国投資協定（MAI：Multilateral Agreement on Investment）交捗テキスト全訳」『貿易と関税』9月号・10月号。
田中五郎（1998），『発展途上国の債務危機』，日本評論社。
丹宗，山手，小原編（1987），『新版国際経済法』，青林書院。
土井輝生（1968），『国際通貨協力の法機構』，成文堂。
ドリスコル（1997），『国際通貨基金とは』，IMF広報局。
トリフィン（村瀬・小野訳）（1961），『金とドルの危機』，勁草書房。
日本貿易振興会・海外情報センター（1985），『中南米の経済データファイル』
平田潤（1999），『21世紀型金融危機とIMF』，東洋経済新報社。
ブラウンリー（島田他訳）（1992），『国際法学』，成文堂。
ブレトンウッズ委員会日本委員会編（1995），『21世紀の国際通貨システム』，金融財政事情研究会。
藤岡真佐夫監修・内海編著（1976），『新しいIMF』外国為替貿易研究会。
ベーカー（1985），「第40回世銀・IMF総会演説集（上）」『国際金融』12月1日，35-40頁。
——（1987），「第42回世銀・IMF総会演説集（上）」『国際金融』12月1日，17-21頁。
ポラック（伊豆訳）（1999），「IMF協定改正と資本自由化」，S．フィシャー他『IMF資本自由化論争』，岩波書店
村瀬信也（1985），「現代国際法における法源論の動揺——国際立法論前提的考察として」立教法学25号。
山本栄二（1997），『国際通貨システム』，岩波書店。
堀江薫雄（1962），『国際通貨基金の研究』，岩波書店。
マッキノン（日本銀行「国際通貨問題」研究会訳）（1994），『ゲームのルール』，ダイヤモンド社。
毛利良一（1988），『国際債務危機の経済学』，東洋経済新報社。
——（1984）「IMFコンディショナリティの政治経済学」日本福祉大学『研究紀要』62号，39-145頁。

参考文献

横田洋三（1971），「国際金融機関の組織法上の特色－国際公社論の試み」㈠㈡国際法外交雑誌第70巻1号及び3号。

Acheson, A. L K, Chant, J. F. and Prochowuy, M. F. J. Bretton Woodsrevisited, Toronto : V. of Toronto Press. 1972.

Camdessus (1999), M. 'Foreword' Tanzi, V. et al. Economic Policy and Equity. Washington D. C. : IMF, 1999. Pp. v −viii.

────── (1998), 'Income Distribution and Sustainable Growth : The Perspective from the IMF at Fifty.' Tanzi, V. et al. Income Distribution and High-Quality Growth. The MIT Press, 1998. pp. 1-4.

────── (1995), 'Minimaizing risks to sustainable growth.' The IMF and challenge of globalization : Three adress by Michel Camdessus, IMF, 1995.

────── (1990), 'High-Quality is an ambitious but achievable goal' ,IMF survey, July 30, 1990.

────── (1987), 'Opening Remarks.' Corbo, V. et al. Growth-Oriented Adjustment Programs, International Monetary Fund : World Bank. 1987. pp. 7-11.

Carreau, D. 'Why not merge the international monetary fund (IMF) with the international bank for reconstruction and development (world bank)?'.62 Fordham Law Review (1994) pp. 1989-2000.

Chinkin (1989), 'The Challenge of softlow : Development and Change in international law.' 38 I. C. L. Q. (1989) pp. 850-866.

Dam, Kenneth. The rules of the game-reform and evolution of the International Monetary System. Chicago : The University of Chicago Press, 1982.

Denters, Errik. Law and Policy of IMF Conditionality. Kluwer Law International, 1996.

Eichengreen, Barry. Globalizing Capitai. Princeton : Princeton University Press, 1996.

Edwards (1985), Richard W. Jr. International Monetary Collaboration. Dobbs Ferry, New York : Transnational Publishers, Inc., 1985.

────── (1989), 'Is an IMF stand-by arrangement a "seal of approval" on which other creditor can rely?'. 17 New York University Journal of International Law and politics (1989) pp. 573-612.

Fisher, Allan G. B. 'Relative Voting Strength in the International Monetary Pund The Banker, April 1968.

Garristen de Vries (1986), Margaret. The IMF in a Changing World. Washington D. C. : IMF, 1986.

────── (1985), The International Monetary Fund 1972-1978. Volume Ⅰ, Ⅱ and

III. Washington D. C. : IMF, 1985.

Gold (1996), Interpretaion : IMF and International Law. Kluwer Law International, 1996.

────── (1984), Legal and institutional aspacts of the international monetary system : selected essays. Vol. II. Washington D. C. : IMF, 1984.

────── (1982), 'The Relationship between the International Monetary Fund and the World Bank' 15 Creighton Law Review (1982) pp. 499-521.

────── (1980 a), 'The rule of law in the Intemational Monetary Fund.' IMF Pamphlet Series No. 32, Washington D. C. : IMF, 1980.

────── (1980 b), 'The legal character of the Fund's stand-by arrangements and why it matters' IMF Pamphlet Series no. 35, Washington D. C. : IMF, 1980.

────── (1979), 'Conditionality'. IMF Pamphlet Series no. 31, Washington D. C. : IMF, 1979.

────── (1972), Voting and decisions in the International Monetary Fund. Washington D. C. : IMF, 1972.

────── (1971), 'To contribute thereby to... development'. 10 Columbia Journal of International Law no. 2 (1971)

────── (1970), The stand-by arrangements of the International Monetary Fund. Washington D. C. : IMF, 1970.

────── (1968), 'Interpretation by the Fund'. IMF Pamphlet Series no. 31, Washington D. C. : IMF, 1968.

────── (1965), 'The International Monetary Fund and International Law.' IMF Pamplet Sevies No. 4, Washington D. C. : IMF, 1965.

────── (1954), 'Interpretation by the International Monetary Fund of its articles of agreement '. 3 International and Comparative Law Quartely(1954)

Guitian (1992), M. 'The Unique Nature of the Resposibilities of the International Monetary Fund' IMF Pamphlet Series no. 31, Washington D. C. : IM F, 1992.

────── (1981), 'Fund conditionality : evolution of priciples and practices' IMF Pamphlet Series no. 31, Washington D. C. : IMF, 1981.

Hexner (1964), Ervin P. 'The Executive Boad of the International Monetary Fund: A Decision-Making Instrument' 18 International Organizaton (1964) pp. 74-96.

────── (1959), 'Interpretation by Public International organizations of their basic instruments'. 53 The American Journal of International Law (1959) pp. 341-370.

Horsefield, J. Keith (ed.). The International Monetary Fund 1945-1965. Vol-

ume Ⅰ, Ⅱ and Ⅲ. Washington D. C. : IMF, 1969.
IMF (1999), Selected Decisions, 24th issue.
——— (1990), Annual Report.
——— (1989), Annual Report.
——— (1988), Annual Report.
——— (1986a) IMF Survey, January 6.
——— (1986b) IMF Survey, October 20.
——— (1980), World Ecnomic Outlook.
IMF Treasure's Department (1998), Financial Organization and Operations of the IMF. IMF Pamphlet Series no. 45 Fifth Edition, Washington D. C. : IMF, 1998.
James, Harold. International Monetary Cooperation since Bretton Woods. Washington D. C. and Oxford : IMF and Oxford University Press, 1996.
Killik, T. et al. The Quest for Economic Stabilisation : IMF and the Third World. Heinemann Educational Books, 1984.
Lowenfeld A. F. 'Is There Law After Bretton Woods?' 50 The University of Chicago Law Review (1983) pp. 380-401.
Mann (1992), F. A. The Legal aspects of money. Oxford : Clarendon Press, 5th ed. 1992.
——— (1969), 'The Interpretation of the constitutions of International Financial organizations'. British Yearbook of International Law, 1968-1969, pp. 1-19.
Mundell, Robert. A.'The future of International Financial System, in Acheson, Chantand Prachowny, 1972.
Nussbaum, A. Money in the Law Brooklyn: The Foundation Press, Inc. 1950.
Polak (1994) Jacques. J. The World bank and the International Monetary Fund. The Brookings Instituion. Washington D. C. 1994.
——— (1991), 'The changing nature of IMF conditionality'. Essays in International Finance. Princeton University, no. 184 (1991)
Shuster, M. R. T he public international law of money. Oxford : Clarendon Press, 1973.
Tanzi (1999), V. et al. Economic Policy and Equity. Washington D. C. : IMF, 1999.
——— (1989), 'Fiscal Policy, Growth and the Design of Stabilization Programs'. In : Mario I. Blejer and Ke-young Chu (eds.). Fiscal Policy, Satabilization and Growth in Developing Countries. Washington D. C. : IMF, 1989, pp. 13-28.
Williamson (ed.), IMF conditionality. Washington D. C. : Institute for Inter-

national economics, 1983.

Zamora, Stephen. 'Sir Joseph Gold and the development of international law'. In : Werner F. Ebke and Joseph J. Norton (eds.). Festschrift in Honor of Sir Joseph Gold. Verlag Recht und Wirtschaft GmbH, 1990, pp. 439-458.

国際通貨基金協定

(1945年12月27日作成・発効)
(昭和27年8月26日条約第13号)

改正　昭和44年8月4日条約第8号
　　　昭和53年4月4日条約第4号
　　　平成4年12月2日条約第10号

　この協定の署名政府は，次のとおり協定する。

序

(i) 国際通貨基金は，当初採択され，その後に改正されたこの協定の規定に従って設立し及び運営する。
(ii) 基金がその操作及び取引を行うことができるようにするため，基金に一般会計及び特別引出権会計を置く。基金への加盟は，特別引出権会計に参加する権利を伴う。
(iii) この協定によって認められた操作及び取引は，この協定の規定に従い一般資金勘定，特別支払勘定及び投資勘定によって構成される一般会計を通じて行う。ただし，特別引出権に係る操作及び取引は，特別引出権会計を通じて行う。

第1条　目的

　国際通貨基金の目的は，次のとおりである。
(i) 国際通貨問題に関する協議及び協力のための機構となる常設機関を通じて，通貨に関する国際協力を促進すること。
(ii) 国際貿易の拡大及び均衡のとれた増大を助長し，もって経済政策の第一義的目標である全加盟国の高水準の雇用及び実質所得の促進及び維持並びに生産資源の開発に寄与すること。
(iii) 為替の安定を促進し，加盟国間の秩序ある為替取極を維持し，及び競争的為替減価を防止すること。
(iv) 加盟国間の経常取引に関する多角的支払制度の樹立を援助し，及び世界貿易の増大を妨げる外国為替制限の除去を援助すること。
(v) 適当な保障の下に基金の一般資金を一時的に加盟国に利用させ，このようにして国内的又は国際的な繁栄を破壊するような措置に訴えることなしに国際収支の失調を是正する機会を提供することにより，加盟国に安心感を与えること。
(vi) (i)から(v)までの規定に従い，加盟国の国際収支の不均衡の持続期間を短縮し，かつ，その程度を軽減すること。
　基金は，そのすべての政策及び決定につき，この条に定める目的を指針としなければならない。

第2条　加盟国の地位

第1項　原加盟国
　基金の原加盟国とは，連合国通貨金融会議に代表された国でその政府が1945年12月31日前に加盟国の地位を受諾するものをいう。

第2項　その他の加盟国
　加盟国の地位は，総務会が定める時期に，総務会が定める条件に従ってその他の国にも開放する。その条件（出資の条件を含む。）は，既に加盟国となっている国について適用されている原則に合致する原則を基礎とする。

第3条　割当額及び出資

第1項　割当額及び出資額の払込み

　各加盟国は，特別引出権で表示される割当額を割り当てられる。連合国通貨金融会議に代表された加盟国で1945年12月31日前に加盟国の地位を受諾するものの割当額は，付表Aに掲げる額とする。その他の加盟国の割当額は，総務会が定める。各加盟国の出資額は，当該加盟国の割当額と同額とし，全額を適当な寄託所において基金に払い込む。

第2項　割当額の調整

(a)　総務会は，5年を超えない間隔を置いて加盟国の割当額につき一般的検討を行い，適当と認めるときは，その調整を提議する。総務会は，また，その他のいかなる時にも，適当と認めるときは，加盟国の要請に基づいてその割当額の調整を考慮することができる。

(b)　基金は，いつでも，第5条第12項(f)(i)及び(j)の規定に基づき特別支払勘定から一般資金勘定に繰り入れた額を累積額で超えない範囲において，1975年8月31日に基金の加盟国であった加盟国の割当額を同日における当該加盟国の割当額に比例して増加することを提議することができる。

(c)　いかなる割当額の変更にも，総投票権数の85％の多数を必要とする。

(d)　加盟国の割当額は，当該加盟国が同意し，払込みを行うまで変更されない。ただし，次項(b)の規定に従って払い込んだものとみなされる場合は，この限りでない。

第3項　割当額が変更された場合の払込み

(a)　前項(a)の規定に基づく自国の割当額の増加に同意した各加盟国は，基金が定める期間内に，増加額の25％を特別引出権で基金に払い込む。ただし，総務会は，各加盟国がこの払込みの額の全部又は一部を，すべての加盟国について同一の基準により，基金が他の加盟国の同意を得て特定する当該他の加盟国の通貨又は自国通貨で払い込むことができることを定めることができる。特別引出権会計の非参加国は，増加額のうち参加国の特別引出権による払込みの割合に等しい割合に相当する額を，基金が他の加盟国の同意を得て特定する当該他の加盟国の通貨で払い込む。各加盟国は，増加額のうち残額を自国通貨で基金に払い込む。加盟国の通貨の基金保有額は，この(a)の規定に基づく他の加盟国による払込みの結果として，第5条第8項(b)(ii)の規定に基づいて手数料が課されることとなる水準を超えることとなってはならない。

(b)　前項(b)の規定に基づく自国の割当額の増加に同意した各加盟国は，当該増加額に等しい出資額を基金に払い込んだものとみなす。

(c)　加盟国が自国の割当額の減少に同意した場合には，基金は，60日以内に，減少額に等しい額をその加盟国に払い戻す。この払戻しは，その加盟国の通貨及び特別引出権又は基金が他の加盟国の同意を得て特定する当該他の加盟国の通貨で行われ，特別引出権又は他の加盟国の通貨による払戻しの額は，当該加盟国の通貨の基金保有額が新割当額未満に減少するのを防止するために必要な額とする。ただし，基金は，例外的状況においては，加盟国に当該加盟国の通貨で払い戻すことによって当該加盟国の通貨の基金保有額を新割当額未満に減少させることができる。

(d) (a)の規定に基づく決定には，期間の決定及び通貨の特定の場合を除くほか，総投票権数の70％の多数を必要とする。

第4項　証書による通貨の代用

　　基金は，一般資金勘定に係るいかなる加盟国の通貨でも，その一部が自己の操作及び取引に必要でないと認めるときは，その代わりに，当該加盟国又は第13条第2項の規定に基づいて当該加盟国が指定した寄託所が発行する手形その他の債務証書を当該加盟国から受領する。この手形その他の債務証書は，譲渡禁止かつ無利子のもので，指定寄託所における基金の勘定に貸記することによって要求次第額面で支払われるものでなければならない。この項の規定は，加盟国が出資する通貨についてのみではなく，他の事由により基金に支払うべき通貨又は基金が取得すべき通貨で一般資金勘定に繰り入れられるものについても適用する。

第4条　為替取極に関する義務

第1項　加盟国の一般的義務

　　各加盟国は，国際通貨制度の基本的な目的が諸国間における商品，役務及び資本の交流を助長しかつ健全な経済成長を維持するわく組を提供することであること並びにその中心的な目的が金融上及び経済上の安定のために必要な秩序ある基礎的条件を継続的に発展させることであることを認識して，秩序ある為替取極を確保し及び安定した為替相場制度を促進するため，基金及び他の加盟国と協力することを約束する。各加盟国は，特に，次のことを行わなければならない。

(i) 自国の置かれた状況に妥当な考慮を払った上，自国の経済上及び金融上の政策を物価の適度の安定を伴う秩序ある経済成長を促進する目的に向けるよう努力すること。

(ii) 秩序ある基礎的な経済上及び金融上の条件並びに不規律な変動をもたらすこととならない通貨制度を育成することにより安定を促進することを探究すること。

(iii) 国際収支の効果的な調整を妨げるため又は他の加盟国に対し不公正な競争上の優位を得るために為替相場又は国際通貨制度を操作することを回避すること。

(iv) この項に規定する約束と両立する為替政策を実施すること。

第2項　一般的為替取極

(a) 各加盟国は，前項の規定に基づく自国の義務を履行するに当たって適用する意図を有する為替取極をこの協定の第2次改正の日の後30日以内に基金に通告し，また，自国の為替取極のいかなる変更をも速やかに基金に通告する。

(b) 1976年1月1日に存在していたような国際通貨制度の下では，為替取極は，(i)加盟国が特別引出権若しくは当該加盟国が選択するその他の表示単位（金を除く。）で表示される自国通貨の価値を維持するもの，(ii)加盟国が1若しくは2以上の他の加盟国の通貨の価値との関連において自国通貨の価値を維持する2以上の加盟国の間の協力的取極又は(iii)加盟国が選択するその他の為替取極とすることができる。

(c) 基金は，国際通貨制度の進展に応ずるため，総投票権数の85％の多数により，加盟国が基金の目的及び前項の規定に基づく義務に合致する為替取極であって自国が選択するものを適用する権利を制限することなく，一般的為替取極に関する規定を設けることができる。

第3項　為替取極の監視

371

(a) 基金は，国際通貨制度の効果的な運営を確保するため国際通貨制度を監視し，また，第1項の規定に基づく各加盟国の義務の遵守について監督する。

(b) 基金は，(a)の規定に基づく任務を遂行するため，加盟国の為替相場政策の確実な監視を実施し，また，為替相場政策に関するすべての加盟国に対する指針とするための特定の原則を採択する。各加盟国は，この監視のために必要な情報を基金に提供しなければならず，また，基金が要求するときは，自国の為替相場政策について基金と協議しなければならない。基金が採択する原則は，加盟国が1又は2以上の他の加盟国の通貨の価値との関連において自国通貨の価値を維持する2以上の加盟国の間の協力的取極並びに基金の目的及び第1項の規定に合致する他の為替取極であって加盟国が選択するものと矛盾するものであってはならない。この原則は，加盟国の国内の社会的又は政治的政策を尊重するものでなければならず，また，基金は，この原則を適用するに当たり，加盟国の置かれた状況に妥当な考慮を払わなければならない。

第4項　平価

基金は，総投票権数の85％の多数により，国際経済の条件が安定的なしかし調整可能な平価を基礎とした広範な為替取極の制度の導入を許容するものであることを決定することができる。基金は，世界経済の基礎的な安定に基づいてこの決定を行うものとし，このため，加盟国の経済における物価の動向及び成長率を考慮する。この決定は，国際通貨制度の進展に照らし，特に，流動性の創出要因を考慮し，また，平価制度の効果的な運営を確保するために，国際収支が黒字である加盟国及び赤字である加盟国の双方が調整を達成する目的で迅速かつ効果的であって均衡のとれた措置をとるための取極並びに介入のため及び不均衡に対する処置をとるための取極を考慮して，行われる。基金は，この決定を行った際に，付表Cの規定が適用される旨を加盟国に通告する。

第5項　加盟国の管轄地域内における別個の通貨

(a) この条の規定に基づく加盟国の自国通貨に関する措置は，当該措置が本国通貨のみに関するものであること，指定する1若しくは2以上の別個の通貨のみに関するものであること又は本国通貨及び指定する1若しくは2以上の別個の通貨に関するものであることを当該加盟国が宣言しない限り，当該加盟国が第31条第2項(g)の規定に基づいてこの協定を受諾したすべての地域の別個の通貨についても適用されるものとみなす。

(b) この条の規定に基づく基金の措置は，基金が別段の宣言をしない限り，加盟国の(a)に規定するすべての通貨に関するものとみなす。

第5条　基金の操作及び取引

第1項　基金と取引する機関

各加盟国は，自国の大蔵省，中央銀行，安定基金その他これらに類似する財務機関を通じてのみ基金と取引するものとし，基金は，これらの機関とのみ又はこれらの機関を通じてのみ取引するものとする。

第2項　基金の操作及び取引に対する制限

(a) この協定に別段の定めがある場合を除くほか，基金の計算で行う取引は，加盟国の発意で，その加盟国に対して，買入れを希望するその加盟

国の通貨と引換えに一般資金勘定において保有する基金の一般資金から特別引出権又は他の加盟国の通貨を供給することを目的とする取引に限る。
(b) 基金は，要請があった場合には，基金の目的に合致する金融上及び技術上の役務（加盟国が拠出した資金の管理を含む。）を提供することを決定することができる。この金融上の役務の提供に係る操作は，基金の計算で行ってはならない。この(b)の規定に基づく役務は，加盟国に対し，当該加盟国の同意なしに，いかなる義務をも課するものであってはならない。

第3項　基金の一般資金の利用に関する条件
(a) 基金は，その一般資金の利用に関する政策（スタンド・バイ取極又はこれに類似する取極に関する政策を含む。）を採択するものとし，また，特別な国際収支問題のための特別な政策を採択することができる。これらの政策は，加盟国がその国際収支上の問題をこの協定の規定に合致する方法で解決することを援助し及び基金の一般資金の一時的な利用のための適当な保障を確立するような内容のものとする。
(b) 加盟国は，次の(i)から(iv)までの条件に従い，他の加盟国の通貨を等額の自国通貨と引換えに基金から買い入れることができる。
　(i) 当該加盟国による基金の一般資金の利用がこの協定及びこの協定に基づいて採択された政策に従って行われること。
　(ii) 当該加盟国がその国際収支，対外準備ポジション又は対外準備の推移を理由として買入れを行う必要がある旨を示すこと。
　(iii) 申し込まれた買入れがリザーブ・トランシュの買入れであること又は，申し込まれた買入れにより，買入国通貨の基金保有額が買入国の割当額の200％を超えることとならないこと。
　(iv) 基金が，買入れを希望する加盟国に基金の一般資金を利用する資格がない旨を第5項，次条第1項又は第26条第2項(a)の規定に基づいて宣言していないこと。
(c) 基金は，申し込まれた買入れがこの協定及びこの協定に基づいて採択された政策に合致するかどうかを決定するため，買入れの要請を審査する。ただし，リザーブ・トランシュの買入れの要請については，異議を提起しない。
(d) 基金は，売却する通貨の選定に関する政策及び手続を採択する。この政策及び手続は，加盟国との協議の上，加盟国の国際収支及び対外準備ポジション並びに為替市場の動向を考慮し，また，長期的にみて基金におけるポジションの均衡を促進することが望ましいことを考慮したものとする。ただし，加盟国は，他の加盟国の通貨の買入れを，当該他の加盟国によって提供された等額の自国通貨の取得を希望していることを理由として，申し込んでいる旨を表明する場合には，基金が当該他の加盟国の通貨の基金保有額が不足している旨を第7条第3項の規定に基づいて通告していない限り，当該他の加盟国の通貨を買い入れることができる。
(e)(i) 各加盟国は，基金から買い入れられた自国通貨の残高が，自由利用可能通貨の残高であること又は，買入れの時に，自国が選定する自由利用可能通貨と第19条第7項(a)

の規定を基礎とするこれらの2の通貨の間の交換比率に相当する交換比率により交換されることができることを，保証しなければならない。
   (ii) 自国通貨が基金から買い入れられた各加盟国及び基金から買い入れられた通貨と引換えに自国通貨が取得された各加盟国は，買い入れの時に当該自国通貨の残高が自由利用可能通貨である他の加盟国の通貨と交換されることができるように，基金及び他の加盟国と協力しなければならない。
   (iii) 自由利用可能通貨以外の通貨の(i)の規定に基づく交換は，自国通貨が買い入れられた加盟国によって行われなければならない。ただし，その加盟国及び買入れを行う加盟国が相互間で別段の手続を合意する場合は，この限りでない。
   (iv) 基金から自由利用可能通貨である他の加盟国の通貨を買い入れる加盟国でその通貨を買入れの時に他の自由利用可能通貨と交換することを希望するものは，当該他の加盟国の要請があった場合には，当該他の加盟国と交換を行わなければならない。この交換は，当該他の加盟国が選定する自由利用可能通貨と引換えに(i)に規定する交換比率によって行う。
 (f) 基金は，その採択する政策及び手続に基づき，この項の規定に従って買入れを行う参加国に対し他の加盟国の通貨の代わりに特別引出権を提供することに同意することができる。
第4項 条件の免除
　　基金は，その裁量により，その利益を擁護するような条件で，前項(b)(iii)及び(iv)に定めるいずれの条件をも免除することができる。特に，基金の一般資金の巨額な又は継続的な利用を回避してきた加盟国の場合には，そうすることができる。条件の免除に当たって，基金は，免除を要請する加盟国の周期的又は例外的需要を考慮に入れる。基金は，また，受け入れることができる資産で基金の利益を保護するために十分であると認める価額を有するものを加盟国が担保に提供しようとするときは，その加盟国の意向を考慮に入れるものとし，また，免除の条件としてこのような担保の提供を要求することができる。
第5項 基金の一般資金を利用する資格の喪失
　　基金は，加盟国が基金の目的に反する方法で基金の一般資金を利用していると認めるときは，基金の見解を述べかつ適当な回答期限を定めた申入書をその加盟国に与える。この申入書を加盟国に与えた後は，基金は，その加盟国による基金の一般資金の利用を制限することができる。所定の期限までに加盟国から申入書に対する回答が得られなかったとき又は回答が不満足であったときは，基金は，その加盟国による基金の一般資金の利用を引き続き制限し，又は，その加盟国に相当の通告を与えた後，その加盟国が基金の一般資金を利用する資格がないことを宣言することができる。
第6項 基金による特別引出権のその他の買入れ及び売却
 (a) 基金は，参加国が提供する特別引出権を等額の他の加盟国の通貨と引換えに受け入れることができる。
 (b) 基金は，参加国の要請により，その参加国に対し，特別引出権を等額の他の加盟国の通貨と引換えに提供することができる。加盟国通貨の基金保有額は，その取引の結果として，第8項(b)(ii)の規定に基づいて手数

料が課されることとなる水準を超えることとなってはならない。
  (c) 基金がこの項の規定に基づいて提供し又は受け入れる通貨は，第3項(d)又は次項(i)の原則を考慮した政策に従って選定しなければならない。基金は，自国通貨が基金によって提供され又は受け入れられる加盟国が自国通貨のこのような使用に同意した場合にのみこの項の規定に基づく取引を行うことができる。

第7項　加盟国による基金の保有する自国通貨の買戻し
  (a) 加盟国は，基金が保有する自国通貨のうち次項(b)の規定に基づいて手数料が課される部分をいつでも買い戻すことができる。
  (b) 第3項の規定に基づいて買入れを行った加盟国は，自国の国際収支及び対外準備ポジションの改善に応じて，基金が保有する自国通貨のうち買入れの結果生じた部分であって次項(b)の規定に基づいて手数料が課されるものを買い戻すことを通常期待される。加盟国は，基金が保有するこのような自国通貨については，基金が，その採択する買戻しに関する政策に従いかつ当該加盟国との協議の後，当該加盟国の国際収支及び対外準備ポジションの改善を理由として，これを買い戻すべきである旨を当該加盟国に申し入れた場合には，これを買い戻さなければならない。
  (c) 第3項の規定に基づいて買入れを行った加盟国は，基金が保有する自国通貨のうち買入れの結果生じた部分であって次項(b)の規定に基づいて手数料が課されるものを，買入れを行った日の後5年以内に買い戻す。基金は，加盟国による買戻しが買入れの日から3年を経過した時に始まり買入れの日から5年を経過した時に終了する期間内に賦払によって行われることを定めることができる。基金は，総投票権数の85％の多数により，この(c)の規定に基づく買戻しの期間を変更することができるものとし，このようにして採択した期間は，すべての加盟国について適用する。
  (d) 基金は，その一般資金の利用に関する特別な政策に基づいて取得した通貨の買戻しについては，総投票権数の85％の多数により，(c)の規定に従って適用する期間と異なる期間であってすべての加盟国について同一であるものを採択することができる。
  (e) 加盟国は，基金が総投票権数の70％の多数により採択する政策に従い，基金が保有する当該加盟国の通貨のうち買入れの結果生じた部分以外の部分であって次項(b)(ii)の規定に基づいて手数料が課されるものを買い戻す。
  (f) 基金の一般資金の利用に関する政策に基づいて実施されている(c)又は(d)の買戻しの期間をその政策に基づいて短くすることを定める決定は，この決定が有効となる日の後に基金が取得した通貨についてのみ適用する。
  (g) 基金は，加盟国の要請により，買戻しの義務の履行の日を延期することができる。この場合において，買戻しの義務の履行の日は，基金が，総投票権数の70％の多数により，買戻しの期間の延長が基金の一般資金の一時的な利用と矛盾せず，かつ，買戻しの期日における買戻しの義務の履行の結果当該加盟国に例外的な困難がもたらされることを理由として正当化されることを決定しない限り，(c)若しくは(d)の規定に基づく最終期限又は(e)の規定に基づいて基金

が採択した政策に基づく最終期限を越えてはならない。
- (h) 第3項(d)の規定に基づく基金の政策は，この協定の他の規定に基づき基金がとることができるいかなる措置をも妨げることなく，基金が保有する加盟国の通貨でこの項の規定に従って買戻しが行われなかったものを第3項(b)の規定に基づいて売却することを当該加盟国との協議の後に決定することができることを定める政策により，補足することができる。
- (i) この項の規定に基づく加盟国によるすべての買戻しは，特別引出権又は基金が特定する他の加盟国の通貨で行う。基金は，加盟国が買戻しに使用する通貨に関して，第3項(d)の原則を考慮した政策及び手続を採択する。買戻しに使用される加盟国の通貨の基金保有額は，買戻しにより，次項(b)(ii)の規定に基づいて手数料が課されることとなる水準を超えることとなってはならない。
- (j)(i) 加盟国は，この項の(i)の規定に基づき基金によって特定される自国通貨が自由利用可能通貨でない場合には，買戻しを行う加盟国に対し，自国が選定する自由利用可能通貨と引換えに自国通貨を買戻しの時に取得することができることを保証しなければならない。この(j)(i)の規定に基づく通貨の交換は，第19条第7項(a)の規定を基礎とするこれらの2の通貨の間の交換比率に相当する交換比率によって行う。
  - (ii) 自国通貨が買戻しのために基金によって特定される各加盟国は，買戻しを行う加盟国が当該特定された自国通貨を自由利用可能通貨である他の加盟国の通貨と引換えに買戻しの時に取得することができるように，基金及び他の加盟国と協力しなければならない。
  - (iii) (j)(i)の規定に基づく交換は，自国通貨が特定された加盟国によって行われなければならない。ただし，その加盟国及び買戻しを行う加盟国が相互間で別段の手続を合意する場合は，この限りでない。
  - (iv) 買戻しを行う加盟国は，この項の(i)の規定に基づいて基金により特定された自由利用可能通貨である他の加盟国の通貨を買戻しの時に取得することを希望する場合において，当該他の加盟国が要請するときは，その通貨を他の自由利用可能通貨と引換えに当該他の加盟国から(j)(i)に規定する交換比率により取得しなければならない。基金は，引換えに提供される自由利用可能通貨に関する規則を採択することができる。

第8項　手数料
- (a)(i) 基金は，加盟国が自由通貨と引換えに行う一般資金勘定において保有される特別引出権又は他の加盟国の通貨の買入れについて事務手数料を課する。もっとも，基金は，リザーブ・トランシュの買入れについては，その他の買入れについて課する事務手数料よりも低い事務手数料を課することができる。リザーブ・トランシュの買入れについて課する事務手数料の率は，2分の1％を超えてはならない。
  - (ii) 基金は，スタンド・バイ取極又はこれに類似する取極について手数料を課することができる。基金は，このような取極について課する手数料の額を当該取極に基づく買入れについて(i)の規定に基づいて課する事務手数料の額から控除

することを決定することができる。
(b) 基金は，一般資金勘定において保有する加盟国の通貨の毎日の残高の平均のうち次のものに該当する部分について手数料を課する。
　(i) 第30条(c)の規定に基づいて除外の対象となる政策に基づいて取得されたもの
　(ii) (i)に規定するものを除外した後において当該加盟国の割当額を超えるもの
　　手数料の率は，通常，残高中に(i)又は(ii)に該当する部分が存在している間，間隔を置いて引き上げる。
(c) 加盟国が前項の規定に基づいて要求される買戻しを行わなかった場合には，基金は，その保有する当該加盟国の通貨を減少させることについて当該加盟国と協議した後，基金が保有する当該加盟国の通貨のうち買い戻されるべき部分につき，基金が適当と認める手数料を課することができる。
(d) (a)から(c)までの規定に基づく手数料の率の決定には，総投票権数の70％の多数を必要とする。(a)及び(b)の規定に基づく手数料の率は，すべての加盟国について一律とする。
(e) 加盟国は，すべての手数料を特別引出権で支払う。ただし，基金は，例外的状況においては，他の加盟国との協議の後特定する当該他の加盟国の通貨又は自国通貨で支払うことを許可することができる。加盟国の通貨の基金保有額は，この(e)の規定に基づく他の加盟国による支払いの結果として，(b)(2)の規定に基づいて手数料が課されることとなる水準を超えることとなってはならない。

第9項　報酬
(a) 基金は，(b)又は(c)の規定に基づいて定められる割当額の百分率に相当する額が一般資金勘定において保有する加盟国通貨の毎日の残高（第30条(c)の規定に基づいて除外の対象となる政策に基づいて取得されたものを除く。）の平均を上回る場合には，その上回る額について報酬を支払う。報酬の率は，基金が総投票権数の70％の多数により定めるものとし，すべての加盟国について同一とする。この率は，第20条第3項の規定に基づく利子の率よりも高くなってはならず，また，その5分の4よりも低くなってはならない。基金は，報酬の率を定めるに当たっては，前項(b)の規定に基づく手数料の率を考慮する。
(b) (a)の規定の適用上，割当額の百分率に相当する額は，
　(i) この協定の第2次改正の日前に加盟国となった各加盟国については，この協定の第2次改正の日における当該加盟国の割当額の75％に相当する額に，また，この協定の第2次改正の日以後に加盟国となった各加盟国については，当該加盟国が加盟国となった日において他の加盟国に適用されている割当額の百分率に相当する額の合計額をその日における当該他の加盟国の割当額の合計額で除して得られた割当額の百分率に相当する額に，それぞれ，
　(ii) (i)にいう日以後に当該加盟国が第3条第3項(a)の規定に基づいて通貨又は特別引出権で基金に払い込んだ額を加えて，
　(iii) (i)にいう日以後に当該加盟国が第3条第3項(c)の規定に基づいて通貨又は特別引出権で基金から受領した額を減じた額
とする。
(c) 基金は，総投票権数の70％の多数

により，(a)の規定の適用上各加盟国に現に適用されている割当額の百分率に相当する額を次の率に相当する額に引き上げることができる。
　　　(i) 全加盟国についての同一の基準に基づいて各加盟国ごとに決定する100％を超えない百分率
　　　(ii) 全加盟国について100％
　(d) 報酬は，特別引出権で支払う。ただし，基金又は加盟国は，当該加盟国への支払が当該加盟国の通貨で行われることを決定することができる。

第10項　計算
　(a) 一般会計の各勘定において保有する基金の資産の価額は，特別引出権で表示する。
　(b) 前条及び付表Cの規定以外のこの協定の規定の適用上，加盟国通貨に関するすべての計算は，基金が次項の規定に従い当該加盟国通貨を計算する率によって行う。
　(c) この協定の適用上，割当額に関連して通貨の額を決定するための計算に当たっては，特別支払勘定又は投資勘定において保有する通貨の額は含めない。

第11項　価額の維持
　(a) 一般資金勘定において保有される加盟国通貨の価額は，第19条第7項(a)の規定に基づく交換比率により特別引出権で表示されるところによって維持されなければならない。
　(b) この項の規定に基づく加盟国の通貨の基金保有額の調整は，基金と他の加盟国との間の操作又は取引において当該加盟国の通貨が使用される時に及び基金が定め又は加盟国が要求するその他の時に行う。調整に関連する基金への又は基金による支払は，調整の日の後，基金が定める相当の期間内に，及び加盟国が要求する時に行う。

第12項　その他の操作及び取引
　(a) 基金は，この項の規定に基づくそのすべての政策及び決定について，第8条第7項にいう目的及び金市場において価格を操作し又は固定的な価格を設定することを回避するという目的を指針としなければならない。
　(b) (c),(d)又は(e)の規定に基づく操作又は取引を行うことについての基金の決定は，総投票権数の85％の多数による。
　(c) 基金は，いずれの加盟国の通貨であってもこれと引換えに，当該加盟国との協議の後，金を売却することができる。もっとも，一般資金勘定における加盟国の通貨の基金保有額は，当該加盟国の同意なしには，その売却により，第8項(b)(ii)の規定に基づいて手数料が課されることとなる水準を超えることとなってはならないものとし，基金は，当該加盟国の要請により，受領する当該加盟国の通貨のうちそのような水準を超えることを回避することとなる部分を，売却の時に，他の加盟国の通貨と交換する。加盟国の通貨と他の加盟国の通貨とのこの交換は，当該他の加盟国との協議の後に行うものとし，当該他の加盟国の通貨の基金保有額は，この交換により，第8項(b)(ii)の規定に基づいて手数料が課されることとなる水準を超えることとなってはならない。基金は，交換に関して，第7項(i)の規定に基づいて適用される原則を考慮した政策及び手続を採択する。この(c)の規定に基づく加盟国への金の売却は，市場における価格を基礎として各取引について合意する価格で行う。
　(d) 基金は，この協定に基づくいかなる操作又は取引においても，特別引出権又は通貨の代わりに金による加

盟国の支払を受け入れることができる。この(d)の規定に基づく金による基金への支払は，市場における価格を基礎として各操作又は取引について合意する価格で行う。
(e) 基金は，この協定の第2次改正の日において保有する金を，1975年8月31日に加盟国であった加盟国でこの金の購入に同意するものに対し，同日におけるその加盟国の割当額に比例して売却することができる。基金は，(f)(ii)の操作及び取引のために(c)の規定に基づいて金を売却しようとする場合には，そのような金の購入に同意する開発途上にある各加盟国に対し，(c)の規定に基づいて売却しようとする金のうち，当該売却が行われたならば(f)(iii)の規定に基づいてその加盟国に分配されることができる超過額を生ずることとなる部分を売却することができる。第5項の規定に基づいて基金の一般資金を利用する資格がない旨を宣言されている加盟国に対しこの(e)の規定に基づいて売却することとなる金は，資格の回復の時にその加盟国に売却する。ただし，この売却を資格の回復前に行うことを基金が決定する場合は，この限りでない。この(e)の規定に基づく加盟国への金の売却は，当該加盟国の通貨と引換えに，当該売却の時において0.888671グラムの純金につき一特別引出権に相当する価格で行う。
(f) 基金がこの協定の第2次改正の日において保有する金を(c)の規定に基づいて売却する場合には，売却によって受領した額のうち，売却の時において0.888671グラムの純金につき一特別引出権に相当する部分は一般資金勘定に繰り入れ，これを超過する部分は，(g)の規定に基づいて基

金が別段の決定を行う場合を除くほか，特別支払勘定において保有する。特別支払勘定において保有する資産は，一般会計の他の勘定において保有する資産と分離して保有しなければならず，次の場合には，いつでも利用することができる。
(i) この項の規定以外のこの協定の規定によって認められる操作及び取引に直ちに利用するために一般資金勘定に繰り入れる場合
(ii) この協定の他の規定によって認められる操作及び取引以外の操作及び取引であって基金の目的に合致するものに利用する場合。基金は，この(ii)の規定に基づき，困難な状況に置かれた開発途上にある加盟国に対し特別の条件により国際収支上の援助を行うことができるものとし，この援助を行うに当たっては，一人当たりの国民所得の水準を考慮に入れる。
(iii) 1975年8月31日に加盟国であった開発途上にある加盟国に対し，基金が(ii)の操作及び取引のために利用することを決定した資産のうち分配の日におけるこれらの加盟国の割当額が同日における全加盟国の割当額の合計額に対して占める割合に相当する部分を，1975年8月31日における割当額に比例して分配する場合。この場合において，第5項の規定に基づいて基金の一般資金を利用する資格がない旨を宣言されている加盟国に対するこの(iii)の規定に基づく分配は，資格の回復の時に行う。ただし，この分配を資格の回復前に行うことを基金が決定する場合は，この限りでない。
(i)の規定に基づいて資産を利用することについての決定は，総投票権

数の70％の多数によるものとし、(ii)及び(iii)の規定に基づいて資産を利用することについての決定は、総投票権数の85％の多数によるものとする。
(g) 基金は、総投票権数85％の多数により、(f)の第一文に規定する超過額の一部を第12条第6項(f)の規定に基づいて利用するために投資勘定に繰り入れることを決定することができる。
(h) 基金は、(f)に規定する利用が行われるまでの間は、特別支払勘定において保有する加盟国の通貨を当該加盟国の市場性のある債務証書又は国際金融機関の市場性のある債務証書に投資することができる。投資による収入及び(f)(ii)の規定に基づいて受領する利子は、特別支払勘定に繰り入れる。いかなる投資も、自国通貨が当該投資に使用される加盟国の同意なしに行ってはならない。基金は、特別引出権又は投資に使用される通貨で表示される債務証書にのみ投資する。
(i) 一般資金勘定は、一般資金勘定から支払う特別支払勘定の管理のための経費につき、この経費を合理的に評価して行われる特別支払勘定からの繰入れにより随時払戻しを受ける。
(j) 特別支払勘定は、基金が清算される場合には終了するものとし、また、基金の清算に先立ち、総投票権数の70％の多数により、終了させることができる。基金の清算による特別支払勘定の終了の場合には、同勘定において保有する資産は、付表Kの規定に従って分配する。基金の清算に先立つ特別支払勘定の終了の場合には、同勘定において保有する資産は、操作及び取引に直ちに利用するために一般資金勘定に繰り入れる。基金は、総投票権数70％の多数により、特別支払勘定の管理のための規則及び細則を採択する。

第6条　資本移動

第1項　資本移動のための基金の一般資金の利用
(a) 加盟国は、次項に規定する場合を除くほか、巨額な又は持続的な資本の流出に応ずるために基金の一般資金を利用してはならず、また、基金は、その一般資金のこのような利用を防止するための管理を行うことを加盟国に要請することができる。いずれかの加盟国がこの要請を受けた後に適当な管理を行わなかった場合には、基金は、その加盟国が基金の一般資金を利用する資格がないことを宣言することができる。
(b) この項の規定は、
　(i) 輸出拡張のため又は貿易業、銀行業その他の事業の通常の経営において必要とされる相当の額の資本取引のために基金の一般資金を利用することを妨げるものとみなしてはならない。
　(ii) 加盟国自身の資金で行う資本移動に影響を及ぼすものとみなしてはならない。ただし、加盟国は、この資本移動を基金の目的に従って行うことを約束する。

第2項　資本移動に関する特別規定
　加盟国は、資本移動に応ずるためにリザーブ・トランシュの買入れを行うことができる。

第3項　資本移動の管理
　加盟国は、国際資本移動の規制に必要な管理を実施することができる。ただし、いずれの加盟国も、次条第3項(b)及び第14条第2項に定める場合を除くほか、経常取引のための支払を制限し又は契約の決済上の資金移動を不当に遅延させるような方法で、この管理

を実施してはならない。

第7条 補充及び不足通貨

第1項 通貨の基金保有額を補充する措置

基金は,その取引に関して必要とされるいずれかの加盟国の通貨の一般資金勘定における保有額を補充するため適当と認めるときは,次の措置の一方又は双方をとることができる。

(i) その加盟国が基金との間で合意する条件で基金に自国通貨を貸し付けること又は基金がその加盟国の同意を得てその通貨をその加盟国の領域の内外を問わず他の源泉から借り入れることを,その加盟国に提議すること。ただし,いずれの加盟国も,基金にこの貸付けをする義務又は自国通貨を基金が他の源泉から借り入れることに同意する義務を負わない。

(ii) その加盟国が参加国である場合には,その加盟国に対し,第19条第4項の規定に従うことを条件として,一般資金勘定において保有する特別引出権と引換えにその加盟国の通貨を基金に売却することを要求すること。このような特別引出権による補充に当たっては,第19条第5項の規定に基づく指定の原則に妥当な考慮を払う。

第2項 通貨の一般的不足

基金は,特定の通貨の一般的不足が進展していると認めるときは,そのことを加盟国に通知し,及び不足の原因を述べかつ不足の解決のための勧告を含む報告を発表することができる。この通貨の属する加盟国の代表者1人は,この報告の作成に参加する。

第3項 基金保有額の不足

(a) いずれかの加盟国通貨の需要がその通貨を供給する基金の能力を著しく脅かすことが基金にとって明白となったときは,基金は,前項の規定に基づいて報告を発表したかどうかを問わず,その通貨が不足していることを公式に宣言し,その後は,加盟国の相対的必要度,一般国際経済情勢その他適切な事情を十分に考慮して,この不足通貨の現在及び将来の基金による供給額を割り当てる。基金は,また,その措置について報告を発表する。

(b) (a)の規定に基づく公式の宣言は,いずれの加盟国に対しても,基金との協議の後,一時的にこの不足通貨の為替取引の自由に制限を課する権限を与える。第4条及び付表Cの規定に従うことを条件として,加盟国は,この制限の性質を決定する完全な権限を有するが,この制限は,この不足通貨の需要を現在又は将来の当該加盟国による供給額の範囲内に制限するために必要である以上に制限的であってはならない。この制限は,事情の許す限り速やかに,緩和し及び撤廃しなければならない。

(c) (b)の規定に基づく権限は,その通貨がもはや不足していないと基金が公式に宣言したときに終了する。

第4項 制限の適用

前項(b)の規定に基づき他の加盟国の通貨について制限を課する加盟国は,その制限の適用について当該他の加盟国から受ける申入れに対し好意的な考慮を払わなければならない。

第5項 制限に対する他の国際協定の効果

加盟国は,この協定に先立って他の加盟国と締結した約定の義務を援用してこの条の規定の運用を妨げることをしないことに同意する。

第8条 加盟国の一般的義務

第1項 序言

各加盟国は，この協定の他の条の規定に基づく義務のほか，この条に定める義務を負う。

第2項　経常的支払に対する制限の回避
(a) 前条第3項(b)及び第14条第2項の規定が適用される場合を除くほか，加盟国は，基金の承認なしに，経常的国際取引のための支払及び資金移動に制限を課してはならない。
(b) いずれかの加盟国の通貨に関する為替契約で，この協定の規定に合致して存続し又は設定されるその加盟国の為替管理に関する規制に違反するものは，いずれの加盟国の領域においても強制力を有しない。更に，加盟国は，相互の合意により，いずれの為替管理に関する規制を一層効果的にするための措置についても協力することができる。ただし，この措置及び規制は，この協定の規定に合致したものでなければならない。

第3項　差別的通貨措置の回避
加盟国は，この協定に基づいて権限を与えられ又は基金の承認を得た場合を除くほか，第4条の規定に基づくマージン又は付表Cに定めるマージン若しくは同付表の規定に基づくマージンの範囲内であるかどうかを問わず，差別的通貨取極若しくは複数通貨措置を行ってはならず，また，第5条第1項に規定する自国の財務機関がこれを行うことを許してはならない。この協定が効力を生ずる日にそれらの取極又は措置が行われているときは，当該加盟国は，その漸進的撤廃について基金と協議しなければならない。ただし，それらの取極又は措置が第14条第2項の規定に基づいて存続し又は設定されるときは，この限りでない。この場合には，同条第3項の規定を適用する。

第4項　外国保有残高の交換可能性
(a) 各加盟国は，他の加盟国が買入れを要請するに当たって次のいずれかの事実を示すときは，当該他の加盟国が保有する当該加盟国の通貨の残高を買い入れなければならない。
(i) 買い入れられる残高が経常取引の結果最近において取得されたこと。
(ii) その交換が経常取引のための支払をするために必要であること。
買入れを行う加盟国は，特別引出権（第19条第4項の規定に従うことを条件とする。）又は要請した加盟国の通貨のいずれで支払うかを選択する権利を有する。
(b) (a)の義務は，次の場合には適用しない。
(i) その残高の交換可能性が第2項又は第6条第3項の規定に合致して制限されている場合
(ii) 第14条第2項の規定に基づいて存続し又は設定された制限を加盟国が撤廃する前に行われた取引の結果その残高が生じている場合
(iii) その残高が買入れを要請された加盟国の為替に関する規制に違反して取得されたものである場合
(iv) 買入れを要請する加盟国の通貨が前条第3項(a)の規定に基づき不足していると宣言されている場合
(v) 買入れを要請された加盟国が何らかの理由により自国通貨で他の加盟国の通貨を基金から買い入れる資格を失っている場合

第5項　情報の提供
(a) 基金は，加盟国に対し，任務の効果的な遂行のために最低限度必要な次の事項に関するその加盟国の資料を含めて，基金の活動のために必要と認める情報の提供を要求することができる。
(i) 国内及び国外における(1)金及び(2)外国為替の公的保有額

(ⅱ) 公的機関以外の銀行及び金融機関による国内及び国外における(1)金及び(2)外国為替の保有額
(ⅲ) 金の生産
(ⅳ) 相手国別の金の輸出及び輸入
(ⅴ) 自国通貨で表示した相手国別の商品の輸出及び輸入の総額
(ⅵ) (1)商品及び役務の貿易，(2)金の取引，(3)判明している資本取引並びに(4)その他の項目に係る国際収支
(ⅶ) 情報を提供することができる範囲内における国際投資状況，すなわち，自国の領域内における外国人所有の投資及び自国の領域内にある者が所有する在外投資
(ⅷ) 国民所得
(ⅸ) 物価指数，すなわち，卸売市場及び小売市場における商品価格の指数並びに輸出及び輸入の価格の指数
(ⅹ) 外国通貨の売相場及び買相場
(ⅺ) 為替管理，すなわち，基金に加盟する時に実施中の為替管理の包括的説明及び，その後に変化があったときは，その詳細
(ⅻ) 公的清算取極があるときは，商業取引及び金融取引に関する未清算額の詳細並びにこの未清算額が存続している期間の詳細
(b) 基金は，情報を要請するに当たって，要請された資料を提供する加盟国の能力に差があることを考慮する。加盟国は，個人又は団体の事情が明らかにされるほど詳細な情報を提供する義務を負わない。ただし，加盟国は，希望された情報をできる限り詳細かつ正確に提供し，また，単なる推定をできる限り避けることを約束する。
(c) 基金は，加盟国との合意により，更に他の情報を得るように取り決めることができる。基金は，通貨及び金融の問題に関する情報の収集及び交換の中心となり，このようにして，基金の目的を促進する政策の実施について加盟国を援助するような研究が行われることを助長する。

第6項　現行の国際協定に関する加盟国間の協議

加盟国がこの協定に規定する特別な又は一時的な状況において為替取引に対する制限を存続し又は設定する権限をこの協定に基づいて与えられており，かつ，その制限の適用と抵触する他の約定がこの協定に先立って加盟国間に締結されているときは，その約定の当事国は，相互に受諾することができる必要な調整をする目的で協議する。この条の規定は，前条第5項の規定の適用を妨げるものではない。

第7項　準備資産に関する政策についての協力義務

各加盟国は，準備資産に関する自国の政策が，国際流動性のより良い国際監視を促進するとの目的及び特別引出権を国際通貨制度における中心的な準備資産にするとの目的に合致することを確保するため，基金及び他の加盟国と協力することを約束する。

第9条　地位，免除及び特権

第1項　この条の目的

基金が与えられた任務を遂行することができるようにするため，基金に対し，各加盟国の領域において，この条に規定する地位，免除及び特権を与える。

第2項　基金の地位

基金は，完全な法人格を有し，特に，次の能力を有する。
(ⅰ) 契約をすること。
(ⅱ) 動産及び不動産を取得し及び処分すること。

(iii) 訴えを提起すること。
第3項　訴訟手続の免除
　　　基金並びに，所在地及び占有者のいかんを問わず，その財産及び資産は，あらゆる形式の訴訟手続の免除を享有する。ただし，基金がいずれかの訴訟手続のため又は契約の条件によって免除を明示的に放棄するときは，この限りでない。
第4項　その他の行為の免除
　　　基金の財産及び資産は，所在地及び占有者のいかんを問わず，行政上又は立法上の措置による捜索，徴発，没収，収用その他あらゆる形式の強制処分を免除される。
第5項　文書に関する免除
　　　基金の文書は，不可侵とする。
第6項　資産に対する制限の免除
　　　基金のすべての財産及び資産は，この協定に規定する活動を行うために必要な範囲内で，いかなる性質の制限，規制，管理及びモラトリアムをも課されない。
第7項　通信に関する特権
　　　加盟国は，基金の公的通信に対し，他の加盟国の公的通信に対して与える待遇と同一の待遇を与える。
第8項　職員及び使用人の免除及び特権
　　　基金の総務，理事，総務代理，理事代理，委員会の委員，第12条第3項(j)の規定に基づいて任命される代表者及びこれらの者の顧問並びに職員及び使用人は，すべて，
　　（i）公的資格で行う行為について訴訟手続を免除される。ただし，基金がこの免除を放棄するときは，この限りでない。
　　（ii）当該加盟国の国民でないときは，加盟国が他の加盟国の同等の地位の代表者，公務員及び使用人に対して与える出入国制限，外国人登録義務及び国民的服役義務の免除並びに為

替制限に関する便宜と同一の免除及び便宜を与えられる。
　　（iii）加盟国が他の加盟国の同等の地位の代表者，公務員及び使用人に対して与える旅行上の便宜に関する待遇と同一の待遇を与えられる。
第9項　課税の免除
(a) 基金並びにその資産，財産及び収入並びにこの協定によって認められる基金の操作及び取引は，すべての内国税及び関税を免除される。基金は，また，公租公課の徴収又は納付の責任を免除される。
(b) 基金がその理事，理事代理，職員又は使用人に支払う給料その他の給与に対し又はこれらの給与に関しては，これらの者が当該加盟国の市民，臣民その他の国民でないときは，いかなる租税をも課してはならない。
(c) 基金が発行する債務証書その他の証書（その配当又は利子を含む。）に対しては，保有者のいかんを問わず，次のいかなる種類の課税をも行ってはならない。
　　（i）発行者のみを理由として債務証書その他の証書に対して不利な差別を設ける課税
　　（ii）債務証書その他の証書の発行，支払予定若しくは支払実施の場所若しくは通貨又は基金が維持する事務所若しくは業務所の位置を唯一の法律上の基準とする課税
第10項　この条の適用
　　　各加盟国は，この条に定める原則を自国の法律において実施するため自国の領域内で必要な措置をとり，かつ，その措置の詳細を基金に通報する。

第10条　他の国際機関との関係

基金は，一般的国際機関及び関係分野で専門的責任を有する公的国際機関とこの協定の範囲内で協力する。この協力の

ための取極でこの協定の規定の変更をもたらすものは，第28条の規定に基づいてこの協定を改正した後に限り，締結することができる。

第11条 非加盟国との関係

第1項 非加盟国との関係に関する約束
　各加盟国は，次のことを約束する。
　（ⅰ）この協定又は基金の目的に反する取引を非加盟国又はその領域内にある者と行わないこと及び第5条第1項に規定する自国の財務機関がこれを行うことを許さないこと。
　（ⅱ）この協定又は基金の目的に反する慣行について非加盟国又はその領域内にある者と協力しないこと。
　（ⅲ）この協定又は基金の目的に反する取引を非加盟国又はその領域内にある者と行うことを防止する適当な措置を自国の領域内で実施するため基金と協力すること。
第2項 非加盟国との取引に対する制限
　この協定のいかなる規定も，加盟国が非加盟国又はその領域内にある者との為替取引に制限を課する権利を害するものではない。ただし，その制限が加盟国の利益を害しかつ基金の目的に反すると基金が認定したときは，この限りでない。

第12条 組織及び運営

第1項 基金の機構
　基金に，総務会，理事会，専務理事1人及び職員並びに，総務会が付表Dの規定が適用されることを総投票権数の85％の多数によって決定する場合には，評議会を置く。
第2項 総務会
（a）この協定に基づく権限であって，直接に総務会，理事会又は専務理事に付与されていないものは，すべて総務会に属する。総務会は，各加盟国がその決定する方法で任命する総務1人及び総務代理1人によって構成する。各総務及び各総務代理は，新たな任命が行われるまでの間在任する。総務代理は，総務が不在である場合を除くほか，投票することができない。総務会は，総務のうち1人を議長に選定する。
（b）総務会は，この協定によって直接に総務会に付与されている権限を除くほか，その権限の行使を理事会に委任することができる。
（c）総務会は，その定めるところにより又は理事会の招集によって会合を開催する。総務会の会合は，15の加盟国又は総投票権数の4分の1以上を有する加盟国が要請したときは，招集されなければならない。
（d）総務会のいかなる会合においても，総投票権数の3分の2以上を有する過半数の総務が出席していなければならない。
（e）各総務は，自己を任命した加盟国に第5項の規定に基づいて割り当てられた票数の票を投ずる資格を有する。
（f）総務会は，規則を設けることにより，理事会が基金に最も有利であると認めるときに総務会の会合を招集することなしに特定の問題に関する総務の表決を得ることができる手続を定めることができる。
（g）総務会及び，権限を与えられた範囲内で，理事会は，基金の業務上必要な又は適当な規則及び細則を採択することができる。
（h）総務及び総務代理は，その資格においては，基金から報酬を受けない。ただし，基金は，これらの者に対し，会合への出席に際して負担する相当の費用を支払うことができる。

(i) 総務会は, 理事及び理事代理に支払う報酬並びに専務理事の給料及び勤務に関する契約の条件を定める。
 (j) 総務会及び理事会は, 適当と認める委員会を設置することができる。委員会の委員は, 総務, 理事, 総務代理又は理事代理に限る必要はない。
第3項　理事会
 (a) 理事会は, 基金の業務を運営する責任を有し, このため, 総務会から委任されたすべての権限を行使する。
 (b) 理事会は, 専務理事を議長とし, 次の理事によって構成する。
　(ⅰ) 最大の割当額を有する5の加盟国が任命する5人の理事
　(ⅱ) その他の加盟国が選挙する15人の理事
　　総務会は, 理事の各定期選挙のため, 総投票権数の85%の多数により, (ⅱ)に定める理事の数を増加させ又は減少させることができる。(ⅱ)に定める理事の数は, (c)の規定に基づき理事が任命されるときは, 場合に応じ, 1又は2減少する。ただし, 総務会が, 総投票権数の85%の多数により, その減少が理事会の任務若しくは理事の職務の効果的な遂行を妨げると認定し又は理事会における望ましい均衡を損なうおそれがあると認定する場合は, この限りでない。
 (c) 理事の第2回定期選挙の時以後に, (b)(ⅰ)の規定に基づいて理事を任命する資格を有する加盟国のうちに, 一般資金勘定における加盟国通貨の基金保有額の過去2年間における平均額が割当額未満に減少しており, かつ, その減少の絶対額を特別引出権で表示したものが最大である2の加盟国の一方又は双方が含まれていないときは, 当該含まれていない一方又は双方の加盟国は, 理事を任命することができる。

 (d) 選任理事の選挙は, 基金が適当と認める規則で補足する付表Eの規定に従って, 2年ごとに行う。総務会は, 理事の各定期選挙のため, 付表Eの規定に基づく理事の選出に必要な票数の割合を変更する規則を設けることができる。
 (e) 各理事は, 不在のときに自己に代わって行動する完全な権限を有する理事代理を任命する。理事代理を任命した理事が出席しているときは, 理事代理は, 会合に参加することはできるが, 投票することはできない。
 (f) 理事は, 後任者が任命され又は選任されるまでの間在職する。選任理事の職が任期の満了前90日を超える期間空席となった場合には, 前任の理事を選出した加盟国は, 残任期間のため新たな理事を選挙する。その選挙には, 投じられた票の過半数を必要とする。理事の職が空席となっている間は, 前任の理事の代理は, 代理を任命する権限を除くほか, 前任の理事の権限を行使する。
 (g) 理事会は, 基金の主たる事務所で常にその職務を行い, 基金の業務の必要に応じて会合する。
 (h) 理事会のいかなる会合においても, 総投票権数の2分の1以上を有する過半数の理事が出席していなければならない。
 (i)(ⅰ) 各任命理事は, 自己を任命した加盟国に第5項の規定に基づいて割り当てられた票数の票を投ずる資格を有する。
　(ⅱ) (c)の規定に基づいて理事を任命する加盟国に割り当てられた票数の票が前回の理事の定期選挙の結果他の加盟国に割り当てられた票数の票とともに1人の理事によって投じられていた場合には, その加盟国は, 当該他の加盟国のそれ

ぞれに割り当てられた票数の票が当該任命理事によって投じられることを当該他の加盟国のそれぞれと合意することができる。その合意を行う加盟国は、理事の選挙に参加してはならない。
(iii) 各選任理事は、自己の選出のために算入された票数の票を投ずる資格を有する。
(iv) 第5項(b)の規定が適用される場合には、その適用がない場合に理事が投ずる資格を有する票の数は、これに応じて増加され又は減少される。理事が投ずる資格を有するすべての票は、一括して投じなければならない。
(v) 第26条第2項(b)の規定に基づき加盟国の投票権の停止が解かれ、かつ、その加盟国が理事を任命する資格を有しない場合には、その加盟国は、自国に割り当てられた票数の票をある理事が投ずることを、その理事を選出したすべての加盟国と合意することができる。ただし、当該停止の期間中に理事の定期選挙が行われなかったときは、その加盟国が当該停止の前にその選出に参加した理事又は付表L 3 (c)(i)の規定若しくは(h)の規定に従って選出されたその後任者は、その加盟国に割り当てられた票数の票を投ずる資格を有する。その加盟国は、自国に割り当てられた票数の票を投ずる資格を有する理事の選出に参加したものとみなす。
(j) 総務会は、(b)の規定に基づいて理事を任命する資格がない加盟国が自国の行った要請又は自国に特に関係のある事項について審議が行われている間理事会の会合に出席する代表者1人を送ることができるようにする規則を採択する。

第4項 専務理事及び職員
(a) 理事会は、専務理事1人を選定する。専務理事は、総務又は理事であってはならない。専務理事は、理事会の議長となるが、可否同数の場合の決定投票を除くほか、投票権を有しない。専務理事は、総務会の会合に参加することができるが、その会合では投票してはならない。専務理事は、理事会の決定により退任する。
(b) 専務理事は、基金の職員の長とし、理事会の指揮の下に、基金の通常業務を行う。専務理事は、理事会の一般的監督の下に、基金の職員の組織及び任免の責任を負う。
(c) 基金の専務理事及び職員は、その職務の遂行に当たり、基金に対してのみ責任を負うものとし、その他の当局に対しては責任を負わない。各加盟国は、この責任の国際的な性質を尊重し、その職務の遂行についてこれらの者を左右しようとするすべての企図を慎まなければならない。
(d) 職員の任命に当たっては、最高水準の能率及び技術的能力を確保することが最も重要であるが、専務理事は、職員をなるべく広い地理的基礎に基づいて採用することの重要性についても十分な考慮を払わなければならない。

第5項 投票
(a) 各加盟国は、250票のほか、自国の割当額の10万特別引出権相当額ごとに1票を有する。
(b) 第5条第4項又は第5項の規定の下で必要とされる投票については、各加盟国が(a)の規定に基づいて与えられる票数は、次の調整を受ける。ただし、買入れ又は売却の純額は、いかなる時にも、当該加盟国の割当額に等しい額を超えないものとみな

す。
  (i) 投票が行われる日までに行われた基金の一般資金からの当該加盟国の通貨の売却の純額の40万特別引出権相当額ごとに1票を加える。
  (ii) 投票が行われる日までに当該加盟国が第5条第3項(b)及び(f)の規定に基づいて行った買入れの純額の40万特別引出権相当額ごとに1票を減ずる。
 (c) 明示的な別段の定めがある場合を除くほか，基金のすべての決定は，投じられた票の過半数によって行う。

第6項 準備金，純収入の分配及び投資
 (a) 基金は，毎年，その純収入のうち，一般準備金及び特別準備金への繰入額並びに，分配を行うときは，分配額を決定する。
 (b) 基金は，一般準備金を利用することができるいかなる目的（分配を除く。）にも特別準備金を利用することができる。
 (c) いずれかの年度の純収入につき分配を行う場合には，その分配は，すべての加盟国に対し，割当額に比例して行う。
 (d) 基金は，総投票権数の70％の多数により，一般準備金の全部又は一部の分配を行うことをいつでも決定することができる。その分配は，すべての加盟国に対し，割当額に比例して行う。
 (e) (c)及び(d)の規定に基づく支払は，特別引出権で行う。ただし，基金又は各加盟国は，当該加盟国への支払が当該加盟国の通貨で行われることを決定することができる。
 (f)(i) 基金は，この(f)の規定の適用上，投資勘定を設置することができる。投資勘定において保有する資産は，一般会計の他の勘定において保有する資産と分離して保有する。

 (ii) 基金は，金の売却によって受領した額の一部を投資勘定に繰り入れることを第5条第12項(g)の規定に従って決定することができるものとし，また，一般資金勘定において保有する通貨を直ちに投資を行うために投資勘定に繰り入れることを，総投票権数の70％の多数により決定することができる。これらの繰入れの純累積額は，繰入れの決定の時における一般準備金及び特別準備金の合計額を超えてはならない。
 (iii) 基金は，投資勘定において保有する加盟国の通貨を当該加盟国の市場性のある債務証書又は国際金融機関の市場性のある債務証書に投資することができる。いかなる投資も，自国通貨が当該投資に使用される加盟国の同意なしに行ってはならない。基金は，特別引出権又は投資に使用される通貨で表示される債務証書にのみ投資する。
 (iv) 投資による収入は，この(f)の規定に従って投資するとができる。投資による収入のうち投資しないものは，投資勘定において保有するものとし，また，基金の業務を運営するための経費に充てるために使用することができる。
 (v) 基金は，基金の業務を運営するための経費に充てるために必要な通貨の取得のため，投資勘定において保有する加盟国通貨を使用することができる。
 (vi) 投資勘定は，基金が清算される場合に終了する。もっとも，基金の清算に先立ち，総投票権数の70％の多数により，投資勘定を終了させ又は投資の額を削減することができる。基金は，総投票権数の70％の多数により，投資勘定の管理

に関し，(vi)から(ix)までの規定に合致する規則及び細則を採択する。
(vii) 基金の清算による投資勘定の終了の場合には，同勘定において保有される資産は，付表Kの規定に従って分配する。ただし，その資産のうち，第5条第12項(g)の規定に基づいて投資勘定に繰り入れられた資産が同勘定に繰り入れられた資産の総額に対して占める割合に相当する部分は，特別支払勘定において保有する資産とみなし，付表K2(a)(ii)の規定に従って分配する。
(viii) 基金の清算に先立つ投資勘定の終了の場合には，同勘定において保有される資産のうち，第5条第12項(g)の規定に基づいて同勘定に繰り入れられた資産が同勘定に繰り入れられた資産の総額に対して占める割合に相当する部分は，特別支払勘定が終了していないときは，特別支払勘定に繰り入れるものとし，投資勘定において保有される資産のうちの残額は，操作及び取引に直ちに利用するために一般資金勘定に繰り入れる。
(ix) 基金による投資の額を削減する場合には，削減額のうち，第5条第12項(g)の規定に基づいて投資勘定に繰り入れられた資産が同勘定に繰り入れられた資産の総額に対して占める割合に相当する部分は，特別支払勘定が終了していないときは，特別支払勘定に繰り入れるものとし，削減額のうちの残額は，操作及び取引に直ちに利用するために一般資金勘定に繰り入れる。

第7項　報告の公表

(a) 基金は，会計検査を了した計算書を含む年次報告を公表し，また，3箇月以内の期間ごとに，基金の操作及び取引並びに特別引出権，金及び加盟国通貨の保有額に関する概要書を発表する。
(b) 基金は，その目的を達成するために望ましいと認めるその他の報告を公表することができる。

第8項　加盟国に対する見解の通知

基金は，この協定の下で生ずる事項について基金の見解を加盟国に非公式に通知する権利を常に有する。基金は，加盟国の通貨又は経済の状態及び動向で直接に諸加盟国に国際収支の重大な不均衡をもたらす傾向を有するものについてその加盟国に与えた報告の公表を，総投票権数の70％の多数によって決定することができる。その加盟国は，理事を任命する資格を有しないときは，第3項(j)の規定に従って代表者を出す資格を有する。基金は，加盟国の経済組織の基本的機構を変更することを内容とする報告を公表してはならない。

第13条　事務所及び寄託所

第1項　事務所の所在地

基金の主たる事務所の所在地は，最大の割当額を有する加盟国の領域内とする。代理事務所又は支所は，その他の加盟国の領域内に置くことができる。

第2項　寄託所

(a) 各加盟国は，自国通貨の基金保有額の全額の寄託所として中央銀行を指定し，また，中央銀行がないときは，基金が受諾することができる他の機関を指定する。
(b) 基金は，金を含むその他の資産を，最大の割当額を有する5の加盟国が指定した寄託所及び基金が選定するその他の指定された寄託所において保有することができる。当初は，基金保有額の少なくとも50％は基金の主たる事務所がある加盟国が指定した寄託所において保有し，少なくと

も40％は前記の5の加盟国のうちの残余の4の加盟国が指定した寄託所において保有する。この場合において，基金による金のすべての移動は，輸送費及び予想される基金の必要に十分な考慮を払って行う。緊急のときは，理事会は，基金の金保有額の全部又は一部を，適当に保護することができるいかなる場合にも移すことができる。

第3項　基金の資産についての保証

各加盟国は，基金のすべての資産につき，自国が指定した寄託所の過失又は債務不履行から損失が生じないように保証する。

第14条　過渡的取極

第1項　基金に対する通告

各加盟国は，次項の過渡的取極の利用を意図すること又は第8条第2項から第4項までに規定する義務を受諾する用意があることを基金に通告しなければならない。過渡的取極を利用する加盟国は，その後これらの義務を受諾する用意ができたときは，直ちに基金に通告しなければならない。

第2項　為替制度

前項の規定に従って過渡的取極の利用を意図することを基金に通告した加盟国は，この協定の他の条の規定にかかわらず，自国が加盟国となった日に実施されていた経常的国際取引のための支払及び資金移動に対する制度を存続し，及びこの制度を変化する状況に適応させることができる。この場合において，加盟国は，その外国為替政策について基金の目的を常に尊重しなければならず，事情が許す限り速やかに，国際支払及び安定した為替相場制度の促進を容易にするような通商上及び金融上の取極を他の加盟国と締結するため，すべての可能な措置をとらなければならない。特に，加盟国は，この項の規定に基づいて存続している制度がなくても基金の一般資金の利用を過度に行わないような方法で支払残高を決済することができると認めるときは，その制度を直ちに撤廃しなければならない。

第3項　制限に関する基金の措置

基金は，前項の規定に基づいて実施されている制限について年次報告を行う。第8条第2項，第3項又は第4項の規定に合致しない制限を存続している加盟国は，毎年，その制限の将来における存続について基金と協議しなければならない。基金は例外的状況において必要と認めるときは，この協定の他の条の規定に合致しない制限の特定のものの撤廃又は全般的な廃止に好都合な状態にあることを加盟国に表明することができる。加盟国は，その表明に回答するために適当な期間を与えられる。加盟国が基金の目的に合致しない制限の存続を固執していると基金が認めるときは，その加盟国は，第26条第2項(a)の規定の適用を受ける。

第15条　特別引出権

第1項　特別引出権を配分する権限

基金は，既存の準備資産を補充する必要が生じたときにこれに応ずるため，特別引出権会計の参加国である加盟国に対して特別引出権を配分する権限を与えられる。

第2項　特別引出権の評価

基金は，総投票権数の70％の多数により，特別引出権の評価方法を決定する。ただし，評価の原則の変更又は実施されている評価の原則の適用における基本的な変更には，総投票権数の85％の多数を必要とする。

第16条　一般会計及び特別引出権会計

第1項　操作及び取引の分離

特別引出権に係るすべての操作及び取引は，特別引出権会計を通じて行う。この協定に基づいて認められる基金の計算で行う他のすべての操作及び取引は，一般会計を通じて行う。次条第2項の規定に基づく操作及び取引は，一般会計及び特別引出権会計の双方を通じて行う。

第2項　資産及び財産の分離

第5条第2項(b)の規定に基づいて管理される資金以外の基金のすべての資産及び財産は，一般会計において保有する。ただし，第20条第2項，第24条及び第25条並びに付表H及び付表Iの規定に基づいて取得される資産及び財産は，特別引出権会計において保有する。一方の会計において保有するいかなる資産又は財産も，他方の会計の操作及び取引によって生じた基金の債務の弁済に充て又はその損失を埋めるために用いてはならない。ただし，特別引出権会計の業務の運営のための経費は，基金により一般会計から支払われ，その経費を合理的に評価して課される第20条第4項の規定に基づく賦課金によって特別引出権で随時払い戻される。

第3項　記録及び情報

特別引出権保有額のすべての変更は，基金が特別引出権会計に記録した時に効力を生ずる。参加国は，特別引出権の使用の根拠となったこの協定の規定を基金に通告する。基金は，その任務の遂行のために必要と認めるその他の情報を提供することを参加国に要求することができる。

第17条　参加国及び他の特別引出権保有者

第1項　参加国

基金の加盟国で，その国内法に従って特別引出権会計の参加国としてのすべての義務を負うこと及びこれらのすべての義務を履行するために必要なすべての措置をとったことを述べた文書を基金に寄託したものは，その文書を寄託した日から特別引出権会計の参加国となる。ただし，いかなる加盟国も，この協定の特別引出権会計のみに関する事項を定める規定が効力を生じ，かつ，割当額の合計額の少なくとも75％を有する加盟国がこの項の規定に従って文書を寄託する前には，参加国となることはない。

第2項　保有者としての基金

基金は，一般資金勘定において特別引出権を保有すること並びに一般資金勘定を通じ，この協定に従い参加国との間で又は次項の規定に基づいて定める条件に従い次項(i)の規定に基づいて定める保有者との間で行う操作及び取引において，特別引出権を受け入れ及び使用することができる。

第3項　その他の保有者

基金は，
(i) 非加盟国，参加国でない加盟国，中央銀行としての機能を2以上の加盟国のために営む機関及び他の公的機関を保有者として定めることができる。
(ii) (i)の規定に基づいて定める保有者が特別引出権を保有することを認められるための条件並びに参加国及び(i)の規定に基づいて定める他の保有者との間の操作及び取引において特別引出権を受け入れ又は使用するための条件を定めることができる。
(iii) 参加国及び，一般資金勘定を通じ，基金が(i)の規定に基づいて定める保有者との間で特別引出権で操作及び取引を行うための条件を定めるこ

とができる。
　(i)の規定に基づいて保有者を定めるためには、総投票権数の85％の多数を必要とする。基金が定める条件は、この協定の規定及び特別引出権会計の効果的な運営に合致するものでなければならない。

第18条　特別引出権の配分及び消却

第1項　配分及び消却を規制する原則及び考慮事項
- (a) 特別引出権の配分又は消却に関するすべての決定を行うに当たり、基金は、既存の準備資産を補充することについて長期的かつ全体的な必要が生じたときに、基金の目的の達成を促進し並びに世界における経済の停滞及びデフレーション並びに過剰需要及びインフレーションを回避するような方法で、その必要に応ずるように努めなければならない。
- (b) 特別引出権を配分することについての最初の決定は、特別の考慮事項として、準備資産を補充する全体的な必要があることについての共同の判断、より良い国際収支の均衡の達成及び将来における調整過程の機能の改善の可能性を考慮したものでなければならない。

第2項　配分及び消却
- (a) 特別引出権を配分し又消却することについての基金の決定は、5年の基本期間について行い、これらの基本期間は、連続するものとする。最初の基本期間は、特別引出権を配分することについての最初の決定の日又はその決定において定めるその後の日に始まる。配分又は消却は、1年の間隔を置いて行う。
- (b) 配分の率は、配分の決定の日における割当額の百分率によって表示する。特別引出権の消却の率は、消却の決定の日における特別引出権の純累積配分額の百分率によって表示する。これらの百分率は、すべての参加国について同一とする。
- (c) 基金は、(a)及び(b)の規定にかかわらず、いずれの基本期間について決定を行うに当たっても、次のことを定めることができる。
  - (i) 基本期間を5年と異なる期間のものとすること。
  - (ii) 1年と異なる間隔を置いて配分又は消却を行うこと。
  - (iii) 配分又は消却を、その決定の日以外の日における割当額又は純累積配分額に基づいて行うこと。
- (d) 基本期間の開始後に参加国となった加盟国は、その加盟国が参加国となった後に配分が行われる次の基本期間から配分を受ける。ただし、その新たな参加国が参加国となった後の最初の配分から配分を受けることを基金が決定した場合は、この限りでない。基本期間の途中で参加国となった加盟国がその基本期間の残余の期間についての配分を受けることを基金が決定し、かつ、その参加国が(b)又は(c)の規定に基づいて定められる日に加盟国となっていなかった場合には、基金は、その参加国に対して行う配分の基礎を決定する。
- (e) 参加国は、配分の決定に従って行われる特別引出権の配分を受け入れなければならない。ただし、次の(i)及び(ii)の条件の双方が満たされる場合は、この限りでない。
  - (i) 当該参加国の総務がその決定に対して賛成の投票をしなかったこと。
  - (ii) 当該参加国が、その決定に基づく最初の特別引出権の配分に先立ち、その決定に基づいて特別引出

権が自国に配分されることを希望しない旨を書面により基金に通告したこと。

基金は，参加国の要請によって決定を行うことにより，その後の特別引出権の配分について前記の通告の効果を終了させることができる。

(f) 消却が効力を生ずる日において，参加国の保有している特別引出権の額が当該参加国に割り当てられた消却されるべき特別引出権の額よりも少ない場合には，当該参加国は，その総準備ポジションが許す範囲内で，できる限り速やかに未消却残高を除去するものとし，このため，継続して基金と協議を行う。消却が効力を生じた日の後に当該参加国が入手した特別引出権は，未消却残高の除去に充てられて消却される。

第3項　予期されなかった重大な事態の発生

基金は，予期されなかった重大な事態が生じたため望ましいと考えるときは，残余の基本期間についての配分若しくは消却の率若しくは間隔を変更し，基本期間の長さを変更し又は新たな基本期間を開始させることができる。

第4項　配分及び消却の決定

(a) 第2項(a)から(c)まで及び前項の規定に基づく決定は，理事会の同意を得て専務理事が行う提議に基づき，総務会が行う。

(b) 専務理事は，提議を行うに先立ち，その提議が第1項(a)の規定に合致することを確認した上で，その提議が参加国の間で広く支持されるという確信を得ることができるように協議を行う。専務理事は，更に，最初の配分に関する提議を行うに先立ち，第1項(b)の規定が遵守されており，かつ，配分の開始が参加国の間で広く支持されていることを確認しなけ

ればならず，また，特別引出権会計が開設された後においてこれらのことを確認した場合には，直ちに最初の配分のための提議を行わなければならない。

(c) 専務理事は，
  (i) 各基本期間の終了の6箇月前までに，
  (ii) いずれかの基本期間についての配分又は消却に関しいかなる決定も行われなかった場合において，(b)の規定が遵守されたことを確認したときに，
  (iii) 前項の規定に従い，配分若しくは消却の率若しくは間隔を変更し，基本期間の長さを変更し若しくは新たな基本期間を開始させることが望ましいと認めるときに，又は
  (iv) 総務会若しくは理事会の要請があった後6箇月以内に，

提議を行う。ただし，専務理事は，(i)，(iii)又は(iv)の場合において，第1項の規定に合致すると認められる提議で(b)の規定に従って参加国の間で広く支持されるものがないことを確認したときは，総務会及び理事会にその旨を報告しなければならない。

(d) 配分の率の引下げに関する前項の規定に基づく決定を除くほか，第2項(a)から(c)まで及び前項の規定に基づく決定には，総投票権数の85％の多数を必要とする。

第19条　特別引出権の操作及び取引

第1項　特別引出権の使用

特別引出権は，この協定に基づいて認められる操作及び取引に使用することができる。

第2項　参加国間の操作及び取引

(a) 参加国は，その特別引出権を使用して，第5項の規定に基づいて指定

される参加国から等額の通貨を取得することができる。
(b) 参加国は，その特別引出権を使用して，他の参加国との合意により，当該他の参加国から等額の通貨を取得することができる。
(c) 基金は，総投票権数の70％の多数により，参加国が他の参加国との合意により，かつ，基金が適当と認める条件に従って行うことができる操作について定めることができる。この条件は，特別引出権会計の効果的な運営に合致し及びこの協定に従って行う特別引出権の適切な使用に合致するものでなければならない。
(d) 基金は，(b)又は(c)の規定に基づく取引又は操作であって，第5項に定める原則に従う指定の効果を害するおそれがあると基金が判断するものその他第22条の規定に合致しないと基金が判断するものを行う参加国に対して抗議することができる。引き続きこのような取引又は操作を行う参加国は，第23条第2項(b)の規定の適用を受ける。

第3項 必要性の要件
(a) 前項(a)の規定に基づく取引において，参加国は，(c)の規定が適用される場合を除くほか，その特別引出権を，その国際収支，対外準備ポジション又は対外準備の推移を理由とする必要性に基づく場合に限り使用し，その対外準備の構成を変えることのみを目的としては使用しないことが期待される。
(b) 特別引出権の使用に当たっては，(a)の期待に反することを理由とする異議は，提起されない。もっとも，基金は，この期待に反した参加国に対して抗議することができる。引き続きこの期待に反している参加国は，第23条第2項(b)の規定の適用を受ける。
(c) 参加国が第5項の規定に基づいて指定された他の参加国から特別引出権を使用して等額の通貨を取得する取引であって，第6項(a)の規定に基づく当該他の参加国の復元を促進し，当該他の参加国の未消却残高を防止し若しくは減少させるもの又は当該他の参加国が(a)の期待に反したときにその効果を打ち消すものについては，基金は，(a)の期待の対象から除外することができる。

第4項 通貨を提供する義務
(a) 次項の規定に基づいて基金が指定した参加国は，第2項(a)の規定に基づいて特別引出権を使用する参加国の要求があったときは，自由利用可能通貨をその参加国に提供しなければならない。参加国が通貨を提供する義務は，自国の特別引出権保有額のうちその純累積配分額を超える部分がその純累積配分額の2倍に等しくなる点又はその参加国と基金との間で合意されるそれよりも高い限度を超えないものとする。
(b) 参加国は，(a)の義務の限度又は合意されるそれよりも高い限度を超えて通貨を提供することができる。

第5項 通貨を提供する参加国の指定
(a) 基金は，第2項(a)及び前項の規定の適用上，参加国がその特別引出権を使用することができるようにするため，特定の額の特別引出権と引換えに通貨を提供する参加国を指定する。この指定は，基金が随時採択する他の原則によって補足される次の一般原則に従って行う。
 (i) 参加国は，その国際収支及び総準備のポジションが十分に強固である場合には，指定の対象となる。ただし，総準備ポジションが強固な参加国の国際収支が軽度の赤字

を示している場合にも，その参加国が指定される可能性を排除するものではない。これらの参加国は，相互間における特別引出権保有額の均衡のとれた配分が長期的にみて促進されるような方法で指定される。

(ii) 参加国は，次項(a)の規定に基づく復元を促進し，特別引出権保有額に生じた未消却残高を減少させ又は第3項(a)の期待に反したときにその効果を打ち消すため，指定の対象となる。

(iii) 基金は，参加国を指定するに当たり，通常，(ii)の規定に基づく指定の目的を実現するために特別引出権の取得を必要とする参加国を優先させる。

(b) 基金は，(a)(i)の規定に基づき特別引出権保有額の均衡のとれた配分を長期的にみて促進するため，付表Fに規定する指定に関する規則又は(c)の規定に基づいて採択される規則を適用する。

(c) 指定に関する規則は，いつでも検討することができるものとし，必要があるときは，新たな規則が採択される。新たな規則が採択されない限り，検討が行われた時点において効力を有する規則が引き続いて適用される。

第6項　復元

(a) 特別引出権を使用する参加国は，付表Gに規定する復元に関する規則又は(b)の規定に基づいて採択される規則に従い，その特別引出権保有額を復元する。

(b) 復元に関する規則は，いつでも検討することができるものとし，必要があるときは，新たな規則が採択される。新たな規則が採択され又は復元に関する規則の廃止が決定されない限り，検討が行われた時点において効力を有する規則が引き続いて適用される。復元に関する規則を採択し，修正し又は廃止する決定には，総投票権数の70％の多数を必要とする。

第7項　交換比率

(a) (b)に規定する場合を除くほか，第2項(a)及び(b)の規定に基づく参加国間の取引のための交換比率は，特別引出権を使用する参加国が，いかなる通貨をいずれの参加国から提供される場合にも同一の価値を受け取ることとなるような比率とし，基金は，この原則を実施するための規則を採択する。

(b) 基金は，総投票権数の85％の多数により，第2項(b)の規定に基づいて取引を行う参加国が(a)の規定に基づいて適用される交換比率と異なる交換比率を合意することを例外的状況において総投票権数の70％の多数によって認めることができるような政策を採択することができる。

(c) 基金は，参加国の通貨の交換比率を決定するための手続について当該参加国と協議する。

(d) この項の規定の適用上，参加国には，参加終了国を含む。

第20条　特別引出権会計の利子及び手数料

第1項　利子

基金は，特別引出権の保有者に対し，その保有額につき，すべての保有者について同一の率の利子を支払う。基金は，この利子の支払に充てるために十分な手数料を受け取っているかどうかを問わず，保有者に支払うべき金額を支払う。

第2項　手数料

参加国は，基金に対し，特別引出権

の純累積配分額に未消却残高及び未払手数料を加えた額につき，すべての参加国について同一の率の手数料を支払う。

第3項 利子及び手数料の率

基金は，総投票権数の70％の多数により，利子の率を定める。手数料の率は，利子の率に等しいものとする。

第4項 賦課金

基金は，第16条第2項の規定に基づく払戻しが行われることを決定したときは，このため，純累積配分額につき，すべての参加国について同一の率の賦課金を課する。

第5項 利子，手数料及び賦課金の支払

利子，手数料及び賦課金は，特別引出権で支払う。手数料又は賦課金を支払うための特別引出権を必要とする参加国は，基金が受け入れることができる通貨と引換えに，一般資金勘定を通じて行う基金との取引により，必要とする特別引出権を取得しなければならず，また，取得することができる。その参加国は，このような方法によって十分な特別引出権を取得することができない場合には，基金が特定する参加国から，自由利用可能通貨により，必要とする特別引出権を取得しなければならず，また，取得することができる。支払期日の後に参加国が入手した特別引出権は，未払手数料の支払に充てられて消却される。

第21条 一般会計及び特別引出権会計の管理

(a) 一般会計及び特別引出権会計は，次の規定に従うことを条件として，第12条の規定に従って管理する。

(i) 特別引出権会計のみに関する事項についての総務会の会合又は決定に関し，その会合を招集するため，並びに定足数に達したかどうか及び所定の多数により決定が行われたかどうかを決めるためには，参加国である加盟国が任命した総務の要請，出席及び投票のみを計算する。

(ii) 特別引出権会計のみに関する事項についての理事会の決定に当たっては，少なくとも一の参加国である加盟国により任命され又は選任された理事のみが投票する資格を有する。これらの理事は，それぞれ，その理事を任命した参加国である加盟国又はその理事の選任に賛成投票をした参加国である加盟国に割り当てられた票数の票を投ずる資格を有する。定足数に達したかどうか及び所定の多数により決定が行われたかどうかを決めるためには，参加国である加盟国により任命され又は選任された理事の出席及び参加国である加盟国に割り当てられた票数の票のみを計算する。この(ii)の規定の適用上，任命理事は，参加国である加盟国が第12条第3項(i)の(ii)の規定に基づいて行う合意により，当該参加国である加盟国に割り当てられた票数の票を投ずる資格を有する。

(3) 基金の一般的管理に関する問題（第16条第2項の規定に基づく払戻しを含む。）及びある事項が両会計に関するものであるか又は特別引出権会計のみに関するものであるかという判定の問題は，一般会計のみに関する問題として決定する。特別引出権の評価方法に関する決定，一般会計の一般資金勘定における特別引出権の受入れ，保有及び使用に関する決定並びに一般会計の一般資金勘定及び特別引出権会計の双方を通じて行われる操作及び取引に関連するその他の決定を行うためには，それぞれの会計に関する事項についての決定に必要とされる多数決の要件が

ともに満たされなければならない。特別引出権会計に関する事項についての決定には，その旨を表示する。
(b) 第9条の規定に基づいて与えられる特権及び免除のほか，特別引出権又は特別引出権による操作若しくは取引に対しては，いかなる種類の租税をも課してはならない。
(c) 特別引出権会計のみに関する事項についてのこの協定の規定の解釈について生ずる疑義は，参加国の要請がある場合にのみ，第29条(a)の規定に従って理事会に提出する。理事会が特別引出権会計のみに関する解釈上の疑義について決定を行った場合には，参加国のみがその疑義を第29条(b)の規定に基づいて総務会に付託することを要求することができる。総務会は，参加国でない加盟国が任命した総務が特別引出権会計のみに関する疑義について解釈委員会において投票する資格を有するかどうかを決定する。
(d) 専ら特別引出権会計への参加に起因する事項につき，基金と特別引出権会計への参加を終了した参加国との間又は，特別引出権会計の清算中に，基金と参加国との間に意見の相違が生じたときは，この意見の相違は，第29条(c)に定める手続に従って仲裁に付する。

第22条 参加国の一般的義務

参加国は，この協定の他の条の規定に基づき特別引出権に関して受諾する義務のほか，この協定の規定に従い，かつ，特別引出権を国際通貨制度における中心的な準備資産にするとの目的に従って行われる特別引出権会計の効果的な運営及び特別引出権の適切な使用を容易にするため，基金及び他の参加国と協力することを約束する。

第23条 特別引出権の操作及び取引の停止

第1項 緊急措置

緊急の場合又は特別引出権会計に関する基金の活動を脅かす不測の事態が生じた場合には，理事会は，総投票権数の85%の多数により，1年以内の期間特別引出権の操作及び取引に関するいずれの規定の適用をも停止することができる。この場合においては，第27条第1項(b)から(d)までの規定を適用する。

第2項 義務の不履行

(a) いずれかの参加国が第19条第4項の規定に基づく義務を履行していないと基金が認めたときは，その参加国については，基金が別段の決定をしない限り，特別引出権を使用する権利が停止される。
(b) 基金は，いずれかの参加国が特別引出権に関するその他の義務を履行していないと認めたときは，その参加国がその後に入手する特別引出権を使用する権利を停止することができる。
(c) (a)又は(b)の規定に基づきいずれかの参加国に対して措置がとられるのに先立ち，その参加国が自国に対する抗議について直ちに通報を受け，口頭及び書面の双方で自国の立場を釈明する適当な機会を与えられるようにするため，規則が採択される。参加国は，(a)の規定に関する抗議の通報を受けたときは，その抗議が処理されるまでの間，特別引出権を使用しない。
(d) (a)若しくは(b)の規定に基づく停止又は(c)の規定に基づく制度は，第19条第4項の規定に従って通貨を提供する参加国の義務に影響を及ぼすものではない。

(e) 基金は，(a)又は(b)の規定に基づく停止をいつでも解くことができる。ただし，参加国が第19条第6項(a)の規定に基づく義務を履行しなかったために(b)の規定に基づく停止を受けている場合には，その停止は，その参加国が復元に関する規則を履行することとなった最初の四半期の後180日を経過するまで解かれない。
(f) 参加国が特別引出権を使用する権利は，当該参加国が第5条第5項，第6条第1項又は第26条第2項(a)の規定に従って基金の一般資金を利用する資格を失ったことを理由としては，停止されることはない。第26条第2項の規定は，参加国が特別引出権に関する義務を履行しなかったことを理由としては，適用されることはない。

第24条 参加の終了

第1項 参加を終了する権利
(a) 参加国は，基金に対する通告書をその主たる事務所に送付することにより，いつでも特別引出権会計への参加を終了することができる。終了は，通告が受領された日に効力を生ずる。
(b) 基金から脱退する参加国は，同時に特別引出権会計への参加を終了するものとみなされる。

第2項 参加の終了に伴う決済
(a) 参加国が特別引出権会計への参加を終了するときは，参加終了国が行う特別引出権による操作及び取引は，(c)の規定に従って決済を容易にするために作成される取決めに基づいて認められる場合並びに次項，第5項，第6項及び付表Hの規定による場合を除くほか，すべて停止する。終了の日までの経過利子及び経過手数料並びにその日前に課されて未払となっている賦課金は，特別引出権で支払う。
(b) 基金は，参加終了国が保有するすべての特別引出権を償還する義務を有し，参加終了国は，その純累積配分額に相当する額及び特別引出権会計に参加したことによって支払うこととなっているその他の額を基金に支払う義務を有する。これらの債務は，互いに相殺されるものとし，参加終了国が保有する特別引出権のうち基金に対する債務を消滅させるために相殺に使用された額は，消却される。
(c) (b)に規定する相殺を行った後の参加終了国又は基金の債務に関する決済は，参加終了国と基金との間の取決めにより遅滞なく行う。取決めが速やかに成立しないときは，付表Hの規定を適用する。

第3項 利子及び手数料
参加の終了の日の後は，第20条の規定に基づいて定められる期日及び率により，基金は参加終了国が保有する特別引出権の残高について利子を支払い，参加終了国は基金に対する債務の残高について手数料を支払う。支払は，特別引出権で行う。参加終了国は，手数料又は賦課金を支払うため，基金が特定する参加国との取引により，又は合意に基づいて他の保有者から，自由利用可能通貨と引換えに特別引出権を取得することができるものとし，また，利子として受け取った特別引出権を，第19条第5項の規定に基づいて指定された参加国との取引又は合意による他の保有者との取引において，処分することができる。

第4項 基金に対する債務の決済
基金が参加終了国から受領した通貨は，参加国が保有する特別引出権を，その通貨を基金が受領した時における

各参加国の特別引出権保有額のうち純累積配分額を超える部分に比例して償還するめ,基金が使用する。このように償還された特別引出権及び参加終了国が決済に関する取決め又は付表Hの規定に基づいて支払う賦払金に充てるためにこの協定に基づき取得してその賦払金と相殺された特別引出権は,消却される。

第5項 参加終了国に対する債務の決済

　基金が参加終了国の保有する特別引出権を償還する必要があるときは,その償還は,基金が特定する参加国の提供する通貨で行う。この参加国は,第19条第5項に規定する原則に従って特定される。特定された各参加国は,その選択により参加終了国の通貨又は自由利用可能通貨を基金に提供し,等額の特別引出権を受領する。もっとも,参加終了国は,基金が許可する場合には,自国通貨,自由利用可能通貨その他いかなる資産をいずれの保有者から取得するためにも,特別引出権を使用することができる。

第6項 一般資金勘定の取引

　基金は,参加終了国との決済を容易にするため,参加終了国が次のいずれかのことを行うことを決定することができる。

(i) 第2項(b)に規定する相殺を行った後に参加終了国が保有する特別引出権を,その償還の時に,一般資金勘定を通じて行われる基金との取引において,基金の選択により参加終了国の通貨又は自由利用可能通貨を取得するために使用すること。

(ii) 手数料又は取決め若しくは付表Hの規定に基づいて支払う賦払金に充てるため一般資金勘定を通じて行われる基金との取引により,基金が受け入れることができる通貨と引換えに特別引出権を取得すること。

第25条　特別引出権会計の清算

(a) 特別引出権会計は,総務会の決定による場合を除くほか,清算することができない。理事会は,緊急の場合において,特別引出権会計の清算が必要であると認定したときは,総務会の決定があるまでの間,特別引出権の配分又は消却並びに特別引出権のすべての操作及び取引を一時的に停止することができる。基金を清算する総務会の決定は,一般会計及び特別引出権会計の双方を清算する決定とする。

(b) 総務会が特別引出権会計を清算することを決定したときは,特別引出権の配分,消却,操作及び取引並びに特別引出権会計に関する基金の活動は,特別引出権に関する参加国及び基金の義務の秩序ある履行に付随するものを除くほか,すべて停止され,この協定に基づく基金及び参加国の特別引出権に関する義務は,この条,第20条,第21条(d),前条,第29条(c),付表H,前条の規定に基づいて成立した取決め(付表H 4 の規定に従うことを条件とする。)及び付表Iに定める義務を除くほか,すべて消滅する。

(c) 特別引出権会計の清算に当たり,清算の日までの経過利子及び経過手数料並びにその日前に課されて未払となっている賦課金は,特別引出権で支払う。基金は,保有者が保有するすべての特別引出権を償還する義務を有し,参加国は,特別引出権の純累積配分額に相当する額及び特別引出権会計に参加したことによって支払うこととなっているその他の額を基金に支払う義務を有する。

(d) 特別引出権会計の清算は,付表Iの規定に従って行う。

第26条　脱退

第1項　加盟国の脱退権

　加盟国は，基金に対する通告書を主たる事務所に送付することにより，いつでも基金から脱退することができる。脱退は，通告が受領された日に効力を生ずる。

第2項　強制的脱退

(a)　加盟国がこの協定に基づくいずれかの義務を履行しなかったときは，基金は，その加盟国が基金の一般資金を利用する資格がないことを宣言することができる。この項の規定は，第5条第5項又は第6条第1項の規定を制限するものとみなしてはならない。

(b)　(a)の加盟国が(a)の規定に基づく基金の一般資金を利用する資格の喪失の宣言から相当の期間の経過後においてもこの協定に基づくいずれかの義務の不履行を続けているときは，基金は，総投票権数の70％の多数により，その加盟国の投票権を停止することができる。その停止の期間中は，付表Lの規定を適用する。基金は，総投票権数の70％の多数により，その停止をいつでも解くことができる。

(c)　(b)の加盟国が(b)の規定に基づく停止の決定から相当の期間の経過後においてもこの協定に基づくいずれかの義務の不履行を続けているときは，総投票権数の85％を有する過半数の総務によって行われる総務会の決定により，その加盟国に基金からの脱退を要求することができる。

(d)　(a)，(b)又は(c)の規定に基づくいずれかの加盟国に対して措置がとられるのに先立ち，その加盟国が自国に対する抗議について相当の期間前に通報を受け，口頭及び書面の双方で自国の立場を釈明する適当な機会を与えられるようにするため，規則が採択される。

第3項　脱退した加盟国との勘定の決済

　加盟国が基金から脱退したときは，その国の通貨による基金の正常な操作及び取引は，停止するものとし，また，その国と基金との間の取決めにより双方の間のすべての勘定の決済を遅滞なく行う。取決めが速やかに成立しないときは，その勘定の決済については，付表Jの規定を適用する。

第27条　緊急措置

第1項　一時的停止

(a)　緊急の場合又は基金の活動を脅かす不測の事態が生じた場合には，理事会は，総投票権数の85％の多数により，1年以内の期間次のいずれの規定の適用をも停止することができる。

(1)　第5条第2項，第3項，第7項並びに第8項(a)(1)及び(e)
(2)　第6条第2項
(3)　第11条第1項
(4)　付表C 5

(b)　(a)の規定に基づく規定の適用の停止は1年を超える期間にわたることができない。ただし，総務会は，(a)に規定する緊急又は不測の事態が継続していると認める場合には，総投票権数の85％の多数により，更に2年以内の期間この停止を延長することができる。

(c)　理事会は，総投票権数の過半数により，(a)及び(b)の停止をいつでも解くことができる。

(d)　基金は，規定の適用が停止されている期間について，当該規定の対象となっている事項に関し，規則を採択することができる。

第2項　基金の清算
(a) 基金は，総務会の決定による場合を除くほか，清算することができない。理事会は，緊急の場合において，基金の清算が必要であると認定したときは，総務会の決定があるまでの間，すべての操作及び取引を一時的に停止することができる。
(b) 総務会が基金を清算することを決定したときは，基金は，その資産の秩序ある取立て及び清算並びにその負債の決済に付随する活動を除くほか，いかなる活動に従事することをも直ちに停止する。この協定に基づく加盟国のすべての義務は，この条，第29条(c)，付表J 7及び付表Kに定める義務を除くほか，消滅する。
(c) 清算は，付表Kの規定に従って行う。

第28条　改正

(a) この協定を変更しようとする提案は，加盟国，総務又は理事会のいずれから提議されたものであっても，総務会の議長に送付し，議長は，この提案を総務会に提出する。改正案を総務会が承認したときは，基金は，すべての加盟国に対し，改正案を受諾するかどうかを同文の書簡又は電報で照会する。総投票権数の85%を有する5分の3の加盟国が改正案を受諾したときは，基金は，すべての加盟国にあてた公式の通報によってその事実を確認する。
(b) (a)の規定にかかわらず，次のものを変更する改正の場合には，すべての加盟国の受諾を必要とする。
  (i) 基金から脱退する権利（第26条第1項）
  (ii) 加盟国の割当額の変更は当該加盟国の同意なしに行ってはならないという規定（第3条第2項(d)）
  (iii) 加盟国の通貨の平価は当該加盟国の提議があったときを除くほか変更することができないという規定（付表C 6）
(c) 改正は，公式の通報の日の後3箇月ですべての加盟国について効力を生ずる。ただし，同文の書簡又は電報中にそれよりも短い期間を明記したときは，この限りでない。

第29条　解釈

(a) この協定の解釈について加盟国と基金との間又は加盟国相互の間に生ずる疑義は，理事会に提出して解決する。疑義が理事を任命する資格がない加盟国に特に関係があるときは，その加盟国は，第12条第3項(j)の規定に従って代表者を出す資格を有する。
(b) 理事会が(a)の規定に基づいて決定を行った場合には，加盟国は，その決定の日から3箇月以内に，その疑義を総務会に付託することを要求することができる。総務会の決定は，最終的とする。総務会に付託された疑義は，総務会の解釈委員会によって審議される。この委員会の各委員は，それぞれ1個の投票権を有する。総務会は，この委員会の構成，手続及び多数決の要件を定める。この委員会の決定は，総務会が総投票権数の85%の多数により別段の決定をしない限り，総務会の決定とする。総務会への付託の結果が判明するまでの間，基金は，必要と認める限り，理事会の決定に基づいて行動することができる。
(c) 基金と脱退した加盟国との間又は，基金の清算中に，基金と加盟国との間に意見の相違が生じたときは，この意見の相違は，3人の仲裁人による仲裁に付する。仲裁人の1人は基金が任命し，他の1人は加盟国又は脱退した加盟国が任命し，審判すべき1人は，当事者が別段の合意をしない限り，国際

司法裁判所長又は基金が採択した規則で定める他の当局が任命する。審判すべき人は、いかなる手続問題に関して当事者の意見が相違する場合にも、その問題を解決する完全な権限を有する。

第30条　用語の説明

この協定の解釈に当たり、基金及び加盟国は、次に定めるところに従うものとする。

(a) 一般資金勘定において基金が保有する加盟国通貨には、第3条第4項の規定に基づいて基金が受領する証書を含む。

(b) スタンド・バイ取極とは、基金の決定であって、その決定に定められた条件に従い、一定の期間内にかつ一定の額を限度として、加盟国が一般資金勘定から買入れを行うことができることを保証するものをいう。

(c) リザーブ・トランシュの買入れとは、加盟国が自国通貨で行う特別引出権又は他の加盟国の通貨の買入れであって、その買入れの結果として一般資金勘定における当該加盟国の通貨の基金保有額が当該加盟国の割当額を超えることとならないものをいう。ただし、基金は、この定義を適用するに当たり、次の政策に基づく買入れ及び保有額を除外することができる。

　(i) 輸出変動補償融資のための基金の一般資金の利用に関する政策

　(ii) 一次産品の国際緩衝在庫に対する拠出のための資金調達に関連した基金の一般資金の利用に関する政策

　(iii) 基金の一般資金の利用に関するその他の政策であって、基金が、総投票権数の85%の多数により、当該その他の政策に関し除外を決定するもの

(d) 経常取引のための支払とは、資本移動を目的としない支払をいい、次のものを含むが、これらに限定されない。

　(1) 外国貿易、役務を含むその他の経常的業務並びに正常な短期の銀行業務及び信用業務に関して行うすべての支払

　(2) 貸付けに対する利子及びその他の投資による純収入に係る支払

　(3) 貸付けの賦払償還又は直接投資の消却のための多額でない支払

　(4) 家族の生計費のための多額でない送金

基金は、関係加盟国と協議した後、個々の取引を経常取引と認めるか資本取引と認めるかを決定することができる。

(e) 特別引出権の純累積配分額とは、参加国に配分された特別引出権の総額から、第18条第2項(a)の規定に基づいて消却された特別引出権のうち当該参加国に割り当てられた額を控除した額をいう。

(f) 自由利用可能通貨とは、加盟国通貨であって、(i)国際取引上の支払を行うため現に広範に使用され、かつ、(ii)主要な為替市場において広範に取引されていると基金が認めるものをいう。

(g) 1975年8月31日に加盟国であった加盟国は、この日前に採択された総務会の決議に従ってこの日の後に加盟国の地位を受諾した加盟国を含むものとみなす。

(h) 基金の取引とは、基金による金融資産と他の金融資産との交換をいう。基金の操作とは、基金による金融資産のその他の使用又は受領をいう。

(i) 特別引出権の取引とは、特別引出権と他の金融資産との交換をいう。特別引出権の操作とは、特別引出権のその他の使用をいう。

第31条　最終規定

第1項　効力発生

この規定は、割当額の合計額が付表Aに掲げる割当額の合計額の65％に達する諸政府のために署名され、かつ、次項(a)に規定する文書がこれらの政府のために寄託された時に、効力を生ずる。ただし、いかなる場合にも、1945年5月1日前に効力を生ずることはない。

第2項　署名

(a) この協定の各署名政府は、その国内法に従ってこの協定を受諾したこと及びこの協定に基づくすべての義務を履行するために必要なすべての措置をとったことを述べた文書をアメリカ合衆国政府に寄託する。

(b) 各国は、(a)に規定する文書を寄託した日から基金の加盟国となる。ただし、いかなる国も、この協定が前項の規定に従って効力を生ずる前に加盟国となることはない。

(c) アメリカ合衆国政府は、付表Aに掲げるすべての国の政府及び第2条第2項の規定に従って加盟を承認されたすべての国の政府に対し、この協定へのすべての署名及び(a)に規定するすべての文書の寄託を通知する。

(d) 各政府は、この協定に署名した時に、基金の運営費に充てるため、当該政府の総出資額の1％の100分の1を金又は合衆国ドルでアメリカ合衆国政府に送付する。アメリカ合衆国政府は、この資金を特別預り金勘定として保有し、基金の総務会に、その最初の会合が招集された時に送付する。この協定が1945年12月31日までに効力を生じなかったときは、アメリカ合衆国政府は、この資金を送付した政府にこの資金を返却する。

(e) この協定は、1945年12月31日まで、付表Aに掲げる国の政府のワシントンにおける署名のために開放しておく。

(f) この協定は、1945年12月31日後は、第2条第2項の規定に従って加盟を承認された国の政府の署名のために開放しておく。

(g) すべての政府は、この協定への署名により、その政府のためにも、また、そのすべての植民地、海外領土及びその保護、宗主権又は権威の下にあるすべての地域並びにその政府が委任統治を行うすべての地域についても、この協定を受諾する。

(h) (d)の規定は、各署名政府についてその署名の日から効力を生ずる。

本書1通をワシントンで作成した。この本書は、アメリカ合衆国政府に寄託しておく。同政府は、付表Aに掲げるすべての政府及び第2条第2項の規定に従って加盟を承認されたすべての政府にその認証謄本を送付する。

付表A　割当額
（単位　100万合衆国ドル）

オーストラリア	200
ベルギー	225
ボリヴィア	10
ブラジル	150
カナダ	300
チリ	50
中国	550
コロンビア	50
コスタ・リカ	5
キューバ	50
チェッコスロヴァキア	125
デンマーク	（注）
ドミニカ共和国	5
エクアドル	5
エジプト	45
サルヴァドル	2.5
エティオピア	6
フランス	450
ギリシャ	40

グァテマラ	5
ハイティ	5
ホンデュラス	2.5
アイスランド	1
インド	400
イラン	25
イラーク	8
リベリア	0.5
ルクセンブルグ	10
メキシコ	90
オランダ	275
ニュー・ジーランド	50
ニカラグァ	2
ノールウェー	50
パナマ	0.5
パラグァイ	2
ペルー	25
フィリピン連邦	15
ポーランド	125
南アフリカ連邦	100
ソヴィエト社会主義共和国連邦	1,200
連合王国	1,300
アメリカ合衆国	2,750
ウルグァイ	15
ヴェネズエラ	15
ユーゴスラヴィア	60

(注) デンマークの割当額は，デンマーク政府がこの協定に署名する用意があることを宣言した後，署名を行う前に，基金が定める。

付表B　買戻し，増資の払込み，金及び運営事項に関する経過規定

1　この協定の第2次改正の日前に第2次改正前の第5条第7項(b)の規定に従って生じた買戻しの義務であってその日になお履行されていないものは，この協定の第2次改正前の規定に従ってその買戻しの義務を履行しなければならない日以前に履行する。

2　加盟国は，買戻し又は出資のために基金に対し金により支払を行う義務であってこの協定の第2次改正の日になお履行されていないものを特別引出権により履行する。ただし，基金は，その支払の全部又は一部が基金の特定する他の加盟国の通貨で行われることができることを定めることができる。特別引出権会計の非参加国は，この2の規定に従って特別引出権により履行しなければならない義務を，基金が特定する他の加盟国の通貨により履行する。

3　2の規定の適用上，0.888671グラムの純金は，一特別引出権に等しいものとする。2の規定に基づいて支払う通貨の額は，この比率を基礎として及び履行の日における特別引出権で表示される当該通貨の価額を基礎として決定する。

4　この協定の第2次改正の日において基金が保有する加盟国の通貨のうち当該加盟国の割当額の75％を超える部分であって1の規定に基づく買戻しの対象とならないものは，次の規則に従って買い戻す。

(i) 買入れの結果として基金が保有する通貨は，基金の一般資金の利用に関する政策であって当該政策に従いその買入れが行われたものに従って買い戻す。

(ii) その他の保有通貨は，この協定の第2次改正の日の後4年以内に買い戻す。

5　1の規定に基づく買戻しであって2の規定の適用を受けないもの，4の規定に基づく買戻し及び2の規定に基づいて行う通貨の特定については，第5条第7項(i)に規定するところに従う。

6　この規定の第2次改正の日に効力を有しているすべての規則及び細則，率，手続並びに決定は，この協定の規定に従って変更されるまで効力を有する。

7　この協定の第2次改正の日前に(a)及

び(b)に規定する措置と同等の効果を有する措置が完了していない範囲内において，基金は，
(a) 1975年8月31日において基金が保有していた金であって純金で2,500万オンスに達するまでのものを，その日に加盟国であった加盟国でこの金の購入に同意するものに対し，その日における当該加盟国の割当額に比例して売却する。この(a)の規定に基づく加盟国への売却は，当該加盟国の通貨と引換えに，当該売却の時において0.888671グラムの純金につき一特別引出権に相当する価格で行う。
(b) 1975年8月31日において基金が保有していた金であって純金で2,500万オンスに達するまでのものを，その日に加盟国であった開発途上にある加盟国のために売却する。ただしこの金に係る利益金又は剰余価値のうち，当該加盟国の1975年8月31日におけるそれぞれの割当額がその日における全加盟国の割当額の合計額に対して占める割合に相当する部分は，当該加盟国にそれぞれ直接に移転する。基金が，加盟国と協議し，加盟国の同意を得又は，特定の場合には，加盟国の通貨を他の加盟国の通貨と交換するという第5条12項(c)に規定する要件は，この(b)の規定に基づく金の売却（自国通貨と引換えに行う加盟国への売却を除く。）の結果として基金が受領し，一般資金勘定に繰り入れる通貨についても適用する。

この7の規定に基づいて金を売却したときは，売却によって受領した額のうち，売却の時において0.888671グラムの純金につき一特別引出権に相当する部分は一般資金勘定に繰り入れ，(b)の規定に基づく措置に伴い基金が保有するその他の資産は基金の一般資金と分離して保有する。(b)の規定に基づく措置が終了する際になお基金の処分の対象となっている資産は，特別支払勘定に繰り入れる。

付表C 平価

1 基金は，加盟国に対し，この協定の適用上，第4条第1項，第3項から第5項まで及びこの付表の規定に従い，特別引出権又は基金が定めるその他の共通表示単位により，加盟国が平価を設定することができる旨を通告する。共通表示単位は，金又は通貨であってはならない。

2 自国通貨の平価を設定する意図を有する加盟国は，1の規定に従って通告が行われた後相当の期間内に，平価を基金に提議しなければならない。

3 1の規定に基づいて自国通貨の平価を設定する意図を有しない加盟国は，基金と協議し，また，自国の為替取極が基金の目的に合致しておりかつ第4条第1項の規定に基づく義務を履行するために十分であることを保証しなければならない。

4 基金は，提議された平価に対し，その提議を受領した後相当の期間内に，同意し又は異議を唱えなければならない。提議された平価は，基金が異議を唱えた場合には，この協定の適用上効力を有しないものとし，加盟国は，3の規定の適用を受ける。基金は，平価を提議した加盟国の国内の社会的又は政治的政策を理由として異議を唱えてはならない。

5 自国通貨の平価を有する各加盟国は，自国の領域内で行われる自国通貨と平価を維持している他の加盟国の通貨との間の直物為替取引の最高及び最低の相場が，平価による相場との間に，4.5%を超える差又は基金が総投票権

数の85％の多数によって採択することができるその他の一又は二以上のマージンを超える差がないようにするため、この協定の規定に合致する適切な措置をとることを約束する。

6　加盟国は、基礎的不均衡を是正し又はその発生を防止する場合を除くほか、自国通貨の平価の変更を提議してはならない。変更は、加盟国の提議があったときに限り、かつ、基金と協議した後に限り行うことができる。

7　変更が提議された場合には、基金は、その提議を受領した後相当の期間内に、提議された平価に同意し又は異議を唱えなければならない。基金は、変更が基礎的不均衡を是正し又はその発生を防止するために必要であると認めるときは、同意しなければならない。基金は、変更を提議した加盟国の国内の社会的又は政治的政策を理由として異議を唱えなければならない。提議された平価の変更は、基金が異議を唱えた場合には、この協定の適用上効力を有しない。基金が異議を唱えたにもかかわらず加盟国が自国通貨の平価を変更したときは、その加盟国は、第26条第2項の規定の適用を受ける。基金は、加盟国が非現実的な平価を維持しないよう勧奨する。

8　加盟国が平価を廃止する意図を有する旨を基金に通知した場合には、この協定に基づいて設定されたその加盟国の通貨の平価は、この協定の適用上存在しないこととなる。基金は、総投票権数の85％の多数によって行う決定により、平価の廃止に異議を唱えることができる。基金が異議を唱えたにもかかわらず加盟国が自国通貨の平価を廃止したときは、その加盟国は、第26条第2項の規定の適用を受ける。基金が異議を唱えたにもかかわらず加盟国が当該平価を廃止したとき又は加盟国が相当量の為替取引の相場を5の規定に従って維持していないと基金が認定したときは、この協定に基づいて設定された当該平価は、この協定の適用上存在しないこととなる。ただし、基金は、その加盟国と協議し、かつ、そのような認定につき検討するとの意図を60日前にその加盟国に通告している場合を除くほか、そのような認定をすることができない。

9　加盟国の通貨の平価が8の規定に従って存在しないこととなった場合には、その加盟国は、基金と協議し、また、自国の為替取極が基金の目的に合致しておりかつ第4条第1項の規定に基づく義務を履行するために十分であることを保証しなければならない。

10　自国通貨の平価が8の規定に従って存在しないこととなった加盟国は、自国通貨の新たな平価をいつでも提議することができる。

11　6の規定にかかわらず、基金は、総投票権数の70％の多数により、すべての平価の一律の比例による変更を、特別引出権が共通表示単位であり、かつ、その変更が特別引出権の価額に影響を及ぼさない場合に行うことができる。ただし、加盟国が基金の措置がとられた日から7日以内に自国通貨の平価がこの措置によって変更されることを希望しない旨を基金に通知したときは、その加盟国の通貨の平価は、この11の規定に基づいて変更されることはない。

付表D　評議会

1(a)　理事1人を任命した加盟国及び割り当てられた票数の合計の票が選任理事1人によって投じられる加盟国の集団は、それぞれ、評議会に評議員1人（評議員は、総務若しくは加盟国政府の大臣又はこれらの者と同等の地位を有する者とする。）を任

命するものとし，また，7人以内の準評議員を任命することができる。総務会は，総投票権数の85％の多数により，任命されることができる準評議員の数を変更することができる。評議員又は準評議員は，新たな任命が行われる時又は次の理事の定期選挙が行われる時のいずれか早い時までの間在任する。

(b) 理事（理事が不在である場合にあっては，理事代理）及び準評議員は，評議会が限定的な会合の開催を決定しない限り，評議会の会合に出席する資格を有する。評議員1人を任命する加盟国又は加盟国の集団は，評議員代理1人を任命する。評議員代理は，評議員が出席しないときは，評議会の会合に出席する資格を有するものとし，評議員に代わって行動する完全な権限を有する。

2(a) 評議会は，国際通貨制度の管理及び適応，特に，調整過程の継続的機能及び国際流動性の動向を監督し，これに関連して，開発途上にある国への実物資源の移転の動向を検討する。

(b) 評議会は，この協定の改正のための第28条(a)の規定に基づく提案を検討する。

3(a) 総務会は，この協定によって直接に総務会に付与されている権限を除くほか，その権限の行使を評議会に委任することができる。

(b) 各評議員は，自己を任命した加盟国又は加盟国の集団に第12条第5項の規定に従って割り当てられた票数の票を投ずる資格を有する。加盟国の集団によって任命された評議員は，その加盟国の集団に属する各加盟国に割り当てられた票数の票を個別に投ずることができる。加盟国は，自国に割り当てられた票数の票がいず

れの理事によっても投じられない場合には，1人の評議員と自国に割り当てられた票数の票を投ずるための取決めを行うことができる。

(c) 評議会は，総務会によって委任された権限に基づき，総務会がとった措置と矛盾するいかなる措置をもとってはならない。理事会は，総務会によって委任された権限に基づき，総務会又は評議会がとった措置と矛盾するいかなる措置をもとってはならない。

4 評議会は，1人の評議員を議長に選定する。評議会は，その任務の遂行上必要な又は適当な規則を採択し，及び評議会の諸般の手続を定める。評議会は，その定めるところにより又は理事会の招集によって会合を開催する。

5(a) 評議会は，第12条第2項(c)，(f)，(g)及び(j)，第18条第4項(a)及び(c)(4)，第23条第1項並びに第27条第1項(a)の規定に基づく理事会の権限に相当する権限を有する。

(b) 特別引出権勘定のみに関する事項についての評議会の決定に当たっては，参加国である加盟国により又は少なくとも一の参加国である加盟国を含む加盟国の集団によって任命された評議員のみが投票する資格を有する。これらの評議員は，それぞれ，その評議員を任命した参加国である加盟国又はその評議員を任命した加盟国の集団に属する参加国である加盟国に割り当てられた票数の票を投ずる資格を有し，また，3(b)の末文の規定に基づいて取決めを行った参加国に割り当てられた票数の票を投ずることができる。

(c) 評議会は，規則を設けることにより，評議会による措置が必要であり，かつ，評議会の次の会合までこの措置を延期すべきではないが特別会合

407

を招集する必要はないと理事会が判断するときに，評議会の会合を招集することなしに理事会が特定の問題に関する評議員の表決を得ることができる手続を，定めることができる。
(d) 第9条第8項の規定は，評議員，評議員代理，準評議員及び評議会の会合に出席する資格を有するその他の者についても適用する。
(e) (b)及び3(b)の規定の適用上，評議員は，加盟国又は参加国である加盟国が第12条第3項(i)の(ii)の規定に基づいて行う合意により，その加盟国に割り当てられた票数の票を投ずる資格を有する。
(f) 第12条第3項(i)の(v)の規定に従い理事が投票権の停止を解かれた加盟国に割り当てられた票数の票を投ずる資格を有する場合には，その理事を選出した加盟国の集団によって任命された評議員は，投票権の停止を解かれた加盟国に割り当てられた票数の票を投ずる資格を有する。その加盟国は，自国に割り当てられた票数の投ずる資格を有する評議員の任命に参加したものとみなす。
6 第12条第2項(a)の第一文の規定は，評議会をも列挙しているものとみなす。

付表E 理事の選挙

1 選任理事の選挙は，投票する資格を有する総務の投票による。
2 選出すべき理事について投票するに当たっては，投票する資格を有する各総務は，第12条第5項(a)の規定に基づいて与えられたすべての票数の票を1人に投ずる。最大の数の票を得た15人は，理事となる。ただし，得票数が投票可能の票数（有権票数）の総数の4％に達しなかった者は，選出されなかったものとする。
3 第1回の投票で15人が選出されなかったときは，第2回の投票を行う。この投票においては，(a)第1回の投票で選出されなかった者にその際投票した総務及び(b)総務のうち，4の規定に基づいて，第1回の投票で選出された者にその際投票した票数によってその者の得票数が有権票数の9％を超えることとなったとみなされる者のみが投票する。第2回の投票において候補者の数が選出されるべき理事の数よりも多い場合には，第1回の投票で最小の数の票を得た者は，選出される資格を有しない。
4 いずれの総務が投じた票によりある者の得票数が有権票数の9％を超えることとなったとみなすかを決定するに当たっては，この9％には，まずその者に対して最大の数の票を投じた総務の票数を，次に第2位の数の票を投じた総務の票数を，以下順次9％に達するまでの票数を含むものとみなす。
5 ある者の得票数が4％を超えることとなるためにいずれかの総務の票数の一部が計上されなければならないときは，その総務のすべての票数は，その者の得票数がこれにより9％を超えるときでも，その者に投票したものとみなす。
6 第2回の投票後15人が選出されなかったときは，15人が選出されるまで同じ原則で更に投票を行う。ただし，14人が選出された後は，15番目の者は，残余の票数の単純多数により選出することができるものとし，その者は，残余の票数のすべてによって選出されたものとみなす。

付表F 指定

最初の基本期間においては，指定に関する規則は，次のとおりとする。
(a) 第19条第5項(a)(i)の規定に基づいて指定の対象となる参加国は，特別引

出権保有額のうち純累積配分額を超える部分の金及び外国為替の公的保有額に対する比率がこれらの参加国の間で長期的にみて等しくなることを促進するような額について，指定を受ける。
(b) (a)の規定を実施するための方法は，次のとおりとする。
　(i) 指定の対象となる参加国の間で(a)に規定する比率が等しいときは，それぞれの金及び外国為替の公的保有額に比例して指定する。
　(ii) (a)に規定する比率が低い参加国と高い参加国との間では，その差を漸次減少させるように指定する。

付表G　復元

1　最初の基本期間においては，復元に関する規則は，次のとおりとする。
　(a)(i) 参加国は，最初の配分の後5年を経過した時及びその後の各四半期末において，直前の5年間における毎日の特別引出権保有額の平均がその期間における毎日の特別引出権の純累積配分額の平均の30％を下回らないように，その特別引出権保有額を使用し及び復元する。
　　(ii) 基金は，最初の配分の後2年を経過した時及びその後の毎月末に，各参加国について計算を行い，それぞれの参加国が(i)に規定する要件を満たすために当該計算の日からいずれかの5年の期間の満了の日までの間に特別引出権を入手する必要があるかどうか及びどの程度まで入手する必要があるかを確かめる。基金は，このような計算の基礎に関する規則及び参加国が(i)に規定する要件を満たすのを援助するために第19条第5項(a)(ii)の規定に基づいて行われる参加国の指定の時期に関する規則を採択する。
　　(iii) 基金は，(ii)の規定に基づく計算の結果，参加国がその計算の対象となった期間が満了するまでの間特別引出権の使用をやめない限り(i)に規定する要件を満たす可能性が乏しいことが示された場合には，その参加国に対し特別の通告を行う。
　　(iv) 復元の義務を履行するために特別引出権を入手する必要がある参加国は，基金が受け入れることができる通貨と引換えに，一般資金勘定を通じて行う基金との取引により，必要とする特別引出権を取得しなければならず，また，取得することができる。このような方法によってはこの義務を履行するために十分な特別引出権を取得することができない場合には，その参加国は，基金が特定する参加国から，自由利用可能通貨により，必要とする特別引出権を取得しなければならず，また，取得することができる。
　(b) 参加国は，また，その特別引出権保有額と他の対外準備との間に均衡のとれた関係が長期的にみて実現されるようにすることが望ましいことについて，妥当な考慮を払う。
2　参加国が復元に関する規則に従わなかった場合には，基金は，その事情が第23条第2項(b)の規定に基づく停止を正当とするかどうかを決定する。

付表H　参加の終了

1　第24条第2項(b)の規定に基づく相殺を行った後に参加終了国に対する債務が残り，かつ，参加の終了の日から6箇月以内に基金と参加終了国との間の決済に関する取決めが成立しなかったときは，基金は，この特別引出権の残

高を参加の終了の日から最大限5年以内に均等の半年賦によって償還する。基金は，その決定するところに従い，(a)第24条第5項の規定に従って他の参加国から基金に提供された金額を参加終了国に支払うことにより又は(b)参加終了国が基金によって特定される参加国，一般資金勘定若しくは他の保有者から自国通貨若しくは自由利用可能通貨を取得するためにその特別引出権を使用することを許可することにより，この残高を償還する。

2　第24条第2項(b)の規定に基づく相殺を行った後に基金に対する償還が残り，かつ，参加の終了の日から6箇月以内に決済に関する取決めが成立しなかったときは，参加終了国は，参加の終了の日から3年以内又は基金が定めるそれよりも長い期間内に，均等の半年賦によりその債務を支払う。参加終了国は，基金の決定するところに従い，(a)自由利用可能通貨を基金に支払うことにより又は(b)第24条第6項の規定に従って一般資金勘定から若しくは基金によって特定される参加国との合意により若しくは他の保有者から特別引出権を取得して，この特別引出権と支払うべき賦払金とを相殺することにより，その債務を支払う。

3　1又は2の規定に基づく賦払金は，参加の終了の日の後6箇月を経過した時に及びその後6箇月の間隔を置いて支払の義務が生ずる。

4　参加国がその参加を終了した日から6箇月以内に第25条の規定に基づいて特別引出権会計の清算が開始される場合には，基金とその国の政府との間の決済は，第25条及び付表Iの規定に従って行う。

付表I　特別引出権会計の清算の執行

1　特別引出権会計の清算を行う場合には，参加国は，基金に対する債務を，10回の半年賦により又はそれよりも長い期間が必要であると基金が決定したときはその期間内に，基金の決定するところに従い，自由利用可能通貨及びいずれかの賦払によって償還される特別引出権を保有している参加国の通貨（当該償還の範囲内に限る。）で支払う。最初の半年賦の支払は，特別引出権会計の清算の決定の6箇月後に行う。

2　特別引出権会計の清算が決定された日から6箇月以内に基金の清算が決定されたときは，特別引出権会計の清算手続は，一般資金勘定において保有される特別引出権が次に定めるところにより分配されるまで停止する。

基金は，付表K2(a)及び(b)の規定に従って分配を行った後，同付表2(b)の規定に基づく分配の後に参加国に支払うべき額に比例して，一般資金勘定において保有する特別引出権をすべての参加国である加盟国の間に分配する。基金は，付表K2(d)の規定に従って各通貨の保有額の残高を割り当てる場合において，各加盟国に支払うべき額を決定するに当たっては，このようにして分配された特別引出権を控除する。

3　基金は，1の規定に基づいて受領する金額をもって，保有者が保有する特別引出権を次の方法及び順序により償還する。

(a)　総務会が特別引出権会計の清算を決定する日の少なくとも6箇月前に参加を終了した国の政府が保有する特別引出権は，第24条の規定に基づく取決め又は付表Hに定める条件に従って償還する。

(b)　参加国以外の保有者が保有する特別引出権は，参加国が保有する特別引出権に優先して，各保有者の保有額に比例して償還する。

(c)　基金は，各参加国について，純累

積配分類に対する特別引出権保有額の比率を確定する。基金は，まず，比率が最も高い参加国の保有する特別引出権を，比率が２番目に高い参加国の比率に等しくなるまで償還する。次に，基金は，これらの参加国の保有する特別引出権を，それぞれの純累積配分額に比例して，比率が３番目に高い参加国の比率と等しくなるまで償還する。このような手続は，償還に充てることができる金額がなくなるまで順次行う。

4 　参加国が３の規定に基づく償還によって受領することができる金額は，１の規定に基づいて支払われる金額と相殺する。

5 　清算期間中，基金は，保有者の特別引出権保有額について利子を支払い，各参加国は，その特別引出権の純累積配分額から１の規定に従って支払った額を控除した額について手数料を支払う。利子及び手数料の率並びにこれらの支払の時期は，基金が決定する。利子及び手数料の支払は，できる限り特別引出権で行う。手数料の支払のために十分な特別引出権を保有していない参加国は，基金が特定する通貨で支払を行う。手数料として受け取る特別引出権のうち清算の執行の経費のために必要な額は，利子の支払に用いてはならず，基金に移転して基金が経費の支払に用いる通貨で優先的に償還する。

6 　参加国が１又は５の規定に基づく支払の義務を履行していない間は，３又は５の規定に基づく支払は，その参加国に対して行わない。

7 　参加国に対する最終の支払が行われた後において，支払の義務を履行した参加国の間で純累積配分額に対する特別引出権保有額の比率が等しくなっていないときは，比率の低い参加国は，基金が作成する取極に従い，比率の高い参加国から，特別引出権の保有比率が等しくなるまで特別引出権を買い入れる。支払の義務を履行しなかった参加国は，その不履行分に等しい額を自国通貨で基金に支払う。基金は，この通貨及び残余の請求権を各参加国が保有する特別引出権の額に比例して参加国の間に割り当て，これらの特別引出権を消却する。基金は，その後に特別引出権会計の帳簿を閉鎖し，特別引出権の配分及び特別引出権会計の管理から生じた基金のすべての債務は，消滅する。

8 　この付表の規定に基づいて自国通貨が他の参加国に分配された参加国は，その通貨を商品の買入れ又は自国若しくはその領域内の者に支払われるべき金額の支払のためにいつでも無制限に使用することができることを保証する。この義務を負う参加国は基金がこの付表の規定に基づいて分配を行った時の自国通貨の価値とその処分に当たって当該他の参加国が得た価値との差から生ずる損失を当該他の参加国に補償することに同意する。

付表Ｊ　脱退した加盟国との勘定の決済

1 　一般資金勘定に関する勘定の決済は，この１から６までの規定に従って行う。基金は，脱退した加盟国に対し，その割当額に等しい額に基金が支払うべき他の額を加えた額から，脱退の日の後に生じた手数料を含めて基金に支払われるべき額を減じたものを支払う義務を有する。ただし，脱退の日の６箇月後までは支払を行わない。支払は，脱退した加盟国の通貨で行うものとし，このため，基金は，特別支払勘定又は投資勘定において保有するその加盟国の通貨を，一般資金勘定において保有する他の加盟国の通貨であって当該他の加盟国の同意を得て基金が選定する

等額のものと引換えに，一般資金勘定に繰り入れることができる。

2 脱退した加盟国の通貨の基金保有額が基金の支払うべき純額に足りないときは，残額は，自由利用可能通貨で，又は合意による他の方法で支払う。基金及び脱退した加盟国が脱退の日から6箇月以内に合意に達しなかったときは，基金が保有する脱退した加盟国の通貨は，その国に直ちに支払う。支払うべき残額は，その後の5年間に10回の半年賦により支払う。この各賦払は，基金の選択により，脱退後に取得したその国の通貨又は自由利用可能通貨で行う。

3 基金が2の規定に従って支払うべき賦払を行わなかったときは，脱退した加盟国は，第7条第3項の規定に基づいて不足している旨を宣言された通貨を除くほか，基金が保有するいずれかの通貨で賦払を行うことを基金に要求することができる。

4 脱退した加盟国の通貨の基金保有額がその国に支払うべき額を超過している場合において，脱退の日から6箇月以内に勘定の決済の方法に関する合意が成立しなかったときは，その国は，その超過している通貨を自由利用可能通貨と引換えに回収する義務を有する。回収は，脱退の時において基金が行う当該自由利用可能通貨の売却に係る交換比率で行う。脱退した加盟国は，脱退の日から5年以内又は，基金がそれよりも長い期間を定めたときは，その期間内に回収を完了する。ただし，いずれの半年の期間内にも，脱退の日におけるその通貨の基金の超過保有額の10分の1にその半年の期間内におけるその通貨の新規取得額を加えた額を超える額の回収を要求されることはない。脱退した加盟国が前記の義務を履行しなかったときは，基金は，回収されるべき額の通貨をいずれの市場においても秩序ある方法で清算することができる。

5 脱退した加盟国の通貨を取得することを希望する加盟国は，その加盟国が基金の一般資金を利用することができる限度及び脱退した加盟国の通貨が4の規定に基づいて使用可能である限度まで，基金からの買入れによってその通貨を取得する。

6 脱退した加盟国は，4及び5の規定に基づいて処分された通貨を商品の買入れ又は自国若しくはその領域内の者に支払われるべき金額の支払のためにいつでも無制限に使用することができることを保証する。その国は，脱退の日における特別引出権で表示されるその通貨の価額と4及び5の規定に基づく処分に当たって基金が得たその通貨の価額であって特別引出権で表示されるものとの差から生ずる損失を基金に補償する。

7 脱退した加盟国が第5条第12項(f)(ii)の規定に基づいて特別支払勘定を通じて行った取引の結果基金に支払うべき債務を負っている場合には，その債務は，その債務の条件に従って履行する。

8 基金は，特別支払勘定又は投資勘定において，脱退した加盟国の通貨を保有している場合には，1の規定に基づいて使用した後のそれぞれの勘定におけるその国の通貨の残高を秩序ある方法で加盟国の通貨といずれの市場においても交換することができる。それぞれの勘定における残高を交換することによって受領した通貨は，それぞれの勘定において保有する。5及び6の第一文の規定は，脱退した加盟国のこのような通貨についても適用する。

9 基金は，脱退した加盟国の債務証書を投資勘定において又は第5条第12項

(h)の規定に基づき特別支払勘定において保有している場合には，その債務証書を満期の日まで保有し，又はその日前に処分することができる。8の規定は，その結果得られた投資回収金についても適用する。
10 加盟国が脱退した日から6箇月以内に基金が第27条第2項の規定に基づいて清算を開始する場合には，基金とその国の政府との間の勘定は，同項及び付表Kの規定に従って決済する。

付表K　清算の執行

1 清算の場合には，出資額の返還以外の基金の負債は，基金の資産の分配において優先する。この負債を弁済するに当たっては，基金は，その資産を次の順序で使用する。
   (a) その負債の支払に充てることができる通貨
   (b) 金
   (c) その他すべての通貨。ただし，できる限り加盟国の割当額に比例して使用することを要する。
2 1の規定に従って基金の負債を弁済した後は，基金の資産の残額は，次のとおり分配し及び割り当てる。
   (a)(i) 基金は，1975年8月31日において保有していた金であって清算の決定の日になお保有し続けているものの価額を計算する。この計算は，清算の日において，9の規定に従って行い及び0.888671グラムの純金につき一特別引出権であることを基礎として行う。前者の計算による価額のうち後者の計算による価額を超える部分の額に相当する金は，1975年8月31日に加盟国であった加盟国に対し，同日における当該加盟国の割当額に比例して分配する。
   (ii) 基金は，清算の決定の日に特別支払勘定において保有する資産を，1975年8月31日に加盟国であった加盟国に対し，同日における当該加盟国の割当額に比例して分配する。それぞれの種類の資産は，加盟国に比例的に分配する。
   (b) 基金は，その保有する残余の金を，自国通貨の基金保有額が割当額未満である加盟国の間に，割当額のうち当該加盟国の通貨の基金保有額を超える部分の額に比例して，かつ，この額を超えない範囲内で分配する。
   (c) 基金は，各加盟国に対し当該加盟国の通貨の基金保有額の2分の1を分配する。ただし，その分配額は，当該加盟国の割当額の50％を超えてはならない。
   (d) 基金は，
      (i) その保有する残余の金及び各通貨を，(b)及び(c)の規定に基づく分配の後に各加盟国に支払うべき額に比例して，かつ，この額を超えない範囲内で，すべての加盟国の間に割り当てる。この場合において，支払うべき額の決定に当たっては，(a)の規定に基づく分配は，考慮しない。
      (ii) その保有する残余の金及び各通貨のうち(i)に規定する各加盟国に支払うべき額を超える部分は，割当額に比例してすべての加盟国の間に割り当てる。
3 各加盟国は，2(d)の規定に従って他の加盟国に割り当てられた自国通貨の保有額を回収し，また，清算の決定の後3箇月以内に，この回収のための秩序ある手続について基金と合意する。
4 加盟国が3に定める3箇月の期間内に基金と合意しなかったときは，基金は，2(d)の規定に従ってその加盟国に割り当てられた他の加盟国の通貨を，他の加盟国に割り当てられたその加盟

413

国の通貨を回収するために使用する。基金と合意しなかった加盟国に割り当てられた各通貨は，できる限り，その加盟国の通貨であって3の規定に従って基金と合意した加盟国に割り当てられたものを回収するために使用する。
5 加盟国が3の規定に従って基金と合意したときは，基金は，2(d)の規定に従ってその加盟国に割り当てられた他の加盟国の通貨を，その加盟国の通貨であって3の規定に従って基金と合意した他の加盟国に割り当てられたものを回収するために使用する。このようにして回収される額は，割当てを受けた加盟国の通貨で回収する。
6 1から5までの手続を実施した後は，基金は，各加盟国に対し，当該加盟国の勘定において保有する残余の通貨を支払う。
7 自国通貨が6の規定に従って他の加盟国に分配された各加盟国は，その通貨を，回収を要請する加盟国の通貨で，又は両国間で合意する他の方法で回収する。関係加盟国が別段の合意をしない限り，回収する義務を負う加盟国は，分配の日から5年以内に回収を完了する。ただし，いずれの半年の期間内にも，他の加盟国に分配された額の10分の1を超える額の回収を要求されることはない。加盟国が前記の義務を履行しなかったときは，回収されるべき額の通貨は，いずれの市場においても秩序ある方法で清算することができる。
8 自国通貨が6の規定に従って他の加盟国に分配された各加盟国は，自国通貨を商品の買入れ又は自国若しくはその領域内の者に支払われるべき金額の支払のためにいつでも無制限に使用することができることを保証する。この義務を負う各加盟国は，基金の清算の決定の日における特別引出権で表示される自国通貨の価額と自国通貨の処分に当たって当該他の加盟国が得た自国通貨の価額であって特別引出権で表示されるものとの差から生ずる損失を当該他の加盟国に補償することを同意する。
9 基金は，市場における金の価額を基礎として，この付表に規定する金の価額を決定する。
10 この付表の適用上，割当額は，第3条第2項(b)の規定に従って増加することができた最高限度額まで増加したものとみなす。
11 付表Kの次に次の付表を加える。

付表L　投票権の停止

第26条第2項(b)の規定に基づいて加盟国の投票権を停止した場合には，次の規定を適用する。
1 当該加盟国は，
 (a) 第28条(b)の規定に基づくすべての加盟国の受諾を必要とする改正及び特別引出権会計のみに関する改正の場合を除くほか，この協定の改正案の採択に参加してはならず，また，このために加盟国の総数に加えられてはならない。
 (b) 総務及び総務代理を任命してはならず，評議員及び評議員代理を任命し又はその任命に参加してはならず，並びに理事を任命し若しくは選出し又はその選出に参加してはならない。
2 当該加盟国に割り当てられた票数の票は，基金のいかなる組織においても投じてはならない。その票数は，特別引出権会計のみに関する改正案の受諾を目的とする場合を除くほか，総投票権数に算入してはならない。
3 (a) 当該加盟国が任命した総務及び総務代理は，退任する。
 (b) 当該加盟国が任命し又はその任命に参加した評議員及び評議員代

理は，退任する。ただし，当該評議員が投票権を停止されていない他の加盟国に割り当てられた票数の票を投ずる資格を有する場合には，当該他の加盟国は，付表Ｄの規定に基づき新たな評議員及び評議員代理を任命するものとし，その任命までの間，当該退任すべき評議員及び評議員代理は，投票権の停止の日から最大限30日間在職する。

(c) 当該加盟国が任命し若しくは選出し又はその選出に参加した理事は，当該理事が投票権を停止されていない他の加盟国に割り当てられた票数の票を投ずる資格を有しない限り，退任する。当該理事が当該資格を有する場合において，
 (i) 次の理事の定期選挙前90日を超える期間が残っているときは，当該他の加盟国は，投じられた票の過半数により，残任期間のため新たな理事を選挙する。その選挙までの間，当該退任すべき理事は，投票権の停止の日から最大限30日間在職する。
 (ii) 次の理事の定期選挙前90日を超えない期間が残っているときは，当該退任すべき理事は，その残任期間在職する。

4 当該加盟国は，自国の行った要請又は自国に特に関係のある事項について審議が行われている間，総務会，評議会又は理事会の会合に出席する代表者1人を送る資格を有する。ただし，これらの組織の委員会の会合を除く。

執筆者紹介

谷岡 慎一 (たにおか しんいち)
　1969年　兵庫県豊岡市生まれ
　1995年　早稲田大学大学院政治学研究科修士課程修了
　　　　　大蔵省関税局総務課勤務
　1996年　大蔵省関税局国際機関課勤務
　2000年　東京大学大学院法学政治学研究科修士課程修了
　現　在　大蔵省国際局開発金融課係長
　　　　　E-mail　tanioka@courante.plala.or.jp

―――――――――――――――――――――――――――――
ＩＭＦと法
―――――――――――――――――――――――――――――
初版第1刷発行　2000年12月10日

　　　　　著　者　谷岡 慎一
　　　　　発行者　今井貴＝村岡命衛
　　　　　発行所　信山社出版株式会社
　　　　　〒113-0033　東京都文京区本郷6-2-9-102
　　　　　電話 03(3818)1019　FAX 03(3818)0344
―――――――――――――――――――――――――――――
印刷・松澤印刷　製本・渋谷文泉閣
PRINTED IN JAPAN　Ⓒ 谷岡慎一　2000
ISBN-4-7972-5158-1　C3032

信 山 社

石黒一憲 著
グローバル経済と法　四六判　本体 4,600円

中村睦男 = 上田章 = 森田朗 = 橘幸信 著
立法学のすすめ　[近刊]

松尾浩也 = 塩野 宏 編
立法の平易化　A5判　本体 3,000円

鮫島眞男 著
立法生活三十二年　A5判　本体 10,000円

石村 健 著
議員立法　A5判　本体 10,000円

常岡孝好 編
行政立法手続　A5判　本体 8,000円

田丸 大 著
法案作成と省庁官僚制　A5判　本体 4,300円

山村恒年 著
行政過程と行政訴訟　A5判　本体 7,379円
環境保護の法と政策　A5判　本体 7,379円
判例解説行政法　A5判　本体 8,400円

山村恒年 編
環境 NGO　A5判　本体 2,900円

山村恒年 = 関根孝道 編
自然の権利　A5判　本体 2,816円

浅野直人 著
環境影響評価の制度と法　A5判　本体 2,600円

加藤一郎 = 野村好弘 編
歴史遺産の保護　A5判　本体 4,600円

R・ドゥオーキン 著　水谷英夫 = 小島妙子 訳
ライフズ・ドミニオン　A5判　本体 6,400円

三木義一 著
受益者負担制度の法的研究　A5判　本体 5,800円
＊日本不動産学会著作賞受賞／藤田賞受賞＊